21世纪高等学校计算机规划教材

21st Century University Planned Textbooks of Computer Science

交互式电子白板与多媒体CAI课件制作教程（第2版）

Interactive Whiteboard and Development of CAI Multimedia Courseware (2nd Edition)

冯建平 邓居英 主编

李应勇 靳宇倡 吴大非 吴丽华 副主编

精品系列

人民邮电出版社

北 京

图书在版编目（ＣＩＰ）数据

交互式电子白板与多媒体CAI课件制作教程 / 冯建平，邓居英主编. -- 2版. -- 北京：人民邮电出版社，2012.1（2016.12 重印）
21世纪高等学校计算机规划教材
ISBN 978-7-115-25303-3

Ⅰ. ①交… Ⅱ. ①冯… ②邓… Ⅲ. ①多媒体课件—计算机辅助教学—高等学校—教材 Ⅳ. ①G434

中国版本图书馆CIP数据核字(2011)第080341号

内 容 提 要

本书围绕教学中使用交互式电子白板与如何制作多媒体课件这两大主题，一方面介绍了交互式电子白板的基本知识和白板软件的使用，另一方面从课件制作的基础知识入手，讲解处理图像、动画、声音和视频的多媒体素材加工软件和多媒体课件制作软件的应用。

本书共分 10 章，包括电子白板与多媒体课件设计基础、交互式电子白板的使用、多媒体课件美学基础、图像与文字素材的制作、声音和视频素材的采集与处理、PowerPoint 演示型课件制作、Flash 动画型课件制作、Authorware 交互型课件制作、FrontPage 网页课件制作、几何画板课件制作等内容。书中除附录 A 中提供了 8 个典型的上机实验外，还提供了大量实例和练习题，并且每个实例均有详细的讲解。

本书图文并茂，由浅入深，融理论学习与实例操作于一体，可作为本科师范院校课件制作的教材，也可供广大教育工作者制作课件时学习参考。

21 世纪高等学校计算机规划教材
交互式电子白板与多媒体 CAI 课件制作教程（第 2 版）

◆ 主　　编　冯建平　邓居英
　　副 主 编　李应勇　靳宇倡　吴大非　吴丽华
　　责任编辑　邹文波

◆ 人民邮电出版社出版发行　　北京市丰台区成寿寺路 11 号
　　邮编　100164　　电子邮件　315@ptpress.com.cn
　　网址　http://www.ptpress.com.cn
　　三河市海波印务有限公司印刷

◆ 开本：787×1092　1/16
　　印张：18.75　　　　　　　2012 年 1 月第 2 版
　　字数：494 千字　　　　　2016 年 12 月河北第 5 次印刷

ISBN 978-7-115-25303-3
定价：35.00 元
读者服务热线：(010)81055256　印装质量热线：(010)81055316
反盗版热线：(010)81055315

出版者的话

计算机应用能力已经成为社会各行业从业人员最重要的工作技能要求之一，而计算机教材质量的好坏会直接影响人才素质的培养。目前，计算机教材出版市场百花争艳，品种急剧增多，要从林林总总的教材中挑选一本适合课程设置要求、满足教学实际需要的教材，难度越来越大。

人民邮电出版社作为一家以计算机、通信、电子信息类图书与教材出版为主的科技教育类出版社，在计算机教材领域已经出版了多套计算机系列教材。在各套系列教材中涌现出了一批被广大一线授课教师选用、深受广大师生好评的优秀教材。老师们希望我社能有更多的优秀教材集中地呈现在老师和读者面前，为此我社组织了这套"21世纪高等学校计算机规划教材——精品系列"。

本套教材具有下列特点。

（1）前期调研充分，适合实际教学需要。本套教材主要面向普通本科院校的学生编写，在内容深度、系统结构、案例选择、编写方法等方面进行了深入细致的调研，目的是在教材编写之前充分了解实际教学的需要。

（2）编写目标明确，读者对象针对性强。每一本教材在编写之前都明确了该教材的读者对象和适用范围，即明确面向的读者是计算机专业、非计算机理工类专业还是文科类专业的学生，尽量符合目前普通高等教育计算机课程的教学计划、教学大纲以及发展趋势。

（3）精选作者，保证质量。本套教材的作者，既有来自院校的一线授课老师，也有来自IT企业、科研机构等单位的资深技术人员。通过他们的合作使老师丰富的实际教学经验与技术人员丰富的实践工程经验相融合，为广大师生编写出适合目前教学实际需求、满足学校新时期人才培养模式的高质量教材。

（4）一纲多本，适应面宽。在本套教材中，我们根据目前教学的实际情况，做到"一纲多本"，即根据院校已学课程和后续课程的不同开设情况，为同一科目提供不同类型的教材。

（5）突出能力培养，适应人才市场要求。本套教材贴近市场对于计算机人才的能力要求，注重理论知识与实际应用的结合，注重实际操作和实践动手能力的培养，为学生快速适应企业实际需求做好准备。

（6）配套服务完善。对于每一本教材，我们在教材出版的同时，都将提供完备的PPT课件，并根据需要提供书中的源程序代码、习题答案、教学大纲等内容，部分教材还将在作者的配合下，提供疑难解答、教学交流等服务。

在本套教材的策划组织过程中，我们获得了来自清华大学、北京大学、中国人民大学、浙江大学、吉林大学、武汉大学、哈尔滨工业大学、东南大学、四川大学、上海交通大学、西安交通大学、电子科技大学、西安电子科技大学、北京邮电大学、北京林业大学等院校老师的大力支持和帮助，同时获得了来自信息产业部电信研究院、联想、华为、中兴、同方、爱立信、摩托罗拉等企业和科研单位的领导或技术人员的积极配合。在此，向他们表示衷心的感谢。

我们相信，"21世纪高等学校计算机规划教材——精品系列"一定能够为我国高等院校计算机教学做出应有的贡献。同时，对于工作欠缺和不妥之处，欢迎老师和读者提出宝贵的意见和建议。

第 2 版前言

目前，信息技术已广泛应用于教育教学领域当中。为了提高教学水平、教学质量和教学效率，培养学生综合素质，广大教师和学生迫切需要掌握交互式电子白板的使用和多媒体课件制作技术。

本书围绕交互式电子白板的使用和如何制作多媒体课件这两大主题，深入浅出地介绍了交互式电子白板的使用和多媒体课件制作的一些基本知识，并详细介绍了多媒体课件中的文本、图像、声音、动画和视频素材的制作，以及使用不同多媒体软件有针对性地制作和开发课件。

全书共分 10 章。第 1 章介绍了电子白板与多媒体课件设计基础，包括交互式电子白板的应用，多媒体课件的特点、分类、基本要求、制作过程、环境要求。第 2 章介绍了交互式电子白板的使用，包括交互式电子白板概念、基本功能、技术原理、安装使用，电子白板软件 TRACEBoard 和 TRACE Edu 等内容。第 3 章介绍了多媒体课件美学基础，包括美学基本概念、美学在课件中的作用和表现手段，平面构图、色彩构成等内容。第 4 章介绍了图像与文字素材的制作，重点是 Photoshop CS 图像处理软件的介绍，为图像和文字素材制作打下基础。第 5 章介绍了声音和视频素材的采集与处理，学会用声音编辑软件 Windows 录音机和 Cool Edit Pro 编辑声音。第 6 章介绍了 PowerPoint 演示型课件制作，重点突出演示文稿的动画制作。第 7 章介绍了 Flash 动画型课件制作，包括图层、时间轴、帧、元件和实例等概念，重点突出 4 种基本动画形式的灵活运用。第 8 章介绍了 Authorware 交互型课件制作，通过大量实例重点突出 9 种交互控制的灵活运用。第 9 章介绍了 FrontPage 网页课件制作，介绍用 FrontPage 2003 创建网站与网页，突出使用 FrontPage 创建超链接和使用表格。第 10 章介绍了几何画板课件制作，介绍几何画板的基本操作，几何图形构造关系建立、绘制、度量和计算等内容。

全书采用任务驱动的案例教学方式，将知识介绍与实例分析融为一体。本书的所有实例都是作者根据教学需要精心准备的，可操作性很强，读者只要认真阅读，按照书中所讲述的步骤操作，就可掌握讲授的内容。

本书主要由冯建平、吴丽华等编写，其中，第 1 章由冯建平编写，第 2 章、第 3 章、第 4 章、第 5 章由邓居英编写，第 6 章、第 7 章由李应勇编写，第 8 章、第 9 章由靳宇倡编写，第 10 章则是由吴大非编写，上机实验由吴丽华编写。参加实例制作的人员有童志远、肖华、刘宇翔、何雄、常娜、曾魁伟、曹晓芳等。在本书的编写过程中，得到了同行与专家学者的大力支持，他们提出了许多好的意见和建议，在此一并表示感谢。

本书配有电子教案，书中所有实例程序及电子教案可从人民邮电出版社教学服务与资源网下载。具体网址为：http://www.ptpedu.com.cn。

由于编者水平有限，书中难免存在错误和不妥之处，欢迎广大读者批评指正。

编 者
2011 年 5 月

目　录

第1章
电子白板与多媒体课件设计基础

【本章概述】

本章简单介绍交互式电子白板的应用特点和教学设计过程中需要的理论指导；主要介绍多媒体课件的特点、分类、要求和制作过程，多媒体课件的环境要求，对比分析了交互式电子白板和多媒体课件在教学中的优势特征；并详细介绍界面设计、交互方式及导航策略的概念、原则和方法。

信息技术正以前所未有的速度进入学校，它在提高学生学习效率、增强课堂教学效果方面发挥了很大的作用，学校教育的核心环节是课堂，交互式电子白板的应用，成为课堂信息化的首选并很快得到发展。它易学易用，与传统教学工具比较，在教学手段和方法上会带来全新的选择。多媒体技术也是在教育领域应用最早、进展最快的领域。具有形象直观、新颖多样、高效集成、交互反馈、易保存、易利用，以及网络化等特点。它以最自然、最容易接受的多媒体形式使人们接受教育，不但扩展了教学信息量，提高了知识的趣味性，还增加了学习的主动性和科学准确性。

交互式电子白板和多媒体课件在教学上的应用不是谁替换谁，而是发挥各自特有的技术优势，实现信息技术与课堂教学真正的最优化整合。

1.1 交互式电子白板应用概述

1.1.1 交互式电子白板应用与特点

我们熟悉的黑板已经使用了几百年，即使在信息技术高度发达的今天，黑板在教学中依然有一定的作用，但也暴露了它的不足。随着信息技术的发展，带动了黑板形式的不断变化，出现了电子复印式白板、交互式电子白板。交互式电子白板从某种意义上来说，就是一块"数字化黑板"。

在"数字化黑板"的演变过程中，还出现了多媒体投影教室，它与传统的黑板比较，确实克服了传统课堂教学的弊端，是一种新型的具有直观性、形象性和趣味性良好的多媒体课堂教学形式。但是，多媒体大屏幕投影教学也出现了许多缺陷，如教师端坐在主控台前操作计算机，影响教师肢体语言的发挥和与学生的充分交流；教师授课只能演示预先组织设计好的固定内容，欠缺灵活性，无法像传统教学过程那样边讲解、边标注、边板书，尤其对需要大量推理的学科更显得不足；教师备课、做课件成了一个很大的负担，对于一般教师来说不仅要掌握很多的计算机专业知识，还需要掌握与课件制作相关的专业知识。由于上述多媒体课堂教学的缺陷，造成多媒体课堂教学很难与传统教学有机融合。为此，学校的课堂教学迫切地需要一种能集黑板和多媒体投影之所长于一身的"数字化黑板"，这样的数字化黑板，既能方便地引入和呈现数字化信息资源，又能根据需要随时调整内容；既能充分发挥教师的主导作用和个人魅力，又能增强师生参与和互动的新型教学设备。这样，一种新的形式——交互式电子白板就应运而生。

交互式电子白板充分利用了信息化教育的特点，在结合现代教学与传统教学特点的基础上，充分发挥白板在教学中的作用，真正将信息化带进了普通课堂和日常教学活动中。交互式电子白板应用于教学具有如下特点。

（1）交互式电子白板系统与传统的教学方式结合非常紧密，完全符合传统的教学习惯，使用者可以自由地走动，无论是写板书，还是进行课件演示，或是对计算机的操控，都可以在白板上完成，不必局限于计算机控制台。

（2）教师在课堂教学中使用交互式电子白板，除了可以展示丰富的教学内容和即时注释外，还鼓励学生主动参与教学过程，不断完善教学内容，提高师生互动的有效性。

（3）教师可以在电子白板上直接进行板书，做教学内容批注，书写内容可以瞬间擦除，如不擦除，可以保存所有操作的历史记录。

（4）教师可以方便地利用电子白板本身所带的模板进行教学设计，可以方便地调用各种多媒体资源，如三角尺、圆规、直尺、量角器等，使得教师在备课、制图等方面省时省力。通过网络功能，教师还能进行集体备课，可以发挥教师团队合作精神。正是由于这些特点，很多学校将交互式电子白板引入到课堂中作为常规的教学工具。表 1-1 所示为交互式电子白板与多媒体投影教学功能的对比。

表 1–1　　　　交互式电子白板与多媒体投影教学功能的对比

交互式电子白板教学	多媒体投影教学
操作开放直观，可视性强	操作隐蔽不直观，可视性差
适合小班课堂教学	适合大型课堂讲演
统一在白板前操作，简单方便	在控制台前操作，投影在屏幕上
学生主动参与	学生被动接受
交互友好丰富	交互受很大局限
资源与白板整合一体	资源（各类软件课件）分散
适应师生协作并兼顾个性化	主要适应教师个人讲授
适应多种教学模式	适应单一教学模式
课堂教学易于控制，凝聚力强	课堂教学不易控制，凝聚力差
教学内容可记录、存储	不易记录教学过程
可书写、标记、光擦写	无书写、标记功能
有多种交互白板配套专用教学软件、硬件	无
有多种交互白板配套专用教学资源库	无

1.1.2　交互式电子白板应用理论指导

1．建构主义学习理论

近 20 年以来，把学生作为知识灌输对象的行为主义学习理论，已经让位于把学生看做是信息加工主体的认知学习理论。随着心理学家对人类学习过程认知规律研究的不断深入，近年来，认知学习理论的一个重要分支——建构主义学习理论在西方逐渐流行。

当前，国内外各级各类学校教学改革的关键在于能否打破传统的教学模式。这种"以教师为中心，教师讲、学生听"为特点的教学模式既不能保证教学的质量与效率，又不利于培养学生的发散性思维、批判性思维和创造性思维，不利于培养具有创新精神和实践能力的人才。为了改变这种状况，国内外的许多教育工作者、教育学家、教育技术专家多年来从理论与实践两个方面做了大量的研究与探索，建构主义理论正是这种努力所取得的主要理论研究成果。随着多媒体计算机和 Internet 网络教育应用的飞速发展，建构主义学习理论正愈来愈显示出其强大的生命力，并在世界范围内日益扩大其影响。

建构主义学习理论的基本核心是："以学生为中心，在整个教学过程中由教师起组织者、指导者、帮助者和促进者的作用，利用情境、协作、会话等学习环境要素，充分发挥学生的主动性、积极性和创造性，最终达到对所学知识的意义建构目的。"建构主义学习理论强调以下几个方面。

（1）学生是知识意义的主动建构者。

（2）教师是教学过程的组织者、指导者，意义建构的帮助者、促进者。

（3）教材所提供的知识不再是教师传授的内容，而是学生主动建构意义的对象。

（4）媒体也不再是帮助教师传授知识的手段、方法，而是用来创设情境，进行协作学习和会话交流，即作为学生主动学习、协作式探索的认知工具。

因此，建构主义学习理论中的"情境"、"协作"、"会话"和"意义建构"被称为建构主义学习理论中的四大要素。学习的过程不再是被动接受的过程，学习环境中的情境有利于学生对所学内容的意义建构，在真实世界的情境中建构知识，使学习变得更为有效。

2．"活动理论"指导下的学习

活动理论是一个交叉学科，是研究在特定社会文化历史背景下人的行为活动的理论。它的基本思想是人的心理发展与人的外部行为活动是辩证统一的。其源于康德和黑格尔的古典哲学，马克思的辩证唯物主义，维果斯基、列昂捷夫、鲁利亚等俄国心理学家的社会文化和社会历史观，并在心理学领域迅速发展壮大。我国活动理论的研究，可追溯至 20 世纪 20～30 年代陶行知先生的"生活教育"实验和陈鹤琴先生的"活教育"实验。经过几十年的探索，我国不少中小学在活动育人方面积累了不少的经验。20 世纪 90 年代初，原国家教委正式将活动课程纳入九年义务教育课程计划，活动及其认识发展得到了应有的重视，活动理论的研究和实践逐渐形成高潮。

活动理论是以"活动"为逻辑起点和中心范畴来研究和解释人的心理发生发展问题的心理学理论。它关注的不是知识状态，而是人们参与的活动、使用工具的本质、活动中合作者的社会关系和情境化关系、活动目的和意图以及活动的客体或结果。活动理论的假设与建构主义、案例教学、情境学习、社会认知具有一致性。将活动理论作为教学设计的新理论框架是近年来发展起来的，它可以提供一个清楚的操作架构，它以"活动"为分析的基本单位，指出任何活动都可以组成活动系统，如图 1-1 所示。

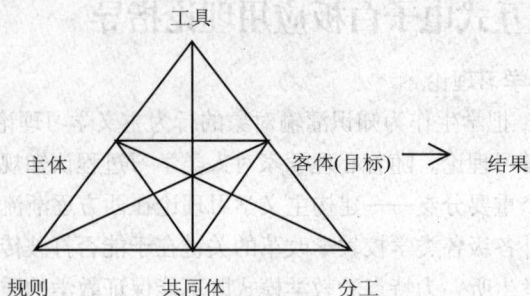

图 1-1　活动系统结构

活动系统包含有 3 个核心成分（主体、客体和共同体）和 3 个次要成分（工具、规则和分工），次要成分又构成了核心成分之间的联系。

- 主体：指在教学设计中的学生，是教学设计的执行者。活动理论中对主体的分析也就是学习者分析，应调查学习者具有的认知水平、情感、技能水平等特征。对学习者分析，有利于教学设计中给出合理的教学目标，组织更有效的教学活动，是后继工作的保障。
- 客体：指在教学设计中的教学目标或学习目的，是主体通过一定的活动受到影响改变的东西。客体的分析与设计方向根据主体的情况因人而异，另一方面又要达到一定的要求，所以客体既具有主观性，又具有客观性。教学过程中的教学目标分析与准确定位，也是教学顺利有效进行的前提。
- 共同体：在教学设计中，活动理论的共同体指除学习者自身外其他共同学习者、教师、其他工作人员等。这里的共同体是指与学习者共同完成学习过程的参与者。共同体在整个过程中起重要作用，有时为引导，有时为参与，在进行学习活动过程中，共同体不断影响主体，为主体提供所需的资源或资助，所以活动有时为个体，有时属于共同体。
- 工具：活动理论中的工具在教学设计中可以理解为教学环境，包含教学过程中使用的硬件与软件的设计。活动理论认为人类活动是离不开工具的，学习也一样。笔墨纸砚是古代学习必备工具，教材、计算机等是现代学习需要的硬件。而和谐的同学关系、愉悦的心情、良好的网络等都是软件工具。良好的教学环境设计可以使学习事半功倍。
- 规则：规则是用来协调主体与客体的，是教学活动过程中的一种制约、约定。比如，大多数情况下，学生要听从老师的安排，老师与学生互动时，二者必须保持某种关系，参加角色扮演时，参与者必须遵守对角色的安排等。
- 分工：在教学过程中，不同的成员都要完成不同的任务。教师是教者，学生为学习者，教育技术人员做辅导人员。在活动理论中，完成活动过程是需要不同成员完成不同任务，以使活动可以正常进行下去。在教学中也一样，虽然根据教学需要，有些角色某些时候会发生变化，但每个人都要完成自己应该完成的任务，否则教学将不能良性地进行下去。

在教与学的过程中，学习就是学习者的"劳动"，在学习过程中，学习者完成学习活动即是对认识需要的获得与对外界环境的改变。所以在活动理论中对于教学范畴而言，"活动"即教与学过程中的行为总和，是学生对知识认知与技能发展的总和。

以活动教学为理论而设计的课程与以往的课程相比有以下特点。

（1）切近学生生活，有利于激发学习动机。

（2）强调主动探索，有利于深入认识。

（3）多种活动配合，全面实现教学目标。

（4）以师生共同活动为基础。由此可见，在活动教学课程体系中，更注重以学生为主体，注重对学生综合能力的培养。

具体在开展教学活动时，用交互式电子白板为活动学习的基础工具，以活动理论为指导。图 1-2 所示为以"活动理论"为中心的课程架构模型。在课堂活动组织方式上，可以将大班级分成若干个学习活动小组，即组成几人的学习共同体，学生通过分工合作完成探究学习任务。在课程教学设计中，注重学生的主体性，注重从学习活动中区分出学习的主要结构成分，即活动的需要、动机、任务、行动和操作，提倡学习及参与、合作和分享体验。总之，新时代的教育已走向个性化、终身化方向发展，活动理论的灵魂与交互式电子白板的形式结合起来必将为教育带来一阵春风，也必将能培养出更多具有创新精神和实践能力的人才。

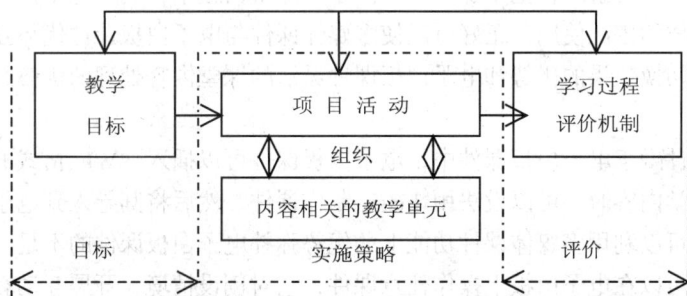

图 1-2　以"活动理论"为中心的课程架构模型

1.1.3　交互式电子白板与多媒体课件的优势互补

交互式电子白板课件是指利用电子白板创建、保存文档的功能生成的电子白板格式的文件。交互式电子白板的文档类似于 PowerPoint 演示文稿，分为不同的页面，在每个页面中可以插入图像、音频、视频、动画等资源。

交互式电子白板是一个积件平台，我们可以利用交互式电子白板的资源库建立积件库，每个教师都可根据自己的教学需要，利用资源库中的资源，生成自己的教学课件。这种方式生成的课件，在教学过程中，教师可以根据课堂需要动态地添加、删除或更改课件中的内容，学生也可以更改、充实教师原先的课件内容，真正参与到课堂中来，不管是教师对知识的理解，还是学生的回答，只要在交互式电子白板上操作，交互式电子白板系统会自动储存这些宝贵的资料，从而生成每个教师每堂课的个性化的课件，并且成为教师以后教学的重要资源。同时，交互式电子白板还具有动态输入功能和书写笔功能，使用者可直接在显示屏幕上进行书写、绘图等，这样会使课堂更加灵活和生动。

多媒体课件是根据教学大纲的要求和教学需要，经过严格的教学设计，并以多媒体的表现方式和超媒体结构编制而成的课程软件。应用多媒体技术设计和编制的多媒体课件，具有综合处理图文声像的能力。它改变了传统教学中将知识信息仅以单一视觉或听觉表现的方法，使学生能通过多种感官获取知识信息，增强理解能力，提高教学效率。

多媒体课件是计算机多媒体技术在教育领域中应用的典型范例，它是新型的教育技术和计算机应用技术相结合的产物，其核心内容是指以计算机多媒体技术为教学媒介而进行的教学活动。多媒体课件的主要表现形式是：利用数字化的声音、文字、图片以及动态画面，形象地展现学科中的可视化内容，强化形象思维模式，使抽象的概念更易于接受。多媒体课件本身也具备互动性，提供学生自学的机会。它以传授知识、提供范例、自我上机练习、自动识别概念和答案等手段展开教学，使受教育者在自学中掌握知识。实践证明，多媒体课件优化了课堂教学，提高了课堂效率，在当前的教育界得到了广泛的应用。

多媒体课件与交互式电子白板结合，以其特有的技术优势使信息技术与课堂教学真正实现最优化的整合，但是如何将多媒体课件与交互式电子白板课件整合起来，使交互式电子白板在课堂教学中发挥最大效率，对教师来说是一次全新的挑战。多媒体课件与交互式电子白板课件整合，从实现方式上主要包括以下两种。

（1）多媒体课件与交互式电子白板课件并存，根据它们各自的优势在课堂教学的不同环节中使用不同的课件。例如，多媒体课件用于导入，利用多媒体课件声像并茂的特点烘托课堂的气氛，创设学习的情境。需要讲解时，把多媒体课件演示在电子白板中，利用电子白板的荧光笔等功能具体讲解。通过这样的搭配使用，正好可以使多媒体课件与电子白板课件优势互补，既发挥了多媒体课件丰富对象切换效果的优势和电子白板课件灵活的课堂内容处理的优势，同时也弥补了它们各自的缺点。

（2）多媒体课件融于电子白板课件中，电子白板课件可以插入 SWF 格式的文件，当需要用多媒体课件表现教学内容时，可以设法用 Flash 制作课件，然后将其导入到电子白板课件中。通过这样的融合，就可以利用多媒体课件功能上的优势弥补电子白板课件的不足。利用交互式电子白板的"交互性"可以在电子白板上操作任意课件，它对创设情境、开展互动教学创造了条件。交互式电子白板和多媒体课件可以在课堂教学中发挥各自的优势，取长补短，这样就可以优化课堂教学，提高课堂效率。

1.2　多媒体课件概述

1.2.1　多媒体课件的特点

多媒体课件在教学活动中是一个很好的辅助工具，它可以帮助师生解决一些用传统教学手段难以表述或表现的知识点。计算机多媒体技术具有集成性、交互性、控制性等特点，由于多媒体课件是基于多媒体技术的，从而使多媒体课件呈现出以下几个特点。

1. 教学信息显示形象直观

教学信息显示方式包括文字、图形、图像、声音、视频、动画等多种形式。它给学生提供的外部刺激由原来单一的视觉或听觉刺激，变为多种感官的综合刺激，这种刺激更能引起学生的学习兴趣和提高学生的学习积极性。利用这种优势，向学生传授知识，比传统教学中教师在黑板上书写更直观、形象，更具有吸引力，可以为学习者创设多样化的情境，使学生获得生动形象的感性素材。

2. 教学过程的交互环境

在多媒体课件中，计算机可以利用人机交互的手段和快速的计算处理能力，根据现实情况模拟各种现象与场景，扮演与学生友好合作、平等竞争的环境。它提供图文并茂、丰富多彩的人机交互式学习环境，使学生能够按自己的知识基础和习惯爱好选择学习内容，而不是由教师事先安排好，学生只能被动服从，这样，将充分发挥学生的主动性，真正体现学生的认知主体的作用。

3. 教学资源的大容量

多媒体课件提供大量的多媒体信息和资料，创设了丰富有效的教学情境，学生可以通过这种丰富的学习资源，学会如何获取信息、探究信息，建构自己的知识结构，培养学生的学习能力。这是其他的教学资源，如投影片、幻灯片难以做到的。

4. 教学信息的超文本组织

超文本是按照人的联想思维方式非线性地组织管理信息的一种先进的技术。由于超文本结构信息组织的联想式和非线性，符合人类的认知规律，所以便于学生进行联想思维。另外，由于超文本信息结构的动态性，学生可以按照自己的学习目的和认知特点重新组织信息，按照不同的学习路径进行学习。超文本已经不仅仅是一种技术问题，还是一种思维方式，它为学习者提供了多种适合不同学习对象的教学方案和学习路径。

5. 教学信息传输的网络化

Internet 的飞速发展和广泛普及应用，实现了全球的资源共享和信息通信。计算机网络化，为教师、学生和家长之间提供了可以相互交流、相互学习的平台。当前，多媒体教学研究的发展，利用网络资源，采用多机交流的形式进行教学已成为潮流。教师在教学过程中不仅能通过网络与学生交流信息，而且教学已经不限于一间教室或一所学校，它完全打破了传统的班级教学模式，发展到了不同地域、不同时间的合作和探索学习，学生可以通过网络即时得到帮助和反馈。

6. 教学信息处理的智能化

虽然实现智能化还有一定的难度，但现在已经取得了一些突破，如具有学生模型的阅读软件，具有自动批改作文教学软件的研究已取得很好的成果。这些现代教育技术的优势，十分有利于因材施教，也有利于个性的发展。

7. 教学模式的游戏化

在多媒体课件中，学生可以很轻松地在游戏环境中愉快地完成学习任务，这种把教学渗透在游戏中，能产生一种生动与轻松的学习氛围，激发学习者兴趣的游戏化教学课件近年来逐渐得到了关注。用游戏方式促使学习者自发、自愿地进行学习，使学生在不知不觉中进入学习状态。电子游戏作为一种教育资源，潜质丰富，特别是融入课件具有深刻的现实意义。它拓宽了课件资源领域，拓宽了学习方式和教学方式，是一种可行的、操作性很强的课件开发新思路。

1.2.2　多媒体课件的分类

随着多媒体技术的发展和普及，它已广泛应用于教学过程中，并逐渐形成各种各样的教学模式。这些教学模式所使用的课件有很大不同，并各有其特定的应用环境和需求。下面介绍几种典型的多媒体课件类型。

1. 教学演示型

教学演示型的课件应用于课堂教学中，在多媒体计算机教室中，由教师向全体学生播放多媒体课件，演示教学过程，创设教学情境，进行示范教学。在创设教学情境或进行标准示范时，将抽象的教学内容用形象具体的形式表现出来。

教学演示型主要是为了解决某一学科的教学重点或难点而开发的，注重对学生的启发和提示，反映解决问题的全过程，揭示教学的内在规律，将抽象的教学内容用形象具体的动画等形式表现出来。

2. 自主交互型

自主交互型课件具有完整的知识结构，能反映一定的教学过程和教学策略，提供相应的练习供学生进行学习和评价，并设计许多友好的界面让学生进行人机交互活动。利用自主交互型多媒体课件，可以让学生在个性化的教学环境下自主地进行学习。

自主交互型课件的基本教学过程是：教学以单元为主，将知识分解成许多相关的知识点呈现，再通过提问问题，检查学生的掌握情况。在教学过程中，计算机能时刻监视学习的进程，通过学生的即时反馈，决定是继续学习新的内容，还是返回学习旧的内容，目标达到后进入下一主题。在多媒体教学中，自主交互型课件的教学内容图文并茂、声色俱全，并使交互形式更为生动活泼。

3. 操作练习型

操作练习型课件主要是通过练习或回答问题的形式来训练、强化学生某一方面的知识或能力，在多媒体网络教室的环境下，利用专门的教学功能进行专业技能的展示。

操作练习型的课件主要包括题目的编排，学生回答信息的输入，判断回答以及反馈信息的组织，记录学生成绩等。它的基本过程是：由计算机向学生逐个呈现问题，让学生回答，然后计算机判断学生是否回答正确。回答正确，则给予肯定和赞扬，进入下一个问题。回答不正确，则给予提示帮助，并再给一次回答机会，或者直接显示正确答案。如果学生不会，可以请求系统呈现提示帮助信息，或请求讲解。按照这样的方法，通过让学生回答一组难度渐增的问题，可以达到巩固所学知识和掌握基本技能的目的。

4. 教学模拟型

教学模拟型课件也称仿真型课件，它是利用计算机模拟真实的自然现象或社会现象。课件主要提供学生与模型间某些参数的交互，从而模拟出事件的发展结果。例如，化学中的各种化学反应，飞机和汽车的驾驶操纵等。这种课件由于给予学生操作手段和使用方法的提示，容易引起学生的兴趣，达到加深理解的效果，非常有利于培养学生解决问题的能力，并且克服了许多真实试验的困难，在许多场合下具有不可替代的作用。

5. 合作学习型

合作学习型指在计算机网络通信工具的支持下，学生们不受地域和时间上的限制，进行互教互学、小组讨论、小组联系、小组课题等合作性学习。它与传统的自主交互学习截然不同，自主交互学习注重于人机交互活动对学习的影响，而合作学习强调计算机支持同伴之间的交互活动。

6. 娱乐学习型

娱乐学习型课件与一般游戏软件有很大的不同，它主要基于学科的知识内容，寓教于乐，通过游戏形式，教会学生掌握学科的知识和能力，并激发学生学习的兴趣。这种课件要求趣味性较强。

1.2.3 设计多媒体课件的基本要求

多媒体课件不同于一般的多媒体作品，它在设计中有一定的基本要求。多媒体课件是按照教学大纲的规定，根据教学的目的和要求而制作的，它充分运用图文声像并茂的形式，表现特定的教学内容，它的特点是教学节奏快，知识传输量大，教学效率高。但如果设计不当，会造成不利的影响，不能发挥学生更多的思维、想象和联想的余地，使学生的学习停留在感性认识阶段，难以使认识升华成理性知识，不利于培养学生的能力和发展智力，所以必须采用科学的方法来表达丰富的教学内容。必须突出艺术效果，把美学的基本理论贯穿于教学设计的全过程，使之达到"寓教于乐"的作用。为此，在多媒体课件设计中，要注意充分激发学生的学习兴趣和求知欲，调动学生的学习主动性和积极性，在设计课件时要注意以下 4 个方面的要求。

1. 教育性要求

教育性是多媒体课件的最根本的属性，它要求多媒体课件按照教学大纲的规定，根据教学的目的和要求，用多媒体计算机技术实现有效的控制和播放来达到实施教学的目的。它要求多媒体课件要有明确的教学目的，特定的教学对象，生动活泼的教学形式，并有助于突出重点和难点，能充分体现教学规律。要根据不同的学科、不同的课题，围绕各自的教学主线展开。内容选择、深浅难易程度的确定要依据不同的教学对象。教学形式要生动活泼，教学过程要灵活多样，突出教学主体内容，发挥视听媒体的特长，加深对重点问题的渲染和剖析，充分体现教学规律。

2. 科学性要求

在多媒体课件中，科学性主要反映在系统严谨、实用新颖和规范正确 3 个方面。

（1）系统严谨。要求课件的结构系统完整，层次分明；内容的范围、深度和教学目的要清楚明确；定义的表述，原理的论证，现象的描述要严密并具有逻辑性。

（2）实用新颖。教学内容充实和具体；选材、例证要具有典型性和代表性；教学内容的表现形式要新颖多样；用正确的方法解决与本课件相关的实际问题。

（3）规范正确。概念、定理、规律、原理等内容的表达准确，解释、说明、引申正确无误；文字、语言使用规范，量纲符合国标的规定，引用数据可靠；图文声像等多媒体信息的真实度和可信度要高，能反映事物发展的规律；操作、示范以及模拟动作要准确。

3. 艺术性要求

多媒体课件通过科学与艺术的结合，使教育更有成效。艺术是以情动人，以情感人，用形象体现本质，在坚持科学性的前提下，尽量运用完美的艺术形式表现教学内容，从而取得事半功倍的教育效果。比如，通过视听组合所产生的效果影响学生的兴趣和爱好，使他们产生情感的共鸣和转移；通过人机交互作用等各种形式，调动学生的积极情绪，加强情感交流，提高他们的创造意识；采用适当的教学表现形式，使教学过程有序、完整、自然；画面形象新奇，有一定的艺术技巧，这样可以激发学生兴趣，强化感知，引起注意。

4. 技术性要求

技术性要求主要反映在运行环境的选择，人机操作界面的设计，图文声像素材的制作和编辑，软件的调试与播放等技术问题上。它直接影响多媒体课件设计与制作技术水平的高低，也直接影响教学效果。

1.3 多媒体课件的制作过程

多媒体课件是一种多媒体技术在教学上的应用软件，它的设计与其他软件设计相同，主要经过需求分析、教学系统设计、编写脚本、课件编制、调试与评价等过程，如图 1-3 所示。

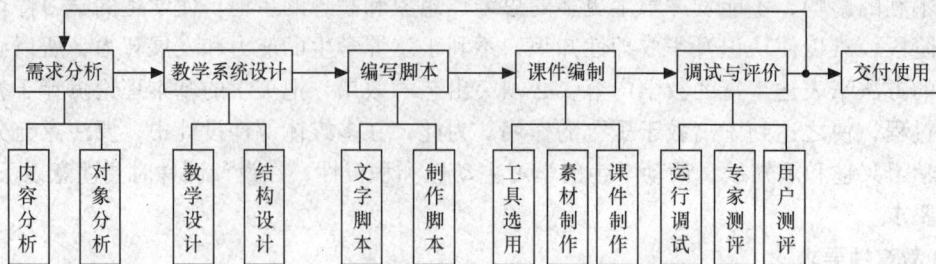

图 1-3　多媒体课件制作流程图

1.3.1　需求分析

1. 内容分析

在多媒体课件开发的第一阶段，首先要明确教学内容，明确教学中的重点和难点，明确哪些教学内容可以用课件替代传统教学，进而可以提高教学效率。

2. 对象分析

不同年龄阶段的学生其认知结构有很大的差别，对象分析就是对学习者特征的分析，它包括学习者的年龄、受教育水平、阅读能力水平、动机水平、原有知识结构、掌握计算机的水平等。多媒体课件的设计必须与学生年龄特征相适应，帮助学生由直觉思维向抽象思维过渡，要引导学生学习抽象概念，逐步发展学生的逻辑思维能力。

1.3.2　教学系统设计

教学系统设计是开发过程中最重要的一环，它是形成多媒体课件设计总体思路的过程，决定了后续开发的方方面面。课件开发中的设计工作可以分为教学设计、课件结构设计等环节。

1. 教学设计

教学设计是关键的环节，主要有学生特征的分析、教学目标的确定、多媒体信息的选择、教学内容知识结构的建立、形成性练习的设计等。教学设计要注重教学目标及教学内容分析；注重情境创设，强调情境在学习中的重要作用；注重信息资源设计，强调利用各种信息资源来支持学习，最终形成一个优化的教学系统结构。

2. 课件结构设计

由于多媒体课件的信息量大且要求具有友好的交互性，因此，必须认真设计多媒体课件的系统结构，以保证多媒体课件能达到最佳的教学效果。多媒体课件的结构实质上就是多媒体教学信息的组织与表现方式，它定义了课件中各部分教学内容的相互关系及其发生联系的方式，反映了整个课件的框架结构和基本风格。

课件结构设计通常包括如下内容。

（1）软件封面的显示方式。软件封面是教学软件与学习者的第一个交互界面，用于说明多媒体课件所包含的主要内容。

（2）建立信息间的层次结构和浏览顺序。层次结构和浏览顺序是教学信息间的逻辑结构和相互间的联系。例如，某个知识点或教学内容应隶属于哪一层次结构，这一层次结构可用哪些媒体信息表示，这些媒体信息的排列顺序如何等。只有建立了一个良好的层次结构和浏览顺序，才能使学习者方便地找到所需要的信息。

（3）确定信息间的跳转关系。交叉跳转，即多媒体课件的导航设计，它是指从某个具体的信息或主题跳转到与其相关的另一个信息或主题。交叉跳转的确定会影响多媒体课件开发的难易程度以及教学软件的使用效果。

1.3.3　编写脚本

前面的教学系统设计只是确定了软件开发的思想方法，但其中具体的细节问题则需要通过编写脚本的形式来加以描述和体现，并将脚本作为多媒体课件开发与制作的直接蓝本。

多媒体课件的脚本分为文字脚本和制作脚本，这里将它们分别称为 A 类脚本和 B 类脚本。文字脚本（A 类脚本）是按照软件教学设计的要求进行描述的一种形式，制作脚本（B 类脚本）是按照软件系统设计的要求进行描述的一种形式，具体实例请见本书附录 B（多媒体课件脚本实例）。

1. 文字脚本

文字脚本描述多媒体课件的整体形态，即按照教学过程的先后顺序，描述每一环节的教学内容及其呈现方式。一般情况下，文字脚本的编写由学科专业教师来完成。完整的文字脚本包含学生的特征分析，以便对学生进行有针对性的教学；包含教学目标的描述，以便明确教学内容和检查学生能否达到预期效果；包含知识结构流程图，以便用来分析各单元内容知识点与知识点的相互关系及其联系；包含问题的编写，以便在提出一些问题供学生思考的同时，用来检查学生对内容的掌握情况。

2. 制作脚本

设计制作脚本就是需要设计者依据使用者编写的文字脚本，站在使用者的角度来考虑和分析问题，将文字脚本改写成制作脚本，这其中主要考虑呈现各种媒体信息内容的位置、大小和显示特点。制作脚本的具体内容包括封面设计、界面设计、结构安排、链接关系的描述、制作脚本卡片等。

1.3.4　课件编制

1. 工具选用

根据制作脚本的要求，利用现有的多媒体创作工具或通用计算机语言，将多媒体素材进行整合，整合的过程就是课件的制作。本节课件制作工具提供了 PowerPoint 2003、Flash 8、FrontPage 2003、Authorware 7.0 和几何画板 5 种工具。根据课件使用场合和使用特点，可以采用不同的创作工具。PowerPoint 2003 适合于课堂演示类课件的制作，Flash 8 适合于网络动画类课件的制作，FrontPage 2003 适合于网络课程类课件的制作，Authorware 7.0 适合于交互类课件的制作，几何画板适合于数学、物理类演示轨迹关系类课件的制作。它们最大特点就是拥有灵活、丰富的人机交互方式，可以导入各种多媒体素材，易学易用，为非计算机专业人员提供了一种良好的多媒体创作工具。

2. 素材制作

多媒体课件中可以使用的信息有文本、图形、图像、动画、视频、音频等，这些信息称为多媒体素材。在实际制作过程中，准备素材消耗的时间和人力常常是最多的一个环节。例如，要制作一个生物课件，需要收集与本课相关的图片、动画、声音等素材。这些素材有的可以找到，但需要进行加工和处理才能够使用；有的却不容易找到，只有自己进行制作。没有图片就需要使用图像处理软件绘制，没有动画就需要使用动画制作软件制作，没有声音就需要使用"录音机"程序来录制，所有这些花费的时间将远远超过制作课件的时间。由此可见，掌握获取素材与处理素材的方法和技巧是非常重要的。

1.3.5　调试与评价

对正在制作过程中的或是已经制作完成的课件进行反复调试和修改是必不可少的。由于在制作过程中，开发人员和最终用户之间在对课件的理解上存在一定的偏差，这就要求开发人员要根据用户需求直行修改和调试，尤其在正式公开出版发行一个课件产品之前，必须进行必要的测试和评价。

1．运行调试

运行调试是在课件的编制过程中随时进行的。在系统编辑过程中，开发人员可以运行系统，并设置断点，跟踪系统的运行状态。也可以逐段运行，观察系统编辑后的效果，并随时中断系统运行，返回到编辑状态。

在课件基本完成后必须进行测试，测试者一般为选好的模拟用户，测试的目的是排除软件中较为明显的错误与缺陷，尤其是技术方面的缺陷。

2．课件评价

对多媒体课件的评价就是衡量和估计这个课件对学生的教育价值，判断其应用效果。编制出来的多媒体课件应该用到实际的教学环境中，进行计算机辅助教学活动。利用多媒体软件进行辅助教学，可采用课堂辅助教学或个性化教学方式。利用多媒体课件进行课堂辅助教学时，要设计好课堂教学过程结构，注意多媒体课件在课堂中的使用时机和使用方法。经过教学试用，发现在编制调试阶段未能发现的技术错误和不足，通过修改程序，使课件能正常运行。

在多媒体课件的开发过程中，教学效果的评价分析应分为两部分进行：一部分是分析课件本身对教学效果的影响，可以使开发者清楚地看到软件结构、素材质量以及编制质量对教学效果的影响，从而能发现问题的所在，尽快改进教学软件的不足之处；另一部分是学习内容与学习水平的确定、媒体内容的选择与设计以及教学过程结构的设计对教学效果的影响，将有助于对学习内容与学习水平进行更深入细致的分析，有助于选择最佳的媒体内容，有助于设计出更好的教学过程结构。因此，详细分析影响教学效果的因素对多媒体课件的开发有着重要的意义。

3．交付使用

对于大型的多媒体课件，还应该制作多媒体课件的安装程序，将多媒体课件刻制成光盘，编写使用手册，制作多媒体课件的包装等。

1.4　多媒体课件的使用环境

多媒体课件的设计、制作与应用，应该有一个良好的软硬件环境支持。如果没有好的硬件环境支持，在具体操作中缺乏必要的设备，会影响整个工作进程；没有好的软件环境，会影响设计和制作课件的工作效率；而没有好的应用环境，课件的优势就不可能很好地发挥出来。目前，多媒体计算机及其辅助设备就是主要依靠的硬件设备，计算机中安装的系统软件和应用软件就是创作素材和课件的工具，多媒体网络教室和多功能教室就是多媒体课件运行的主要环境。

1.4.1　硬件环境

1. 多媒体计算机

多媒体计算机是对基本计算机系统软件、硬件功能的扩充，包括计算机主机及其外围设备，如图 1-4 所示。它主要由中央处理器、内存储器、输入/输出设备等组成，也包括管理计算机软件系统和硬件系统资源、控制计算机运行的程序、命令、指令、数据等。

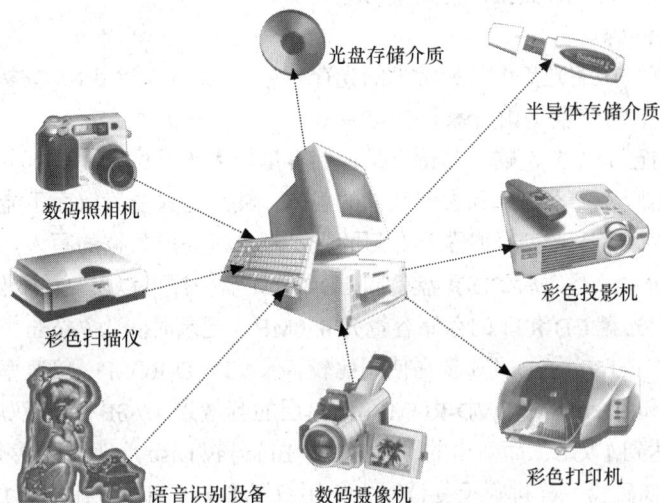

图 1-4　多媒体计算机

多媒体计算机是多媒体课件制作系统中最基础的设备。通常，一台多媒体计算机性能的优劣，将直接影响到课件制作的效率。所以，一定要注意多媒体计算机的选购。尤其多媒体课件制作需要的容量相对较大，对配置的硬盘、CPU 和内存的要求都较高。如果需要制作 3D 动画，对显示卡的要求较高。当前，好的多媒体计算机基本配置如表 1-2 所示。

表 1-2　　　　　　　　　　　　　　多媒体计算机基本配置

处　理　器	英特尔® 奔腾® D 820（2.8GB）处理器（1M 二级高速缓存/2.8GHz/800MHz 前端系统总线/LGA775 封装）
内　　　存	1GDDRII 533
硬　　　盘	160GB SATA（7 200 转）硬盘
显　示　器	17 英寸 LCD
显　示　卡	ATI X600PRO 128MPCIE 显卡
光　　　驱	DVD 刻录机
声　　　卡	主板集成 2.1 声道
网　　　卡	集成千兆网卡
操　作　系　统	Windows Vista 操作系统

2. 光盘存储器和刻录机

光盘是利用激光进行读写信息的圆盘。光盘存储器系统由光盘片、光盘驱动器和光盘控制适配器组成，如图 1-5 所示。常见类型的光盘存储器有 CD-ROM、CD-R、DVD-ROM、DVD-RW 等。

光盘存储器也是计算机上使用较多的存储设备。在计算机上用于衡量光盘驱动器传输数据速率的指标叫做"倍速"，一倍速率为 150kbit/s。如果在一个 24 倍速光驱上读取数据，数据传输速率可达到 $24 \times 150\text{kbit/s} = 3.6\text{Mbit/s}$。

(a) DVD-RW　　　　(b) CD-ROM

图 1-5　光盘驱动器

CD-ROM（只读式压缩光盘）是最常见的光存储介质。CD-ROM 上的信息是由厂家预先刻录好的，用户只能根据自己的需要选购。其特点是存储容量较大（可达 640 MB），复制方便，成本低廉，通常用于电子出版物、素材库和大型软件的载体。缺点是只能读取而不能写入。

CD-R 是一次性可写入光盘，但需要专门的光盘刻录机完成数据的写入。常见的一次性可写入光盘的容量为 650MB。写入后 CD-R 盘就同 CD-ROM 盘一样可以反复读取但不能再改写数据。例如，一次性可写入光盘 CD-R74 的存储容量为 650MB，记录时间为 74min。

DVD-ROM（Digital Video Disk）现在使用比较普及。DVD-ROM 一倍速率为 1.3Mbit/s，向下兼容，可读音频 CD 和 CD-ROM。DVD-ROM 单面单层的容量为 4.7GB，单面双层的容量为 7.5GB，双面双层的容量可达到 17GB，而新出的"蓝光盘（Blue-ray Disc）"其数据存储量达 27GB。

DVD-RW 可以像磁盘一样进行反复读写，使用双层 DVD 刻录机在 DVD-RW 盘片上可记录长达 4h 的高品质视频，或者保存高达 8.5GB 的数据、音乐、图片等。

3. 闪存存储器

闪存存储器又称 U 盘，是一种新型的移动存储设备，如图 1-6 所示。闪存存储器可像在软硬盘上一样进行读写，它采用无缝嵌入结构，对于数据安全性提供了保障，具有很好的防震防潮性能，使用方便，可靠性高。U 盘的擦写次数可达 100 万次以上，数据可保存 10 年之久，存储速度至少较软驱快 15 倍以上，且容量可依用户需求进行调整，为大容量数据的存储或携带提供了便利。其主要优越性如下。

图 1-6　U 盘存储器

● 无须驱动器和额外电源，只从其采用的标准 USB 接口总线取电，可热拔插，真正"即插即用"。在插拔闪存存储器时，必须注意等指示灯停止闪烁时方可进行。

● 在 Windows Me/2000/XP、Mac OS 9.x/Mac OS X、Linux Kernel 2.4 下均无须驱动程序，可直接使用。

● 具有通用性强、存储容量大（一般为 16MB～2GB）、体积小、携带方便、抗震强、功耗低、寿命长、读写速度快等特点。

4. 扫描仪

扫描仪是课件制作中使用最普遍的设备之一，它可以扫描图像和文字，并将其转换为计算机可以显示、编辑、存储和输出的数字格式，然后输入到课件中。扫描仪的外型如图 1-7 所示。扫描仪由扫描头、主板、机械结构和附件 4 个部分组成。扫描仪按照其处理的颜色可分为黑白扫描仪和彩色扫描仪两种；按照扫描方式可分为手持式、台式、平板式和滚筒式 4 种。扫描仪的性能指标有分辨率、扫描区域、灰度级、图像处理能力、精确度、扫描速度等。

5. 光笔

文字输入主要是靠键盘进行，对于动画素描等卡通图片创作，用光笔则输入更快。光笔的外形如图 1-8 所示，其原理是用一只与笔相似的定位笔（光笔）在一块与计算机相连的书写板上绘制，根据压敏或电磁感应将笔在运动中的坐标位置不断送入计算机，计算机中的识别软件通过采集到的笔的轨迹来记录所描绘的图案，然后再把得到的图案作为结果存储起来。

图 1-7 平板和手持式扫描仪 　　　　　　　　　　　图 1-8 光笔

6. 数码相机

数码相机是获取多媒体课件图像素材的一个重要输入设备。数码相机是一种无胶片相机，是集光、电、机于一体的电子产品，数码相机集成了影像信息的转换、存储、传输等部件，具有数字化存取功能，能够与计算机进行数字信息的交互处理，如图 1-9 所示。数码相机与传统相机相比最突出的优点是方便、快捷。决定数码相机性能的因素有 CCD（电荷耦合器件）或者 CMOS（互补金属氧化半导体）的像素数、镜头、存储卡等。

7. 麦克风与录音笔

获取多媒体课件声音素材需要利用麦克风和声卡进行录音等工作。现在流行的录音笔则是一个很方便的实用工具，利用录音笔可实现连续十几个小时的录音，如图 1-10 所示。

8. 数码摄像机

数码摄像机如图 1-11 所示，与传统的摄像机相比，数码摄像机拍摄的信息可以直接输入到计算机中，而传统的摄像机是将信息保存在录像带上，不能直接输入到计算机中。在多媒体 CAI 课件制作中，经常需要加入一些视频片段，以前通常是通过视频采集卡与电视或录像设备相连接来获取视频信息，这个过程既复杂又使信息有一定程度的失真。然而，数码摄像机的出现改变了这一切，使得视频的采集和输入过程更加简捷，视频信号的失真更小。目前数码摄像机已由磁带摄像机、硬盘摄像机发展为 DVD 摄像机和 SD 闪存卡摄像机。

图 1-9　数码相机

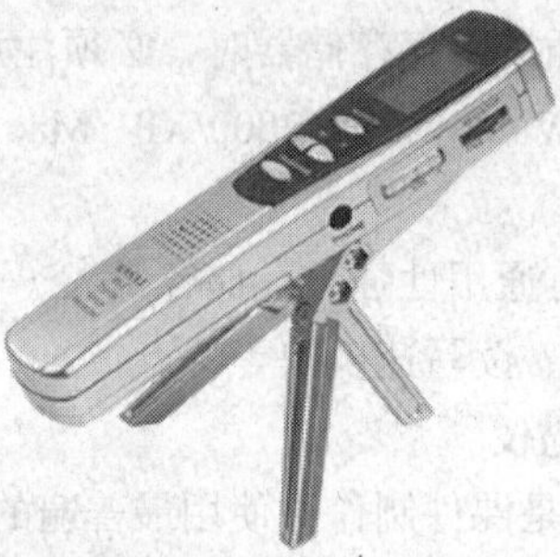

图 1-10　录音笔

图 1-11　数码摄像机

9. 投影机

投影机在多媒体课件展示时使用，它通过与计算机连接，可把计算机的屏幕内容全部投影到银幕上，其外形如图 1-12 所示。随着技术的进步，高清晰、高亮度的液晶投影机的价格迅速下降，并开始普及应用。投影机分为透射式和反射式两种，主要性能指标有亮度、对比度、分辨率、均匀度等。

图 1-12　投影机

* 亮度：亮度的国际标准单位是 ANSI（流明）。它是在投影仪与屏幕之间距离为 2.4m、屏幕大小为 60 英寸时，使用测光笔测量投影画面的 9 个点的亮度，然后求出这 9 个点亮度的平均值。目前，大多数投影仪都在 1 000 流明以上。

- 对比度：对比度是指黑与白的比值，也就是从黑到白的渐变层次。比值越大，渐变层次就越多，色彩表现就越丰富，图像效果更加清晰，颜色更加艳丽。当前，投影仪的对比度一般在 300:1 以上。

- 分辨率：投影仪的分辨率包括两种。一种是物理分辨率，是指 LCD 液晶板的分辨率。液晶板按照网格划分液晶体，一个液晶体就是一个像素，如投影仪的输出分辨率为 800 像素×600 像素，则表示液晶板的水平方向上有 800 个像素点，垂直方向上有 600 个像素点。一般来说，物理分辨率越高，投影仪的应用范围越广。另一种是最大分辨率，它是指能够接收比物理分辨率大的分辨率，是通过压缩的方式实现的。投影仪使用的分辨率越高，显示的画面越清晰。当前，投影仪的分辨率最高能够达到 1 600 像素×1 200 像素以上。

- 均匀度：均匀度是指对比度和亮度在屏幕上的平均值。投影仪要尽可能地将投射到屏幕的光束保持相同的亮度和对比度。一般来说，投影仪的均匀度应该保持在 80% 以上。

投影仪在使用时，开机之前要将其稳定地放置，使用环境需要远离热源，如避免阳光直射，避免临近供暖设备或其他强的热源；连接好其他设备，连接投影仪所用的电缆和电线最好是投影仪原装配置的，代用品可能引起输出画面的质量下降或设备的损坏，检查接线无误后才可以加电开机。投影仪开机后，一般需要 10s 以上的时间投射画面才能够达到标准的光亮度。在投影仪工作时，教师或学生不能向投影仪镜头里面看，因为投影仪的光源发出的光线很强，直接观看会损伤眼睛。在使用投影仪时，根据不同的使用环境需要对机器进行必要的调整，如聚焦和变焦、图像定位；调整投影仪的亮度、对比度和色彩；调整扫描频率以适应不同的信号源，消除不稳定的图像。

10. 视频展示台

视频展示台也称为实物投影仪，如图 1-13 所示。它能够将要展示的物体直接投影到大屏幕上。视频展示台最大的特点就是真实性和直观性，它不但能够将传统的幻灯机的胶片直接投影出来，而且能够将各种实物以及活动的过程投影到大屏幕上，应用的范围比传统的幻灯机更加广泛。从应用上来说，视频展示台只是一种图像的输入设备，它还需要电视机和投影仪等输出设备的支持，才能将图像展示出来。

视频展示台通过一个专门的 CCD 摄像头将物体的图像直接摄取下来，经过大规模集成电路模/数转换后，将模拟信号变为数字信号，然后输入到电视、投影仪和计算机中。因此，在选购视频展示台时，关键还是看其 CCD 的

图 1-13　视频展示台

性能。目前，选用 1/3 英寸 85 万像素 CCD，45 倍放大（光学 15 倍，数字 3 倍）是一个比较好的选择。另外，还需要考虑信噪比的高低，输入/输出接口的多少，辅助灯源的数量与质量，是否能与计算机连接，是否具有红外线遥控功能，是否具有显微镜等。

11. 交互式电子白板

交互式电子白板由电子感应白板、感应笔、计算机和投影仪组成，如图 1-14 所示。交互式电子白板可以与计算机进行信息通信，将电子白板连接到计算机，并利用投影机将计算机上的内容投影到电子白板屏幕上，在专门的应用程序的支持下，可以构造一个大屏幕、交互式的协作会议或教学环境。利用特定的定位笔代替鼠标在白板上进行操作，可以运行任何应用程序，可以对文件进行编辑、注释、保存等在计算机上利用键盘及鼠标可以实现的任何操作。

电子感应白板是一块具有正常黑板尺寸、在计算机软硬件支持下工作的大感应屏幕，其作用相当于计算机显示器并代替传统的黑板。感应笔承担电子白板书写笔和计算机鼠标的双重功用，其作用代替传统的粉笔。教师或学生直接用感应笔在白板上写字或调用各种软件，然后通过各种感应方式反馈到计算机中并迅速通过投影仪投射到电子白板上。电子白板操作系统是存在于计算机中的一个软件平台，它不仅支撑人与电子白板、计算机、投影仪之间的信息交换，而且它还自带一个强大的学科素材库和资源制作工具库，并且是一个兼容操作各种软件的智能操作平台，教师可以在电子白板上随意调用各种素材或应用软件教学。电子白板集传统的黑板、计算机、投影仪等多种功能于一身，使教师使用非常方便。

图 1-14 交互式电子白板

交互式电子白板分为电磁感应式、红外线感应式、压力感应式、超声波感应式、图像传感式等。每种技术都有不同的特点和优势，在市场上也各自占有一定的份额。

交互式电子白板的基本参数有计算机接口类型、稳定度、灵敏度、精确度、分辨率、面板尺寸、响应速度等，具体内容将在第 2 章讲述。

1.4.2　软件环境

我们知道软件的作用是控制各种媒体的启动、运行与停止；协调媒体之间发生的时间顺序，进行时序控制与同步控制；生成面向使用者的操作界面，设置控制按钮和功能菜单，实现对媒体的控制；对多媒体程序的运行进行监控，如计数、计时、统计事件发生的次数等；对多媒体目标程序打包，设置安装文件、卸载文件，并对环境资源、多媒体系统资源进行监测和管理，以及生成数据库，提供数据库管理功能等。

对于多媒体课件的制作，在软件环境上要求具备以下几点。

1. 操作系统软件

任何应用软件都必须在一个操作系统平台上运行，一个良好稳定的操作系统对多媒体课件的制作是很重要的。目前，比较流行的操作系统有 Windows 2000、Windows XP 和 Windows Vista。其中 Windows Vista 对硬件环境要求较高，如内存 512MB 以上、硬盘 7 200r/min、显卡有 8MB 显存等。

2. 多媒体创作软件

在制作多媒体课件的过程中，通常先利用专门软件对各种文字、图片、音视频、动画等素材媒体进行加工和制作。当媒体素材制作完成后，再使用某种软件系统把它们结合在一起，形成一个互相关联的整体。该软件系统还提供操作界面的生成、添加交互控制、数据管理等功能。完成上述功能的软件系统叫做"多媒体创作软件"。

当前，比较常用的一些多媒体创作软件如下。

（1）Visual Basic：高级程序设计语言。由 BASIC 语言发展而来，运行在 Windows 环境中。人们通常把 Visual Basic 简称为"VB"。该程序语言通过一组叫做"控件"的程序模块完成多媒体素材的连接、调用和交互性程序的制作。使用该语言开发多媒体产品，主要工作量是编制程序。该软件开发课件具有明显的灵活性，但没有编程经验的人要在短时间内驾驭 VB 并不容易。

（2）Authorware：目前国际流行的一种多媒体开发工具，是一种以图标为基础的，基于流程图方式的编辑工具。该软件使用简单，拥有灵活、丰富多彩的人机交互方式。它具有大量的系统函数和变量，对于实现程序跳转和重新定向游刃有余。多媒体课件的开发均可在该软件的可视化平台上进行，开发时程序模块结构清晰、简捷，采用鼠标拖曳就可以轻松地组织和管理各模块，并对模块之间的调用关系和逻辑结构进行设计。

（3）Director：多媒体开发专用软件，是以时间轴为基准的编辑工具，即时基方式，类似于电影的编导过程，采用基于角色和帧的动画制作方式。该软件操作简便，采用拖曳方式操作就能构造媒体之间的关系，创建交互性功能。通过适当地编程，可完成更为复杂的媒体调用关系和人机对话方式。

（4）Flash：是一种可交互的矢量动画，它的制作观念与 Director 很相似，也是以时间轴为基准的编辑工具。Flash 能够在低文件数据率下实现高质量的动画效果，因此，它在网络中得到了广泛应用，Flash Player 也成为应用最广泛的主流播放器。Flash 适合制作动画型课件。

3. 素材制作软件

素材制作软件是一个大家族，分别有文字编辑软件、图像处理软件、动画制作软件、音频处理软件、视频处理软件等。由于素材制作软件各自的局限性，因此在制作和处理稍微复杂一些的素材时，往往要使用几个软件组合来完成。

（1）图像处理软件：该软件专门用于获取、处理和输出图像，也是课件制作中最常用的工具。在课件制作过程中，通常要先查找需要的图片，然后调整图片的大小、色彩、效果等，最后再导入到课件制作软件中。获取图像的途径有很多，如利用扫描仪扫描图像，使用数码照相机拍摄图像，或者使用专业抓图软件。抓图软件常用的有 HyperSnap、SnagIt 等。加工处理图像是图像处理软件的核心功能。对图像的加工和处理，主要包括文件操作、图形编辑操作、特殊效果生成、图像合成等内容。常用的软件有 Photoshop、Fireworks、CorelDRAW、PhotoImpact 等。图像文件格式转换也很重要，有些图像处理软件具有图像文件格式的自然转换功能，即以某一种图像文件格式输入，再以另外一种图像文件格式保存。在进行图像格式的转换时，要尽可能地保持原有图像的颜色数量和分辨率。

（2）动画制作软件：在制作多媒体课件时，动画是表现力最强、承载信息量最大、内容最为丰富、最具趣味性的媒体形式。动画所表达的内容丰富，但动画的制作却不是件易事。按照传统做法，人们需要花费大量的时间和精力创作动画，有些动画片需要几年才能完成。随着计算机技术的发展，在多媒体课件制作方面，尤其是网络课件使用越来越多，制作动画已不是难事。常用的动画制作软件如下。

- AnimatorPro：平面动画制作软件。
- Flash MX：平面动画制作软件。
- 3Dstudio MAX：三维造型与动画软件。
- Maya：三维动画设计软件。
- Cool 3D：三维文字动画制作软件。
- Poser：人体三维动画制作软件。

（3）影像方面的软件：在课件中，常常需要加入一些实际的视频图像等，使课件更加生动有趣，内容更具说服力。一般来说，影像方面的软件包括视频捕捉软件和影像合成软件。常用的影像相关软件有 Movie Maker、Premiere、AfterEffects 等。

（4）声音处理软件：声音是一种人们非常熟悉的媒体形式。专门用于加工和处理声音的软件通常叫做"声音处理软件"。声音处理软件的作用是把声音数字化，并对其进行编辑加工、合成多个声音素材、制作某种声音效果以及保存声音文件等。在课件中，加入人物的对话、各种自然音效、背景音乐等已经成为课件制作中必不可少的一部分。课件制作软件本身具有的声音处理功能是相当有限的，所以，常常需要借助外部的声音处理程序。课件制作中最常用的声音软件有录音机（Windows 自带的）、超级解霸、CoolEdit、Goldwave 等。

值得指出的是，声音的处理不仅与软件有关，而且与硬件环境有关。高性能的声音处理软件必须与高性能的声音适配器配合使用，才能发挥真正强大的作用。

1.4.3 应用环境

1. 计算机多功能教室

计算机多功能教室要求配置多种现代教学媒体，将多种媒体设备连接并集成为系统，从而能清晰地显示计算机传输的或由计算机控制的文字、图形、图像、动画等多媒体信息，同时要求有较高质量的音响效果，以满足多媒体组合教学的要求。多种媒体设备也可以由一个综合控制平台加以控制。控制箱通常被组装在讲台内，以便于管理和使用。像这样将现代教学媒体组合集成，并被统一控制的媒体化教室环境，就称为计算机多媒体教室环境。这类教室环境可以供各门课程教学使用，它的规模可以根据实际可能和课程建设情况，确定增加或减少某些媒体，建成实用的多媒体综合教室。

计算机多功能教室环境的基本构成有投影仪、大投影屏幕、实物视频展示台、多媒体计算机、音响、中央控制点系统等设备，如图 1-15 所示。通常是以中央控制设备为中心，将计算机、投影仪、视频展示台、音响等输入/输出设备连接起来，实现对声音、视频信号的快速切换。多媒体课件就是利用计算机运行后，课件的画面效果通过控制设备将视频信号输入到投影仪中，然后投影在大屏幕上；同时，课件的声音也通过控制设备将音频信号输入到音响设备中播放。值得一提的是，投影机由于对实物、计算机数据和视频投影，亮度要求至少在 1 000ANSI 流明以上。

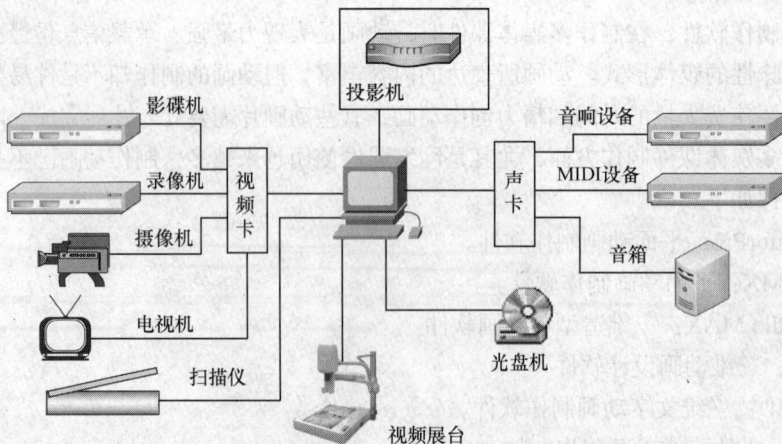

图 1-15　计算机多功能教室

该系统的教学功能主要有实物演示、计算机屏幕内容的同步显示、视音频录制与播放、多媒体教材创作与演示。

2. 多媒体网络教室

将多功能教室、多媒体或普通计算机教学环境中的计算机与局域网、广域网或 Internet 互连，就可以构建多媒体网络教室环境，如图 1-16 所示。

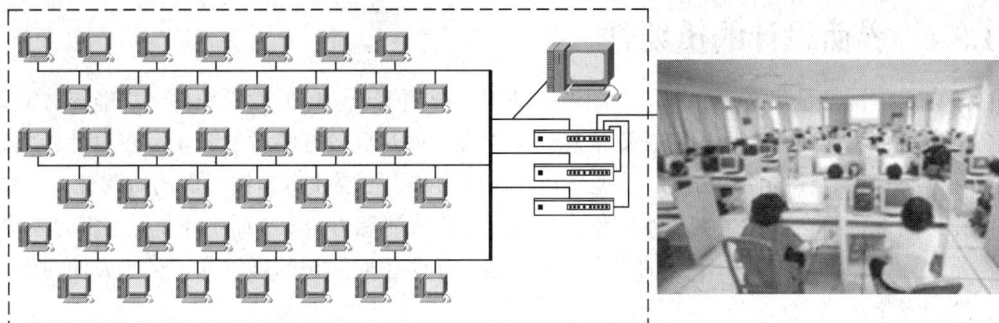

图 1-16　多媒体网络教室

多媒体网络教室主要包括学生计算机若干台、教师机、服务器、网络交换设备等，也可以配置投影仪等设备。在多媒体网络教室内，用教学管理软件，可以使用一台教师机对学生机实现屏幕的锁定、教师屏幕信息的广播、远程控制、文件传输、电子举手、语音对话等丰富的交互功能。教师可以组织学生进行集体、个性化、小组等教学活动，也可以随时控制学生的学习活动。

3. 交互式电子白板教室

交互式电子白板教室如图 1-17 所示，交互式电子白板为课堂上师生互动、学生互动提供了技术可能和方便，为建立以学生学习为中心的课堂教学奠定技术基础。用交互式电子白板技术制作的课件也为师生在教学过程中的互动和参与提供了极大的方便。整个教学过程中，学生可以更改、充实教师原先的"课件"内容，不管是学生对知识的正确理解，还是错误的回答，只要在白板上操作，白板系统会自动储存这些宝贵的资料，从而生成教师每堂课的整个教学过程的数字化记录。电子交互白板为资源型教学活动提供技术支撑，电子白板系统为每个学科准备了大量的学科素材和网上课程资源，教师可以根据自己特定的教学设计和目标，应用资源库中的素材形成自己的教案，电子白板技术使教师应用资源库中的资源自我生成数字化教案的过程变得非常方便。电子白板操作系统扩展、丰富了传统计算机多媒体的工具，具有拖放功能、照相功能、隐藏功能、拉幕功能、涂色功能、匹配功能、即时反馈功能等，更加提高了视觉效果，更加有利于激发学生的兴趣，调动学生多元智能积极参与学习过程。

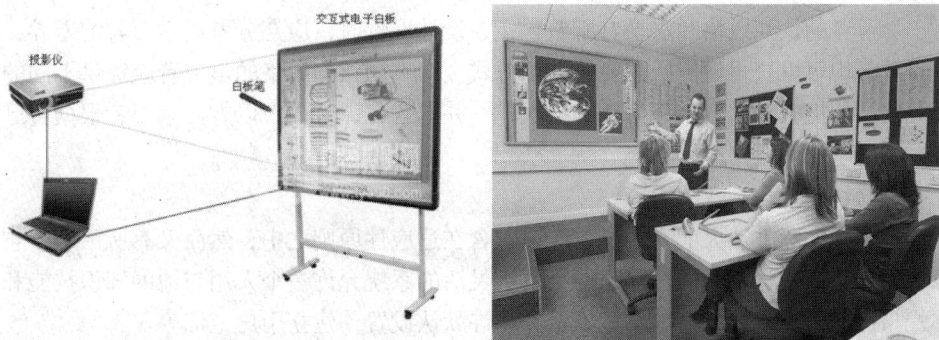

图 1-17　交互式电子白板教室

1.5 课件界面的设计

1.5.1 界面设计的重要性

由于多媒体课件是集文字、图形、图像、动画、视频等于一体的教学软件，它能充分调动学生的各种感官，克服只靠单一感官接受信息的局限性，而达到较好的教学效果。在设计界面时，不仅要注意某一种媒体的使用方法、功能特点及注意事项，更要注意整体界面的协调性、一致性，否则制作出的课件将会使学生被多媒体信息所淹没，造成注意力分散、抓不住重点、疲劳较快等，从而严重地影响教学效果。一个好的界面设计，有助于学生对知识的理解和记忆，方便对课件的使用，能激发学习兴趣。

1.5.2 界面设计的原则

计算机课件界面设计与其说是计算机操作领域范畴，更不如说是艺术领域的内容。它是课件与用户打交道的第一面孔，它的设计效果，将直接影响用户对课件的第一印象。好的界面设计，能使学生在计算机环境下有限的时间内，不仅能很快地适应学习环境、熟悉操作，而且还能通过多媒体信息刺激感官和大脑，很快进入积极主动的学习状态，获得良好的学习效果。所以良好的人机界面设计，不仅能有效地实现学习现有知识，而且还能更有效地引导学生的思维向纵深发展。所以界面设计是计算机知识与平面艺术紧密结合的领域，它不仅要求设计者有较娴熟的计算机操作能力，而且还要求有较高的审美观点及较高的艺术修养。界面设计应遵循的一般原则如下。

1. 一致性原则

一致性是指一个软件的屏幕界面应该让用户看后有整体上的一致感。设计的一致性是贯穿各项指导原则的一条主线，是所有设计活动都要遵循的主要原则。Office 组件给人的感觉就是一致性的，我们学习了 Word，就很容易学习 Excel、PowerPoint 等，其原因就是这些应用程序界面的一致性，如菜单、工具栏、格式栏等。在设计多媒体课件界面时，强调一致性的目的是为了减少学生的认知负荷，使他们把有限的精力用在教学内容的学习上，而不是学习界面的操作上。

2. 适应性原则

由于学习者的认知风格和水平有所差异，在设计课件时，应充分考虑学习者的差异，尽量让不同的学习者均可以获得他们所需要的学习方式。对不同认知风格的学习者应提供不同的学习和操作的方法，如把教学内容划分为几个层次，一并包含在课件内，以方便学习者根据自己的知识结构来选择自己的学习路径。

3. 灵活性原则

灵活性原则实际上从大的方面说，应该包含在适应性原则之中，然而又有所区别，它也是根据学习者层次而适应学习者的过程，一个真正灵活的系统允许一个人用与他的知识技能和经验相称的方式与计算机交流，如显示不显提示，允许默认设置，建立用户记忆等。

1.5.3 课件界面的整体设计

1. 屏幕对象布局

屏幕的编排应该具有均衡、规整、对称、有可预料性、经济、简明、连续、比例协调等规律。要求画面整体效果美观、大方、令人赏心悦目，才能吸引学习者的注意力，才能快速地传递教学信息；画面简洁明了，以便学习者尽可能简单地得到信息；画面有可预见性，观察一幅图像，人们就可以预测出相邻一幅图像将是什么样。

2. 界面媒体素材设计

多媒体课件要用到多种媒体形式，如果界面设计合理，而具体内容不加注意的话，同样会影响整体教学效果。例如，使用文本时，要注意文字密度、字的颜色和字号应满足教学需要，字太小、太密，颜色太刺眼都会严重影响课堂教学效果；使用图片时，背景图片色调不能太深或太鲜艳，否则会影响教学内容的显示；声音插入不能太多，而且音量尽量设置可调；动画和视频不能体积过大，否则容易造成死机，从而降低课件的兼容性；动画和视频要设置一些操作控制按钮，如放映、暂行、停止、快进、快退等，以方便学生根据自己的情况进行操作。

3. 色彩的运用

大自然是丰富多彩的，作为表达或反映客观世界的多媒体教学课件当然也不能离开颜色的表现。正确地使用颜色，能使屏幕构图美观，教学内容表达清晰，层次条理分明，从而使屏幕具有较强的吸引力，而达到教学内容从机器向学习者的转化，更能吸引学习者的学习兴趣，使其保持较长时间注意力去注意屏幕上的教学内容，达到较好的学习效率。

1.6 课件交互界面的设计

1.6.1 交互界面的概念

交互界面是人和计算机进行信息交换的通道，用户通过交互界面向计算机输入信息，进行查询、操纵和控制，计算机则通过交互界面向用户提供信息，以供阅读、分析和判断。用户可以根据友好交互界面，通过某些硬件设备（如键盘、鼠标、触摸屏、监视器等）对显示的教学信息做出反应，完成人机的交互作用。目前，常用的人机交互界面有窗口、菜单、图标、按钮、对话框等。

1.6.2 交互界面的设计原则

1. 灵活性

灵活性是衡量系统对于人的差别的响应能力的一个尺度，它要求一个系统对于区分用户的需求必须是敏感的。例如，每次用户启动某项操作后，接下来都要经过一段长久的等待，必定会逐渐失去耐性，转而注意其他事物，或者开始对这个课件产生厌烦。所以一定要做到以最直接、最快速的方式让用户了解到他的指令已经被接受且正在执行。

2. 友好性

友好性是指用户操作系统时操作的复杂性，操作的复杂性越低，系统越容易使用，则说明系统的友好性越好。友好的交互界面，应该让人容易理解和领会，即当学习者打开一个屏幕时，应该知道它包含着什么内容，要做什么，何时去做，如何去做，让用户操作变得容易、自然，能很快熟悉软件。

3. 一致性

交互系统的一致性是指系统不同部分以及不同系统之间有相似的交互显示格式和相似的人机操作方式。一致性原则要求在程序的不同部分，甚至不同应用程序之间具有相似的界面、布局、人机交互方式、信息显示格式等。例如，凡是下拉菜单或弹出式菜单都应有同样的结构和操作方法；各种类型信息（如结果信息、提示信息、出错信息、帮助信息等）都在确定的屏幕位置上以相似的格式显示等。

4. 图形化

图形具有直观、形象、生动、所见即所得且易学易用等特点，在交互界面设计中可以使操作及响应直观和逼真。

1.6.3　常见的交互界面设计

交互界面设计是计算机与学习者在交互时所用的沟通符号，多媒体课件使用图形化界面，使人机交互界面更接近自然。常见的界面形式有窗口、菜单、图标、按钮、对话框等。

1. 窗口

窗口是指屏幕上的一个矩形区域，它是最主要的界面对象。设计者通过它组织数据，并呈现给用户。窗口一般由标题栏、菜单栏、滚动条、状态栏和控制栏 5 个部分组成。利用窗口技术，大量的信息就可以用滚动方式在一个窗口中显示，而不需要用多幅屏幕，大大提高了人机交互作用的能力。

2. 菜单

菜单是一种直观而操作简便的界面对象，它可以把用户当前要使用的操作命令以项目列表的方式显示在屏幕上供用户选择。菜单不仅可以减轻学习者的记忆负担，而且非常便于操作，由于击键次数少，产生的输入错误也少。目前，常用的菜单有条形菜单、弹出式菜单、下拉式菜单、图标式菜单等几种形式。

3. 图标

图标也是常用的一种图形界面对象，它是一种小型的、带有简洁图形的符号。它的设计是基于隐喻和模拟的思想。隐喻是通过具体的联系来表达抽象的概念，通过事物形象来代表抽象的思想。图标用简洁的图形符号模拟现实世界中的事物，使用户很容易和现实中的事物联系起来。例如，用照相机形象作为图标，提示用户在这里可以浏览照片、图片；用电影机形象提示在这里可以观看活动视频；用录音机、音乐形象提示在这里可以听到音乐或效果声；用口形形象提示在这里可以听到标准的示范朗读声。

4. 按钮

按钮是交互界面设计中比较重要的一项内容，它是一类用于启动动作、改变数据对象属性或界面本身的图形控制。它在屏幕上的位置相对固定，并在整个系统中功能一致。用户可以通过鼠标单击对它们进行操作，也可以用键盘或触摸屏选择操作大多数按钮。多媒体课件中的图形按钮形式多样，常见的有 Windows 默认风格按钮、闪烁式按钮、动画式图形按钮、热区式按钮、文本按钮、图形按钮等。

5. 对话框

对话框是一个弹出式窗口，当课件运行时，除了各种选项和按键操作外，系统还可以在需要的时候提供一个对话框来让用户输入更加详细的信息，并通过对话框与用户进行交互。它也是充分体现多媒体人机交互特点的界面技术之一。

1.7　课件导航策略的设计

1.7.1　导航设计的概念

导航在多媒体课件中具有重要的作用，它采用了超媒体技术，使传统课件的线性结构转变成跳转灵活的网状结构。这种网状结构使多媒体课件在教学中产生了革命性的作用，对培养学生的联想思维能力、实施因材施教等具有重要的意义。由于网状结构会带来容易引起迷航等不利的因素，因此，在多媒体课件的设计中，需要进行导航策略的设计。常见的有检索（标题、关键词、时间轴、知识树等）、线索、帮助、浏览、演示导航等，具体体现方式是导航图、按钮、图符、关键字、标签、序号等多种形式。

1.7.2　导航设计的原则

在进行导航设计时，应注意针对软件的类型、对象、知识内容、学科特点等方面的特点，选择适当的导航策略，然后选用一定的交互方式实施。在设计中要注意遵循以下原则。

1. 明确

能让使用者明确自己的学习路径，包含过去的和未来的，能让使用者清楚地了解自己所处的位置等。无论采用什么导航策略，导航的设计应该明确，让学习者能一目了然。

2. 完整

为使学习者获得整个软件范围内的全域性导航，导航设计应具体、完整。

3. 容易理解

使用清楚、简洁的示意图、表格、图像甚至文字来表达，尽量少用陌生、费解的技术术语和概念，尽量显示在专用窗口内或固定区域中，并使用色彩、外型变化、高亮度等方法强调其中的重要信息，使学习者易于理解。

1.7.3　常用的导航方法

1. 浏览图导航

浏览图导航可以形象直观地指示使用者在超媒体系统网络结构中的位置，如在封面或开头给出系统的整体结构，使用者就可以知道在该系统的主要内容和位置。

2. 信息隐形导航

信息隐形就是将不常用的或在一定的条件下才能使用的选择工具暂时隐藏起来，只有在条件满足时，才开放，这样就减少了使用者的选择。例如，菜单栏中的不可选状态就表明此时不能选择该命令。

3. 电子书签导航

使用电子书签，可以让使用者在超媒体系统探索路径上做多个标记，供下次学习参考或使用。

4. 安全返回导航

系统提供工具，当发现使用者在系统中迷路或遇到困难时，让使用者能够安全退回到目录。

5. 提供教学导航

在多媒体课件中应包含的教学导航活动有学习目标、课程概况、提示学前经验、练习、评价等。

习 题 1

1. 上网查询交互式电子白板的发展现状，以及在学校教学和培训中的应用情况。
2. 赏析几种不同类型的多媒体课件，试评价其特色、优点和不足之处。
3. 观察多媒体教室使用的设备，了解它们的配置及连接情况。
4. 多媒体课件的开发过程有哪些阶段？试述各阶段的特点。
5. 尝试用交互式电子白板和制作简单的课件进行教学，试比较与传统教学的不同。
6. 选择一份中小学教师的优秀教案，用本章介绍的教学系统设计编写脚本。

第2章
交互式电子白板的使用

【本章概述】

    本章介绍交互式电子白板的概述、基本功能和技术原理，让读者对电子白板有一个全面基本的认识；通过天士博 TRACEBoard 电子白板软件，介绍电子白板的安装、启动和定位；通过介绍 TRACEBook 和 TRACE EDU 应用软件，让读者学会如何使用电子白板软件组织内容和制作课件。

2.1　交互式电子白板概述

2.1.1　交互式电子白板简介

    交互式电子白板是一种先进的教育或会议辅助人机交互设备，可以与计算机进行信息通信，将电子白板连接到计算机，并利用投影机将计算机上的内容投影到电子白板屏幕上，在专门的应用程序的支持下，可以构造一个大屏幕，如图 2-1 所示。利用特定的定位笔代替鼠标在白板上进行操作，实现无尘书写、随意书写，还可以对文件进行编辑、注释、保存等功能。

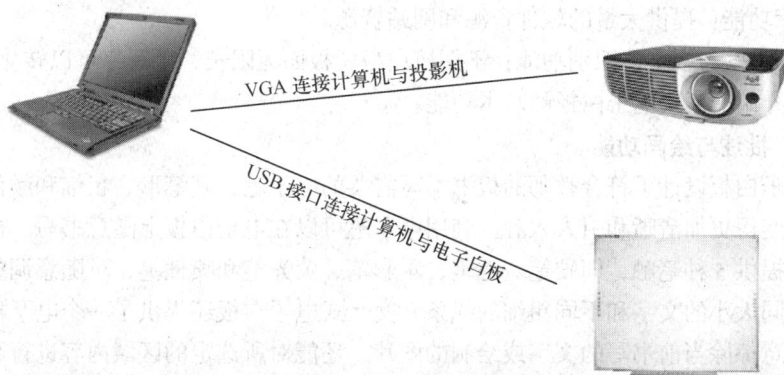

图 2-1　交互式电子白板系统

    交互式电子白板应用软件不仅支撑白板与计算机之间的信息交换，而且还自带一个强大的资源库和教学资源网站，使用者可以在白板上随意调用各种素材或应用软件。借助 Internet，还可以满足异地沟通和交流的需要，使分布在世界各地的人员如同在同一房间内演讲、讨论，实现了远程多点互动。

交互式电子白板显示信息方式包括文字、图像、图形、声音、视频图像、动画等多种形式。利用这种优势交流传授知识，由单一的刺激，变为多种感官的综合刺激，比传统的黑板或白板上书写更直观、形象，更具有吸引力，这种刺激更能引起学生的学习兴趣和提高学生的学习积极性。

世界上第一块交互式的白板是由 SMART Technologies Inc.公司在 1991 年生产的。最早采纳这一新技术的是一些意识到交互式白板在教学上具有潜力的教师。从最初到现在，交互式电子白板在发展过程中大概经历了 3 个发展阶段：第 1 个阶段是显示式白板阶段，这个阶段的电子白板只是一张用来写字的"纸"，可以写、可以读、可以演示，就相当于一块普通的黑板；第 2 个阶段是电子复印式白板阶段，这个阶段的白板可将白板上书写的内容通过一定的方式扫描到计算机中，并通过打印机打印出来；第 3 个阶段是交互式电子白板阶段，把"互动"的元素植入电子白板，使电子白板的使用价值一下子产生了质的变化。

交互式电子白板是一种国际上新近崛起的替代传统黑板、粉笔的数字化教学演示设备，是汇聚尖端电子技术、软件技术与互联网技术等多种高科技手段而研究开发的高新技术产品。它的出现，是对沿袭几百年的黑板、粉笔、板擦"三位一体"的陈旧教学模式的一场革命性突破。

2.1.2　交互式电子白板基本功能

交互式电子白板具有如下基本功能。

- 书写、批注与绘画功能：用于讲授和参与者之间的交流。
- 编辑与交互控制功能：可以在电子白板上直接编辑文件和与计算机进行实时交互控制操作。
- 重点强调功能：使用聚光灯、拉幕、放大镜等，强调重要信息。
- 备课与记录存储功能：对于 Office 文档及 PDF 文档直接进行注解和修改，有屏幕捕获，可以记录存储。
- 资源库功能：提供大量的软件资源和网站资源。
- 无限页书写与多字体识别功能；不用擦白板，板面无限长，手写字可以转化为宋体字。

下面详细介绍交互式电子白板的基本功能。

1. 书写、批注与绘画功能

交互式电子白板设计了符合教师的板书书写需要的电子笔，其笔形、粗细和颜色的多样性又使教师的板书变得更加清晰和引人入胜。利用电子笔可以在电子白板上随意书写、标注、任意擦除，电子笔还提供 5 种笔触，即硬笔、毛笔、水彩笔、荧光笔和喷桶笔，可随意调整笔的粗细和颜色，书写不同大小的文字和不同粗细的线条。交互式电子白板还提供了一个电子板擦，电子板擦不仅可以随意擦除当前书写的文字或绘制的图片，还能对所选定的区域内容进行删除，或针对某个对象进行删除。

2. 编辑与交互控制功能

编辑功能可以实现对每一个对象进行编辑，包括复制、粘贴、删除、组合、锁定、图层调整、平移、缩放、旋转等。运用编辑功能可实现调用图片库中的图片文件，并进行拖曳、缩放调整、复制、粘贴、删除等操作。

交互控制功能可以实现与计算机进行实时交互控制操作，如使用虚拟键盘输入文字和数字，感应笔作为鼠标，可以进行单击、双击、右击、拖放、移动等控制。通过白板操作各项应用软件，站在电子白板前，如同坐在计算机前控制计算机一样方便快捷。

3. 重点强调功能

聚光灯、拉幕和放大镜的主要功能用于强调重要信息，集中学生的注意点，也可以用于组织课堂，激发学生的学习兴趣。

- 聚光灯：可对需要突出的内容做重点显示，屏幕的其他部分为暗光，聚光灯的大小以及背景色的明暗可以调节，部分品牌的交互式电子白板可以选择聚光灯的形状，包括圆形、三角形、方形、五角星等，聚光灯一般采用滑推式方法操作，使用起来方便快捷。

- 拉幕：可以对屏幕上的内容进行暂时遮蔽，留出有针对性的信息供演示，随着幕布展开逐步显露信息，方便教学课件的演示。方向上可以实现四边拉幕、上下对开拉幕、左右对开拉幕。部分品牌的电子白板可对拉幕的背景色彩、图片、背景明暗度等进行修改、记忆和恢复设置。

- 放大镜：可随意将选定的对象进行放大或缩小，使重点内容看得更清，有助于改善相互交流的效果。

4. 备课与记录存储功能

对于直接打开的 Office 文档及 PDF 文档，可利用画图功能或标注功能对文档直接进行注解和修改，并可保存为 Word、PowerPoint 和 PDF 格式。

当用感应笔在白板上将教学的内容直接书写、绘画、修改、擦除、标注时，白板上的所有内容可以同步显示和存储在计算机上以备后用，课后，可以把计算机中保存下来的板书内容用视频回放的形式或打印出来分发给学生，让学生减少上课记笔记的负担或对某些问题再进行观看。

5. 资源库功能

交互式电子白板备有强大的资源库功能，如基本图形库、学科图形库、常用图形库、汉字笔画库、视频库等。其内容丰富，涉及领域广，而且可任意添加或删除，不仅方便了教师授课过程中的随时调用，而且增加了课堂信息量。除了必备的资源库，各生产厂商在网上还提供电子白板资源库网站供参考。

6. 无限页书写与多字体识别功能

不用擦白板，板面无限长，手写字可以转化为宋体字。

在传统的黑板教学中，教师在黑板上书写满后，要不断地擦除。漫游或无限页书写可以使电子白板无限长，只需两指同时一拉，就有空白的板面出现。手写的字体由于字迹的潦草和模糊，而使学习者无法辨认，多字体识别技术可以在交互式电子白板中，直接在白板的屏幕上实现手写输入。无论教师在黑板上写的是草书、行书还是其他从没见过的字体，电子白板都能快速准确地识别，展现给学生工整的宋体字。

2.1.3 交互式电子白板技术原理与选用

交互式电子白板系统融合了大屏幕投影技术、坐标转换算法、精确定位的测试技术等。从工作原理上来讲，交互式电子白板是系统的主体，它既是感应笔书写与操作的界面，又是计算机的显示器和投影器的幕布，感应笔具有书写笔和计算机鼠标的双重功能，笔尖可以在白板上书写，同时笔尖相当于鼠标左键，可以单击和双击，笔筒上的按钮相当于鼠标右键。计算机显示屏上的内容可以通过投影机投射到白板上。当感应笔在白板上书写或操作时，通过红外扫描以及白板与计算机之间的馈线将数字信息输送到计算机中，并迅速通过投影机投射到白板上呈现出来，从而实现交互白板的各类基本操作。

交互式电子白板按原理可以分为 5 大类，即电磁感应、红外、超声波、电阻压感和 CCD 光电耦合类型。

1. 电磁感应型交互式电子白板

电磁感应式电子白板的工作原理是：电磁波通过空气和绝缘物体进行传播，电磁感应式是采用一支可以发射电磁波的笔，水平、垂直两个方向排列的接收线圈膜组成，膜的大小与显示区域相同。当笔靠近接收线圈膜时，线圈上会感应到笔发射出的电磁波。离笔越近，线圈膜感应到的电动势越高。根据水平方向和垂直方向感应到的电动势，通过计算可以获得笔所在的 x、y 坐标位置，如图 2-2 所示。

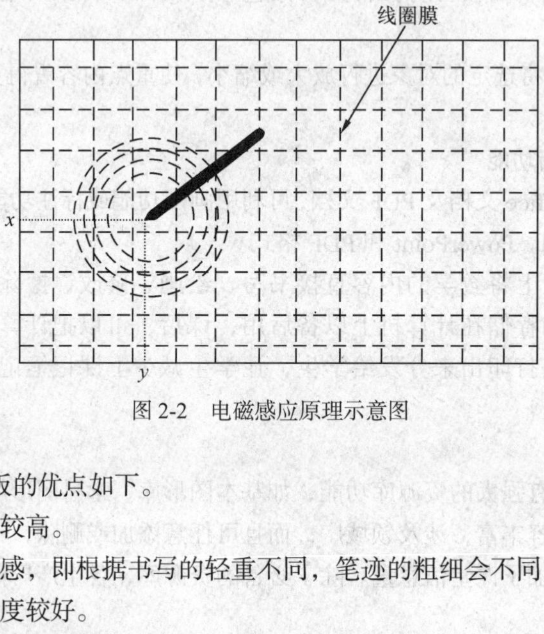

图 2-2　电磁感应原理示意图

电磁感应式电子白板的优点如下。
- 定位准确、精度较高。
- 书写过程中有压感，即根据书写的轻重不同，笔迹的粗细会不同。
- 显示区域的均匀度较好。
- 白板笔支持鼠标右键功能，易于实现对计算机的操作。
- 价格便宜。

电磁感应式电子白板的缺点如下。
- 必须使用专用笔才能书写，不能触摸操作，不方便教学管理。
- 书写笔使用一定时间以后需要更换。
- 怕划伤，一旦中间出现划伤，则整块板就不能用了。
- 需要外置电源。

2. 红外型交互式电子白板

红外型交互式电子白板的技术的原理是：由密布在显示区四周的红外线接收和发射管构成水平方向和垂直方向的扫描网格，形成一个扫描平面网，当有物体阻挡住网格中的某对水平和垂直扫描线时，就可以通过被阻挡的水平和垂直方向的红外线位置确定 x、y 坐标，如图 2-3 所示。

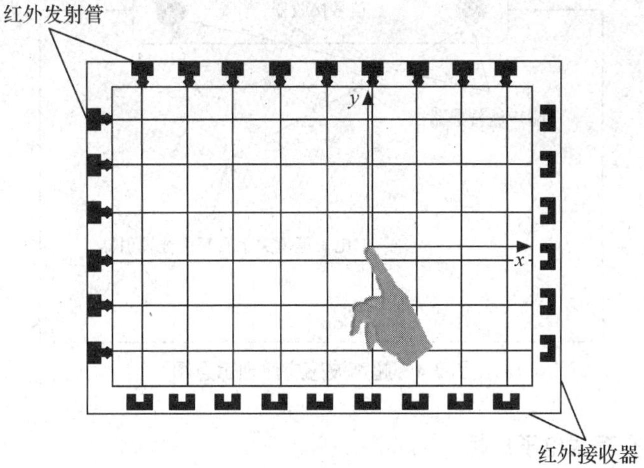

红外发射管

红外接收器

图 2-3 红外感应原理示意图

红外型交互式电子白板的优点如下。

- 定位准确、精度较高。
- 反应速度快。
- 无须专用笔，可用手指、教鞭等进行书写或触摸操作，书写方便且无耗材。
- 不怕划伤，即便板中有任何划伤也不影响操作使用。
- 供电方式简单，可以通过 USB 接口供电。
- 经久耐用，使用寿命较长。

红外型交互式电子白板的缺点如下。

- 造价较高，随着尺寸的增加，成本增加较大。
- 无压感反应（可用软件弥补）。
- 可能受强红外光的影响。
- 不能直接支持鼠标右键功能。

3. 超声波型交互式电子白板

超声波技术的原理是一种测距定位方法，利用超声波传输速度较慢的特性，采用三点定位原理，根据超声波从发射到接收的时间计算出发射点到接收点的距离，计算出笔所在的位置坐标。具体使用时，是在屏幕的两边放置两个按固定距离分布的超声波接收装置，用于定位的笔是一个超声波发射器，当笔移动在屏幕的表面时，所发射的超声波沿屏幕表面被接收器检测到，由接收到超声波的时间可以换算出笔与两个接收器的距离，如图 2-4 所示。

超声波型交互式电子白板的优点如下。

- 定位相对准确。
- 适应性强，可在不同面积的设备上使用。

超声波型交互式电子白板的缺点如下。

- 定位精度不均匀。
- 受温度影响较大。
- 需用专用笔书写。

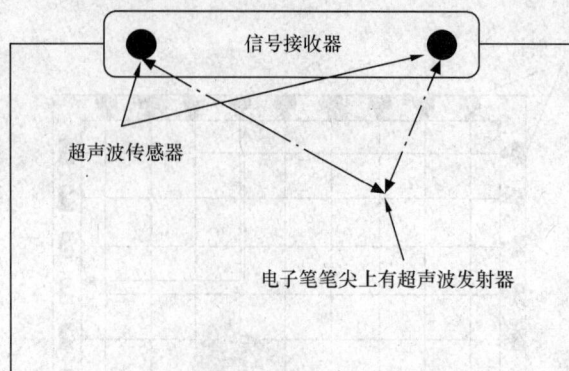

图 2-4　超声波感应原理示意图

4. 电阻压感型交互式电子白板

电阻压感型交互式电子白板的电阻膜技术原理是：电子白板基本结构是由多层膜组成的，包括水平线电阻膜、绝缘网格、导电膜、垂直电阻膜等。当教师用手指或笔触及屏幕上所显示的选项时，计算机会自动处理响应的操作。其实这种电子白板内部有两层压感膜，当白板表面某一点受到压力时，两层膜在这点上形成短路，电子白板的控制器检测出受压点的 x、y 方向坐标值，反应出物体压住的位置，如图 2-5 所示。

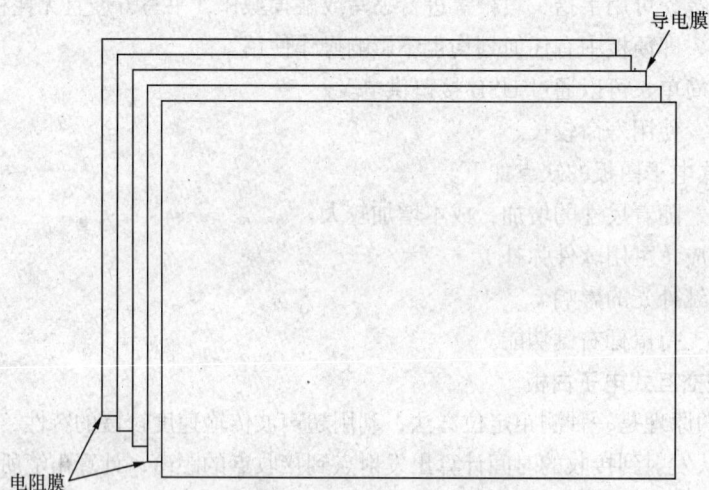

图 2-5　压力感应原理示意图

压感型交互式电子白板的优点如下。

- 定位准确、精度较高。
- 无须专用笔、可用手指、教鞭等进行书写或触摸操作。
- 无辐射和电磁干扰，抗干扰性强。
- 无污染，无物质消耗。

压感型交互式电子白板的缺点如下。

- 书写较吃力，力度不够则字迹显示不出来，反应速度较慢。
- 书写膜怕划伤，一旦有划伤就不能使用。
- 无法做成超大面积。

5. CCD 光电耦合型交互式电子白板

CCD 光扫描原理是：在显示区域的一边设置两个固定距离的 CCD 线阵探测器和红外发射器，对准显示区域。在显示区域的另外 3 边设置可以反射光线的反射膜，在没有物体阻挡时，线阵 CCD 检测到的是一条完整的光带。当有物体在显示区域中挡住光线传播路径时，在线阵 CCD 检测到的光带中会出现无反光区域，分布在两个角的 CCD 分别检测到的遮挡区域反应在线阵 CCD 的对应区域，根据对应的区域计算出物体在显示区域的位置，CCD 光电耦合是一种交叉点测试定位方式。

此技术为较新的技术，未完全成熟，其最大的优点是可做多点同时触摸，除少数厂家在尝试性使用外，还未完全普及，可用资料不多，如图 2-6 所示。

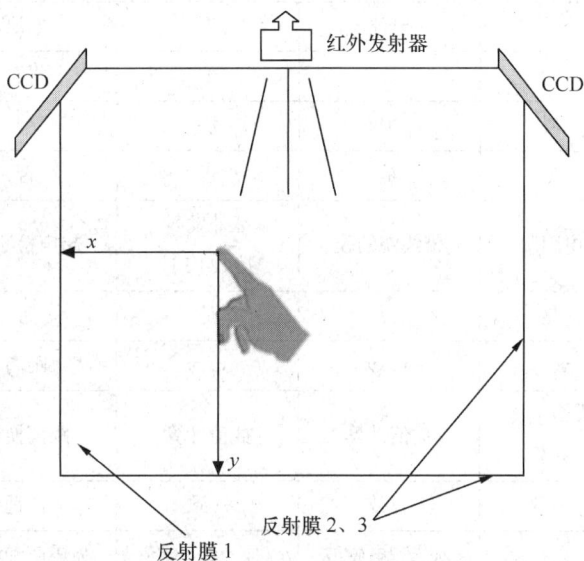

图 2-6　CCD 坐标定位原理示意图

CCD 光电耦合型交互式电子白板的优点如下。

- 定位准确、精度较高。
- 反应速度较快。
- 可以支持多点触摸和双人书写。
- 无须专用笔，可用手指、教鞭等进行书写或触摸操作，书写方便且无耗材。
- 不怕划伤，即便板中有任何划伤也不影响操作使用。

CCD 光电耦合型交互式电子白板的缺点如下。

- 造价很高。
- 可能受强红外光的影响。
- 不能直接支持鼠标右键功能。

选购交互式电子白板之前，首先需要了解上面介绍的交互式电子白板的工作原理，为了方便起见，在表 2-1 中给出了不同交互式电子白板技术指标的对比。此外，还要考虑交互式电子白板的品牌、产品、价格和服务；还要考虑在教室中如何使用，有了这些信息，就能够对哪种交互式白板最适合自己的需求做出最好的评估。

表 2-1　　　　　　　　　　　　　　不同交互式电子白板技术指标对比

技术方式	电　阻	电磁感应	红　外	超声波	CCD 扫描
基本传感方式	面	面	线	点	点
触摸操作	是	否	是	否	是
专用笔	否	是	否	是	否
手势识别	是	否	是	否	是
矩阵扫描方式	是	是	是	否	否
表面覆膜	是	是	否	否	否
使用耗材	否	电池	否	电池	否
使用寿命	中	长	长	长	长
响应速度	慢	中	快	中	快
多级压感	是	是	否	否	否
主材料	电阻膜	带线圈的膜	红外发射接收 LED	超声检测器	光检测器
教鞭操作	是	否	是	否	是
定位算法依据	x, y	x, y	x, y	距离	角度
定位精度算法	模拟电压计算	插值计算	插值计算	距离换算	角度换算
显示区域均匀度	一致	一致	一致	近优远差	近优远差
环境影响因素	划伤	划伤和电磁波	强外红外光	强燥声和温度	强光
超大面积	难以实现	难以实现	可以实现	容易实现	容易实现
市场比例趋势	下降	平稳	上升	下降	少

以下列出具体选购交互式电子白板时需考虑的技术指标。

（1）定位技术：电磁感应、红外、超声波、CCD 光电耦合和电阻压感类型。

（2）安装类型：常用壁挂式和支架式两种方式。

（3）计算机接口：常见的接口类型有并口、串口和 USB 接口，一般为 USB2.0 接口。

（4）稳定度：稳定性是指整个产品（包括硬件）的稳定性，可以借助于市场经验和老用户的经验，判断产品稳定性。

（5）灵敏度：在白板上画一条线，如果线的连续性不强，就说明灵敏度不高。

（6）精确度：精确度是指经过校准后，鼠标光标尖和手写笔笔尖的重合程度。

（7）分辨率：分辨率是指每一线上的点数（或者像素）播放数量。通常是沿着一个屏幕或监视器的水平和垂直边缘来表示点数，一般电磁感应式和电阻式为 8 192 像素×8 192 像素，红外感应式为 4 096 像素×4 096 像素。

（8）输出方式：电子白板可将白板上书写的内容通过一定的方式扫描并打印出来。打印输出的方式一般有热敏、喷墨、色带等。

（9）面板尺寸：是指电子白板的实际尺寸大小，单位是毫米（mm），通常是指电子白板的长×宽。

（10）有效读取尺寸：是指电子白板可以书写使用的有效尺寸，在这个区域内可以任意书写和进行复印输出，它的尺寸一般要比实际面板尺寸小。

（11）处理速度：处理速度是指电子白板每秒钟响应的速度，它的单位是点/秒。

2.1.4　交互式电子白板的应用

交互式电子白板主要应用在教育领域和企业培训领域。近年来，随着科学技术的发展和多媒体教育的普及，交互式电子白板的应用领域在不断扩大，包括军事、金融、科学研究、远程医疗、工程、项目设计、政府、媒体等各种行业的会议讨论、培训、宣传、展览和演示活动。具体归纳为如下几方面的应用。

1. 教育课堂

交互式电子白板主要应用是面向大中小学与幼儿教育的课堂教学和远程教学。它具有直观易操作，资源利用便捷，动态存储回放，师生互动性强等优势。交互式电子白板不仅整合了现代多媒体系统的优势，拥有强大的资源利用能力和智能控制能力，而且又具备了传统教学媒体（粉笔＋黑板）及时批注、修改等功能，教师不必经过复杂的培训就能够在教学中较为顺利地使用。正是由于这些特点，交互式电子白板必将在以后的各类教育教学中得到广泛的应用。

2. 职业培训

交互式电子白板在各种职业培训中有很多应用。例如，可用于会议讨论、商务培训以及广告宣传、产品或项目的展览、演示。在商务和展览活动中进行发布信息、产品介绍、高新技术项目的应用推广等活动中，可以代替投影幕，边演示 PPT 边注解、书写、保存、制作网络文件，培训者可以专注于聆听和思考，不必抄录培训内容，演讲者的注解和操作都会同时被记录保存下来。

3. 远程会议

利用交互式电子白板进行远程会议，有助于政府机关、企业集团进行虚拟现场会议，在会议室中通过网络连接，利用交互式书写屏系统在异地进行共享数据和实时板书，再与专业视频会议系统结合，更能成为全面的会议系统，与会各方可以将书写屏内容实时传递到各地，方便会后整理、传阅，有效地提升了会议质量，节省开支，提高工作效率。

4. 医疗应用

交互式电子白板对远程医疗会诊、医患双方沟通、讨论有很大的帮助。随着医学科学技术的发展，医学领域对多媒体信息化的要求不断提高，在基础医学与临床医学等方面，交互式电子白板发挥着独特的重要作用，为我国医学的发展提供了一个直观、便利的交互平台。

5. 大众传媒

由于交互式电子白板的互动展示功能有其强大的影响力。在新闻媒体、展览活动和信息发布中可以更生动直观地解释要说的内容，如中央电视台新闻频道的"朝闻天下"栏目曾使用交互式电子白板播报新闻。

6. 军事指挥

利用交互式电子白板有助于军事指挥，包括多媒体会议、参谋作业、应急指挥、军事分析和军情讨论，使指挥员对战场信息能够及时掌握，以迅速做出决策或评估。

2.2 交互式电子白板的安装与使用

2.2.1 硬件安装

交互式电子白板的硬件安装包括固定交互式电子白板，连接交互式电子白板与计算机，安装电子笔电池等步骤。

1. 安装交互式电子白板

安装交互式电子白板通常有两种方式，即壁挂式和支架式。根据使用者需求和场地的条件情况，可以选用壁挂式将交互式电子白板挂架在普通黑板或墙面上，也可以选择支架式固定交互式电子白板。

选择壁挂式安装时，首先注意安装的墙面必须是平整的和受力的墙面，然后根据交互式电子白板的尺寸在墙上固定好安装挂件，具体的安装尺寸在厂家的产品说明书中会提供，安装时需注意电子白板底部距地面不应该小于 80cm，如图 2-7 所示。

白板底沿距地80cm

图 2-7 壁挂式安装示意图

选择支架式安装时，首先要安装好支架，不同厂家提供支架的类型也不一样，不过每种类型的支架，厂家都会提供支架的安装图和详细的安装说明。图 2-8 所示为一个安装好的交互式电子白板支架。

2. 连接交互式电子白板

如图 2-9 所示，计算机连接交互式电子白板只要一根 USB 数据线，将数据线连接到计算机的 USB 接口和交互式电子白板接口上就可以了，无须外接电源。数据线的两端接口安装好后，交互式电子白板的指示灯为绿色；若灯无色，则说明数据线未连接上；若灯为红色，则说明数据线连接不牢靠。注意，在进行连接时，交互式电子白板和计算机都必须处于断电状态。

图 2-8　支架式安装示意图

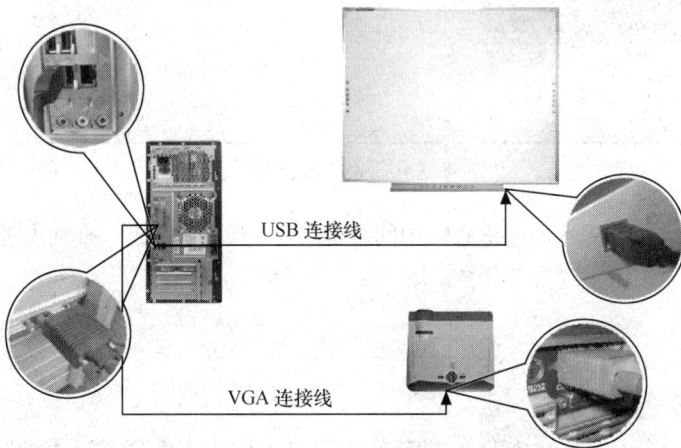

图 2-9　交互式电子白板连接图

　　计算机连接投影机使用 VGA 接口，连接好后需要调整投影机，让计算机的画面正好布满在交互式电子白板上，和传统多媒体教室的投影调节操作一样。

　　对于电磁感应式和超声波式交互式电子白板，需要在电子笔内安装电池，需装上一节 7 号 1.5V电池。

2.2.2　软件安装

软件所需运行环境为 Windows 2000 以上（包括 Windows 2000、Windows XP 和 Windows 7）

1．软件所需硬件环境

（1）最低配置要求。

CPU：Pentium Ⅲ 800，内存：128MB，硬盘：20GB，显存：32MB，有 USB 接口。

（2）推荐配置要求。

CPU：Pentium 4 2.4，内存：512MB，硬盘：80GB，显存：独立 128MB，USB 接口。

2. 电子白板软件的安装步骤

（1）开启计算机并且系统启动完成后，将电子白板软件所带的光盘放入光驱，安装程序将会自动运行。但如果没有执行光盘自动播放功能，打开光盘里的内容，运行光盘上的 setup.exe 文件也可安装，如图 2-10 所示。

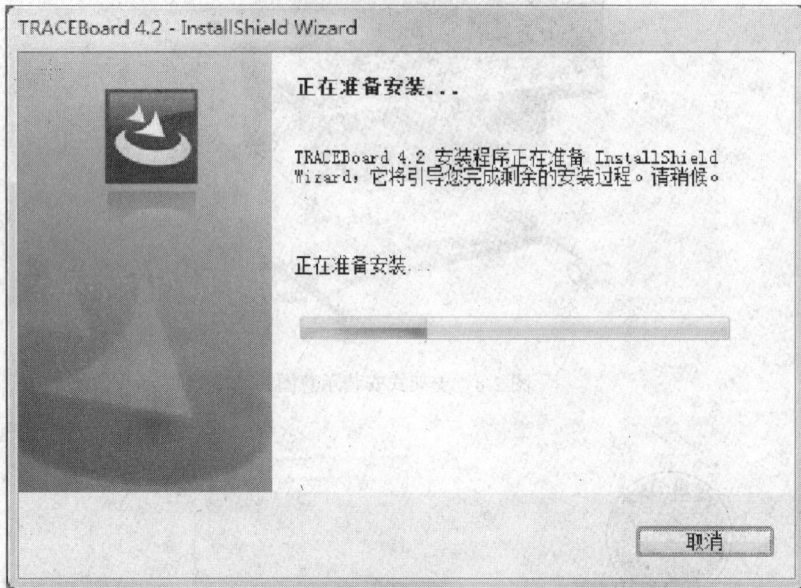

图 2-10　安装步骤之一

（2）根据安装向导的提示（这里省略中间步骤），一步一步完成，直到出现如图 2-11 所示的提示，单击"完成"按钮完成安装任务。

图 2-11　安装步骤之十

2.2.3　软件的启动与定位

1．启动白板软件

下面以天士博（TRACEBoard）为例，说明交互式电子白板的启动与定位。在安装完驱动程序后，单击"开始"菜单，选择"TRACEBoard"→"TRACEBoard 工具"，启动白板硬件驱动程序，任务栏中出现电子白板图标。选择"TRACEBook"就启动了电子白板软件驱动程序。桌面上有两个图标如图 2-12 所示。

软件图标

硬件驱动图标

图 2-12　桌面上显示的电子白板图标

2．白板软件定位

为了让电子笔精确地控制计算机，交互式电子白板需要定位，并在以下 3 种情况发生时均要定位。

（1）第一次安装驱动并连接白板时。

（2）白板与投影之间相对位置发生改变后。

（3）卸载软件后重新安装或计算机系统重装后。

具体操作过程是在计算机、交互式电子白板和投影机连接好的情况下（白板驱动安装完毕，TRACEBoard 工具正常启动），单击 TRACEBoard 交互式电子白板工具栏中的定位按键，也可以通过右下角 TRACEBoard 工具菜单中的定位项来定位。白板上会出现闪烁的交叉点，用电子笔准确点击依次出现的 9 个或 20 点交叉绿色点（注意：定位时，笔要尽量垂直于板面，点击错误则重新启动定位），从而使交互式电子白板识别到计算机图像的确切位置，定位结束后会自动退出定位界面，如图 2-13 所示。定位完成后，在电子白板上会看到电子笔点击的位置与鼠标箭头位置重叠。

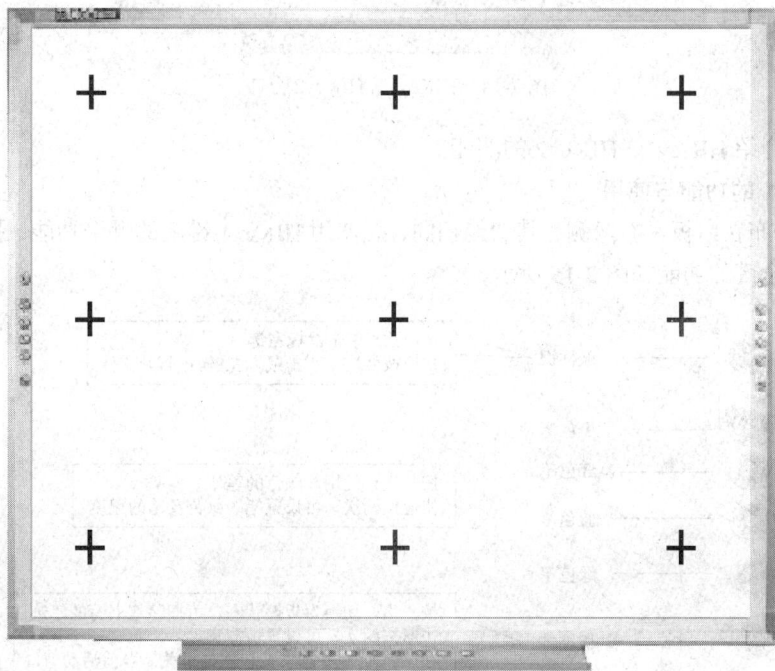

图 2-13　电子白板中的定位界面

2.3　TRACEBoard 电子白板的基本功能介绍

2.3.1　HIKey（灵巧智能键）的分布

　　天士博（TRACEBoard）交互式电子白板两侧各有一组完全相同的 HIKey1（灵巧智能键 1 组），以方便使用者在白板两侧操作。HIKey1 包括 6 个按键，这 6 个按键在不同操作情况下会有不同的功能。底部工具栏分布着 HIKey2（灵巧智能键 2 组），它由 8 个常用的工具按键组成，可以直接打开和关闭相应的工具，直接控制白板，如图 2-14 所示。

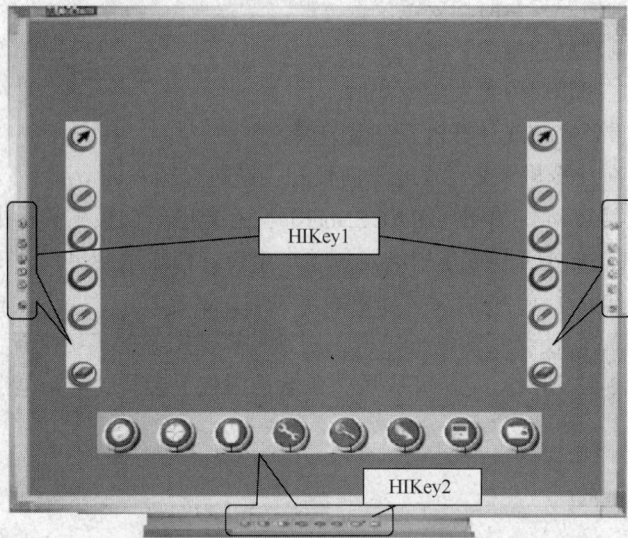

图 2-14　HIKey1、HIKey2 分布

下面详细介绍 HIKey1、HIKey2 的功能。

1. HIKey1 的功能与使用

　　HIKey1 分布在白板左右两侧，其功能相同，想使用 HIKey1 键上的哪个功能，按一下相应的按钮即可，各个键的功能如图 2-15 所示。

图 2-15　HIKey1 功能示意图

2．HIKey2 的功能与使用

图 2-16 所示为 HIKey2 的功能示意图。

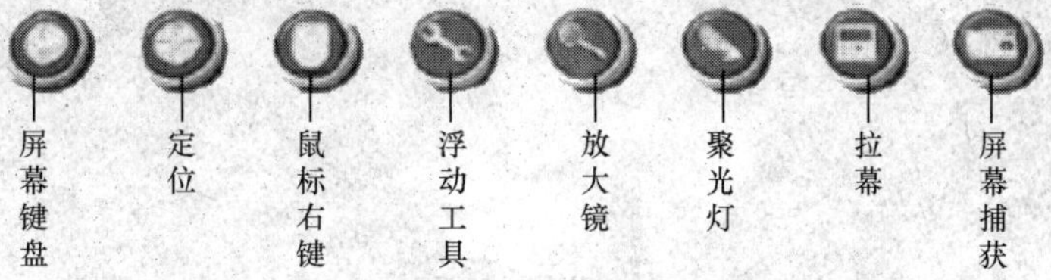

屏幕键盘　定位　鼠标右键　浮动工具　放大镜　聚光灯　拉幕　屏幕捕获

图 2-16　HIKey2 功能示意图

图 2-16 中各个功能键的使用方法如下。

（1）屏幕键盘：按工具栏中的"屏幕键盘"键○可以根据需要自定义其功能，"屏幕键盘"键默认的功能是屏幕键盘，使用者无须在交互式电子白板与计算机之间来回走动，按下此键即可调出"屏幕键盘"，选择要输入文本的区域键入文本，如图 2-17 所示。若要退出屏幕键盘，可以直接关闭或者再次按下此键。

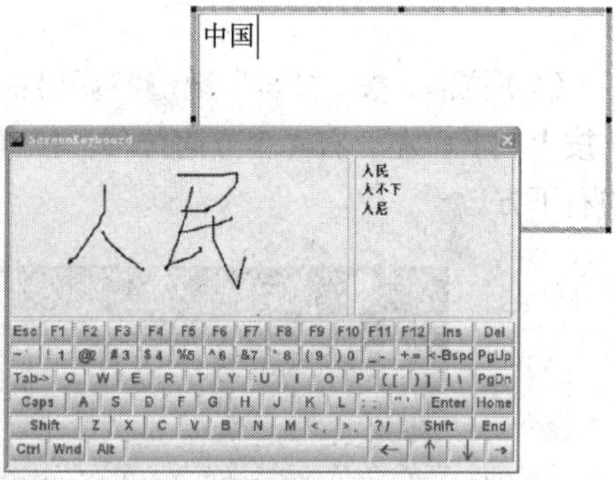

（2）定位：为了让电子笔精确地控制计算机，可按"定位"键，○，具体操作见 2.2.3 小节。

（3）鼠标右键：按"鼠标右键"○可以将电子笔功能转换为鼠标右键，也可以单击桌面右下角 TRACEBoard 工具中的"鼠标右键"，使电子笔一直为鼠标右键（提示：考虑鼠标右键的使用频率较低，所以每按下一次工具栏中的"鼠标右键"只实现一次操作）。

图 2-17　屏幕键盘

（4）浮动工具：按"浮动工具"键○可以弹出浮动工具栏，如图 2-18 所示，其中包括笔栏与工具栏的所有功能。用户可以在板面上随意拖动此工具栏，单击工具栏中的图标即可使用。"浮动工具栏"可以满足不同用户的使用需求，其中的工具可根据需要增减。

图 2-18　浮动工具栏

（5）放大镜：按"放大镜"键○会弹出一个窗口，将电子笔指向的区域放大显示。拖动窗口边框可调节窗口大小，用电子笔在窗口上拖动可移动窗口。放大倍数可以在弹出的放大镜设置中调节（提示：在放大镜设置中，最好不要选择高对比度和反色显示模式，否则会影响工具的使用）。

（6）聚光灯：按"聚光灯"键○将出现聚光灯效果，即突出某一块局部内容，如图 2-19 所示。用电子笔拖动黑色区域可调节聚光灯的位置；拖动聚光灯的蓝色边框可调节光圈大小，控制显示的范围，并且可在光圈内书写注释。通过调整"Menu"菜单中的"填充透明度"选项，可调整"聚光灯"的透明度。

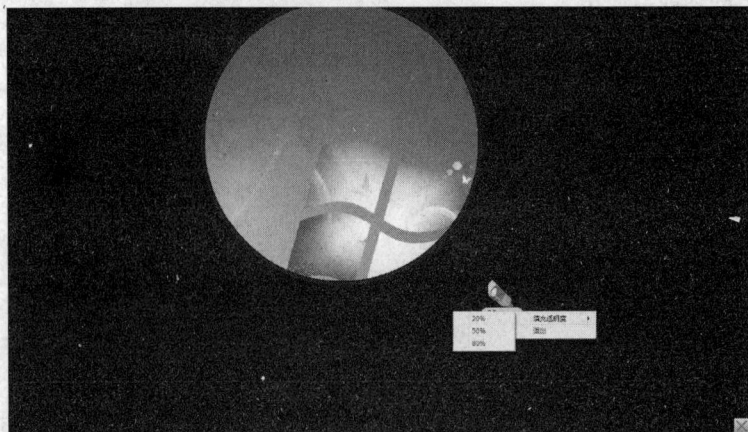

图 2-19　聚光灯效果

（7）拉幕：按"拉幕"键将调出幕布，如图 2-20 所示。用电子笔拖动幕布边缘的把手，可从按上、下、左、右 4 个方向拉幕。拉幕能使演示内容按需要逐步显示，拉幕的关闭按钮在屏幕的右下方。

图 2-20　拉幕功能

（8）屏幕捕获：按"屏幕捕获"键将调出屏幕捕获工具，如图 2-21 所示。

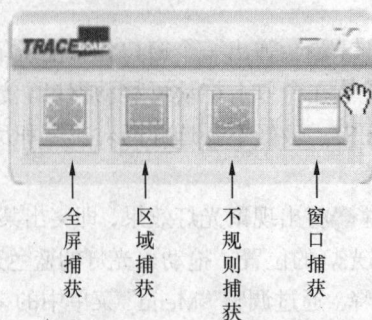

全屏捕获　区域捕获　不规则捕获　窗口捕获

图 2-21　屏幕捕获工具

上面的 4 种屏幕捕获方式，可以把板面上显示的所有内容捕获，并以图片的格式保存在 TRACEBook 中，方便用户演示、打印、讲解等，也可以根据需要选择捕获到当前页面或是新建的页面里（若脱离交互式电子白板，想单机实现屏幕捕获功能，可以单击 TRACEBook 软件工具栏上的屏幕捕获工具来保存图片）。

2.3.2　TRACEBook 应用软件介绍

单击桌面上的 TRACEBook 图标，打开 TRACEBook 应用软件，如图 2-22 所示。

图 2-22　TRACEBook 软件界面

TRACEBook 软件的菜单栏以及包含的所有菜单命令，如图 2-23 所示。

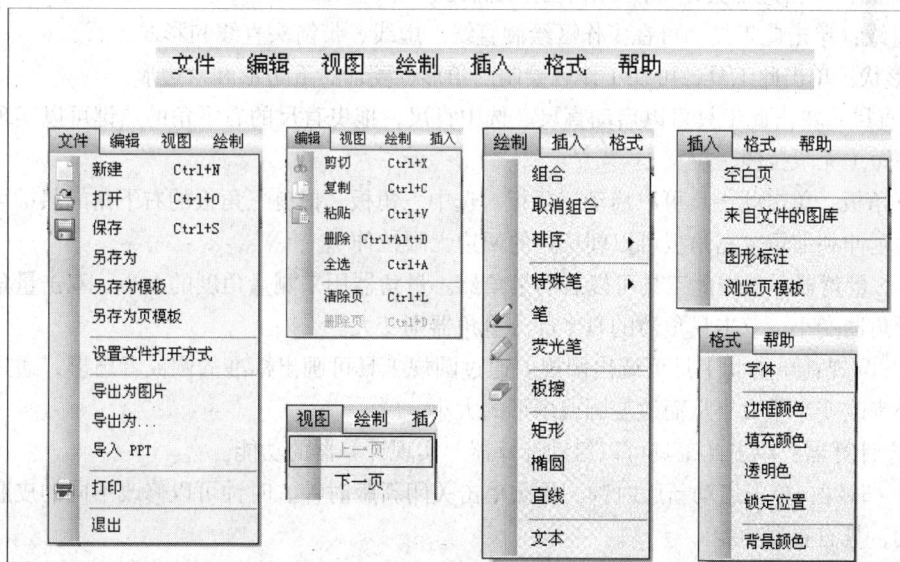

图 2-23　TRACEBook 菜单栏及菜单命令

TRACEBook 软件工具栏如图 2-24 所示。

图 2-24　TRACEBook 工具栏

TRACEBook 工具栏第 1 行中部分工具的功能如下。

- 空白页：在当前页后插入空白页。
- 删除页：删除当前页面，当只剩一页时，不可删除。
- 图形标注：在当前 ToolBox 图形窗口内插入图形标注库。
- 保存图形标注：保存 ToolBox 中的图形标注库。
- 双笔单笔切换：切换笔的操作模式，即单笔和双笔。
- 全屏模式：将 TRACEBook 演示文件全屏化。
- 屏幕捕获：启动屏幕捕获工具，以便抓取屏幕或窗口的内容。

TRACEBook 工具栏第 2 行中部分工具的功能如下。

- 鼠标：单击这个按键时，电子笔转换为鼠标左键。
- 笔：单击这个按键右侧的三角形下拉菜单时，会出现普通笔、毛笔、粉笔的笔类型选择，当选择普通笔时，就是普通的效果；当选择毛笔时，电子笔可以书写出毛笔笔锋的效果（推荐在线宽最宽的状态下书写）；当选择粉笔时，可以书写出粉笔笔锋的效果（推荐线宽为中等线宽）。
- 荧光笔：单击这个按键时，电子笔转换成荧光笔，可在工作区内画出荧光笔轨迹。
- 板擦：将电子笔转换到板擦，可擦除工作区内笔或荧光笔的轨迹图。
- 矩形：单击此工具，可在工作区绘制矩形、等腰梯形、直角梯形、平行四边形和直角三角形。

　椭圆：单击此工具，可在工作区绘制椭圆。

　直线：单击此工具，可在工作区绘制直线、虚线、带箭头直线和彩线。

　形状：单击此工具，可在工作区绘制三角形、菱形、五边形和六边形。

　直尺：单击此工具可以启动直尺。选中直尺，拖曳直尺的右下角的热键可以实现直尺的延伸和缩短（无限拉伸、拉宽）。

　三角板：单击此工具可以启动三角板。选中三角板，拖曳三角板的右下角的热键可以实现三角板的延伸和缩短（三角板可以朝三角的两边无限拉伸）。

- 量角器：单击此工具可以启动量角器。量角器用来测量角度的大小，双击量角器的左半部分量角器变小，双击量角器的右半部分量角器则变大。
- 圆规：单击此工具可调出圆规。通过圆规工具可画出标准的圆或者扇形，通过缩放圆规的大小来改变半径大小从而改变圆或扇形的大小。
- 计算器：单击此工具可以启动计算器，实现计算器的功能。
- 时钟：单击启动新版时钟，再次单击关闭新版时钟。时钟可以修改不同的皮肤，显示当前时间，具有置顶功能。
- 边框颜色：变换绘制的矩形、椭圆形、直线、虚线、多边形等边框及文本的颜色。
- 线宽：变换绘制的矩形、椭圆形、直线、虚线或多边形等边框线的粗细，以及笔痕迹的粗细。

● ▨填充颜色：可以给绘制的矩形、椭圆形或多边形等填充各种各样的颜色。

2.3.3　电子白板软件对多媒体的支持

交互式电子白板支持多种媒体，如 TRACEBook 软件针对演示和讲解可支持手写、文本、图形、图像、声音动画、超级链接等多种元素对象。

① 手写：TRACEBook 软件支持独有的手写功能，把电子笔在板面上书写的文字和图形以矢量图的形式保存下来。

② 文本：TRACEBook 软件支持文本编辑功能，可以输入文字，对文字的大小、字体、颜色进行编辑，并可以任意移动和旋转。

③ 图形：TRACEBook 软件自带图形绘制和编辑功能，可以根据实际需要绘制出几何图形，包括长方形、正方形、菱形、等腰三角形、圆形、椭圆形、五边形、六边形、直线、虚线、彩线、等腰梯形、直角梯形、直角三角形、带箭头的直线、平行四边形等，并可对图形任意缩放、移动和旋转，对图形的边框颜色、粗细、填充色等属性进行设置。

④ 图像：TRACEBook 软件支持插入图片功能，可以把矢量图片和位图图片插入到 TRACEBook 当中进行讲解、注释，并可以对图片任意缩放、移动和旋转，包含 BMP、RLE、DIB、GIF、JPG、JPEG、JPE、PCX、PICT、PNG、RAW、TIF、TIFF 等各种图片格式的图片。TRACEBook 软件支持 GIF 图像动画效果。

⑤ 声音：TRACEBook 软件中对所有对象都可以链接声音文件，用鼠标选中对象就可以自动播放声音并且可以对声音播放的时间长短进行设置，与 Windows Media Player 支持的声音文件相同，包括 WMA、WMV、ASF、WM、ASX、AVI、MP3、MP2、MP1、MPA、MPGA、MPG、MPEG、MPA、DAT、WAVE 等文件。

⑥ 动画：TRACEBook 软件不仅支持静态对象，也支持动画，可以对 TRACEBook 中的任何对象超链接动画，单击链接对象，即可播放 Flash 动画，并保持了动画原有的属性，可以任意控制。

⑦ 超级链接：TRACEBook 作为演示讲解软件，超级链接是必不可少的，不仅可以链接文件、网址、声音和动画，还可以链接内部页面，使演示更加生动灵活。

2.4　电子白板软件的使用

在交互式电子白板的使用中，不但希望使用 TRACEBook 软件进行书写、注释或图解，而且希望针对计算机中原有的教学资源，如 PPT、Word、Flash、Authorware、几何画板等课件，在交互式电子白板中直接使用，甚至有时还希望直接把交互式电子白板当做"黑板"使用。

2.4.1　针对原有教学资源的使用

下面以 Word 以例，介绍在交互式电子白板中，如何使用计算机中原有的教学资源。

在用电子笔对其他软件进行操作的时候，软件界面的左下方会出现▨、▧图标，它们分别为"保存"按钮和"移动"按钮。单击"保存"按钮▨，所有在这个软件上进行的改动将被保存下来，并且不改变文件的格式。而当操作者进行标注后，按下🖱键将电子笔改为鼠标左键，软件上所有注解都将消失。按下▧键，可以通过鼠标拖动▨、▧图标在屏幕上移动，方便随时存储标注和印迹。如不需要保存，按鼠标键可清屏。

同样，在 PPT 使用时，当电子笔在鼠标状态时，用笔双击课件图标，单击"全屏放映"按钮，用笔在板面中任何位置单击，可实现下翻页。单击左下角的图标 ⊙⊙⊙⊙⊙，其中第 1 个按钮实现上翻页。按笔可以在板面上标注，如标注内容需要保存，按第 2 个按钮"保存"，如不需要保存，按鼠标键清屏。按最后一个按钮，可移动工具条的位置，按工具条中 ⊙ 按钮，退出全屏，按板擦键，关闭文档。

使用 Flash 课件时，用电子笔单击课件中的按钮即可生效。

2.4.2　黑板级使用

双击桌面上的 TRACEBook 图标，打开 TRACEBook 文档后，单击左下角的"全屏"按钮，按笔可以在电子白板上书写，电子白板可以根据需要设置成"白板"、"黑板"、"红板"或其他颜色。按鼠标可以移动位置，按板擦可以擦除书写的内容；下翻页可无限向下翻页，上翻页可回顾浏览；单击左上角的 TOOLBox 矩形条，可查看所有页面；单击需要的页面，可跳转到该页面；单击"关闭"按钮，可把板书保存在计算机中。

在 TRACEBook "黑板"内，也可以用两支笔同时书写。按下 🖊 图标，支持两支笔同时各自独立进行移动、旋转、擦除，以及用各种颜色笔书写等功能操作（双笔独立控制）。操作方法是：面对白板，单击 TRACEBook 上部工具栏中的"单双笔切换"图标 🖊，即可启动 TRACEBook 双笔模式。在 TRACEBook 演示区域内，"黑板"支持两支笔同时在不同区域进行直角三角形、矩形、等腰梯形、直角梯形、平行四边形、等边五角形、等边六角形、椭圆、直线、点线、有向线、彩线等相同功能的独立操作（操作时两只笔功能一致）。

操作方法：一支笔选择上述功能，另一支笔也自动变为相同功能。双笔可在演示区域内同时进行此功能操作。当再次单击 TRACEBook 工具栏中的"单双笔切换"图标，即可关闭 TRACEBook 双笔模式。

使用双笔功能时需要注意以下几点。

（1）当一支笔必须在抬起状态时，另一支笔才可以改变笔的颜色。

（2）大量书写时，速度可能会比单笔书写慢些。

（3）在 TRACEBook 演示区域内，硬件鼠标只能通过上部工具栏的笔来书写。

（4）电磁笔不支持右键功能。若单击 TRACETools 中的鼠标右键功能后，使用电磁笔在白板中单击所有功能无效。可以通过用物理鼠标取消鼠标右键状态。若单击浮动工具栏中的鼠标右键后，使用电磁笔在白板中单击其他功能无效失效一次。

（5）复制、剪切和粘贴功能无效。用电磁笔在白板上使用剪切、复制和粘贴功能无效。用物理鼠标可以正常使用剪切、复制和粘贴功能。

（6）蓝色热点右键功能无效。选择图形后的右上角蓝色热点不能弹出右键菜单。

（7）缩放功能无效。用鼠标双击图形元素的左半部或右半部的放大缩小功能无效。

（8）ToolBox 中的模板功能无效。用鼠标拖曳 TRACEBook 工作区到 ToolBox 模板中无效。可以通过切换为单笔状态，再次拖曳到模板中实现此功能。

（9）ToolBox 中的图形功能无效。用鼠标拖曳选中的图形元素到 ToolBox 图形中无效。并且若将图形拖曳到 ToolBox 工具栏背面后，将 ToolBox 隐藏，此时被拖曳的图形消失，可以通过在 TRACEBook 工作区单击鼠标右键全选后，拖曳所有的图形向右移动，将丢失图形找回。

特别注意：在安装双笔白板时，必须先将电缆一端插接在白板上，之后再将另一端插接在计算机上。如果顺序不对，可能会出现只识别一支笔的情况。如果出现只识别一支笔，请重新拔插计算机端连接线缆。

2.4.3 TRACEBook 软件编辑

双击桌面上的 ![图标] 图标，打开 TRACEBook 软件界面。如图 2-22 所示。在 TRACEBook 中可以编辑文字，添加图片，编辑、绘制图形，制作课件的声音、动画及视频处理。

1. 文字编辑

文字编辑包括文字输入后的字体设置、修改字体的大小和颜色、位置锁定和删除等，如图 2-25所示。

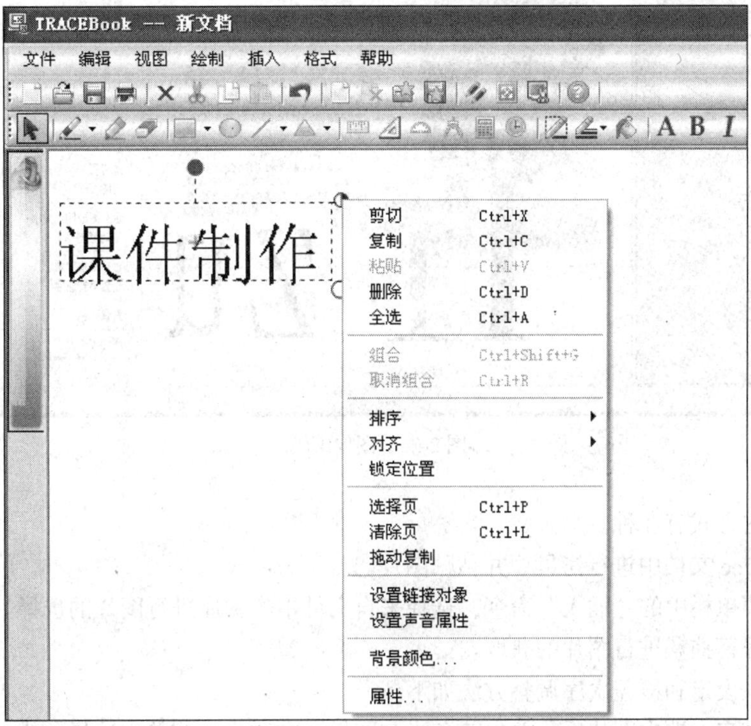

图 2-25 文字编辑

添加文字的方式有两种。

（1）点击"文本"按钮 A，用键盘输入文字，并进行文本编辑。

（2）在其他文档中进入文字编辑状态后进行复制，粘贴进 TRACEBook 的文本框后进行编辑。

文字位置的移动及锁定方法如下。

（1）选中文字对象，可以通过拖曳进行文字的位置移动。

（2）选中对象后，单击虚线框右上方的蓝色半圆图标，在弹出的菜单中选择"锁定位置"命令，可以将文本的位置固定。

文本的颜色通过单击工具栏中的"边框颜色"按钮 ![图标] 来设置。

文本的字体通过工具栏中的字体列表框 Arial ▼ 进行选择，字号则通过 14 ▼选择，文字需要加粗单击 B 按钮，需要倾斜则单击 I 按钮。

设置文本的背景颜色，可单击右键菜单中的"背景颜色"命令来实现。

2. 图像编辑

图像编辑包括图像的插入、排序、制作背景、检索等，如图 2-26 所示。

图 2-26　图像编辑

添加图片的方式有 3 种。

（1）从 Office 文档中进行拷贝，并粘贴图片。

（2）通过菜单栏中的"插入"命令，选择来自文件中的图库进行图片的选择。

（3）通过屏幕捕获进行图片的获取。

图片的背景设定和覆盖次序调整方法如下。

（1）背景设定：选中图片后，单击蓝色半圆图标，在弹出的菜单中选择"排序"中的"制作背景"命令，可以将图片的位置固定，并不能编辑。若要解除背景状态，可选择"排序"中的"检索背景"。

（2）覆盖次序调整：通过选择对应图片右键菜单中的"排序"命令，可以将不同的图片有层次地排列。

图片的移动、缩放以及旋转方法如下。

（1）通过选中图片，进行位置的移动。

（2）选中对象后，通过拖曳边框右下角的空心圆来对图片进行缩放；或者通过双击图片的左右位置来实现图片的等比例缩放。

（3）选中对象后，通过旋转边框上方的绿色圆进行图片的自我旋转，也可以通过调整旋转中心点来实现不同的旋转。

3. 图形编辑

● 图形的画法：通过单击工具栏中矩形工具 ▭、椭圆工具 ◯、直线工具 ╱，可以绘制相对应的图形。单击形状工具 ⬚ ，可绘制三角形，单击其右下角的小黑三角可选择绘制虚线及多边形。

- 图形的组合和取消组合：圈选要组合的对象，单击右键菜单中的"组合"命令则组合图形；选中经过组合的对象，单击右键菜单中的"取消组合"命令则取消组合。
- 图形的移动、缩放和旋转：通过选中图形，进行位置的移动；拖曳图形右下角的空心圆可以缩放图形大小；通过旋转边框上方的绿色圆图标可进行图形的旋转。
- 旋转中心点的移动：选中对象，双击绿色按钮，拖动中心红点，再单击绿色按钮，即可围绕移动后的中心点旋转。
- 对齐：圈选所有要对齐的对象，选中要看齐的标准对象后，单击此对象蓝色半圆图标，在弹出的菜单中选择"排序"级联菜单中的对齐方式。
- 图形的遮盖：通过用矩形图进行颜色填充，设置其排序位置在顶层，实现在所需的位置进行遮盖。
- 拖动复制：通过鼠标右键的拖动复制，可以无限制地复制原图形，再次选中拖动复制可取消拖动复制功能。
- 元素属性：选中元素，单击右键菜单中的"属性"命令，可改变元素的透明度和显示顺序。
- 页属性：在空白处单击鼠标右键，选择"属性"命令，可在当前页预设聚光灯和拉幕，当全屏显示到该页面时，即可弹出聚光灯或拉幕。

4. 音频文件的链接

音频文件的链接对象有文字、图形和图片。

- 链接到声音文件：选择要链接的对象，单击右键菜单中的"设置声音属性"，在弹出的对话框中单击"浏览"按钮，选择要链接的声音文件。
- 设置声音文件播放时间：根据需要在"开始"和"结束"文本框内输入播放声音文件的起始和终止时间。

5. 视频文件的链接

视频文件的链接：选中链接对象，调出右键菜单，选择"设置链接对象"，在弹出的对话框中单击"浏览"按钮，选择链接的视频文件。

视频文件的播放技巧如下。

（1）全屏播放视频：快速单击链接对象左下角的黑色箭头时，为全屏化的播放方式，同时按下笔栏的任意笔键，播放画面会暂停，此时可以在画面上书写批注，通过按下鼠标键可以继续播放。

（2）嵌入式播放：长时间单击黑色箭头（1s 以上）实现嵌入式播放，这种播放方式也可通过笔键和鼠标键实现暂停、批注和继续播放，也可以边播放边在空白处书写板书。

6. Flash 的链接

链接方法：选中链接对象，调出右键菜单，选择"设置链接对象"，在弹出的对话框中单击"浏览"按钮，选择链接的 Flash 动画。

链接技巧如下。

（1）链接对象的宽度和位置决定 Flash 播放窗口的大小和位置。

（2）播放过程中窗口大小可以调节，位置也可以拖动调节。

（3）通过单击空白处可以直接停止播放。

7. ToolBox 缩略窗口

如图 2-27 所示，ToolBox 窗口文件类型包括：缩略图（TBK），模板（TMK）和图形库（TGK）3 种类型。模板文件是 TRACEBook 软件使用的重要文件之一，文件后缀名为 TMK，和普通的页面文件 TBK 的主要区别是：可以被其他 TBK 文件重复调用到模板库中，方便课件和演讲材料的制作。图形标注库文件是 TRACEBook 软件演示讲解时必不可少的文件，文件后缀名是 TGK。图形标注就是用形象的图形来对某一内容（图片、文字等）进行说明，所以图形标注文件包括标注文件（存在于 ToolBox 工具栏的图形窗口里）和被标注文件（存在于 ToolBox 工具栏的模板窗口里）两部分。

图 2-27　ToolBox 窗口

缩略图生成与保存：课件演示文稿就是以缩略的形式保存在缩略图中，点击 ▣ 保存即可。

模板库生成与保存的方法如下。

（1）单页模板：单击"文件"菜单下的"另存为页模板"命令，即可以将当前缩略图保存为单页模板。

（2）文件模板：单击"文件"菜单下的"另存为模板"命令，即可以将所有缩略图保存为模板文件。

（3）多页模板：在想要制作成模板的课件页上单击空白处并拖动到模板库中，重复动作，可制作多张模板，单击"保存图形标注"按钮 ▣ 保存到 TGK 文件中。

图形库生成与保存：拖动需要制作成图形资源的对象到图形库中，然后单击 ▣ 按钮保存到 TGK 文件中。可以制作成图形资源的对象有文字、图形和图片。

图形标注库：包括模板库和图形库。

将模板库里的模板和图形库里的图形共同通过单击 ▣ 按钮保存到 TGK 文件中；或者直接关闭 TRACEBook 应用程序，根据提示保存 TGK 文件。

ToolBox 的使用方法如下。

（1）缩略图：单击 ToolBox 中的缩略图标签，可以快速找到某一页演示文稿。

（2）图形库：单击 ToolBox 中的图形标签，在空白处单击鼠标右键，选择"插入图形标注库"命令，根据路径选择需要的 TGK 文件。

（3）模板库：单击 ToolBox 中的模板标签，在空白处单击鼠标右键，选择"插入模板"命令，根据路径选择需要的 TMK 文件。

2.4.4　TRACE EDU 软件介绍

TRACE EDU 软件是目前比较专业的电子白板教学应用软件。它以复杂的教学应用课件为主要处理对象，不但具有其他同类软件的文字编写、图片插入、超级连接等功能，还独有数学符号编辑，几何图形绘制，汉字笔顺显示，物理电路图绘制，试验器材图形与图片，化学方程式编辑，电子式编辑，试验器材图形与图片，表格与图标的设计与编辑，图形图像的编辑等功能。既可一次性完成对文字、公式、表格、图形的所有编排，又可实现表格、常规符号及数学函数的计算及多表格运算，直观易用。TRACE EDU 软件各元素之间可以灵活进行教学组合，也可直接调用标准工具，帮助教师制作丰富生动的教学课件，解脱烦琐的制作，如

图 2-28 所示。

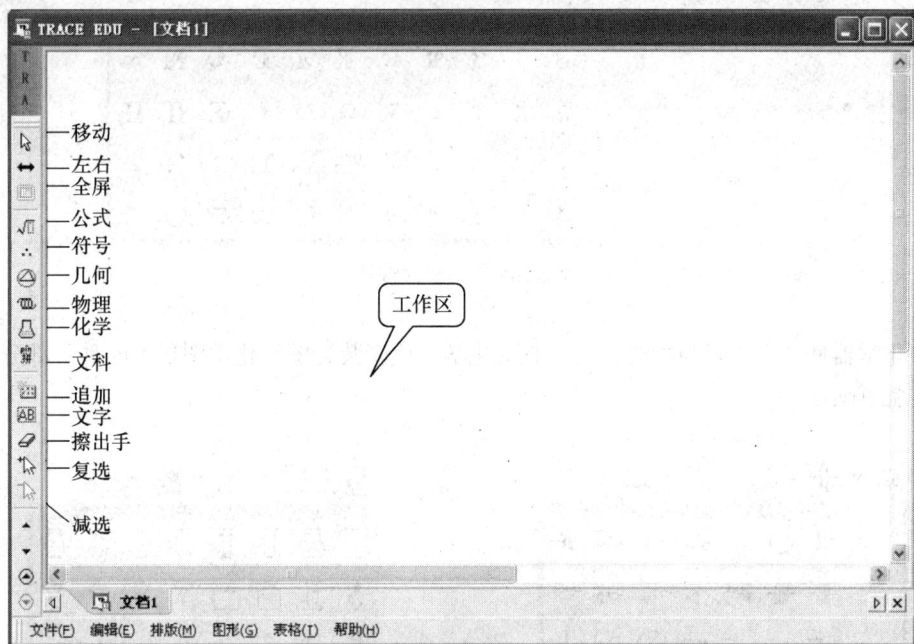

图 2-28　TRACE EDU 界面

TRACE EDU 软件具有以下功能。

（1）数学公式、物理公式和化学公式的编排功能。该软件能够书写的数学公式、物理公式及化学公式涵盖了小学、初中、高中课程中的内容，公式和文字、图形、表格能够实现混合编排，可满足学生电子作业和教师编写教案、教学论文、试卷等要求。其中包括括号、分式、根式、算术式、映射框、上下角标、顶线和底线、标签箭头、求和、积分、乘积和集合论、矩阵等公式155 种，关系符号、运算符号、箭头符号、逻辑和集合符号、希腊符号等各类符号 189 种，部分运算符号如图 2-29 所示。

图 2-29　部分运算符号

（2）平面、立体、曲线等图形的绘制功能。利用该软件能够方便地绘制统计图、平面几何、解析几何、立体几何图形，其中包括点和线、曲线、三角形、多边形、圆、立体几何图形、解析几何图形、标注、圆形阵列化、箭头、流程图等各种几何图形 207 种，部分标注符号如图 2-30 所示。

（3）力学、热学、电学、电磁学、光学、实物符号图等各种类物理图形 170 种，部分电学标注如图 2-31 所示。

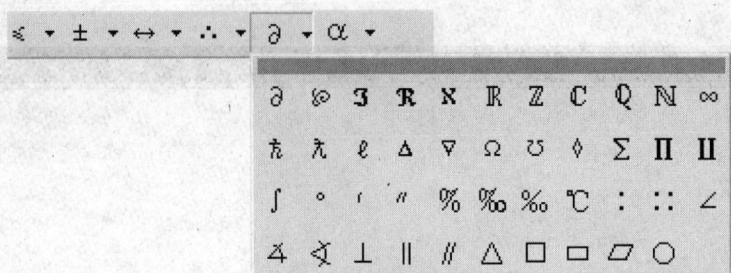

图 2-30　部分标注符号

（4）化学器件、方程式与物质结构、有机化学、成套装置图等化学图形 105 种，部分化学器件如图 2-32 所示。

图 2-31　部分电学标注

图 2-32　部分化学器件

（5）自动显示汉字笔画顺序，自动给汉字标注拼音、田字格、米字格，汉字全部生降调字符等各类文科功能，部分汉字标注如图 2-33 所示。

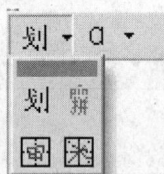

图 2-33　部分汉字标注

2.5　电子白板系统使用维护与保养

2.5.1　交互式电子白板维护

清洁交互式电子白板前，最好先退出计算机操作系统，然后将投影仪转入待机模式，这样能更清晰地显示出污渍（提示：频繁使用的交互式电子白板最好一周清洁一次，这样能保持最佳的清晰度）。清洁交互式电子白板的板面时，一般的污渍用水或普通的清洁剂即可擦除。操作时只需将水或清洁剂喷到屏幕上有污渍的位置，用纸巾擦拭即可（注意：请不要使用其他成分的有机溶剂清洁白板，否则会造成白板板面的永久性损伤）。

另外，在使用交互式电子白板时要注意下列事项。

（1）不要用油性笔在板面上书写。

（2）不要用锋利的器物在板面上书写，避免划伤板面，影响美观。

（3）不要经常拔插 USB 线，避免因松动而引起数据传输有误和供电不足。

使用之前请确认以下几项：

（1）白板与计算机主机已用 USB 数据线连接。

（2）白板 USB 连接线接口上方的指示灯要亮。

（3）桌面右下角的白板服务程序图标为 。

以上 3 种情况皆正常，则白板可正常使用。

如果交互式电子白板的工具软件没有启动，请先检查白板与计算机主机之间的 USB 连线是否正常，将 USB 线连接好之后，进入 TRACEBoard 工具图标，启动工具。如若交互式电子白板软件还没有安装成功，请卸载旧的软件驱动，重新安装。

在使用中，有时会出现笔尖和白板上显示的笔迹相差距离比较大，这是由于定位不准造成的，此时，需要重新校正设备。

定位不准一般有以下情况产生：

- 投影机和白板的位置有变化；
- 更换了计算机；
- 重新安装了软件。

当出现软件配置错误时，请删除安装目录中的 TRACEBoardSrv.ini 文件，然后重新启动计算机，并重新定位。

2.5.2　电子白板系统设备保养方法

1．展示台

（1）展示台长时间不不使用时，请拔掉电源插头。

（2）工作时灯管会发热，使用和收藏展示台时，请勿触摸灯管。

（3）清洁机箱时，请用微湿的软布加柔性的清洁剂擦拭。

（4）清洁镜头时，请用风枪吹或者用干燥的软布擦拭，注意不要刮伤镜头。

（5）为节约用电，展示台在开机时臂灯和地灯均处于关闭状态，按"灯光"键即可开启。

2．投影机

（1）注意正常的开机、关机顺序，严禁带电热插拔。

（2）应保持镜头清洁。

（3）定期清洁空气过滤器，保证投影机通风顺畅，以避免机器过热。

（4）不得使用酒精、稀释剂或其他化学洗涤剂清洁投影机外壳，可用非绵绒干布擦拭外壳。

（5）吊顶使用的投影机，要定期请维修公司进行机器内部的清洁。

（6）不使用投影机时，请关闭投影机，可延长灯泡使用时间。

习 题 2

1. 交互式电子白板操作与多媒体投影教学有什么不同？试评价其优点和不足之处。
2. 交互式电子白板的位置发生了变化，如何重新定位？
3. 打开聚光灯，尝试修改聚光灯的光斑形状、位置改变和聚光灯的透明度变化。
4. 找到拉幕功能，尝试从 4 个方向拉开幕布。
5. 打开放大镜，尝试放大交互式电子白板中的某一区域，尝试移动位置和修改放大倍数。

第3章
多媒体课件美学基础

【本章概述】

本章主要介绍多媒体课件需要具备的美学基础，包括美学的概念、表现手段以及在课件中的作用，并从美学的角度简要介绍多媒体课件制作中需要遵循的基本规则和应注意的问题。详细介绍课件平面构成法则和色彩空间构成方法，强调平面构成和色彩构成在课件中的作用。

艺术可以以情动人，以情感人，用形象体现本质。多媒体课件不同于一般的多媒体艺术作品，它是教育性、科学性、艺术性的完整体现。多媒体课件通过科学与艺术的结合，使教育更有成效。多媒体课件必须突出艺术效果，把美学的基本理论贯穿于教学设计的全过程，达到"寓教于乐"的效果，激发学生的学习兴趣和求知欲，调动学生的学习主动性和积极性。

在坚持科学性的前提下，制作多媒体课件尽量运用完美的艺术形式表现教学内容，从而取得事半功倍的教育效果。例如：课件中通过视听组合所产生的效果影响学生的兴趣和爱好，使他们产生情感的共鸣和转移；通过人机交互作用等各种形式，调动学生的积极情绪，加强情感交流，提高他们的创造意识；采用适当的教学表现形式，使教学过程有序、完整、自然；课件画面形象新奇，有一定的艺术技巧，这些都可以激发学生兴趣，强化感知，引起注意。

3.1 美学基本概念

3.1.1 什么是美学

美学是研究人与现实审美关系的学问，是研究美、美感、美的创造及美育规律的一门科学。美学既不同于一般的艺术，也不单纯是日常的美化活动，它是人类审美实践和艺术实践发展到一定历史阶段的产物，是对人类审美实践和艺术实践的概括。

美学这门科学的渊源，可以追溯到古代奴隶制社会。古代思想家对于美与艺术问题的哲学上的探讨，对于艺术实践经验的研究、总结，可以看做是美学理论的萌芽和起点。

美学作为一门独立的科学，则是近代的产物。在18世纪资产阶级哲学和科学蓬勃发展的时期，美学在德国古典哲学中作为一个特殊部分开始确立起来。"美学之父"鲍姆加登在1750年第一次用"美学"（Asthetik）这个术语（其含义是研究感觉和感情的理论），并把美学看做哲学体系的一个组成部分。随后，康德、黑格尔等赋予美学以更进一步的系统的理论形态，使之在他们的哲学体系中占有重要地位。19世纪一些资产阶级美学家在实证主义精神的支配下，使美学摆脱哲学而成为"经验的科学"，使美学在这一时期更加广泛和独立地发展起来。

美学中常用的 3 种艺术表现手段有：绘画、平面构成和色彩构成。本书中的多媒体课件则建立在"经验的科学"基础上，强调通过绘画、对两个以上色彩的运用与搭配、设计多个对象在空间的摆放关系等具体的艺术手段，增加多媒体课件的人性化和美感。

3.1.2　美学在课件中的作用

在制作多媒体课件时引入美学观念，其作用集中体现在以下几个方面。

1. 物化教学情境，丰富审美感知

教学过程中的审美活动是以学生的直接审美感知开始的，并在教学全过程中不断丰富和深化。优秀的多媒体课件画面可以有效地发挥出物化教学情境的作用，潜移默化地激发与培养学生的审美情趣与审美能力。

不同的学科蕴涵着内容各异的美学内容，同时也展现出自然美、艺术美、社会美、科学美等多种形式。以语文课为例，课文内容涉及古今中外丰富多彩的艺术形象，引人入胜的意境，优美生动的词句，强烈感人的抒情色彩和纯洁高尚的审美理想。例如，朱自清先生的《春》，通过描写春草、春花、春风、春雨等自然景物，优美的语言表现出春到江南的艳丽、柔和、温馨和生机勃发的美。然而，如果仅仅依靠语言、黑板和粉笔，其表现力是平面的、单一的；当配合使用恰当的图片、图像时，可以将春天冰雪消融、万物复苏这气象万千的美景立体地、多维地展现在眼前，春天的自然美呼之欲出，如配合使用柳树的发芽、孩子的眼睛、湖面的涟漪、枝头的小鸟等图片，一幅春意盎然的写真物化在眼前，使学习者唤醒对春的记忆，展开丰富的联想，更加直观地感受到春天离我们那么近。《荷塘月色》描绘了明净清亮的月下荷塘、轻盈多姿的荷花、沁人心脾的缕缕荷香，以及心怀淡淡的哀愁和喜悦等组成的静谧、和谐，充满着优美的诗情画意的自然之美。同样，当结合文字再使用相关图片组成美丽的画面时，一个宁静、雅致的夜色展现在眼前。美育是自由自觉的过程，美好情感不断被唤起、激发，也不断得到净化、升华，逐渐积淀为高尚的审美情感，使美学教育潜移默化地深入到学生的内心。

2. 愉悦情感，陶冶情操

美学本身具有愉悦情感的功能，在课件画面中出现符合审美需求的画面会对学生的心理产生愉悦的情感效应，使之视觉上、心理上得到满足，主动接受知识信息。在学习过程中情感得到升华，美学情感得到满足，达到陶冶情操的目的。以科学美为例，当教师讲授天文、地理的时候，如果配上适当的图片，如浩瀚的星空、广袤的大地、湛蓝的海洋、皎洁的月光等，会使学生直观地感觉到自然之美。以物理课为例，当教师讲授万有引力定律的时候，在多媒体课件画面上出现牛顿的肖像，配上苹果从树上掉下来的画面效果，将给学生更加深刻的印象。学生在感受科学美、自然美的同时，也感受到了牛顿、加利略的人格魅力。与此同时，在学生中间树立高尚的情操、科学的态度、执著的追求，会对学生的心理起到良好的引导作用，必将会提高学生的审美能力和审美情感，这就是画面审美的愉悦情感、陶冶情操功能。

3. 人机交互，引人入胜

计算机形象逼真的交互界面和友好的交互环境设计，反映美学在多媒体课件设计中，能自然引导各种交互现象，扮演与学生友好合作、平等竞争的环境。以游戏教学课件为例，学生可以很轻松地在游戏环境中愉快地完成学习任务，这种把教学渗透在游戏中，能产生一种生动与轻松的学习氛围，激发学习者的兴趣，促使学习者自发、自愿地进行学习，使学生在不知不觉中进入学习状态。

美学在交互设计中，能起到逼真的仿真效果，最终实现虚拟环境下的学习。游戏中提供图文并茂、丰富多彩的人机交互式学习环境，使学生能够按自己的知识基础和习惯爱好选择学习内容，而不是只能被动服从和接受，这样，将充分发挥学生的主动性，真正体现学生的认知主体的作用。

3.1.3　美学的表现手段

前面曾经提到，美学有 3 种艺术表现手段，即绘画、平面构成和色彩构成。这里所谓构成，是指两个或两个以上的元素组合在一起，形成新的元素。

绘画是美学的基础。通过手工绘制、计算机绘制和图像处理，使线条、色块具有了美学的意义，从而构成了图画、图案、文字以及形象化的图形。

平面构成又叫"版面构成"，是美学的逻辑规则，它主要研究若干对象之间的位置。随着人们对平面构成的深入研究，已经把平面构成归纳为对版面上的"点"、"线"、"面"现象的研究。

色彩构成是美学的精华。它的主要内容是研究两个以上的色彩关系、精确到位的色彩组合和良好的色彩搭配。

3.2　课件的平面构成

平面构成即形状（点、线、面）与色彩的构成。平面构成需遵从一定的美学规律，这些基本原理主要包括和谐、对比与统一、对称、均衡、比例等。我们把构成的基本元素有机地组合到一起就可以实现视觉的冲击效果。

3.2.1　平面构成法则

1．和谐

从视觉形式上看，和谐指的是形态的有机组合，孤立存在的形态、线条、色彩等视觉因素必须和其他因素在相互对比中达到统一才能构成和谐。和谐的美体现在整体协调下的对比和强调这种对比关系之中。音乐中音调的和弦，建筑中各部分的比例相称，文学中结构的统一都体现了和谐的属性和特征。在平面构成中和谐的形式美需具备下列条件：

① 有两个以上视觉因素；

② 这些因素既相互对比，又是统一体中的局部；

③ 形态之间既有差别又有较强的共性。

根据和谐的形式美法则，在形状的协调上需要注意界面上图文混排时，图像和文字块的形状要保持协调。此外，如果一个界面上有多个图像，则图像的形状和大小也要协调，其中只有一个图像起主导作用，形成视觉的中心和引力。

2．对比与统一

对比又称对照，把反差很大的两个视觉要素成功地排列在一起，虽然使人感受到鲜明强烈的感触而仍具有统一感的现象称为对比，它能使主题更加鲜明，视觉效果更加活跃。对比关系主要通过视觉形象色调的明暗、冷暖，色彩的饱和与不饱和，色相的迥异，形状的大小、粗细、长短、曲直、高矮、凹凸、宽窄、厚薄，方向的垂直、水平、倾斜，数量的多少，排列的疏密，位置的上下、左右、高低、远近，形态的虚实、黑白、轻重、动静、隐现、软硬、干湿等多方面的对立因素来达到的，它体现了哲学上矛盾统一的世界观。对比法则广泛应用在现代设计当中，具有很强的实用效果。

根据对比的形式美法则，如果各个元素的视觉效果都一样，界面看起来就非常单调和沉闷；而利用界面上多个元素之间产生的对比效果，可使强者更强，弱者更弱，在视觉和心理上形成主从、均衡、运动、情感等效果。此外，还可以借助大小、浓淡、明暗、粗细等形态变化，综合使用不同的对比手法，表现反复、渐变、连续、转移、跳跃、升腾等现象。利用对比法则可以有效地突出主体元素，引导学习者首先注意最重要的信息，使界面主宾分明，尤其是在图文混合方面的运用更是突出，如图 3-1 所示。

图 3-1　用对比法则突出主体

3. 对称

对称是人类、动物和许多植物以及人造物存在的结构方式，这种左右对称、上下对称及中心对称体现了形态组合、形态结构的整体性、协调性与完美性，符合人类自身的欣赏及审美要求，因而也是一种美的形式。例如，人体的构成关系、动物形体的构成关系、飞机的造型关系、一些花卉的结构关系等都体现出了自然形态和人造形态对称的形式特征和结构特征。所以，对称的形态在视觉上有自然、安定、均匀、协调、整齐、典雅、庄重和完美的朴素美感，符合人们的视觉习惯。平面构图中的对称可分为点对称和轴对称。假定在某一图形的中央设一条直线，将图形划分为相等的两部分，如果两部分的形状完全相等，这个图形就是轴对称的图形，这条直线称为对称轴。假定针对某一图形，存在一个中心点，以此点为中心通过旋转得到相同的图形，即称为点对称。

在平面构图中运用对称法则要避免由于过分的绝对对称而产生单调、呆板的感觉，有的时候，在整体对称的格局中加入一些不对称的因素，反而能增加构图版面的生动性和美感，避免了单调和呆板，如图 3-2 所示。

4. 均衡

就平面构成而言，均衡是诸多形态在二维空间组合时量的对比关系和位置的疏密对比关系。均衡在平面构成中强调的是形态在组合关系中的"动"的因素和趋向于打破平衡的形式特征。如同在衡器上两端承受的重量由一个支点支持，当双方获得力学上的平衡状态时称为平衡一样，均衡是形态不规则、无序和动态感在视觉上的统一，是根据形象的大小、轻重、色彩及其他视觉要素的分布作用于视觉判断的平衡。

图 3-2　对称法则的灵活应用

　　平面构图上通常以视觉中心（视觉冲击最强的地方的中点）为支点，各构成要素以此支点保持视觉意义上的力度平衡。在实际生活中，平衡是动态的特征，如人体运动、鸟的飞翔、野兽的奔驰、风吹草动、流水激浪等都是平衡的形式，因而平衡的构成具有动态性。

　　在平面构成中，均衡构成形式通常需具备有相同或不同的多个形态，可有形状和面积上的差异，有聚散或穿插对比。

　　5．比例

　　比例指一种事物在整体中所占的分量，是物体的局部与局部、局部与整体在体积、长度等因素上的数量对比关系。比例是一个精确的数学概念，而在平面构成中，比例关系反映的是形态之间在大小和面积上的量的对比关系，一种形态之间量与量的视觉构成关系，如等比数列、黄金分割比、形态的渐变等。

　　人们在长期的生产实践和生活活动中一直运用着比例关系，并以人体自身的尺度为中心，根据自身活动的方便总结出各种尺度标准，体现于衣食住行的器用和工具的制造中。例如，早在古希腊就已被发现的至今为止全世界公认的黄金分割比 1：1.618 正是人眼的高宽视域之比。恰当的比例则有一种谐调的美感，成为形式美法则的重要内容。美的比例是平面构图中一切视觉单位的大小，以及各单位间编排组合的重要因素，雅典的帕特农神庙（Parthenon）屋顶高度与屋梁长度具有黄金比，如图 3-3 所示。

图 3-3　黄金分割比例应用

6. 节奏与韵律

节奏本是指音乐中音响节拍轻重缓急的变化和重复，这个具有时间感的用语在构成设计上是指以同一视觉要素连续重复时所产生的运动感。

韵律指的是诗歌中的声韵和节律。在诗歌中音的高低、轻重、长短的组合，匀称的间歇和停顿，一定地位上相同音色的反复出现以及句末或行末利用同调同韵的音相切和，就构成了韵律。在视觉艺术中借用韵律指的是形态、色彩等视觉因素有明显规律的和谐组合，如形态的重复、渐变、面积对比及秩序化构成关系都具有韵律形式的特征。平面构成中单纯的单元组合重复易于单调，由有规则变化的形象或色群间以数比、等比处理排列，使之产生音乐、诗歌的旋律感。有韵律的构成具有积极的生气，有加强魅力的能量，如图 3-4 所示。

图 3-4 节奏与韵律的体现

平面构成的韵律形式通常需要具备多个形态、面积对比、形态多次重复和渐变。

7. 联想与意境

平面构图的画面通过视觉传达而产生联想，达到某种意境。联想是思维的延伸，它由一种事物延伸到另外一种事物上。例如，红色使人联想到太阳、火焰、红火，从而使人感到温暖、热情、喜庆等；绿色则使人联想到大自然、生命、春天，从而使人产生平静感、生机感、春意等。各种视觉形象及其要素都会产生不同的联想与意境，由此而产生的图形的象征意义作为一种视觉语义的表达方法被广泛地运用在平面设计构图中。

随着科技文化的发展，对美的形式法则的认识将不断深化。形式美法则不是僵死的教条，要学会灵活运用。

3.2.2 平面构成在课件上的应用

多媒体课件与学习者交流的介质是界面，界面提供显示信息和控制功能。一个多媒体课件如果在设计制作过程中引入了构图规则，那么它的操作界面和演示画面将更符合美学要求，更人性化。因此，界面是衡量多媒体产品质量好坏的主要指标之一。

在开发多媒体课件的过程中，多媒体课件不仅具备教学功能，还应给人一种美的、和谐的享受。界面的设计应充分运用构图规则。在各种构图规则中，最常使用的是点、线、面的构图规则。

设计课件界面时，在保证应用功能的前提下，尽量运用这些构图规则。

多媒体课件的美学设计应遵循以下原则。

1. 对比均衡

一般而言，多媒体课件的媒介包括标题、文字内容、图像、动画、图标、同步声音等。通过这些媒介，多媒体课件提供教学信息显示、交互操作、检索等内容。设计多媒体课件的版面，实际上就是摆放媒介的位置，使其更为合理，更符合美学要求，如图 3-5 所示。构图体现在设计艺术中，是要刻意地制造对比，使画面比生活更突出，从而更好地体现设计的主题。这与影视戏剧创作中刻意地制造剧中的人物矛盾冲突以体现源于生活而高于生活的主题思想的根本原理是一样的。

在构图中，追求对比的同时更要注意整体的均衡。在版面构图的具体应用中，版面的均衡就是各构成单元视觉重量关系的平衡与稳定。视觉重量指的是各视觉元素给予人们的视觉冲击力度（视觉吸引力）。视觉重量一般根据它的面积大小、色彩深浅来增加或削减，又因为生活给予我们思想潜意识的影响（习惯思维），不同视觉特征的东西也会有不同的视觉重量。比如，动物比植物重，深色形比淡色形重，粗线比细线重，面积大的形比面积小的形重等。运用构图中的杠杆原理，结合各视觉元素的重量关系是创造版面整体均衡的有效途径。

2. 多样统一

多样统一是多媒体课件合理构图的基本条件，多样避免了单调，统一则避免了杂乱。体现在版面编排设计中，如果光有图或文字，则版面显得单调；如果把标题、文字段落、照片、图画等进行穿插组合，版面就会显得多样而生动；同时，如果图文的排列按照一种标准的栅格分割，版面就会显得统一，如图 3-6 所示。

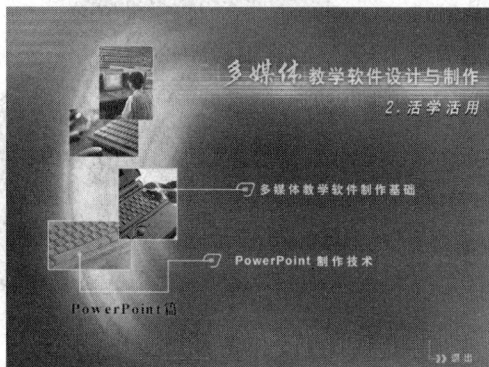

图 3-5　对比均衡的实例

图 3-6　多样统一的实例

3.3　课件的色彩构成

3.3.1　色彩构成概念

色彩是自然美、生活美、艺术美的重要组成部分，是艺术设计中科学规律最强的一门学科。色彩设计是指遵循科学与艺术的内在逻辑，对色彩进行富有鲜明创见性及理想化的组合过程，是理性与感性相结合的创造过程。俗话说"远看色彩近看花"，因此色彩起着先声夺人的作用。

色彩不能脱离形体、空间、位置、面积等因素而单独存在，因此色彩与平面构成不可分离。界面的色彩构成最有规律和充满感性，因此能产生一种氛围和情绪，引导学习者的阅读。色彩还具有造型性，通过色彩对比，能突出主体，强调要传达的信息，并形成界面的风格。

色彩构成是根据不同目的而进行的色彩搭配，是把两个或两个以上的色彩按照一定的原则进行组合和搭配，以此形成新的色彩关系。色彩构成包含很多内容，如色彩作用、色调、形式美感、色彩混合、色彩知觉等。作为多媒体课件是否具有吸引力，除了内容外，课件画面设计是否漂亮，色彩搭配起着非常重要的作用。作为课件的设计者和制作者，必须具有较高的色彩方面的素养，掌握色彩方面的美学知识，并创造性地应用于课件设计中。

3.3.2　色彩三要素

视觉所感知的一切色彩现象，都具有其基本的构成要素。有彩色系，任何一种颜色都包含 3 个基本要素，即色相、明度和纯度，无彩色系则只有明度要素。色相、明度和纯度就构成了色彩的 3 个基本要素。

1. 色相

色相指的是色彩的相貌和特征，具体表现为各种色彩，也称为"色度"。自然界中色彩的种类很多，色相是指色彩的种类和名称。在可见光谱中，人的视觉能够感受到红、橙、黄、绿、青、蓝、紫这些不同特征的色彩，这些可以相互区别的色彩就形成了色相的概念。正是由于色彩具有这种具体相貌的特征，人们才得以感受到五彩缤纷的客观世界。

在研究色彩时，通常是用色相环而不是用呈直线排列的光谱来表现色相的系列。图 3-7 所示为 6 色相环和 24 色相环。

2. 明度

明度指的是颜色的明暗或深浅程度。颜色有深浅、明暗的变化。比如，深黄、中黄、淡黄、柠檬黄等黄颜色在明度上就不一样，紫红、深红、玫瑰红、大红、朱红、橘红等红颜色在亮度上也不尽相同。这些颜色在明暗、深浅上的不同变化，也就是色彩的明度变化。

色彩的明度变化有许多种情况，一是不同色相之间的明度变化，如白比黄亮、黄比橙亮、橙比红亮、红比紫亮、紫比黑亮；二是在某种颜色中加白色，亮度就会逐渐提高，加黑色亮度就会变暗，但同时它们

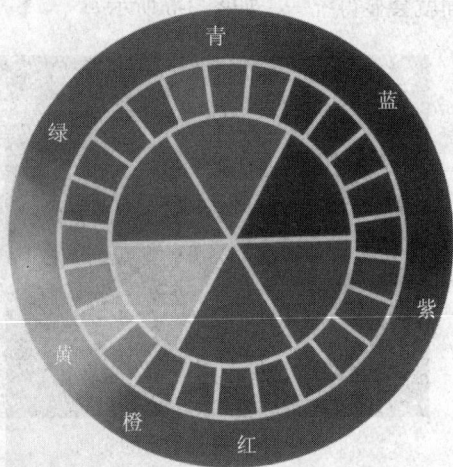

图 3-7　色相环

的纯度（颜色的饱和度）就会降低；三是相同的颜色，因光线照射的强弱不同也会产生不同的明暗变化。

无彩色系中，最高明度为白，最低明度为黑，二者之间的系列为灰色。在色彩设计理论中，明度应用标准被定为 11 级，其中黑为 0 级，白为 10 级，1～9 级为灰度，如图 3-8 所示。

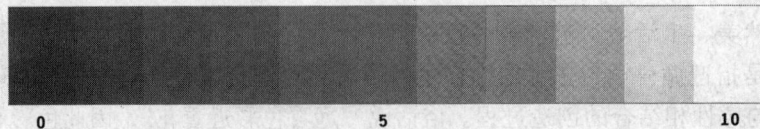

图 3-8　色彩的明度

在有彩色系中，黄色为最明亮的色，明度最高，在光谱中心位置；紫色为明度最低的色，处于光谱边缘位置。各种色彩都可以通过加白或加黑作明度色阶变化。

3. 纯度

纯度是指色彩的纯净度，指色彩中其他杂色所占成分的多少，又称为饱和度。纯度高指色彩鲜明，反之则灰。不同原色相的颜色明度不等，纯度也不等。一种颜色，当加入白色时，它的明度提高，纯度降低；加入黑色时，明度降低，纯度也降低。自然色中红色纯度最高，其次是黄色，而绿色的纯度只有红色的一半。自然色中大部分是非高纯度色，（含灰量）有了纯度变化，色彩才显得极其丰富。改变色彩纯度有 3 种方法：加中性灰，加互补色，加其他色。无彩色没有色相，即纯度为零。

色彩的纯度变化系列是通过一个水平的直线纯度色阶来表示的，它表示一种色彩从它的最高纯度色到最低纯度之间的中性灰之间鲜艳与混浊的等级变化，如图 3-9 所示。

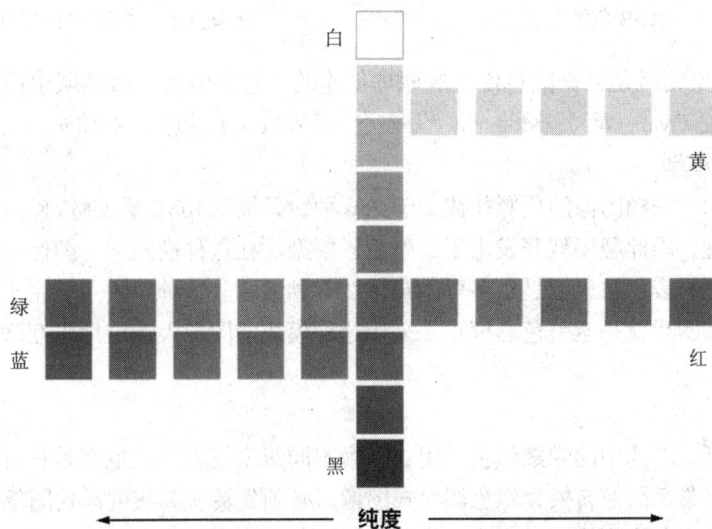

图 3-9　色彩的纯度色阶

3.3.3　色彩空间

色彩空间又称为色彩模型，是一种以概念和数字来科学地描述色彩的方法。在多媒体课件制作中有好几种色彩模型，每种色彩模型都通过不同的方法来描述颜色。同时，色彩模型决定了位图中像素的颜色的种类。主要的色彩模型有以下几种。

1. RGB 色彩模型

由红、绿、蓝三原色或基本颜色组成，又叫做加色模式，因为每叠加一次具有一定红、绿、蓝亮度的颜色，其总亮度都有所增加，红、绿、蓝三色相加为白色，如图 3-10 所示。所有扫描仪、显示器、投影设备都依赖于这种色彩模式，是屏幕显示的最佳模式。RGB 指的是 Red（红）、Green（绿）和 Blue（蓝）。

2. CMYK 色彩模型

由青色、品红色、黄色和黑色组成，是四色印刷所使用的颜色模式，又叫做减色模式。这是由于人的肉眼所看物体的颜色是白光照射到物体上，物体吸收一部分颜色后的反射光，如图 3-11 所示。

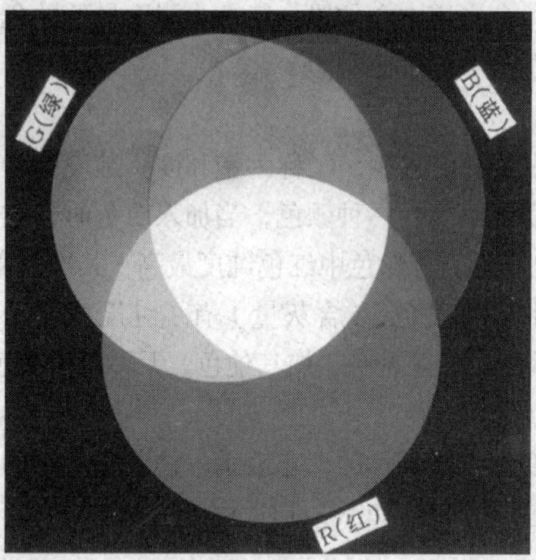

图 3-10　RGB 色彩模型

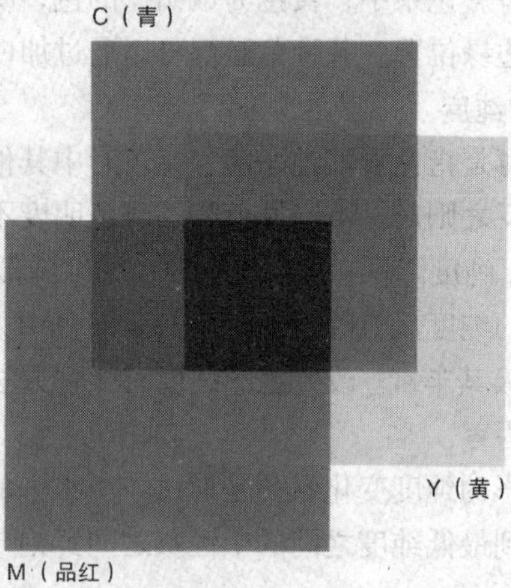

图 3-11　CMYK 色彩模型

　　CMYK 色彩空间就是依据减色混合的原理创建的，它是电子出版领域中广泛使用的色彩语言。CMYK 指的是 Cyan（青）、Magenta（品红色）、Yellow（黄色）和 Black（黑色）。

　　3. 索引色彩模型

　　在实际使用中，一幅图像的色彩往往少于 256 种，无须以 RGB 或 CMYK 占用较多内存空间的色彩模式来处理，因此程序就开发出了索引色彩模型。在这种模式下，图像中的像素颜色可用一个字节即 8 位色彩表示，也就是最多可以包含 256 种颜色。这种模式一般用于多媒体或网页的图像，GIF 格式的图片就是索引色彩模式。采用这种模式的图像大量应用于互联网，以提高网络图像的传输速率。

　　4. 灰度模型

　　在这种模式下，图像中的像素颜色可用 256 个不同灰度值表示，也就是只有黑、白构成的颜色模式。如果要将彩色图像转换为双色调模式图像，必须先转换为灰度模式图像。

　　色彩空间是特定色彩模式可以生成的颜色范围。某些色彩模式有固定的色彩空间（如 Lab 色彩模式），因为它们与人感知颜色的方式直接相关，这些色彩模式被视为与设备无关。其他一些颜色模型（RGB、CMYK 等色彩模式）可能具有许多不同的色彩空间。由于这些色彩模式的色彩空间因设备而异，因此它们被视为与设备相关。正是因为各种设备（数码相机、扫描仪、计算机显示器、桌面打印机、印刷机）在运转时使用着不同的色彩空间，所以如果从一个色彩空间到另一个色彩空间的颜色转换不正确或缺少这一转换，就会导致颜色不一致。要正确转换颜色值生成一致的颜色，就要学习色彩管理相关的知识。

　　在通常情况下，我们先在 RGB 色彩模式下工作，如果图像是用于印刷的，在不需要保存为灰度模式或双色调模式时，那么保存时要先转化成 CMYK 色彩模式。

3.3.4　色彩的视觉心理

　　色彩的视觉心理要素包括色彩的冷暖、进退、轻重、厚薄和动静，它是人的心理活动影响色彩感觉的结果。色彩是通过光的反射被人眼所感知，色光是一种电磁波，根据波长从高到低的不同，可以形成红、橙、黄、绿、青、蓝、紫的连续色谱，如图 3-12 所示。

　　色彩心理是指色彩对人的眼睛及心理的作用，即色彩的属性对比、刺激作用和造成的心理印象、象征意义及情感影响等。色彩心理学的研究表明，人对色彩的偏爱与生俱来，基本不受后天

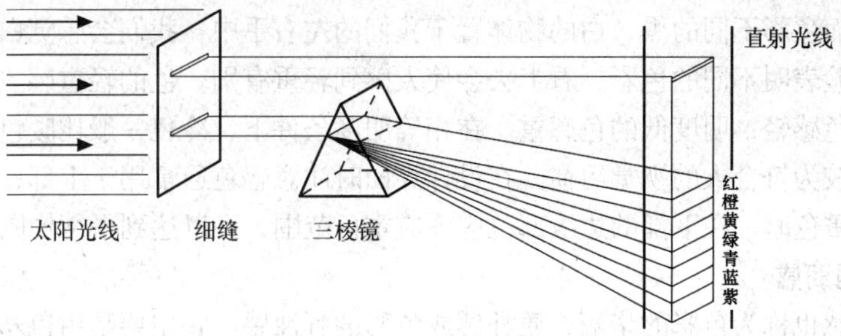

图 3-12　连续色谱

的影响。不同的人很难对同一颜色有相同的理解，对光线的敏感度也不同。但是，人类对颜色有一些共性的解析，可分为冷暖、轻重、强弱等类别。就同一色彩，在不同的环境下也会产生积极的和消极的两种不同的心理感觉。表 3-1 所示为色彩的象征意义。

表 3-1　　　　　　　　　　　　　色彩的象征意义

色　相	具 体 联 想	抽 象 联 想
红色	太阳、玫瑰、苹果、火、血、消防车、中国、圣诞老爷爷	热情、喜庆、革命、权力、兴奋、奔放、危险
橙色	橙子、柿子、霞光、土	秋天、新鲜的、活跃的、明朗的、愉快的、食欲、欢喜、能量
黄色	小鸡、香蕉、金、柠檬、蝴蝶	希望、幸福、乐观、嫉妒、吝啬的、背叛、注意、吵闹、警告
黄绿色	新芽、嫩叶、草	儿童、开始、年轻、新鲜、春天、希望
绿色	树叶、草原、蔬菜、树丛、草地、青山	和平、安全感、中性、自然、健康、生命力、生机、可行
蓝绿色	山林、手术服、玉	深远、冷淡、安定、凉爽、和平
蓝色	水、大海、蓝天	无情的、深远的、畅快的、成功、忧郁的、悲观的、理想、干净的、平静的
蓝紫色	深海、制服、牛仔裤、蓝天	信用、信赖、诚信、诚实
紫色	紫罗兰、茄子、葡萄、紫水晶	贵族的、优雅的、神秘的、魔术、艺术的、理想主义的
红紫色	葡萄酒、口红	女性的、贵族的
白色	婚纱、白雪、大米、白糖、食盐	和平的、空虚的、清洁的、朴素的、纯洁的、静态的、冷淡的
灰色	乌云、烟、灰、水泥、马路	理性的、浑浊的、安宁的、都市化的、柔软的、智慧的、不安的、谦逊的
黑色	夜晚、墨粉	严肃、刚直、黑暗的、不安的、恐怖、死亡、恶、绝望、沉默、现代的

1. 色的冷暖感

色彩的冷暖感觉是由视觉经验引起的心理作用，从而在观念中把色彩分为冷色和暖色。

从色相环上看，由品色到黄色的范围会使人感到温暖，主要包括品红、红、橙、黄等色相，称为暖色，如红旗、消防车、玫瑰等。由蓝绿到蓝紫的范围会使人感到寒冷，主要包括蓝绿、群青、普蓝、蓝紫等色相，称为冷色，如苍天、大海等。而黄绿、紫等色相属于不冷不暖的中性色，如香蕉、霞光、草地等。

色的冷暖感主要是由色相来决定的，明度对冷暖感也有一定影响，具体颜色的象征意义将在下一小节描述。

2. 色的轻重感

将相等重量而色彩不同的黑、白的物体置于我们的左右手中，我们会感觉白色物体轻，黑色物体重。这一实验表明不同的色彩，看上去会使人感到轻重有别。色的轻重感主要取决于色彩的明度，明度高的色感轻，明度低的色感重。在相等明度条件下，冷色一般比暖色感觉略轻。色彩构图中上轻下重较为符合人的视觉习惯。在设计界面时注意轻色通常用于上部，重色用于下部。如果界面上部为重色时，在下部的边缘部位应呼应重色范围，可以达到平衡构图的目的。

3. 色彩的强弱感

色彩的强弱感也称为色彩的华丽、质朴感或色彩的鲜浊感。它主要是由色彩的纯度和明度决定的。一般来说，纯度高而明度适中的色彩感觉华丽，纯度低和明度过高或过低的色彩感觉质朴，如黄色的光感最强，能给人以光明、辉煌的印象；蓝色的亮度偏低，如果与一些重色相配合，产生宁静、沉思、抑郁、神秘的感觉；紫色在理想的对比中，如与黑色、金色对比并适当提高其亮度，具有尊贵、高雅、优美的气度。冷紫与冷色搭配又具有伤痛、忧郁、苦涩的感觉。

3.3.5 色彩的对比与调和

一般来说，每一个多媒体课件的界面都有一个主色调，以及与主色协调的其他辅色构成一个色系。主色调就是一个画面中使用最多的色调，它可以在一个色彩基础上变化而成。

色彩的表现力一般可以通过色彩基调、色彩对比和色彩调和来实现。

1. 色彩基调

根据色彩心理，色彩基调可分为红、橙、黄、绿、蓝、紫、黑、白、灰等组成的冷暖色调、中性调和灰彩色调。此外，根据色调的饱和度不同，又可分为淡彩和亮彩色调。亮彩是指一些明度高、饱和度高、透亮的原色或间色，它们的特点是色彩艳丽、色调明亮、少有过渡渐变，容易引起注目，有突出感，如常见的粉红、鲜橙、中黄、明黄、翠绿、青绿、天蓝等。在界面设计中常作为醒目标志色，具有强烈的视觉效果，但如果大面积应用，则容易产生炫目感。

2. 色彩对比

色彩对比是两种以上色相位于同一界面上产生的相互影响和感觉。主色调确定后，必须考虑其他色彩与主色的关系、要表现的内容及效果等，这样才能增强其表现力。根据色彩的 3 个基本属性，色彩对比可分为色相对比、明度对比和饱和度对比 3 类。

（1）色相对比。色相对比是基于两种以上色相之间的差别形成的对比。从色环的色相对比可分为基色对比、间色对比和补色对比 3 种。

● 基色对比：红、黄、蓝三原色不能由别的色彩混合而产生，却可以混合出色相环上所有其他的色。三原色是色相环上最为基础的色彩，基色色彩鲜艳、醒目，因此基色中两种色彩的对比色跳感非常强。所以原色对比是非自然的、精神化的、抽象的，如具有明确政治意义的国旗设计等。

● 间色对比：原色相混所得的色彩称为间色，即橙色、绿色、紫色。其色相对比呈现出自然的本色，如植物的绿色、果实的橙色、紫色的花朵等。间色对比较原色对比柔和自然、明朗活泼、饱满华丽。

● 补色对比：补色处于色相环直径两端，夹角为 180°。补色的概念出自视觉生理所需求的色彩补偿现象，可以看做是互补之色，因为补色的出现总是符合眼睛的需要。补色并置可以使对方的色彩更加鲜明，如红与绿搭配，红色变得更红，绿色变得更绿。补色相混、三原色相混和全色相相混都将产生中性灰色。

　　典型的补色关系是红与绿（蓝+黄）、蓝与橙（红+黄）、黄与紫（红+蓝）。这几种补色对比总是包含了三原色，因为任何原色的补色都是由其他两个原色相混合而成，也可以说包含了全部色相。黄与紫由于明暗对比强烈，色相个性悬殊，因此成为三对补色中明度对比最强的一对；蓝与橙的明暗对比居中，冷暖对比最强，是最活跃、最生动的色彩对比；红与绿明暗对比近似，冷暖对比居中，在三对补色中显得十分优美。由于明度接近，两色之间相互强调的作用非常明显，有眩目的效果。

　　补色对比使色彩对比达到最强的程度，效果强烈，其对立性促使对立双方的色相更加鲜明，因此补色对比是最有美感价值的配色。

　　（2）明度对比。色彩之间因明暗程度差别而形成的对比称为明度对比。

　　明度对比是色彩的明暗程度的对比，是色彩构成的最重要的因素，色彩的层次与空间关系主要依靠色彩的明度对比来表现。不同的色相有不同的明度，同一色相受光不同，明度也不同。明度对比大，感觉强烈；明度对比小，感觉柔和。

　　（3）纯度对比。色彩之间因为鲜浊程度差别而形成的对比称为纯度对比。

　　纯度对比是指较鲜艳的色与模糊的浊色的对比。红色是色彩系列之中纯度最高的，其次是黄、橙、紫等，蓝绿色系纯度偏低。当其中一色混入灰色时，视觉也可以明显地看到它们之间的纯度差。

　　高纯度色的色相特征明确，有力、艳丽、生动、活泼，对视觉刺激的效果强，对心理情感作用明显，但容易使人疲倦，不能持久注视。低纯度的色相则特征较弱，含蓄，对视觉刺激的效果柔和，注目程度低，能持久注视，大自然丰富细腻的色彩变化体现了纯度对比的平和特点。

3. 色彩调和

　　色彩调和是指将有差别、有对比效果的色彩经过调整与组合，形成和谐统一的整体效果的过程。色彩调和并不是要将色彩变得同一，而是可以使有明显差别的色彩变得协调而统一，给人以不带尖锐刺激的和谐与美感的色彩感受。

　　在网上浏览时我们经常可以发现，有的界面色彩搭配得非常优美雅致，令人赞叹；而有的界面却显出低俗乏味，色彩应用毫无个性、美感可言。掌握了色彩设计中的调和法则可以使设计人员更好地驾驭色彩，调整、搭配、创作出协调的界面作品。

　　从色彩视觉生理角度来说，互补色的配色是调和的，这是由于互补色可以调和出视觉最乐于接受的不带任何刺激的中性灰色。从视觉效果上看，既不过分刺激，又不过分暧昧的配色是调和的。补色配色往往给人以视觉感受强烈的形象，要达到真正的调和就要特别注意色彩面积的作用。例如，以歌德的面积理论来看，红绿配色面积比是1：1时为和谐。但实际应用中，红绿面积相等时会给人以刺激强烈的感受，并不能真正体现出色彩的调和统一。这是由于色彩的纯度在配色中起到相当重要的决定作用，红色的纯度远远高于绿色，约为其两倍，因此在配色时红的面积应缩小至绿色面积的二分之一，这样才能获得调和的色彩效果。配色时较强的色缩小面积，较弱的色扩大面积，这是补色理论达到面积均衡的一般法则。

　　色彩的有序变化也可以达到色彩调和的目的。例如，光谱中的各种色光依波长差异顺序排列，表现出色彩丰富而又和谐的色彩效果。将两种或两种以上杂乱、刺激的色彩找出变化规律，有秩序地统一起来，就可以产生一种秩序调和。

　　能够引起浏览者审美心理共鸣的配色是调和的。当配色的情调与浏览者的思想情绪产生共鸣时，也就是当色彩配合的形式结构与人的心理形式结构相对应时，浏览者会由衷地感到色彩的和谐悦目。符合目的性的配色也是调和的。配色必须符合功能的要求，界面中不同的功能分区具有不同的配色要求，设计时要注意区别对待。

色彩调和的方法主要分为同一调和法和秩序调和法，每种调和法中又分为多种情况。限于篇幅，具体情况下的调和方法读者可参阅相关色彩设计的书籍。

3.3.6 色彩在多媒体课件中的作用

在多媒体课件制作中，色彩是最基本的元素，课件界面的风格需要不同的色彩搭配，即配色来完成。配色对界面构图和整体效果起着非常重要的作用。经过精心设计的界面，可以在瞬间给学习者在视觉、心理、情感等方面产生强烈震撼，突出要传播的教学信息。一个界面的配色方案一般包括主色彩、辅助色彩和强调色彩构成，这套配色方案将应用于课件内的各个不同的页面，同时各个页面还根据其自身特点和内容进一步调和，如图 3-13 所示。

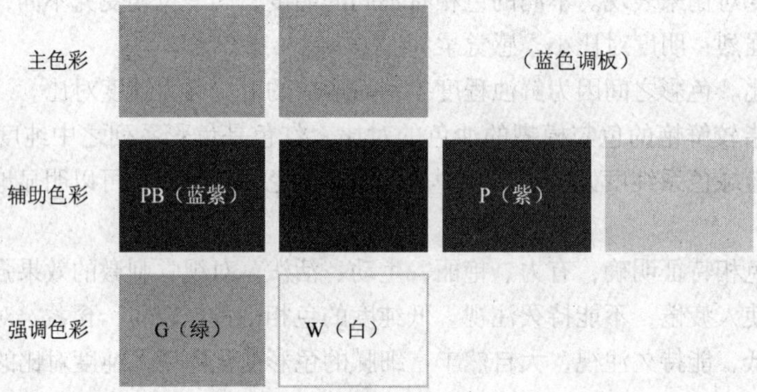

图 3-13 配色方案

色彩在多媒体课件中的作用可以概括为以下几种。

1. 突出主题

多媒体课件界面传递的信息内容与传递方式应该是相互统一的，这是设计作品成功的必要条件。多媒体课件界面中不同的内容需要有不同的色彩来表现。利用不同色彩自身的表现力、情感效应以及审美心理感受，可以使多媒体课件的内容与形式有机地结合起来，以色彩的内在力量来烘托主题、突出主题。

2. 视觉区域划分

多媒体课件的首要功能是传递教学信息，色彩正是创造有序的视觉信息流程的重要元素。利用不同色彩进行视觉区域划分，是视觉传达设计中的常用手法，在多媒体课件制作中有不同的主次部分，即信息分布及顺序排列的问题。利用色彩分布，可以将不同类型的信息分类排布，并利用各种色彩带给人的不同心理效果，很好地区分出主次顺序，从而形成有序视觉流程。

3. 满足学习者特征

在多媒体课件设计中，用彩色可以表达一定的学习内容和适合于一定的学习者，不同的教学内容、不同的学习者由于年龄以及学习动机情感、知识结构和文化背景不同，采用的配色方案也不同。想要制作一个受学习者喜欢的多媒体课件作品不是一件容易的事。课件设计者如何利用色彩的力量，设计出符合教学目的，真实悦目的界面，并引起学生的关注，是迈向成功的第一步。

4. 增强艺术性

色彩设计应用于多媒体课件设计中，给课件作品带来了鲜活的生命力。色彩既是视觉信息传达的方式，又是艺术设计的语言。色彩设计对界面设计作品的艺术品位起着举足轻重的作用，不仅在视觉上，而且在心理作用和象征作用中都可以得到充分的体现。以色彩的科学知识为基础，进而从美学的角度去探讨色彩设计的表现形式，可以大大增强多媒体课件设计作品的艺术性，创造出更富审美情趣的作品。

从色彩的作用可以看出，科学的、高度审美的色彩设计，是多媒体课件设计的重要元素，也是界面设计中技术与艺术结合发展的重要标志。作为设计者，必须具有较高的色彩方面的素养，掌握色彩美学的知识，并创造性地应用于课件设计中。

习　题　3

1. 美学在课件设计上有什么作用？
2. 观察赏析几种不同类型的多媒体课件，从美学角度评价其特色、优点和不足之处。
3. 点、线、面在构图规则上各有什么特点？
4. 设计一个体现点构图方式的作品。
5. 自选内容，实现一个水平和垂直分割的平面构成设计。
6. 找一个平面设计案例，运用平面构成原理分析其构成方式和效果。
7. 以色彩为主要表现元素，设计一个作品，分别表现出"喜庆"、"自由"、"悲伤"、"典雅"等主题。
8. 设计模拟一个网站的配色方案，说明配色的理由。

第4章
图像与文字素材的制作

【本章概述】

本章对图像处理软件 Photoshop CS 的工作界面，以及各类工具进行详细介绍，重点是通过对图层的应用、绘画与文字编辑、滤镜应用等内容的介绍，使学习者掌握课件中的图像与文字素材的制作和修饰方法。

在众多图像处理软件中，Photoshop 以其强大的功能成为桌面出版、影视编辑、网页设计、多媒体设计等行业的主流设计软件，它不仅提供强大的绘图工具，可以直接绘制艺术文字、图形，还能直接从扫描仪、数码相机等设备采集图像，并对它们自发进行修改、修复，调整图像的色彩、亮度，改变图像的大小，而且还可以对多幅图像进行处理，并增加特殊效果，使现实生活中很难遇见的景象十分逼真地展现出来。特别是推出的 Photoshop CS，不仅在影视编辑功能上做了很大的调整，同时也为平面设计者带来了很多新功能，如文字沿路径排列、颜色匹配工具、图层比较、新的图层样式、新增的色彩调整命令等，这些功能都为我们实现多媒体课件制作和创意带来了方便。

4.1　Photoshop CS 概述

使用 Photoshop CS 需要接触一些专业术语，如矢量图、位图、分辨率、图像文件格式等，下面介绍这些专业术语的含义。

4.1.1　几个专业术语

1. 矢量图

矢量图由图形的几何特性来进行描述。矢量图与分辨率无关，矢量图可以按任意分辨率打印，而不会丢失细节或降低清晰度。因此，矢量图形最适合表现醒目的图形。

2. 位图

位图又称为点阵图，它是由许多像素组成的。处理位图时，实际上是编辑像素而不是图像本身。因此，在表现图像中的阴影和色彩的细微变化方面位图是最佳的选择。位图的清晰度与其分辨率有关，因此，利用 Photoshop CS 进行平面设计时，必须设置适当的分辨率，否则图像中将出现锯齿边缘。

3．分辨率

在位图中，图像的分辨率是指单位长度上的像素数，习惯上用每英寸中的像素数来表示（简写为 ppi）。相同尺寸的图像，分辨率越高，单位长度上的像素数越多，图像越清晰；分辨率越低，单位长度上的像素数越少，图像越粗糙。

处理图像时，要注意"显示器的分辨率"、"图像的分辨率"和"打印机的分辨率"三者之间的区别。

"显示器的分辨率"是指在显示器屏幕上单位长度显示的像素数。通常计算机的显示器分辨率是 72 像素/每英寸。

"打印机的分辨率"是指输出图像时单位长度上的油墨点数，通常以点/英寸表示。打印机的分辨率决定了输出图像的质量。

通常，图像的质量决定于图像自身的分辨率及打印机的分辨率，而与显示器的分辨率无关。

4．常见的图像文件格式

在处理图形图像时，要随时对文件进行存储，以便再打开修改或调到其他的图像软件中进行编辑，这就需要将图像存储为正确的图像格式。Photoshop 支持多种图像格式，在存储图像时要合理选择图像格式。下面介绍一些常见的图像格式。

（1）PSD 文件。PSD 文件是 Adobe 公司开发的专门用于支持 Photoshop 的默认文件格式，其专业性较强，支持所有的图像类型。此格式的图像文件能够精确保存图层与通道的信息，但占据的磁盘空间较大。

（2）JPEG 文件。JPEG 文件是应用最广泛的一种可跨平台操作的压缩格式文件，其最大的特点是压缩性很强。

（3）TIFF 文件。TIFF 文件是 Aldus 公司为 Mac 机设计的图像文件格式，可跨平台操作，多用于桌面排版、图形艺术软件，可保存 Photoshop 通道信息。

（4）GIF 文件。GIF 文件是 CompuServe 公司开发的一个压缩 8 位图像的工具，只能支持 256 种颜色，主要用于网络传输、主页设计等。

（5）BMP 文件。BMP 文件是 Microsoft 公司开发的一种 Windows 下的标准图像文件格式，可跨平台操作，无损压缩，清晰度很高。

4.1.2　Photoshop CS 界面

在界面风格上，Photoshop CS 基本保持 Adobe 公司的传统风格，但和老版本相比也有一些变化。启动 Photoshop CS 以后，给用户带来的最直观的变化是 Photoshop CS 增加了一个漂亮的欢迎画面。在这个画面中，主要提供了教程、提示和颜色设置管理 3 组选项。当用户需要了解某项信息时，单击相应的选项就可以进入帮助系统，或者连接到 Adobe 公司的网站。

进入 Photoshop CS 应用程序后，显示 Photoshop CS 界面，如图 4-1 所示。单击菜单栏中的"文件/打开"命令，在图像窗口就打开一幅图像。由图中可以看出，Photoshop CS 的工作界面主要由标题栏、菜单栏、工具选项栏、工具箱、控制面板、状态栏、图像窗口等部分组成。

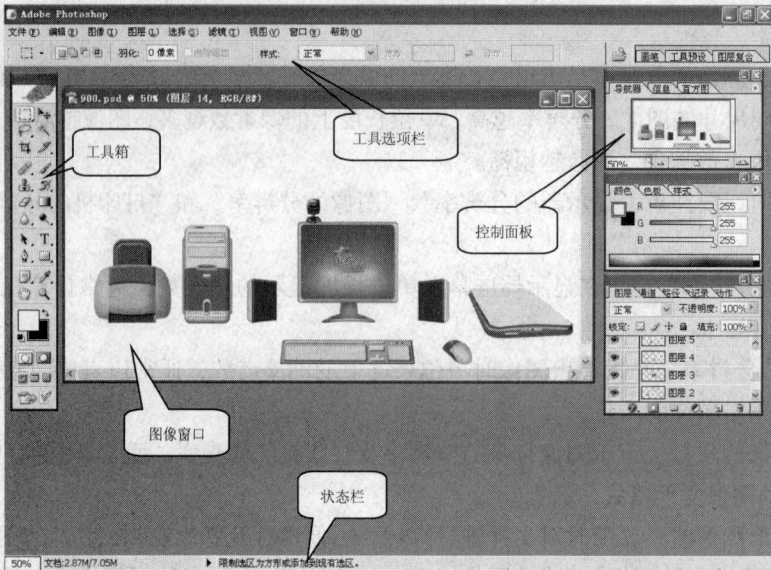

图 4-1 Photoshop CS 工作界面

4.1.3 工具箱

Photoshop CS 工具箱中共有 22 个工具组，56 个具体工具。它们主要用于区域的选择、图像的编辑、颜色的选取、屏幕视图控制等操作。使用时单击工具图标，其中大部分的工具有扩展选项，这类图标的右下角有一个三角标志，用鼠标单击片刻即可以弹出扩展选项，如图 4-2 所示。

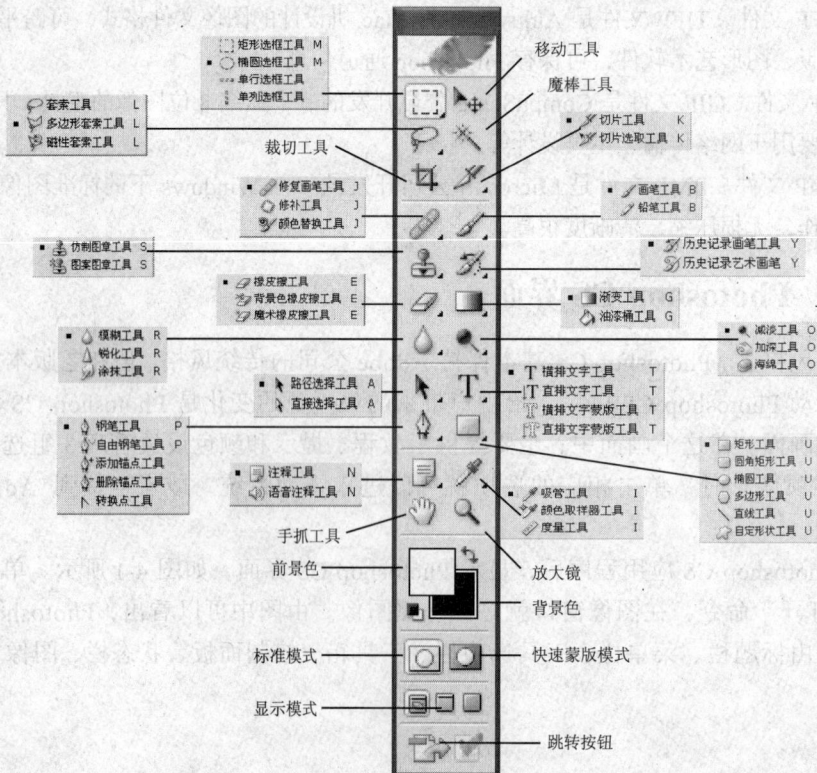

图 4-2 工具箱及扩展选项

4.1.4　控制面板

使用面板可以方便地编辑、修改图像，Photoshop CS 为用户提供了多组控制面板，图 4-3 所示分别为"导航器"面板、"颜色"面板和"动作"面板。

图 4-3　多组控制面板

控制面板在使用时可以利用窗口菜单显示或隐藏。控制面板组可以自由移动、拆分或组合，具体操作方法为：将鼠标指针指向面板组的标题栏后按住鼠标左键拖曳，可以移动面板组的位置；将鼠标指针指向控制面板的名称处按住鼠标左键拖曳，可以拆分面板组；如果将面板拖曳到另一个面板组中，则可以重新组合面板组。

重复按下 Shift+Tab 组合键，可以显示或隐藏控制面板组；重复按下 Tab 键，可以显示或隐藏控制面板组、工具箱以及工具选项栏。按下 F5 键、F6 键、F7 键、F8 键、F9 键，分别可以显示或隐藏画笔面板、颜色面板、图层面板、信息面板和动作面板。

每个面板组的右上角都有一个三角按钮 ，单击该按钮可以打开相应的面板菜单。

4.1.5　颜色的选择

在 Photoshop CS 中，颜色的选取可以利用工具箱选取，也可以在"色板"面板中选择，还可以使用吸管工具吸取颜色。

1. 工具箱选取

在工具箱的下半部分有一个专门用于设置颜色的前景色、背景色的色块，如图 4-4 所示。

单击 按钮，或者按 D 键，可以将前景色、背景色设置恢复默认的前景色黑色、背景色白色。

单击 按钮，或者按 X 键，可以交换前景色和背景色。

单击前景色或背景色色块，则弹出"拾色器"对话框，如图 4-5 所示。在该对话框中设置任何一种色彩模式的参数值，都可以选取相应的颜色。

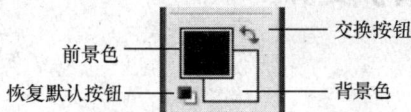

图 4-4　设置前、背景颜色　　　　图 4-5　"拾色器"对话框

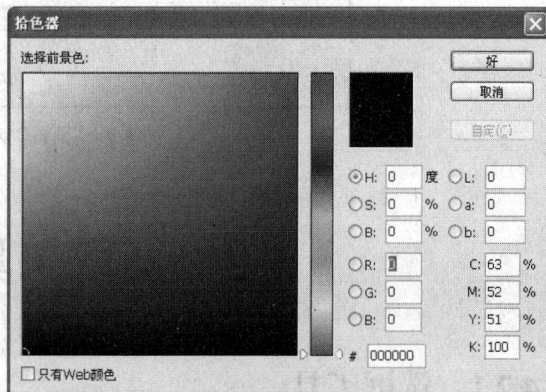

2. 色板面板选取

利用色板面板选取颜色的方法是：打开"色板"面板，如图 4-6 所示，将鼠标指针指向"色板"面板中的颜色，单击所需颜色即可设置前景色。

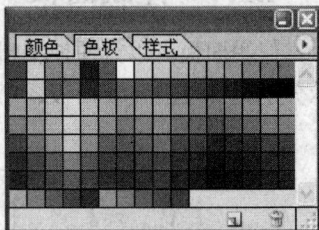

3. 利用吸管工具

使用 🖋 吸管工具可以从图像中吸取某个像素的颜色。单击鼠标左键，可以将光标处的颜色设置为前景色；按住 Alt 键的同时单击鼠标左键，可以将光标处的颜色设置为背景色。

图 4-6　色板面板

4.1.6　标尺与参考线

Photoshop CS 提供了标尺、网格线、参考线、度量工具等辅助工具，可以极大地方便编辑图像，提高操作速度和精度。

使用标尺可以在图像中精确定位，从而为设计的精确性提供依据。单击菜单栏中的"视图/标尺"命令，或者按 Ctrl+R 组合键，可以显示或隐藏标尺。

使用参考线同样也可以实现精确定位。使用参考线的方法是：在图像窗口中已显示标尺的基础上，将鼠标指针指向水平标尺或垂直标尺，按住 Alt 键的同时从水平标尺向下拖曳鼠标可以创建垂直参考线，从垂直标尺向右拖曳鼠标可以创建水平参考线。

参考线可以移动、清除和锁定，也可以修改参考线的颜色。修改参考线的颜色，可以单击菜单栏中的"编辑/预置/参考线、网格和切片"命令，则弹出"预置"对话框，在"参考线"选项组中设置参考线的颜色和样式，如图 4-7 所示。

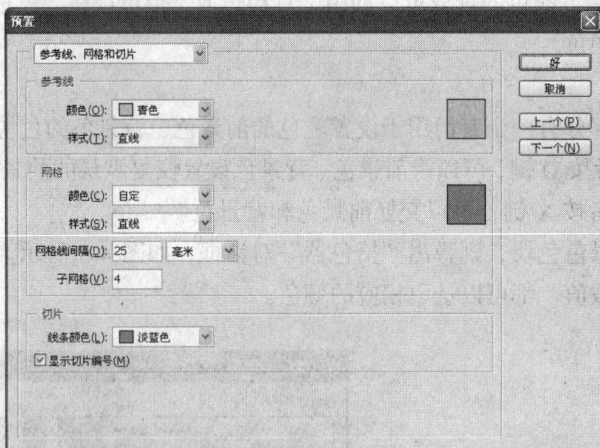

图 4-7　"预置"对话框

4.2　选取工具的使用

4.2.1　选框工具

"选框工具"主要是选择要编辑的区域或者目标，如图 4-8 所示。

图 4-8 选框工具组

这组工具适用于在图像中创建规则的选择区域，如矩形、椭圆、单行、单列等选择方式。选择矩形或椭圆选框工具，在图像中拖曳鼠标，可以创建矩形或椭圆形选择区域。按住 Shift 键的同时在图像中拖曳鼠标，可以创建正方形或圆形选择区域。

选择单行或单列选框工具，可以创建一个像素高度或宽度的水平或垂直选择区域，常用于修补图像中丢失的像素线或创建参考线。

选择任意一个选框工具后，工具选项栏中将显示其相关的属性。图 4-9 所示为"矩形选框工具"选项栏。

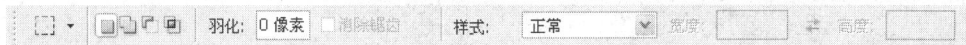

图 4-9 "矩形选框工具"选项栏

（1）选择方式。修改选择方式有 4 种，分别为 ▫（新选区）、▫（添加到选区）、▫（从选区中减去）和 ▫（与选区交叉）。各种功能说明如下。

● 选中 ▫（新选区）：在图片中拉出矩形选框。

● 选中 ▫（添加到选区）：在图片中连续拉出两个矩形选择区域。选择的是两个矩形相加的区域。

● 选中 ▫（从选区中减去）：在图片中拉出两个圆形，选择区域如图 4-10 所示。选择区域是从第 1 个圆形中减去和第 2 个圆形相交的部分。

● 选中 ▫（与选区交叉）：先拉出一个圆形后再拉出一个矩形选框，如图 4-11 所示。选中的是圆形和矩形的相交部分，一个扇形区域。

图 4-10 从选区中减去的效果

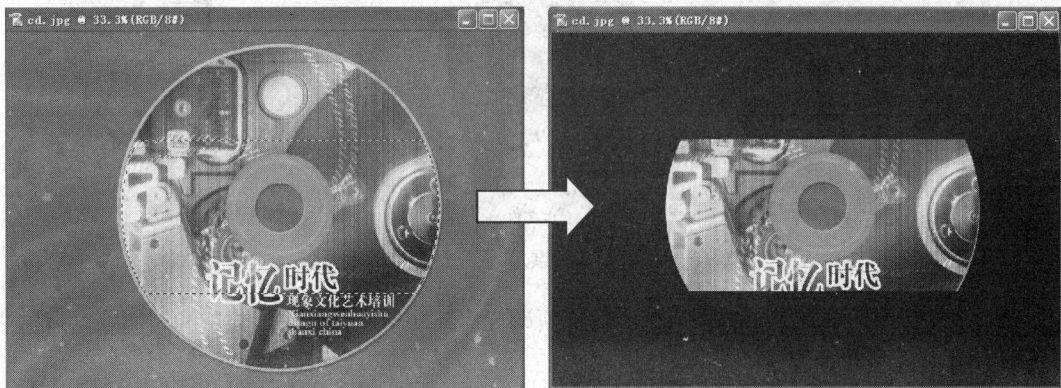

图 4-11 与选区交叉的效果

（2）羽化。用于设置选择区域边缘的柔化程度，使边缘像素产生模糊效果，如图 4-12 所示。

（3）消除锯齿。选择该复选框，可以使选择区域的锯齿状边缘最大限度地变得平滑。该复选框只有选择椭圆选框工具时才可用。

（4）样式。用于设置选择区域的创建风格。选择"正常"选项时可以拖曳鼠标进行自由选择；选择"固定长宽比"选项时可以按照一定的长、宽比例创建选择区域；选择"固定大小"选项时可以按照预设的宽度和高度创建选择区域。

原图片   羽化为 0   羽化为 10

图 4-12 "羽化"的使用

4.2.2 套索工具

"套索工具"也是一种常用的范围选取工具，这组工具适用于在图像中创建任意形状的选择区域。套索工具组包含 3 种工具，分别是"套索工具"、"多边形套索工具"和"磁性套索工具"，如图 4-13 所示。

图 4-13 套索工具组

● ⬭套索工具：在图像中按住鼠标左键拖曳，直到选择完所需的区域后释放鼠标，则轨迹所封闭的区域即为创建的选择区域。选择图 4-14（a）中所示的"草帽"可以采用套索工具。

● ⬭多边形套索工具：在图像中单击要选择区域的每一个顶点，当光标移回到起点时单击鼠标，即可创建多边形的选择区域。选择图 4-14（b）中所示的"文件夹"可以采用多边形套索工具。

● ⬭磁性套索工具：可以沿着图像的边缘自动地创建选择区域。该工具适用于快速选择边缘与背景对比强烈且边缘复杂的图像。选择图 4-14（c）中所示的"酒精灯"可以采用磁性套索工具。

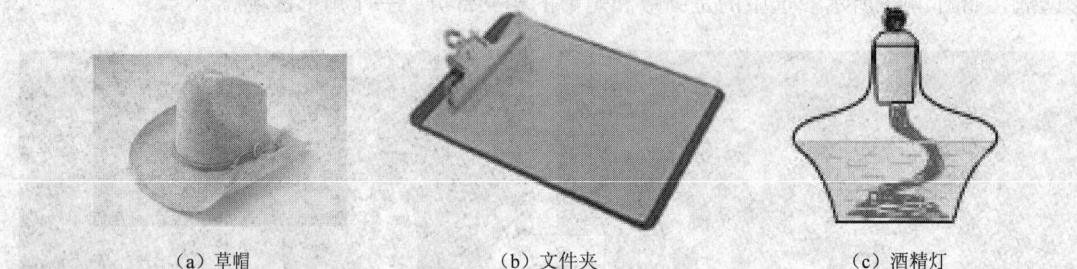

（a）草帽   （b）文件夹   （c）酒精灯

图 4-14 "套索工具"的使用

套索工具和多边形套索工具选项栏中的选项设置比较简单，只有"羽化"和"消除锯齿"两个选项。图 4-15 所示为套索工具选项栏。

图 4-15 "套索工具"选项栏

4.2.3 魔棒工具

⬭魔棒工具适用于选择颜色相近的连续区域。选择魔棒工具后，工具选项栏中将显示其相关的属性，如图 4-16 所示。

图 4-16　"魔棒工具"选项栏

- "容差"：用于确定选择区域的大小，值为 1～100，取值越大，选择的区域也越大。
- "连续的"：选择该复选框，可以建立颜色值相近的连续选择区域；否则建立颜色值相近的不连续选择区域。图 4-17 所示为两种选择区域的对比。

不连续的选择区域　　　　　　　　　连续的选择区域

图 4-17　两种选择区域对比

魔棒工具在单击后可以自动把颜色相近的色块作为选区，极大的方便了编辑工作，而且往往做出意想不到的效果。

选区在完成后，可以选择下拉菜单"选择/存储选区"命令，保存好选区。等待下次使用时，通过单击下拉菜单"选择/载入选区"命令，调用原来选好的选取。

4.2.4　移动工具

移动工具主要用于图像、图层或选择区域的移动，使用它可以完成排列、移动、复制等操作。

选择移动工具后，工具选项栏中将显示其相关选项，如图 4-18 所示。

图 4-18　"移动工具"选项栏

- 选择"自动选择图层"复选框后，在图像窗口中单击图像的某一部分，可以选择并移动该图像所在的图层；否则只能移动当前图层中的图像。
- 选择"显示定界框"复选框后，当前图层的图像四周出现定界边框，将鼠标指针指向边框的控制点，在移动图像的同时可以进行变形操作。单击工具选项栏右侧的对齐和分布按钮，可以对齐、分布图层中的图像。

4.2.5　裁切工具

裁切工具用来对图片进行裁切操作，可以将图片的某一部分裁切出来，单击该按钮后，在图像中可以拖出一个矩形区域，用鼠标可以调整缩放、旋转、设定图像的分辨率等，如图 4-19 所示。双击鼠标，或者按 Enter 键将提交选区；按 Esc 键后将取消选区。

图 4-19　裁切工具的使用

选择裁切工具后，工具选项栏中将显示其相关选项，如图 4-20 所示。

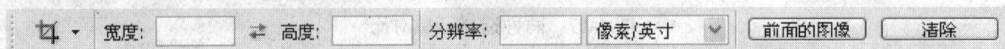

图 4-20　"裁切工具"选项栏

4.2.6　切片工具

在网络上浏览图片时，为了达到比较好的浏览效果，加快网络的下载速度，减小图片的大小是一个很好的办法。切片工具就是用来把一幅图片分割成几部分保存，加快网络的下载速度。图 4-21 所示为切片工具的使用效果。

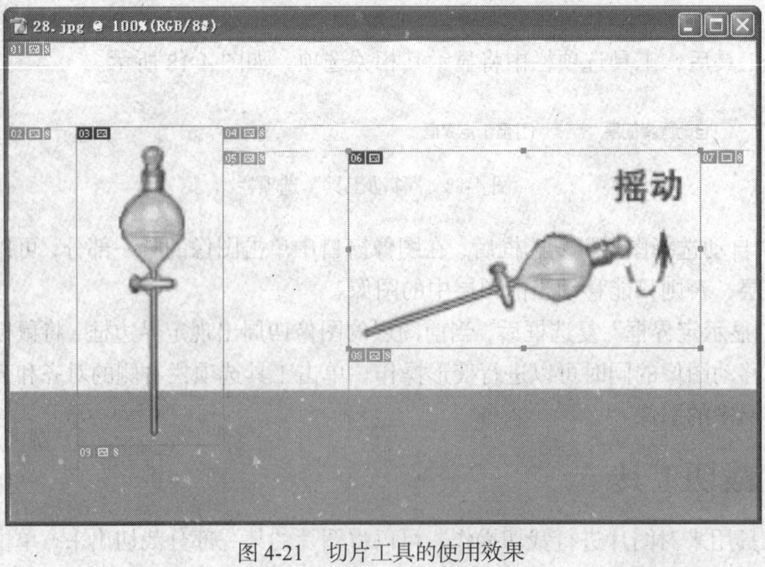

图 4-21　切片工具的使用效果

切片工具对图片进行分割操作时，在单击切片工具按钮后，在图像中可以拖出一个矩形区域，根据需要可以把一幅图片分割成几部分，错误切片可以按 Del 键删除，设置完毕后，在"文件"菜单中选择"保存为 Web 所用格式"，打开保存的文件夹可以看到所有被分割的图片，如图 4-22 所示。

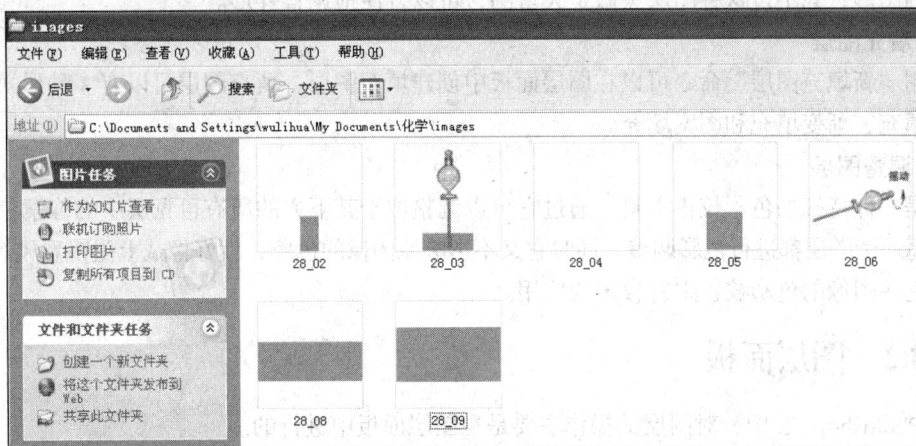

图 4-22　被分割后的图片效果

4.3　图层的应用

"图层"就好比是一张透明的纸，把图像的不同部分画在不同的图层中，叠放在一起便形成了一幅完整的图像，而对每一个图层中的图像内容进行修改时，其他图层中的图像不会受到影响。这为用户修改、编辑图像提供了极大的方便。

使用图层，可以将多幅图像进行修剪、叠加，产生所需要的图像效果，还可以任意地设置图层的混合模式、图层蒙版、图层样式等，使图像产生神奇的艺术效果。

4.3.1　图层的类型

在 Photoshop CS 中，可以将图层分为 6 种类型，分别是背景图层、普通图层、文字图层、形状图层、填充图层和调整图层。

1. 背景图层

该图层始终位于图像的最下面，一个图像文件中只能有一个背景图层。一般在建立新文件时将自动产生背景图层。在背景图层中，许多操作都受到限制，如不能移动背景图层、不能改变其不透明度、不能使用图层样式、不能调整其排列次序等。

2. 普通图层

普通图层是指用于绘制、编辑图像的一般图层，在普通图层中可以随意地编辑图像，在没有锁定图层的情况下，任何操作都不受限制。

3. 文字图层

当向图像中输入文字时，将自动产生文字图层，由于它对文字内容具有保护作用，因此在该图层上许多操作受到限制，如不能使用绘图工具在文字图层中绘画、不能对文字图层填充颜色等。

4. 形状图层

当使用形状工具绘制图形时，可以产生形状图层。该类型的图层由两部分构成，一部分是图层本身，另一部分是矢量图形蒙版。也就是说，使用形状工具绘出的图形可以理解为是由图层蒙版产生的图形，只不过这种图层蒙版是矢量的，可以方便地调整外形。

5. 填充图层

使用"新填充图层"命令可以在图层面板中创建填充图层，填充图层可以有 3 种形式，分别是纯色填充、渐变填充和图案填充。

6. 调整图层

它是一种特殊的色彩校正工具，通过它可以调整位于其下方的所有可见层中的像素色彩，而不必对每一个图层都进行色彩调整，同时它又不影响原图像的色彩，就好像戴上墨镜看风景一样。所以，它在图像的色彩校正中有较多的应用。

4.3.2 图层面板

在 Photoshop CS 中，对图层的操作主要是在图层面板中进行的。

在图像设计过程中，使用最频繁的就是图层面板，它在 Photoshop 中的重要地位显而易见。在图层面板中，用户可以创建、隐藏、显示、复制、合并、链接、锁定及删除图层。

单击菜单栏中的"窗口/图层"命令，或者按下 F7 键，将打开图层面板，如图 4-23 所示。

图 4-23　图层与图层面板

4.3.3 图层的操作

在 Photoshop CS 中，对图层的操作主要是在图层面板中完成，当然还有一些其他的方法。

图层的操作有：新建图层、复制图层、命名图层、改变图层的次序、链接图层、合并图层、删除图层等。

1. 新建图层

新建图层有以下几种方法。

- 单击图层面板上的 按钮，可以在当前图层的上方创建一个新图层。
- 单击菜单栏中的"图层/新建/图层"命令，弹出"新图层"对话框，可以创建一个新图层。
- 单击图层面板右上角的 按钮，从打开的面板菜单中选择"新图层"命令，可以创建一个新图层。

- 当向图像中输入文字时，系统将自动产生一个新的文字图层。
- 当在图像中使用形状工具绘制图形时，系统将自动产生一个形状图层。
- 对选择区域内的图像进行复制操作时，系统也将自动产生一个新图层。

2. 复制图层

复制图层有以下几种方法。

- 在图层面板中，将鼠标指针指向要复制的图层，按住鼠标左键向下拖曳至 🖵 按钮上，可以复制一个图层。
- 单击菜单栏中的 "图层/复制图层" 命令，可以复制当前图层。
- 单击图层面板右上角的 ▸ 按钮，从打开的面板菜单中选择 "复制图层" 命令，可以复制当前图层。
- 选择工具箱中的 ⊹ 工具，按住 Alt 键的同时在图像窗口中拖曳鼠标，可以复制当前图层。
- 选择工具箱中的 ⊹ 工具，按住鼠标左键将图层从源图像中拖曳到目标图像中，可以进行不同图像之间的图层复制。

3. 命名图层

要对图层重新命名，可以直接在图层面板中双击图层名称，然后输入新的图层名称。也可以按住 A1t 键的同时双击图层名称，则弹出 "图层属性" 对话框，在 "名称" 文本框中输入新的名称即可。

4. 改变图层的次序

在图像中同一个位置上存在多个图层内容时，不同的排列顺序将产生不同的视觉效果。排列图层的操作只需在图层面板中，将鼠标指针指向要调整顺序的图层，按下鼠标左键拖曳至目标位置后释放鼠标左键，就可以调整图层的排列顺序。

5. 链接图层

为图层建立了链接关系以后，移动图像时可以保持各图层中图像的相对位置不变，当移动某一个图层时，与该图层存在链接关系的其他图层将同时发生移动。

链接图层时，在图层面板中选择要建立链接的图层作为当前图层，单击要与当前图层建立链接的图层链接图标，当图标变为 🔗 状态时，表明该图层与当前图层建立了链接关系。如果要与多个图层建立链接，可以在这些图层的链接图标区域上拖动鼠标。

6. 合并图层

一个图像文件可以含有很多图层，但是过多的图层将占用大量内存，影响计算机处理图像的速度，所以在处理图像过程中，需要及时地将处理好的图层进行合并，以释放内存。

在图层面板中单击右上角的 ▸ 按钮，在弹出菜单中有 3 种合并图层命令，即 "向下合并"、"合并可见图层" 和 "拼合图层"。

7. 删除图层

在处理图像的过程中，当不再需要某个图层时就将其删除。删除图层的基本操作是：在图层面板中选择要删除的图层，单击面板下方的 🗑 按钮删除所选图层。也可以将要删除的图层向下拖曳至 🗑 按钮上，释放鼠标后删除所选图层。

4.3.4　图层样式的使用

图层样式其实是一些滤镜效果的简化使用，如投影、内阴影、斜面与浮雕、发光、描边等，如图 4-24 所示。

图 4-24　图层样式使用效果

单击下拉菜单"图层/图层样式/混合选项"，弹出"图层样式"对话框，如图 4-25 所示。

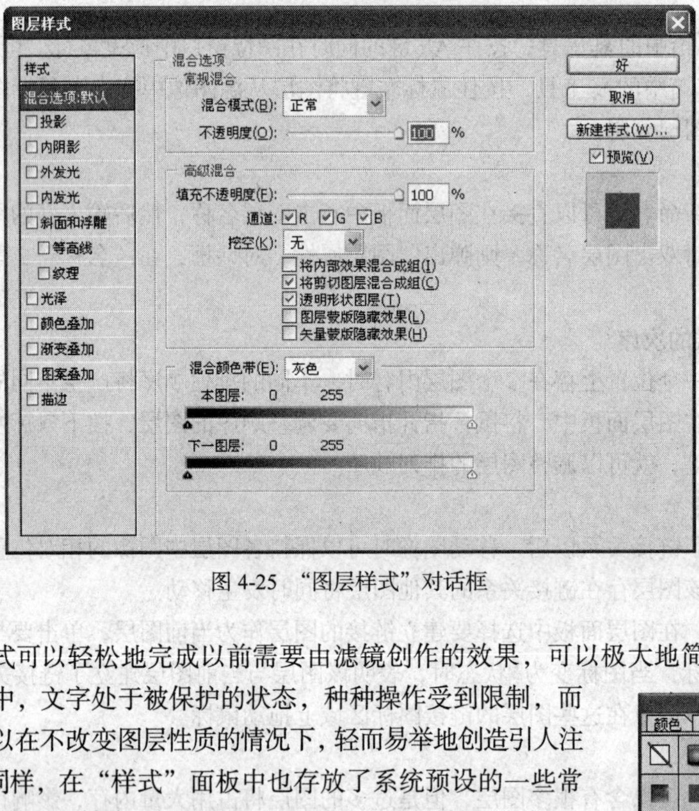

图 4-25　"图层样式"对话框

　　使用图层样式可以轻松地完成以前需要由滤镜创作的效果，可以极大地简化工作流程。另外，在文字图层中，文字处于被保护的状态，种种操作受到限制，而使用图层样式可以在不改变图层性质的情况下，轻而易举地创造引人注目的艺术文字。同样，在"样式"面板中也存放了系统预设的一些常用图层样式，如图 4-26 所示。

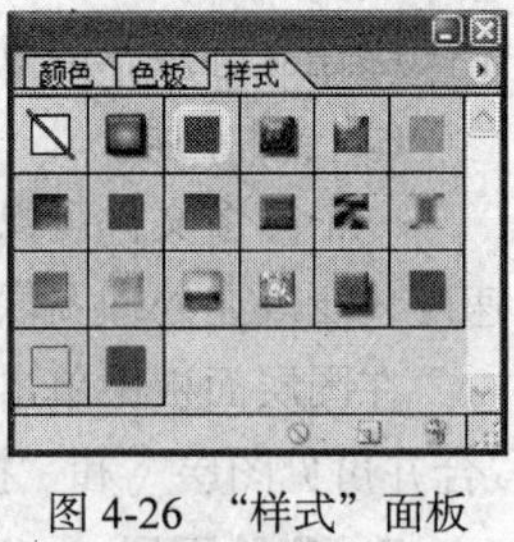

图 4-26　"样式"面板

　　"样式"面板中的样式包括按钮样式、文字样式、纹理样式、图像样式等，这些样式也是为提高工作效率而设置的。在"样式"面板中，用户既可以查看、新建样式，又可以管理、应用样式。

4.3.5　图像的变换

　　变换操作包括变换和自由变换，主要是改变选区或者背景层之外的图层的大小和位置，可以使其拉长、变宽、旋转或翻转。图 4-27 所示为"编辑"菜单下的"变换"子菜单。

　　操作时先用选取工具框选出区域，单击"编辑"菜单中的"变换"或"自由变换"命令后出现变形调整框，当鼠标位于变形调整框之外时，移动鼠标可以拉长、变宽、旋转选区。

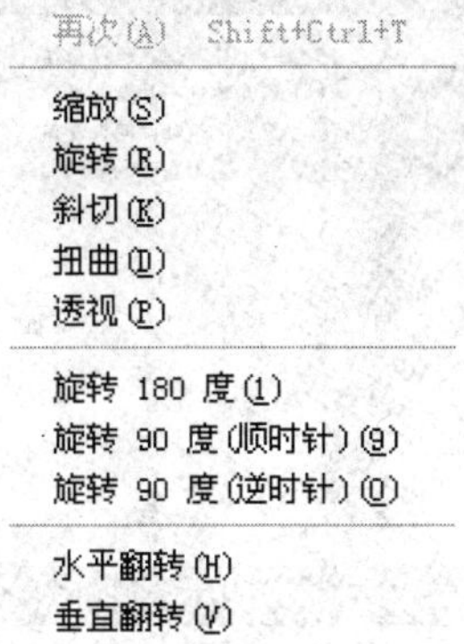

再次(A)　Shift+Ctrl+T

缩放(S)
旋转(R)
斜切(K)
扭曲(D)
透视(P)

旋转 180 度(1)
旋转 90 度(顺时针)(9)
旋转 90 度(逆时针)(0)

水平翻转(H)
垂直翻转(V)

图 4-27　"编辑"菜单下的"变换"子菜单

4.4　绘画与编辑

4.4.1　画笔工具

画笔工具组包括画笔工具和铅笔工具，如图 4-28 所示。

1. 使用画笔工具

使用画笔工具可以在图像上绘出前景色。

使用画笔工具绘制图形的过程是：在工具箱中选择一种画笔工具设置前景色，即画笔工具要使用的颜色，在工具选项栏中选择画笔的大小、形状，并设置所需的模式。在图像窗口中单击鼠标，就可画出一个点；拖曳鼠标，则可绘制图像。使用　画笔工具可以绘出彩色的柔边线条；使用　铅笔工具可以绘出硬边手画线条，给人以笔画生硬的感觉。

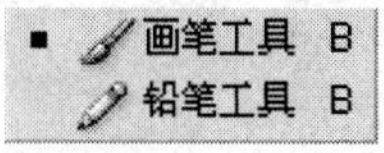

■ ✎ 画笔工具　B
　✎ 铅笔工具　B

图 4-28　画笔工具组

选择了工具箱中的绘图工具后，工具选项栏中将显示出相关的选项，如图 4-29 所示。

画笔: 13　模式: 正常　不透明度: 100%　流量: 100%

画笔: 1　模式: 正常　不透明度: 100%　□自动抹掉

图 4-29　"绘图工具"选项栏

2. 自定义画笔

在 Photoshop CS 中，用户可以将现有的图像设置为画笔，该功能极大地增强了 Photoshop 的绘画能力，也拓展了用户的创作思维。

自定义画笔的基本操作步骤如下：打开一幅图像，使用选择工具选择所需要的图像，如图 4-30 所示，单击菜单栏中的"编辑/定义画笔预设"命令，则弹出"画笔名称"对话框，在"名称"文本框中为画笔命名，单击"好"按钮，则自定义了一个画笔。定义了画笔后，用户就可以像系统预设的画笔一样随意使用。

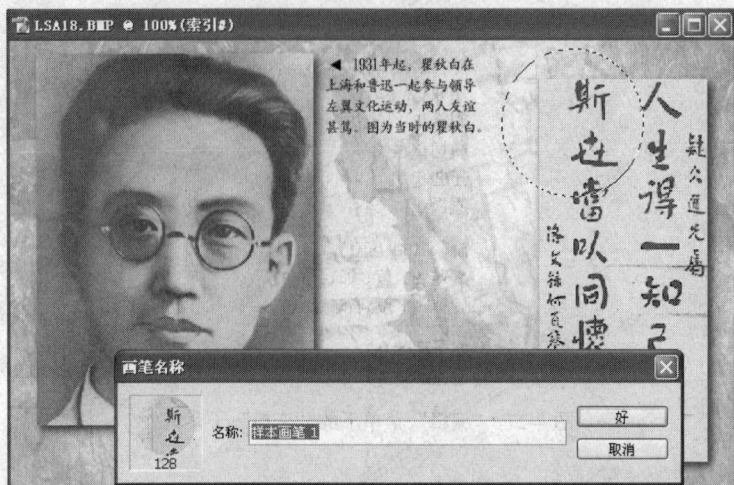

图 4-30　自定义画笔

4.4.2　历史记录画笔工具

历史记录画笔组中有两种工具，如图 4-31 所示。

这里只介绍其中的 ✍ 历史记录画笔工具，该工具是恢复工具，需要配合历史记录面板使用，在该面板中罗列了所作的操作步骤。使用方法如下。

① 画一幅化学分子连接模型，用铅笔做 4 个"小球"，用画笔分别连接起来，如图 4-32 所示。

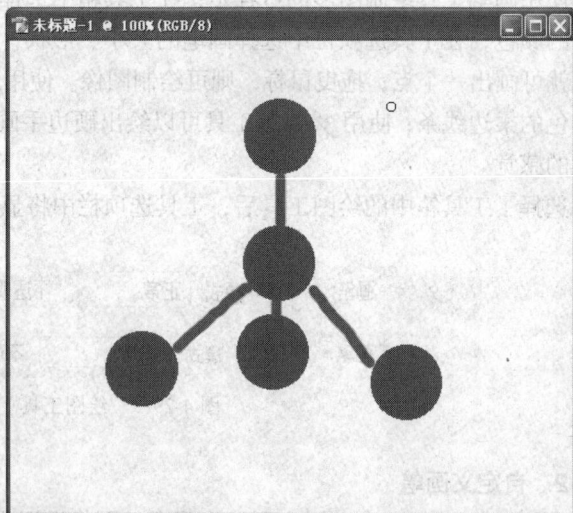

■ ✍ 历史记录画笔工具　Y
　 ✍ 历史记录艺术画笔　Y

图 4-31　历史记录画笔组

图 4-32　化学分子模型图

② 单击 ✍ 历史记录画笔图标后在"历史记录"面板中选择要恢复的操作步骤，如图 4-33 所示。在第 5 个铅笔记录前面单击鼠标出现了历史记录画笔的图标表示选中了该步，其意义是该步之后的所有操作都被取消，也就是图片中的 4 条连线将从图片中消除。

③ 按住鼠标左键在图片中移动即可以取消后面的操作，结果如图 4-34 所示。

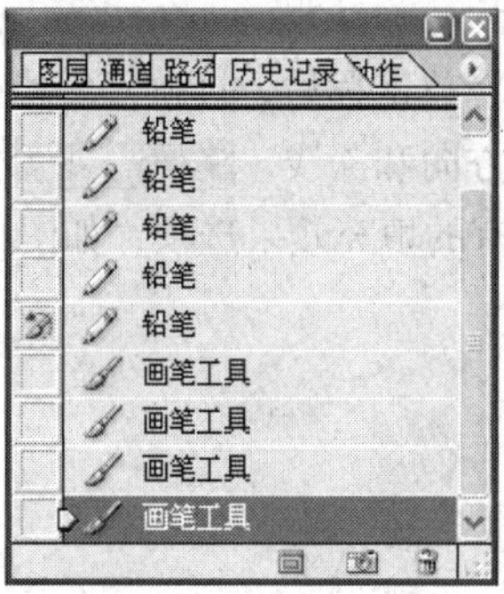

图 4-33 历史记录

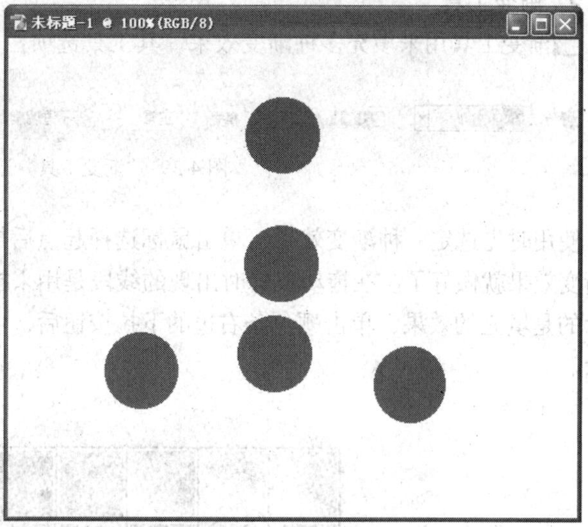

图 4-34 取消后结果

4.4.3 橡皮工具

橡皮工具组包括橡皮擦工具、背景色橡皮擦工具和魔术橡皮擦工具，如图 4-35 所示。这组工具主要用于擦除图像，另外，还可以用于选择、填充等操作。

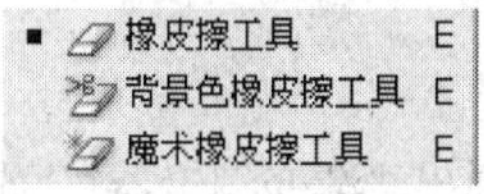

图 4-35 橡皮工具组

● 选择 ⬛橡皮擦工具，在图像中擦除时，橡皮经过的区域以背景色或前景色填充。

● 选择 ⬛背景色橡皮擦工具，可以清除图像中指定范围的像素。

● 选择 ⬛魔术橡皮擦工具，可以迅速清除指定误差范围内的像素。

选择了不同的橡皮工具后，工具选项栏中将显示其相关的选项，如图 4-36 所示。

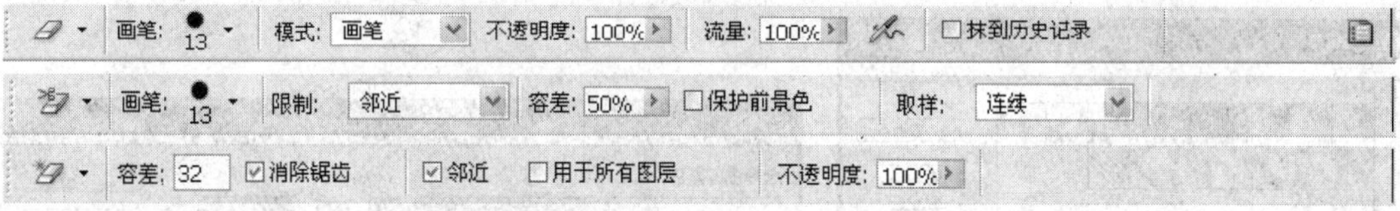

图 4-36 "橡皮工具"选项栏

4.4.4 填充工具

填充工具组中包括油漆桶工具和渐变工具，如图 4-37 所示。

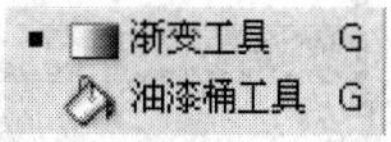

1. 油漆桶工具

🪣油漆桶工具是对和单击处颜色相同的且相连的区域进行填充。其工具选项栏如图 4-38 所示。

图 4-37 填充工具组

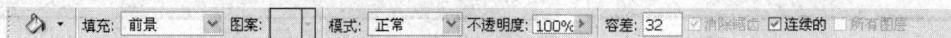

图 4-38 "油漆桶工具"选项栏

如果在"填充"下拉列表中选择"图案"选项，就可以在相应的位置填充图案。

2. 渐变工具

渐变工具用来填充多种渐变效果，其工具选项栏如图 4-39 所示。

图 4-39　"渐变工具"选项栏

使用时先选定一种渐变效果，单击鼠标选择起点后拖动鼠标，释放鼠标后，即确定终点，一个渐变效果就做好了。在拖动鼠标时出现的线段是用来控制渐变的方向和深浅，　　　颜色条显示的是填充的效果，单击颜色条右边的下拉按钮后，可以弹出所有的填充效果选项，如图 4-40 所示。

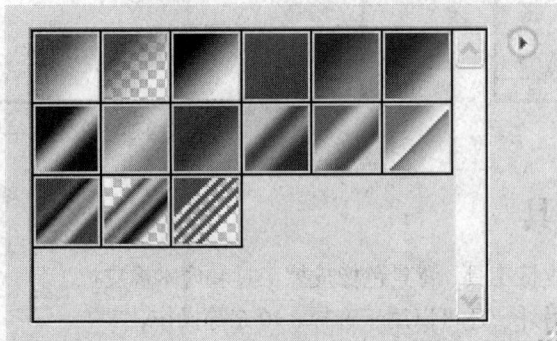

图 4-40　"填充效果"选项

如果对选择的渐变色效果不满意，可以对其进行编辑。双击颜色条后弹出"渐变编辑器"，如图 4-41 所示。单击色标 后，"色标"栏中的"颜色"变为可用状态。单击"色标"框中的"颜色"，弹出"拾色器"对话框，如图 4-42 所示。

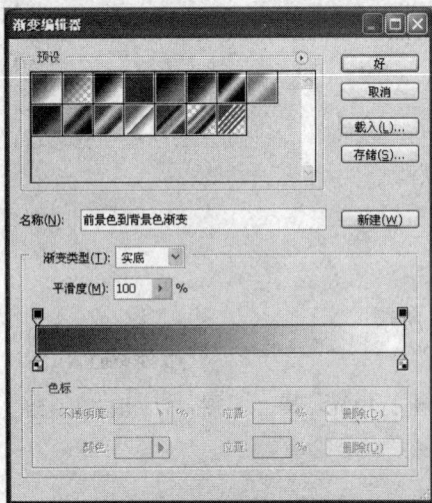

图 4-41　"渐变编辑器"对话框　　　　　　　　图 4-42　"拾色器"对话框

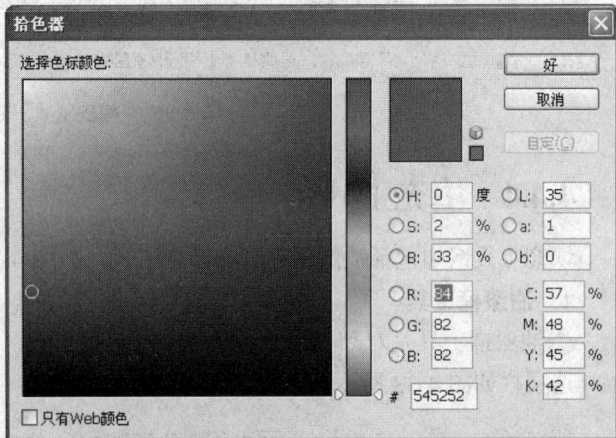

渐变工具包括 线性渐变、 径向渐变、 角度渐变、 对称渐变和 菱形渐变，填充效果如图 4-43 所示。

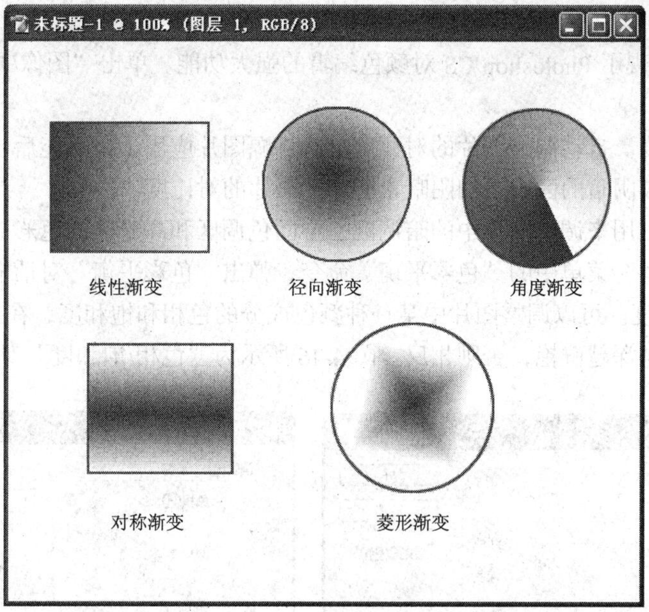

图 4-43　填充效果

4.5　图　像　修　饰

4.5.1　图像的调整

打开图像菜单，如图 4-44 所示，这里提供了丰富的图像调整功能，下面主要介绍"调整"、"图像大小"、"画布大小"和"旋转画布"4 项功能。

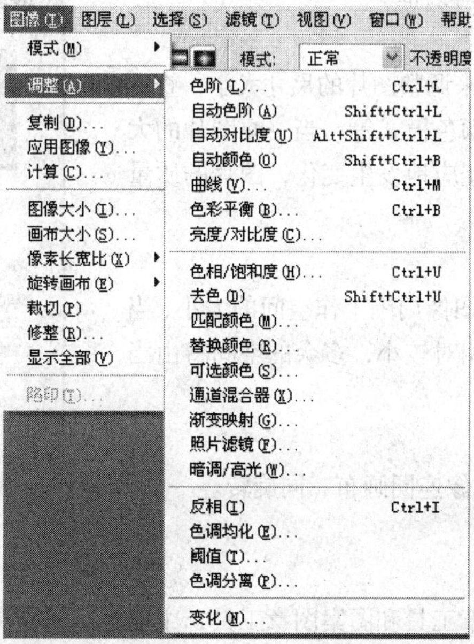

图 4-44　"图像"菜单的"调整"子菜单

1. 调整

"调整"功能体现了 Photoshop CS 对颜色编辑的强大功能。单击"图像/调整"命令可以弹出如下扩展选项。

（1）自动对比度。自动调整图片的对比度。对一幅图片应用了该功能后，使得原来比较亮的区域更亮，原来比较阴暗的区域更加阴暗，增加了图片的对比度。

（2）色彩平衡。用来调整图片中的暗调区、中间色调区和高光区的色彩成分并混合各色彩达到平衡。单击"调整"菜单中的"色彩平衡"命令，弹出"色彩平衡"对话框，如图 4-45 所示。

（3）色相/饱和度。可以调整图片中某一种颜色成分的色相和饱和度，在某一色相的颜色下，饱和度越大则色彩越深越鲜艳，否则相反。图 4-46 所示为"色相/饱和度"对话框。

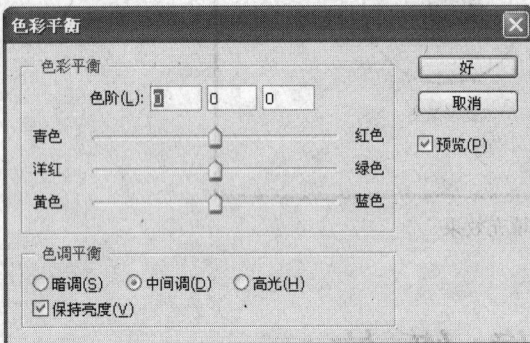

图 4-45 "色彩平衡"对话框　　　　　　　　图 4-46 "色相/饱和度"对话框

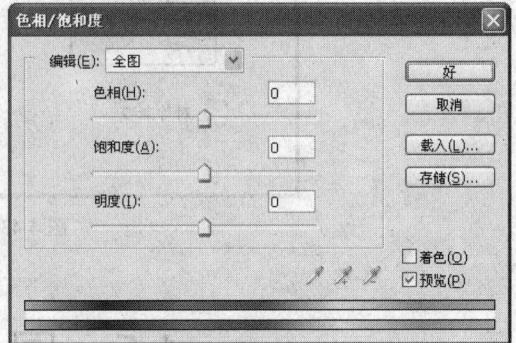

（4）替换颜色。用来替换某一选区的颜色。使用时选择需要替换的区域，在区域内用工具选取改变的颜色，使之变亮。没有变亮的区域表示还没有被选上，此时，选择工具追加颜色，直至被选区域都变亮为止，调整色相、饱和度或明度的值，达到需要的效果。图 4-47 所示为"替换颜色"对话框。

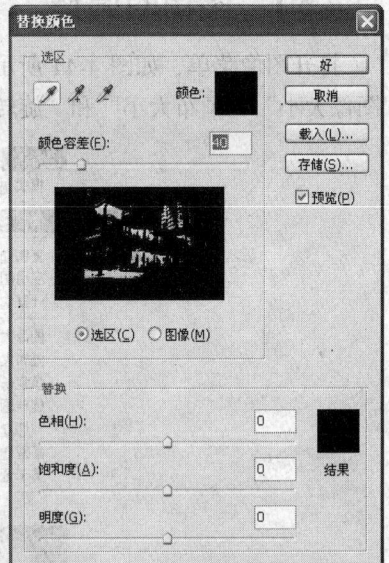

2. 图像大小

"图像大小"的功能是用来调整图片的尺寸大小，查看图片的尺寸信息、分辨率、颜色模式等，当一幅图片的大小被调整之后图像的容量也相应地发生变化，图片的质量也受到影响。

3. 画布大小

"画布大小"是调节当前图像周围工作空间的大小，当增大了画布大小时由于图片相对较小，多余的空间将由当前的背景色填充。

4. 旋转画布

"旋转画布"是使整个图像连同画布一同旋转。

图 4-47 "替换颜色"对话框

4.5.2 图章工具

图章工具组包括仿制图章工具和图案图章工具，主要用于修复图像、复制图像或进行图案填充，如图 4-48 所示。

1．仿制图章工具

选中 🔲 仿制图章工具后，在图片与作为复制起点的位置按住 Alt 键，同时单击鼠标左键确定起点，松开鼠标和 Alt 键后，在欲放置复制图片的位置按住鼠标左键后拖动鼠标即可。

2．图案图章工具

🔲 图案图章工具可以在当前图片中加入另一种图像，选中工具，在工具选项栏中选中图案后添加即可。

选择图章工具后，工具选项栏将显示其相关的选项，如图 4-49 所示。

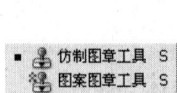

图 4-48　图章工具组　　　　　　　　　　图 4-49　"图章工具"选项栏

其中的多数选项含义与其他编辑工具相同，这里不再重复。选择"对齐的"复选框，表示可以规则复制图像，即每次起笔时都将接着上次的操作继续复制图像，否则进行不规则复制，即每次起笔时都将重新从取样点开始复制图像。选择"用于所有图层"复选框，可以对所有的图层起作用。

"图案"用于选择要填充的图案。选择"印象派效果"复选框后，填充的图案发生模糊，产生一种印象画效果。

4.5.3　修复工具

修复工具组包括修复画笔工具、修补工具和颜色替换工具，如图 4-50 所示。修复工具的主要功能是修复照片，与图章工具类似，但功能更神奇一些。

图 4-50　修复工具组

1．修复画笔工具

选择 🔲 修复画笔工具，按住 Alt 键的同时在图像中单击鼠标，可以定义采样点，然后在图像中需要修复的位置上拖曳鼠标，就可以修复图像中的疤痕。

2．修补工具

选择 🔲 修补工具，选择需要修改的图像部分，然后使用 🔲 修补工具将选择区域拖动到目标区即可，这时要确保工具选项栏中的"源"处于选择状态。

3．颜色替换工具

选择 🔲 颜色替换工具，可以迅速将一幅图像的颜色替换到另一幅图像中，也可以直接设置前景色，然后在图像中拖曳鼠标，从而校正图像的颜色。如果要将一幅图像的颜色匹配到另一幅图像，则需要先选择 🔲 颜色替换工具，然后按住 Alt 键，在用作标准颜色的图像上单击鼠标进行取色，然后在要匹配颜色的图像上拖曳鼠标。

选择修复工具后，工具选项栏中将显示其相关选项，如图 4-51 所示。

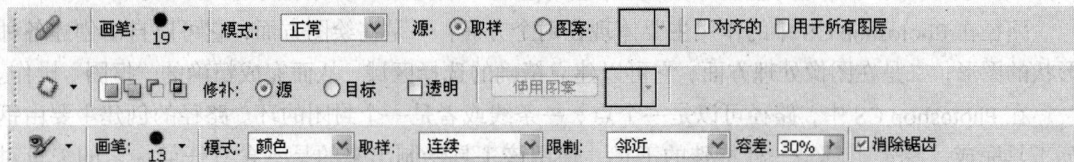

图 4-51　"修复工具"选项栏

4.5.4　涂抹工具

涂抹工具组包括模糊工具、锐化工具和涂抹工具，如图 4-52 所示。

1. 模糊工具

在图像中拖动 ⬦ 模糊工具可以使图像相邻像素间的对比度减小，从而产生柔化效果。

图 4-52　涂抹工具组

2. 锐化工具

拖动 △ 锐化工具，可以使图像产生锐化效果。

3. 涂抹工具

拖动 ✎ 涂抹工具，可以使图像产生涂抹效果，好像用手指在未干的颜料上涂抹一样。

选择了工具箱中的涂抹工具后，通过设置工具选项栏中的选项，可以控制图像的编辑效果。图 4-53 所示为"模糊工具"选项栏，涂抹工具和锐化工具选项与其相似。

图 4-53　"模糊工具"选项栏

4.5.5　加深减淡工具

加深减淡工具组包括减淡工具、加深工具和海绵工具，如图 4-54 所示。

在图像中拖动 ⬟ 减淡工具，可以使图像局部加亮；拖动 ⬢ 加深工具，可以使图像局部变暗；拖动 ⬤ 海绵工具可以精细地调整图像区域中的色彩饱和度，在灰度图中，该工具还可用于增加或减小图像的对比度。

选择了工具箱中的减淡工具后，通过设置工具选项栏中的选项，可以对图像中不同的色调部分进行细微调节。图 4-55 所示为"减淡工具"选项栏。

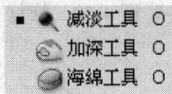

图 4-54　加深减淡工具组　　　　图 4-55　"减淡工具"选项栏

4.6　形状工具与路径

路径的出现使 Photoshop CS 兼有了矢量绘图的特点，即 Photoshop CS 既可创建不包含任何像素的矢量路径，也可以创建具有一定外形的剪切路径，直接产生矢量图形。另外，路径也是选择区域概念的延伸与补充，它为创建一些精确的选择区域提供了最有效的解决方法。

路径在 Photoshop CS 中的作用主要体现在两个方面：一是在绘图方面，它可以自由创建各种形状的图形；二是在图像处理方面，它可以建立精确的选择区域，从而完成精确的"抠图"操作。

在 Photoshop CS 中，路径可以是一个点、一条线或者是一个封闭的环。路径的创建主要由钢笔工具完成。钢笔工具是一种特殊的工具，使用该工具绘制出来的是不含有任何像素的矢量对象，即路径。

4.6.1　钢笔工具

钢笔工具组中包含了 5 种工具，分别是钢笔工具、自由钢笔工具、添加锚点工具、删除锚点工具和转换点工具，如图 4-56 所示。

■ ◊ 钢笔工具	P
◊ 自由钢笔工具	P
◊ 添加锚点工具	
◊ 删除锚点工具	
ⳑ 转换点工具	

图 4-56　钢笔工具组

1. 钢笔工具和自由钢笔工具

◊ 钢笔工具和 ◊ 自由钢笔工具主要用于创建直线、曲线或自由形状的线条及形状。

选择了钢笔工具后，工具选项栏中将显示其相关的选项，如图 4-57 所示。

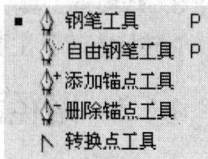

图 4-57　"钢笔工具"选项栏

- 单击 ☐ 按钮，可以创建新的形状图层，路径包围的区域将填充前景色，同时在"图层"面板中产生形状图层。
- 单击 ☒ 按钮，可以创建新的工作路径。

◊ 钢笔工具的使用比较简单，首先选中该工具后单击鼠标确定第一个节点，在另一点单击鼠标，确定另一节点，如此继续当回到起点时鼠标下出现一个小圆圈代表将封闭的路径，单击鼠标后路径封闭，如果在单击一下鼠标后没有松开鼠标而是继续拖动，则可以拖出方向线，如图 4-58 所示。

◊ 自由钢笔工具的优点是按住鼠标左键不松开时，拖动鼠标可以画出任意形状的轨迹，当松开鼠标左键时路径中才出现节点，而且在任意的节点单击鼠标可以继续画出没有完成的图形。

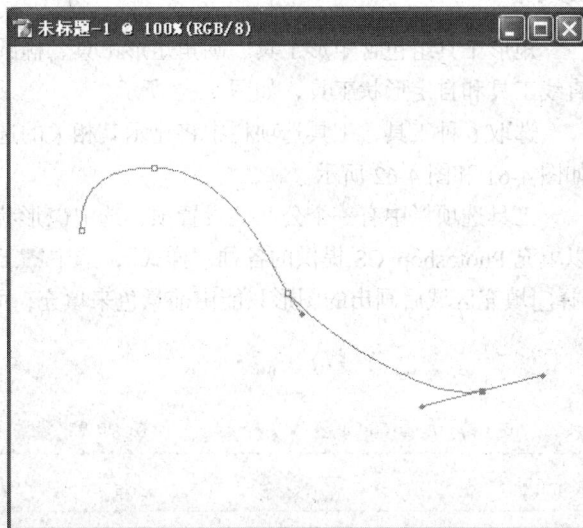

图 4-58　钢笔工具的使用

2. 添加锚点工具和删除锚点工具

◊+ 添加锚点工具主要用于向路径中添加锚点。

◊- 删除锚点工具主要用于删除路径中的锚点。

选择 添加锚点工具后，在路径上单击可以把一个节点添加到路径中；选择 删除锚点工具后，在节点上单击可以删除该节点。

3. 转换点工具

转换点工具主要用于转换锚点的类型。

4.6.2 路径面板

利用路径面板可以进行各种路径操作，如删除路径，将路径与选择区域进行转换，填充路径等。单击菜单栏中的"窗口/路径"命令，则打开"路径"面板，如图 4-59 所示。

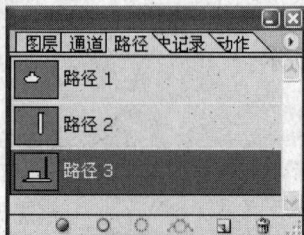

- 单击 按钮，可以使用前景色填充路径。
- 单击 按钮，可以使用前景色描绘路径。
- 单击 按钮，可以将路径转换为选择区域。
- 单击 按钮，可以将选择区域转换为路径。
- 单击 按钮，可以建立一个新路径。
- 单击 按钮，可以删除所选路径。

图 4-59 "路径"面板

当使用钢笔工具或形状工具创建工作路径时，新的路径作为"工作路径"出现在路径面板中。该工作路径是临时路径，因此必须保存它以免丢失。如果没有存储便取消了选择的工作路径，当再次使用钢笔工具绘制路径时，新路径将代替现有工作路径。

存储工作路径的基本操作方法如下：将工作路径拖曳至路径面板中的 按钮上，可以存储工作路径，或者选择路径面板菜单中的"存储路径"命令，将弹出"存储路径"对话框，为路径命名并确认后，可以用新名称存储工作路径。

4.6.3 矩形工具

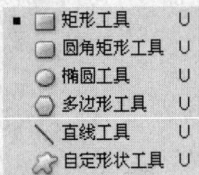

图 4-60 矩形工具组

矩形工具组包含矩形工具、圆角矩形工具、椭圆工具、多边形工具、直线工具和自定形状工具，如图 4-60 所示。

选取 6 种工具，工具选项栏中将显示其相关的选项和部分设置，分别如图 4-61 和图 4-62 所示。

工具选项栏中有一个公共的设置项，选中 形状图层画出的图形，可以填充 Photoshop CS 提供的各种"样式"，选中 工作路径后画出的图形不能填充任何效果，选择 填充区域后画出的图形只能由前景色来填充，而不能填充"样式"。

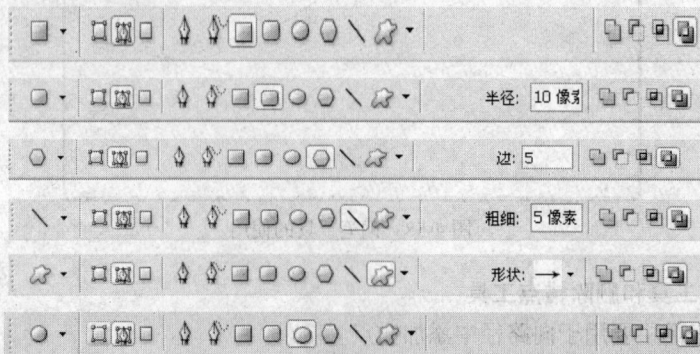

图 4-61 "矩形工具组"选项栏

"自定义形状选项"

图 4-62　"圆角矩形、多边形、自定义形状"选项

图 4-63 所示为选择"多边形工具"设置选项后的不同效果。

图 4-63　多边形选项设置的不同效果

4.7　文　字　编　辑

4.7.1　文字工具

文字工具用来为图片添加文字，在 Photoshop CS 中，利用文字工具可以很方便地向图像中输入水平、垂直的文字或创建文字蒙版，不但可以输入普通的文字，而且可以实现文字的绕排，在任何路径上或任何形状中都可以创建并操纵完全可编辑的文字，使课件制作中的文字能达到引人注目的效果。

文字工具组包括横排文字工具、直排文字工具、横排文字蒙版工具和直排文字蒙版工具，如图 4-64 所示。

输入文字可以插入点文字和段落文字，也可以创建文字蒙版。

1．插入点文字

单击工具箱中的文字工具 T（或 T），选择该工具，在文字工具选项栏中设置各项参数，在图像中要输入文字的位置处单击鼠标定位插入点，输入所需文字，最后单击工具箱中的 移动工具结束文字的输入，并调整文字的位置。

图 4-64　文字工具组

2．输入段落文字

在 Photoshop CS 中输入段落文字的方法是：单击工具箱中的文字工具 T（或 T），在文字工

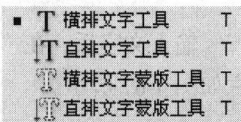

具选项栏中设置各项参数，将鼠标指针移动到图像中，按下鼠标左键拖曳鼠标，可以定义一个限定框，如图 4-65 所示。在光标闪烁处输入所需的文字，输入的文字将显示在限定框中，当输入的文字到达限定框边缘时将自动换行。单击工具箱中的 移动工具结束文字的输入，并可以调整文字的位置。

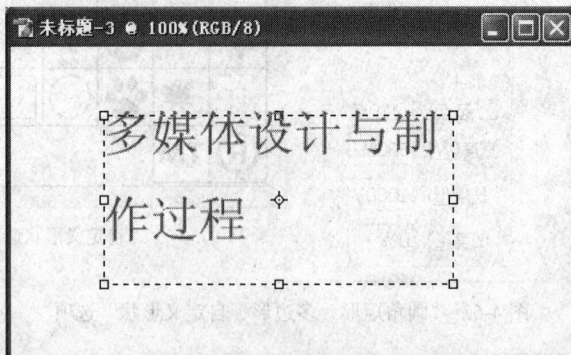

图 4-65　段落文字输入

3．创建文字蒙版

利用工具箱中文字蒙版工具 （或 ），可以在图像中创建文字蒙版，即按文字的形状创建选择区域。文字蒙版出现在当前图层中，可以像任何其他选择区域一样被移动、复制、填充或描边。

创建文字蒙版的基本操作步骤是：单击工具箱中文字蒙版工具 （或 ），选择该工具，在工具选项栏中设置各项参数，用前面介绍的方法输入文字，单击工具箱中 移动工具，结束文字的输入，则文字形状的选择区域将出现在当前图层上，如图 4-66 所示。

图 4-66　创建文字蒙版

输入文字后，在"图层"面板中将自动生成一个图层，即文字图层。同时，"文字工具"选项栏如图 4-67 所示。

图 4-67　"文字工具"选项栏

选项栏中的"字体"、"文字大小"、"对齐方式"、"文字颜色"等选项和 Word 中的使用方法相同。单击"创建变形文本"图标 ![icon]，弹出如图 4-68 所示的对话框，在其中可以设置创建文字的排列形式。

图 4-68　创建变形文本

　　单击"样式"后面的下拉按钮，弹出 15 种样式选项，下面的滑动条用来设置样式的属性，其值为−100%～100%。选择"水平"单选按钮后可以在图中拉出水平文本框，图 4-69 所示为水平变形文字。同样，选择"垂直"单选按钮，可以在图中拉出垂直文本框，图 4-70 所示为垂直变形文字。

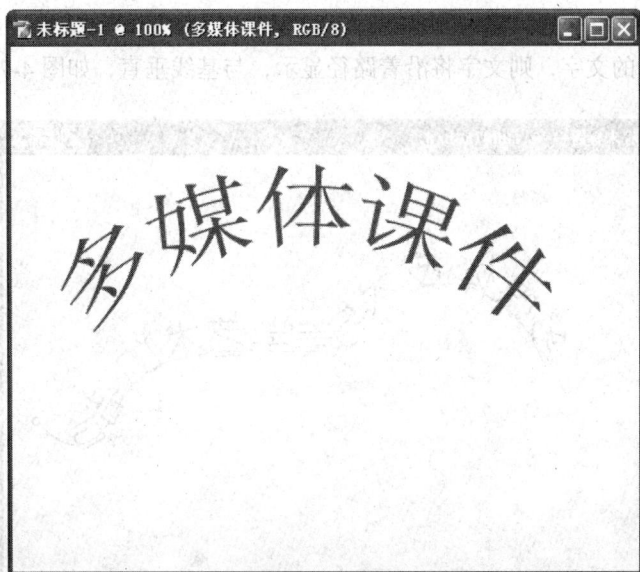

图 4-69　水平变形文字

　　变形文字的各种样式和变形效果巧妙地配合使用，可以创作出精美的文字效果，学习者可以自己尝试。

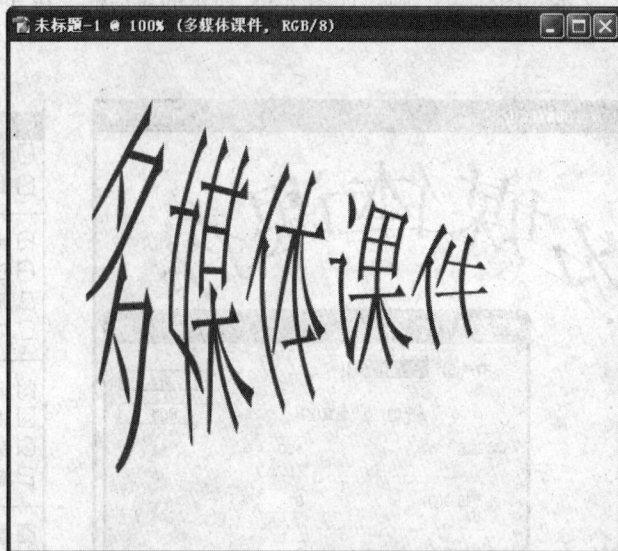

图 4-70　垂直变形文字

4.7.2　在路径上创建文字

Photoshop CS 增强了文字处理能力，可以像在 FreeHand、Illustrator 中一样使文字沿路径绕排，或是将文字排布在一个特定的形状之内，从而制作出精美的印刷品。

如果要沿着路径输入文字，则首先要创建路径。具体操作方法如下。

（1）使用钢笔工具创建一条路径。

（2）选择工具箱中的 T 文本工具，将鼠标指针指向路径，当鼠标指针变成 I 形状时单击鼠标左键，则路径上会出现一个插入点。

（3）输入所需要的文字，则文字将沿着路径显示，与基线垂直，如图 4-71 所示。

图 4-71　路径上输入的文字

4.7.3   在形状内输入文字

如果创建的路径构成一个闭合的形状，那么既可以沿路径输入文字，也可以在形状内输入文字，就像在 Illustrator 中输入文字一样方便，这使得 Photoshop CS 具有了排版功能。

在形状内输入文字的操作步骤如下。

（1）首先使用钢笔工具创建一条路径，如图 4-72 所示。

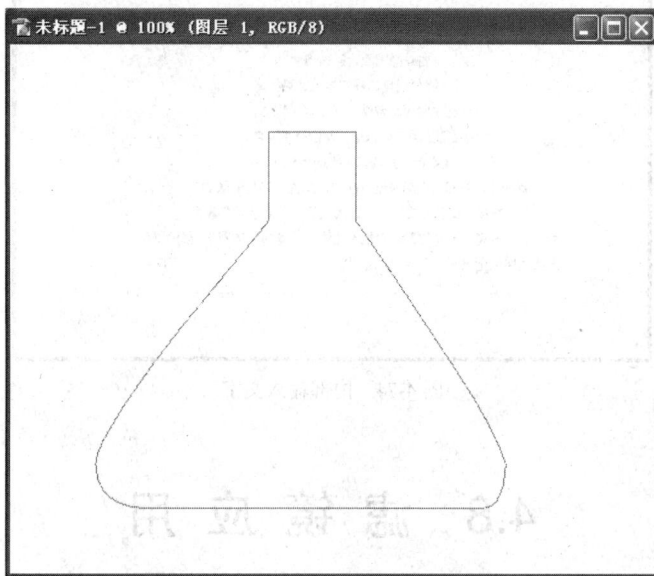

图 4-72   用钢笔工具创建路径

（2）选择工具箱中的 **T** 文本工具，将鼠标指针指向路径内部，当鼠标指针变成 形状时拖曳鼠标，这时会依据路径创建一个段落文字限定框，如图 4-73 所示。

图 4-73   创建一个段落文

（3）输入所需要的文字，文字将自动排列在路径形状的内部，如图 4-74 所示。

图 4-74　内部输入文字

4.8　滤镜应用

滤镜可以自动对一幅图片施加特效，不同滤镜组合的应用显得功能非常强大。滤镜使用时方法比较简单，一些属性的设置也比较明了，但这需要对功能的熟练应用，灵活应用滤镜可以做出梦幻般的视觉效果。图 4-75 所示为 Photoshop CS 的"滤镜"菜单。

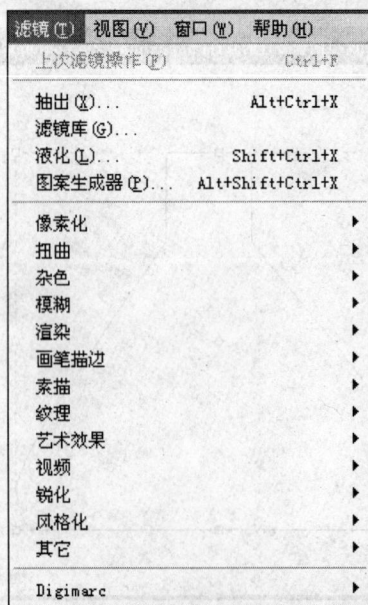

图 4-75　"滤镜"菜单

4.8.1　抽出

"滤镜"菜单中列出的特殊滤镜即是抽出，它是指把图像的某一部分从它的背景环境中提取出来。抽出的功能非常强大，即使对象的边缘细微、复杂或无法确定，也无须太多的操作就可以将其从背景中抽取出来。

抽出图像的方法是：单击菜单栏中的"滤镜/抽出"命令，弹出"抽出"对话框，如图 4-76 所示。选择对话框中的 ✏️ 工具，在对话框的右侧设置画笔大小、色彩等参数，在对话框中间的图像预览区中勾画需要提取的对象轮廓，勾画一个封闭的边界后，选择 🪣 工具在需要保留的区域中单击鼠标填充色彩，单击"好"按钮，图像从背景中分离出来，如图 4-77 所示。

图 4-76　"抽出"对话框

抽取前的图像效果　　　　抽出后的图像效果

图 4-77　抽出图像效果

4.8.2　液化

利用"液化"命令可以很容易地使图像变形，使用该命令提供的特殊工具可以对图像区域进行扭曲、旋转、膨胀、收缩、移位、反射等变形处理，如图 4-78 所示。

使用"液化"命令对图像变形的操作步骤如下：选择要变形的图像区域，如果要对某个图层中的图像进行变形，则选择相应的图层；单击菜单栏中的"滤镜/液化"命令，弹出"液化"对话框，如图 4-79 所示；在对话框右侧的工具选项中设置所需的画笔大小和画笔压力，对图像进行变形操作即可。

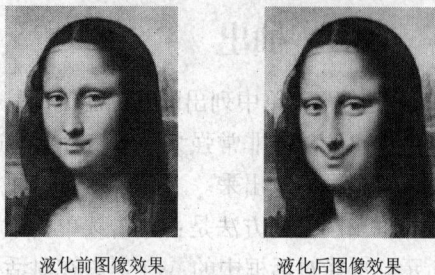

液化前图像效果　　　　液化后图像效果

图 4-78　图像变形效果

图 4-79　"液化"对话框

4.8.3　滤镜库

滤镜库是 Photoshop CS 新增的一项实用功能。它是将常用的滤镜命令组合在一个对话框中，通过这个对话框即可直观地预览滤镜效果，也可以对图像一次性完成多个滤镜的应用，使用起来十分方便。

单击菜单栏中的"滤镜/滤镜库"命令，打开"滤镜库"对话框，如图 4-80 所示。

滤镜库中的内容也可以通过单击菜单栏中的"滤镜"命令，直接选用相关滤镜，如图 4-81 所示。

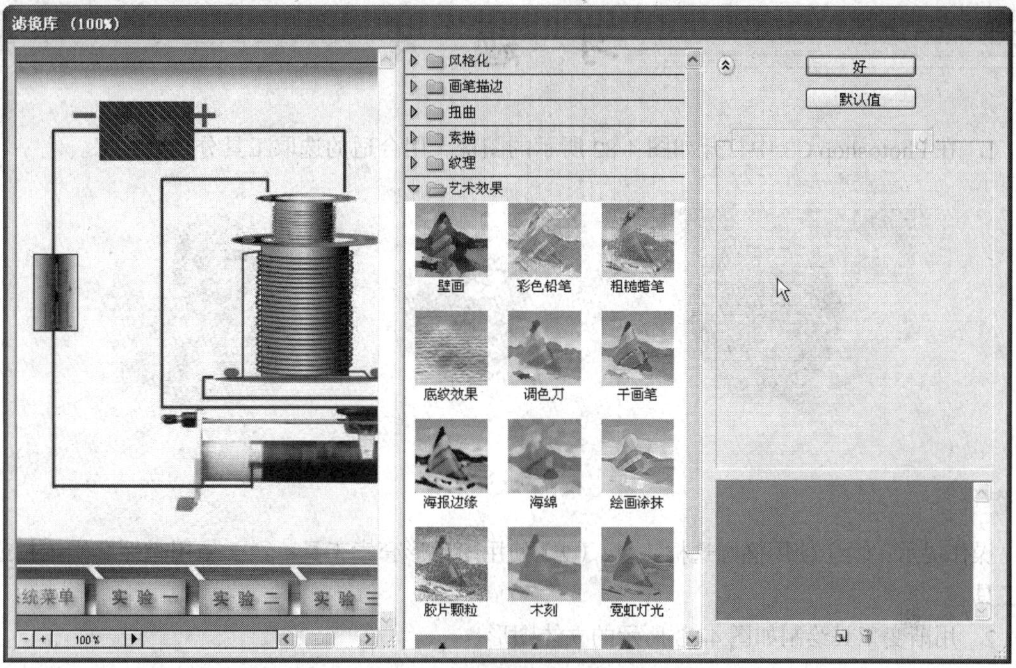

图 4-80　"滤镜库"对话框

纹理	拼缀图…	便条纸…		凸出…		动感模糊…
	染色玻璃…	半调图案…		扩散…		平均…
	纹理化…	图章…	风格化	拼贴…	模糊	径向模糊…
	颗粒	基底凸现…		曝光过度…		模糊…
	马赛克拼贴…	塑料效果…		查找边缘…		特殊模糊…
	龟裂缝…	影印…		浮雕效果…		进一步模糊…
		撕边…	素描	照亮边缘…		镜头模糊…
其它	位移…	水彩画纸…		等高线…		高斯模糊…
	最大值…	炭笔…		风…		
	最小值…	炭精笔…				喷溅…
	自定…	粉笔和炭笔…		塑料包装…		喷色描边…
	高反差保留…	绘图笔…		壁画…		墨水轮廓…
		网状…		干画笔…	画笔描边	强化的边缘…
	切变…	铬黄…		底纹效果…		成角的线条…
	扩散亮光…			彩色铅笔…		深色线条…
	挤压…			木刻…		烟灰墨…
	旋转扭曲…	中间值…	杂色	水彩…		阴影线…
扭曲	极坐标…	去斑…	艺术效果	海报边缘…		
	水波…	添加杂色…		海绵…		彩块化…
	波浪…	蒙尘与划痕…		涂抹棒…		彩色半调…
	波纹…			粗糙蜡笔…	像素化	晶格化…
	海洋波纹…	云彩…		绘画涂抹…		点状化…
	玻璃…	光照效果…	渲染	胶片颗粒…		碎片
	球面化…	分层云彩…		调色刀…		铜版雕刻…
	置换…	纤维…		霓虹灯光…		马赛克…
		镜头光晕…				

图 4-81　"滤镜"命令

习 题 4

1. 在 Photoshop CS 中打开如图 4-82 所示的图像，用合适的选取工具分别选出来。

图 4-82

操作提示：（1）使用椭圆选框工具；（2）使用多边形套索工具；（3）使用磁性套索工具或魔棒工具。

2. 用渐变工具绘制如图 4-83 所示的立体图形。

图 4-83

操作提示：（1）线性渐变填充；（2）选区的添加与相减应用；（3）渐变填充与选区擦除应用。

3. 用图层样式绘制如图 4-84 所示的立体图形。

图 4-84

操作提示：（1）选区相减与相交应用，文字 S 转变为中间的 S 曲线形，图层样式中的斜面与浮雕应用；（2）选区制作，图层样式中的斜面与浮雕应用（内斜面与枕状浮雕）。

4. 用一幅香蕉或卷心菜图片分别处理成如图 4-85 所示的效果。

操作提示：图层操作，选取与图像变换应用。

图 4-85

5. 用抽出工具抽取如图 4-86 所示的海星。

图 4-86

操作提示：菜单"滤镜/抽出"应用。

6. 制作如图 4-87 所示的文字效果。

操作提示：控制面板中的"样式"面板，图层样式中的渐变叠加、描边应用。

7. 修复如图 4-88 所示图像，要求修正图片、修复眼睛正常、替换衣服颜色和美化背景。

操作提示：裁切工具、修复画笔工具、修补工具、仿制图章工具使用，菜单"亮度/对比度"、"色相/饱和度"、替换颜色应用。

图 4-87　　　　　　　　　　　　　　　图 4-88

8. 用滤镜制作一个如图 4-89 所示的木纹棋盘、棋格和棋子。

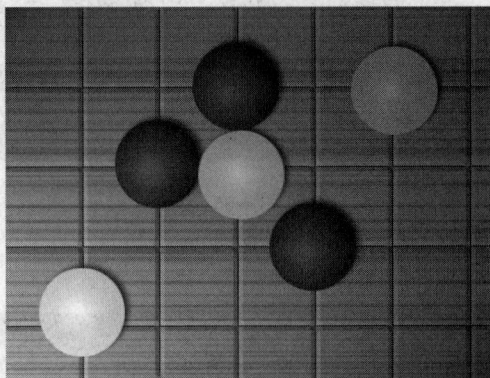

图 4-89

操作提示：木纹在填充黄色的基础上，使用滤镜"纹理/颗粒"、"模糊/动感模糊"。棋格在显示网格的基础上，用 1 个像素画笔，按 Shift 键画水平或垂直线，图层样式采用斜面与浮雕。

9. 用滤镜制作一枚如图 4-90 所示的纪念章。

图 4-90

操作提示：背景凸凹纹理采用滤镜"渲染/云彩"和滤镜"模糊/高斯模糊"，再用图像"调整/色彩平衡"调整颜色。选取素材制作纪念章图案后，用图像调整"色相/饱和度"将图像变为黑白效果，执行滤镜"风格化/浮雕效果"或"素描/基底凸现"制作立体雕琢效果。边框采用"编辑/描边"命令，图层样式采用枕状浮雕。

第 5 章
声音和视频素材的采集与处理

【本章概述】

本章主要阐述有关声音与视频素材的采集与制作方法，通过对 Cool Edit Pro 软件的认识和使用，介绍声音处理的常用软件以及处理声音的一般方法和步骤，并通过对 Windows Movie Maker 软件的使用，介绍视频影像的处理方法。

掌握多媒体课件声音与视频素材的采集制作方法，学会在课件中使用声音和视频，对课件的效果会起到积极的影响。比如，音乐最能激发和表现人们的情感，在多媒体课件设计中，应充分发挥音乐的艺术魅力，用美妙的音乐陶冶学生的情操，让学生在美的旋律中探求知识的奥秘。同时，恰当地使用音响效果又能增强画面形象的表现力和真实感，利于学生认识客观事物的内在规律。语言解说的技巧，抑扬顿挫的语调，娓娓动听的声音，会使学生受到强烈的感染，在注意力高度集中情况下获得更多的知识。生动直观的视频影像最容易给人留下深刻的印象，也常常受到学生的偏爱。课件中恰当地选用视频素材，能使课件更富有真实感和感染力，有利于激发学生学习动机，调动学生学习的积极性。

5.1 音频文件概述

5.1.1 音频

声音是携带信息极其重要的媒体。声音的种类繁多，如人的语音、乐器声、动物发出的声音、机器产生的声音，以及自然界的雷声、风声、雨声、闪电声等。这些声音有许多共同的特性，也有它们各自的特性，在用计算机处理这些声音时，一般将它们分为波形声音、语音和音乐 3 类。

1. 波形声音

波形声音实际上已经包含了所有的声音形式，它可以把任何声音都进行采样量化后保存，并恰当地恢复出来。

2. 语音

人的说话语音是一种特殊的媒体，它不单单是一种波形声音，而且通过语气、语速、语调携带比文本更加丰富的信息。虽然与波形声音的文件相同，但必须作为一个特殊媒体研究。

3. 音乐

音乐是一种符号化的声音，这种符号就是乐谱，乐谱可转化为符号媒体形式，表现形式为MIDI 音乐。

影响数字声音波形质量的主要因素有 3 个。

（1）采样频率。采样频率指波形被等分的份数，份数越多（既采样频率越高），质量越好，从图 5-1（a）与图 5-1（b）的比较可以看出，显然后者比前者采样质量好。

（2）采样位数。采样位数即每次采样的信息量。采样通过模/数（A/D）转换器将每个波形垂直等分，若用 8 位 A/D 转换器，可把采样信号分为 256 等分，而用 16 位 A/D 转换器则可将其分为 65 536 等分。从图 5-1（b）与图 5-1（c）的比较可以看出，显然后者比前者音质好。

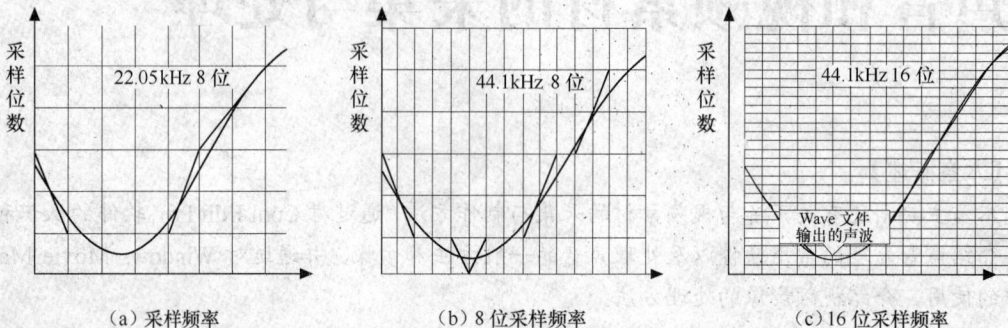

| （a）采样频率 | （b）8 位采样频率 | （c）16 位采样频率 |

图 5-1　声音的采样与量化

（3）通道数。通道数即声音通道的个数，表明声音产生的波形数，一般分为单声道和立体声道。单声道只产生一个波形，立体声道则产生两个波形。采用立体声道声音丰富，但存储空间要占用很多。

由于声音的保真与节约存储空间是相矛盾的，因此要选择平衡点。采样后的声音以文件方式存储。

5.1.2　音频文件格式

音频文件又可称为"声音文件"，它分为两大类，一类是波形音频文件，采用 WAV 格式；另一类是乐器数字化接口文件，采用 MIDI 格式。声音文件是全数字化的，对于 WAV 格式的声音文件，通过数字采样获得声音素材；而对于 MIDI 格式的文件，则通过 MIDI 乐器的演奏获得声音素材。

1. WAV 格式的声音文件

WAV 是 wave 一词的缩写，意为"波形"。WAV 格式的波形音频文件表示的是一种数字化声音，WAV 格式文件的扩展名为".wav"。常见的 WAV 声音文件主要有两种，分别对应于单声道（11.025kHz 采样率、8bit 的采样值）和双声道（44.1kHz 采样率、16bit 的采样值）。WAV 格式文件的特点是采样频率和采样精度越高，数字化声音与声源的声音效果越接近，数据的表达越精确，音质也越好，但音频信号数据量也会越大，每分钟的音频一般要占用 10MB 的存储空间。尽管数据量非常大，但在声音长度不大的前提下，不失为理想的声音记录形式，这也是多媒体产品总是把 WAV 格式作为首选的音频文件格式的原因。

2. MP3 格式文件

MP3 是采用国际标准 MPEG 中的第三层音频压缩模式，对声音信号进行压缩的一种格式，中文也称"电脑网络音乐"，它的扩展名为".mp3"。MP3 的突出优点是压缩比高、音质较好、制作简单，可与 CD 音质相媲美。

高压缩比是 MP3 的一个主要特性，其基本理论就是去除节目源中人耳听觉阈以外的所有信号，并将大信号掩盖下的小信号也加以除去，因为人耳具有掩盖效应，这种变化基本上觉察不出来，因此实际记录的信息量就比压缩前小得多，其压缩比为 10∶1～96∶1。这样，一张只能容纳十几首歌曲的光盘，可记录 150 首以上的 MP3 格式歌曲。

3．MIDI 格式文件

MIDI 是 Musical Instrument Digital Interface 的缩写，意为"乐器数字化接口"，是乐器与计算机结合的产物。MIDI 提供了处于计算机外部的电子乐器与计算机内部之间的连接界面和信息交流方式，MIDI 格式的文件采用".mid"作为扩展名，通常把 MIDI 格式的文件简称为 MIDI 文件。

MIDI 文件并不是一段录制好的声音，而是告诉声卡如何再现音乐的一组指令。这样一个 MIDI 文件每存 1min 的音乐只用 5～10KB。MID 文件主要用于原始乐器作品、流行歌曲的业余表演、游戏音轨、电子贺卡等。

5.1.3　声音编辑软件介绍

计算机在处理音乐与处理声音时会用到不同的编辑软件，处理美化声音时经常使用 Cool Edit Pro、Creative WaveStudio、Wavedit、GoldWave、录音机程序、豪杰音乐等软件，处理音乐、谱曲、作曲和编曲时经常使用 Cakewalk、Encore、Overture、Finale 打谱软件、Sibelius 打谱软件、作曲大师、TT 作曲家、CuteMIDI 简谱作曲家等软件。

以上声音编辑软件中，Cakewalk Pro Audio 是相当专业的乐曲制作软件之一，Cakewalk Pro Audio 可以快速地编曲、录音、混音、弹奏 MIDI 等，其工作界面如图 5-2 所示。

图 5-2　Cakewalk Pro Audio 工作界面

Cakewalk Pro Audio 从功能上来说，可以支援到 128 轨的同步录音，还可以加入 Cakewalk 中内建的 256 种特效。Cakewalk Pro Audio 可以支援到 24bit 的音质 96kHz 的取样率，是目前乐曲制作软件中音质最好的其中之一。Cakewalk Pro Audio 可以同步支援 AVI、MPEG、QuickTime 以及 MIDI 这 4 种不同的音乐档案格式输入到音轨之中，支援同时录制不同取样的音轨，这对乐曲创作有相当大的帮助。可以在录制同一个声音的时候以不同的取样录制在不同轨之中，不需要再重复录制一次，可以节省相当多的时间。Cakewalk Pro Audio 具备虚拟键盘（Virtual Piano）的功能，虽然大多数专业的玩家都有 keyboard 可供弹奏，但对于初次接触 MIDI 的使用者来说虚拟键盘是个不错的功能，运用屏幕上所模拟出来的键盘就可以弹奏出美妙的 MIDI 乐曲。

5.2　Windows 录音机的使用

5.2.1　声音的录制

多媒体中的声音来源有两种，即购买商品语音库和录音制作合成。声音的录制和播放都通过声卡完成。使用工具软件可以对声音进行各种编辑或处理，以获得较好的音响效果。最简单方便的音频捕获编辑软件是 Windows 中的录音机。录制声音时，需要一个麦克风，并把它插入声卡中的麦克风（Mic）插孔，也可连接另外的声源电缆，如 CD 唱机或其他立体声设备。具体使用方法介绍如下。

1. 调整音量

单击任务栏中的音量图标，弹出"音量"对话框，如图 5-3（a）所示。上下拖动滑块，可以改变音量的大小。向上为增大音量，向下为减小音量。单击"音量"对话框以外的任何地方，该对话框则消失。

在图 5-3（a）中，选中"静音"复选框，则声音消失。再次单击"静音"复选框，使其为非复选状态，则声音出现。在进行详细调整音量时，双击任务栏中的音量图标，弹出"音量控制"对话框，如图 5-3（b）所示。

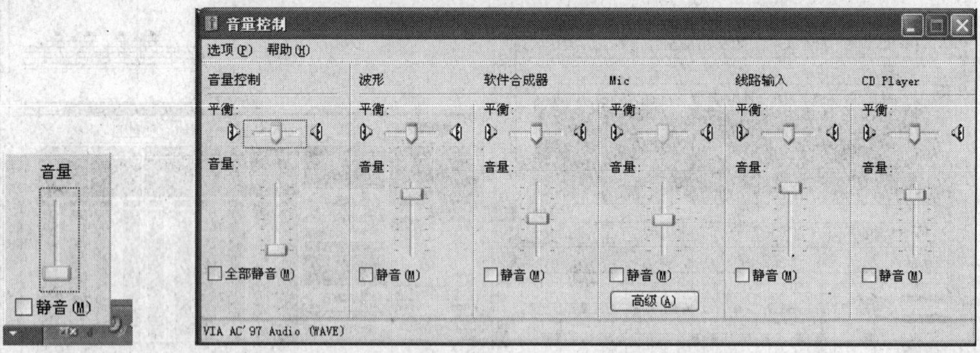

（a）　　　　　　　　　　　　　　　　　（b）

图 5-3　"音量控制"对话框

在"平衡"区域中，左右调整滑块，可以调整左右音箱之间的相对音量。

音量控制：调整整体音量的大小，它和前面的"音量"对话框的作用一样。波形、CD 音频、线路输入则分别调整各设备的音量。

静音的选择：如果要完全关闭声音，则单击音量控制中的"全部静音"复选框。在使用麦克风录音时，要确保 Mic 处于非静音状态。

如果要关闭某个设备的音量，则单击对应的"静音"复选框。

单击"音量控制"对话框右上角的关闭按钮可以关闭该对话框。

2. 启动录音机

依次单击"开始/所有程序/附件/娱乐/录音机"命令，打开"录音机"窗口，如图 5-4 所示。窗口下方控制录放的按钮就像普通录音机控制部件的功能一样。窗口中央的显示面板称为"Wave"（声波）框，中间的录音线代表某段声波的振荡波形线。其垂直方向显示声音的振幅，水平方向显示持续时间。

"长度"框中显示音频文件的总长度，"位置"框则显示音频文件当前的播放位置（以秒计算）。

3. 录制声音

用麦克风输入声音的操作步骤如下。

① 打开录音机。

② 打开麦克风，然后单击"录音"按钮。界面会暂停一下，控制滑块开始向右边移动，"位置"框中开始计时，"长度"框中显示可以录制的最长时间，一般为 60s。

③ 对着麦克风说话，屏幕上"Wave"方框会显示声音的波形，即所发出的每个音调。应尽量使波形的振幅平均在最大值的一半左右，如图 5-5 所示。

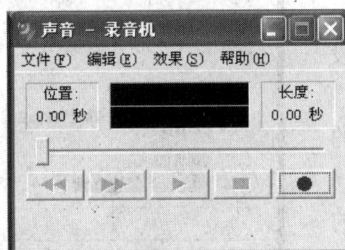

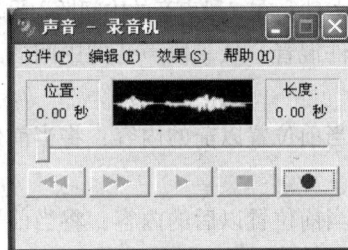

图 5-4　"录音机"窗口　　　　　　　图 5-5　录音机显示面板

④ 按下"停止"按钮就可以停止录音。录制文件的长度会显示在"长度"框里，使用"效果"菜单可以调整声音的效果。

⑤ 选择"文件/保存"命令，界面上会出现"另存为"对话框，在"文件名"文本框中键入这个音频文件的文件名，然后单击"保存"按钮。

如果录音时，"Wave"方框里没有出现声音的波形，可以调高录音的音量，或者重新设置麦克风的参数，也可以用 Mic 或声卡附带的磁盘里的驱动程序来改变信号的输入参数。

如果不想录自己的声音，还可以用一条输入信号线录下其他设备（如音响）放出的声音。只要把这条线的一端插入声卡后面的 Line In 孔，另一端插入音响的 Line Out 孔即可。

5.2.2　声音的编辑

通常在录音后，还需要对声音文件进行加工，即编辑音频文件，如删除文件空白的地方或者增加回声等。在开始编辑之前，我们先认识一下录音机菜单。

1. 录音机菜单

录音机菜单包括"文件"菜单、"编辑"菜单、"效果"菜单和"帮助"菜单，这里主要介绍"文件"菜单、"编辑"菜单和"效果"菜单。"编辑"和"效果"的下拉菜单如图 5-6 所示。

（1）文件菜单。除了一些大家比较熟悉的功能选项外，录音机的"文件"菜单里还有如下两个特殊的选项。

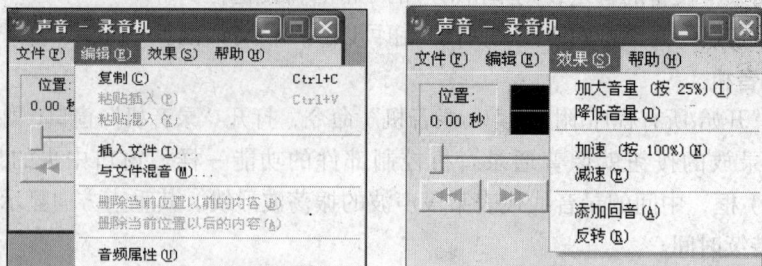

图 5-6 "编辑"和"效果"的下拉菜单

- 还原：撤销上一次对声音文件的删除操作。这项功能只是在删除以后尚未保存的时候才有效。
- 属性：更改声音文件的性能和录音时的质量，如图 5-7 所示。

（2）编辑菜单。

- 复制：复制声音（与粘贴联用）。
- 粘贴插入：将声音片段插入声音文件。
- 粘贴混入：将两个声音文件混合在一起。
- 插入文件：在一段声音的中间插入另外一段声音。
- 与文件混音：从一段声音的中间插入另外一段声音。
- 删除当前位置以前的内容：将当前位置之前的声音删除。
- 删除当前位置以后的内容：将当前位置之后的声音删除。
- 音频属性：打开音频属性窗口，设置录音或者回放的性能。

图 5-7 选择文件中的属性

（3）效果菜单。

- 加大音量：以 25%的比例增大声音文件的音量。
- 降低音量：以 25%的比例减小声音文件的音量。
- 加速：以 100%的比例降低声音文件的播放速度。
- 减速：降低声音文件的播放速度。
- 添加回音：添加回声效果。
- 反转：将声音文件逆向播放。

2. 编辑定位

在进行各种编辑声音的操作时，需要确定声音位置，即找出要处理的某些声音点，也称为确认插入点。要准确地找出某个插入点，依靠拖动滑块有一定的难度，可以参照下面的步骤来定位插入点的位置。

① 仔细听声音，并判断出要处理的声音点的位置，记下此时位置方框中的显示时间。

② 将滑块定位在该位置上，单击"播放"按钮来听声音，判断该位置是否正确。

③ 重复以上步骤，直到找到准确位置。

如果对编辑的结果不满意，可以选择"文件"菜单中的"恢复"菜单项，来放弃所做的修改。但恢复命令将删除上次存盘以来的所有修改，并不只是放弃最近一次的改动。因此，当做出了比较满意的改动之后，就应该先存盘，然后再进行以后的修改。这里提醒，在编辑前，要给待编辑的声音文件作备份，以防无法恢复原有的声音文件。

3．删除声音文件开头和结尾的空白部分

编辑声音文件的一个重要目的就是选择所需要的声音片段，尽量将空白的音首和音尾都剪切掉。需要注意的是，在剪切看似包含静音的声音文件之前，最好先试听一下。有时看似静音的部分实际上还是包含有信息。剪切后，也要把整个声音再放一遍，并做好撤销的准备。

具体方法操作如下。

① 移动控制滑块，直到声波框中的基线显示到达文件起始点为止，停在这个点上。

② 在"编辑"菜单中选择"删除当前位置以前的内容"命令，录音程序会把现在位置之前的所有声音信息删除。若删除位置之后，也同理。

③ 在弹出的对话框中单击"确定"按钮，以确认要删除这些数据，如图 5-8 所示。

④ 播放编辑后的声音文件，查看播放的效果。

如果在编辑过程中，误删了某些内容，可以在"文件"菜单中选择"恢复"命令，恢复原有的内容。

4．把文件插入到另一个文件中

"编辑"菜单中还包括把某个文件的内容插到另一个文件中的功能，以增加一种更壮观的听觉效果。具体操作步骤如下。

图 5-8　删除当前位置以前的内容

① 打开一个声音文件，定位插入点，也可以把插入点定位在文件的开始处。在"编辑"菜单中选择"插入文件"命令。

② "插入文件"对话框出现后，在文件列表框中选择任一个 WAV 文件，再单击"确定"按钮即可。

插入声音文件的另一种方法是使用复制和粘贴技术。同时打开至少两个录音机窗口，一个窗口用于编辑声音，从它的"编辑"菜单中选择"复制"命令，再切换到另外一个录音机窗口，并选择"粘贴插入"命令即可。

录音机中的"复制"命令将复制其窗口中的整段声音，因此，需要在复制之前删除任何不必要的声音。

5．混入第 2 种声音

录音程序可以混合两个声音文件并让它们同时播放。可以试着在一种声音文件中加入一些背景音乐，来制造特殊气氛。当新声音叠加到原声音上时，并不损失原声音的音质和音量。如果计算机里没有任何音乐文件，可以用麦克风（或音频线输入）从立体声音响中录一点音乐。混入声音的具体操作步骤如下。

① 打开一种声音文件，定位插入点。

② 在"编辑"菜单中选择"与文件混合"命令，如图 5-6 所示。

③ 选择要混入一种声音的文件，单击"打开"按钮。

④ 将文件倒回至起始处再播放一遍，就会听到混合的声音。

另外，也可选用"编辑"菜单中的"粘贴混入"命令，该声音将从插入点起与原有声音相混合。若将滑块调至不同的位置，可混入多个不同的文件，则特殊效果更佳。

6．添加特殊效果

通过录音程序"效果"菜单可以轻而易举地提高录音效果，单纯的声音文件可以变成超级音

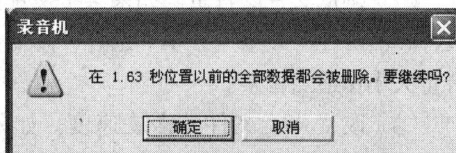

效，如添加回声效果、改变播放速度、改变音量、反向播放等。录音程序中的"效果"菜单，如图 5-6 所示。

（1）提高音量。当要混入两个声音文件，或把一个文件插入到另一个文件时，调整音量的功能就变得相当重要了。比方说，在把音乐加入到声音文件时，文件的声音部分可能会被音乐所淹没。为了补救这种情形，可以启动声音文件并将音量调高，或是将音乐文件的音量调低。

具体操作方法如下。

① 在录音程序中打开要处理的声音文件。

② 在"效果"菜单中选择"加大音量"命令。调节声音文件的音量会影响整个记录，所以每次只能以一个固定量来调高或调低音量。

③ 重新播放这个声音文件。如果声音还是不够大，再选择一次"加大音量"，重复执行这个动作，直到达到想要的音量为止。

（2）调低文件的音量。如果某个文件因为当初录音的音量太高致使效果失真，可以打开这个文件，然后在"效果"菜单中选择"降低音量"命令。再次播放文件，观察声波框中的变化并对音量大小作适当调整。

（3）改变声音文件的播放速度。如果想改变声音文件的播放速度，可以单击"效果"菜单中的"加速"和"减速"这两个命令来增加或减慢播放的速度。这两个命令的速度比率是固定的，亦即减速 50%，或加速 100%。改变声音文件的播放速度后，声音会出现失真。如果对改变后的声音效果不满意，可以选择"编辑"菜单中的"撤销"命令，以恢复原来的声音文件。

（4）添加回音。录音机提供了一种自动音响效果，即回音。回音效果是先把声音的复制延时，再降低音量，最后再与原来的声音混合所形成的。混响效果包含了多个延时很短、音量很低的回音。如果声音文件听起来有点呆板，可以选择"效果"菜单中的"加入回音"命令，使声音听起来更自然。加入回音会在整个文件中增加一定比例的共鸣效果，声音会显得更有深度且更具特色。多数情况下，需要多次重复执行该命令，才可能听到较满意的回音。

（5）反向播放。在"效果"菜单中选择"反转"命令，可以把声音倒过来播放。单击播放钮就可以听到逆向播放的声音。如果不喜欢这种效果，只要再单击一次"反转"命令即可。

7. 声音的压缩

虽然 WAV 文件的回放效果好，但在播放时间相同的情况下，WAV 文件与 MIDI 或 MP3 文件比较起来，数据量要大得多。因此，可以在基本上不影响质量的前提下，将 WAV 文件进行压缩。用录音机处理 WAV 文件的操作步骤如下。

① 用"录音机"打开一个 WAV 文件，然后再打开"另存为"对话框。

② 对话框的下面有一个"更改"按钮，按钮的左边显示的是当前 WAV 文件的音频格式，如图 5-9 所示。

③ 单击"更改"按钮，弹出一个"声音选定"对话框，如图 5-10 所示。在"属性"下拉列表中有许多音频组合可供选择，其中"PCM"格式，"8 000Hz，8 位，单声道"属性组合压缩最大。

④ 如果选择它，WAV 文件的大小可缩小到原来的 1/10，而其音质听起来基本上没什么变化。

在某些一定要用 WAV 格式声音文件的情况下，压缩 WAV 文件的体积很有意义。另外，从 CD 光盘上抓下的文件（此时为 WAV 文件）在转换成 MP3 之前，先用"录音机"处理一下也能使转换后的 MP3 文件的体积更小。

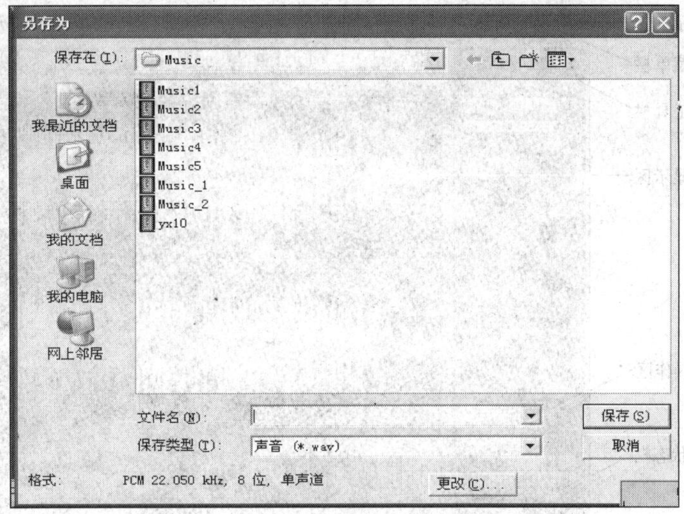

图 5-9　更改音频格式

其实，相对于声卡附带的功能强大的声音编辑器来说，Windows XP 提供的录音机对于数字波形文件的编辑能力是有限的。大多数声卡提供的波形声音编辑器具有各种功能，如上一节所述，一些公司已经开发出了十分复杂的商业化声音编辑软件，这些音频编辑工具，使我们"看"音乐就如同听到音乐一样。借助于画出音频的某种表示，不管是乐谱还是波形，都可以对它进行剪切、复制、粘贴，或对其某一个段落进行十分精细的编辑。

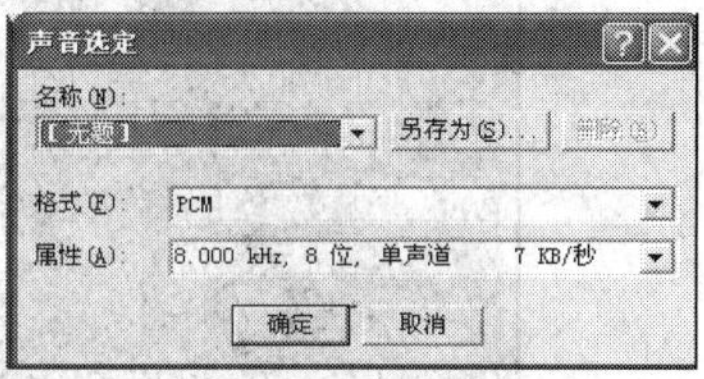

图 5-10　声音属性设置

5.3　Cool Edit Pro 声音编辑软件

Cool Edit Pro 是美国 Syntrillium Software Corporation 公司开发的一款功能强大、效果出色的多轨录音和音频处理软件。它是一个非常出色的数字音乐编辑器和 MP3 制作软件。它不仅可以对音调、歌曲的一部分、声音、弦乐、颤音、噪音或是调整静音进行处理，而且还提供有放大、降低噪音、压缩、扩展、回声、失真、延迟等多种特效，还可以同时处理多个文件，轻松地在几个文件中进行剪切、粘贴、合并、重叠声音操作。使用它可以生成的声音有：噪音、低音、静音、电话信号等。该软件还包含有 CD 播放器。其他功能包括：支持可选的插件、崩溃恢复、支持多文件、自动静音检测和删除、自动节拍查找、录制等。另外，它还可以在 AIF、AU、MP3、Raw PCM、SAM、VOC、VOX、WAV 等文件格式之间进行转换，并且能够保存为 RealAudio 格式。

5.3.1　Cool Edit Pro 界面组成

1．Cool Edit Pro2.1 操作界面

Cool Edit Pro 的工作界面分为单轨波形编辑界面和多轨界面，分别如图 5-11 和图 5-12 所示，界面中从上到下共分为标题栏、菜单栏、工具栏、波形显示区、操作区和状态栏 6 个部分。

图 5-11　Cool Edit Pro2.1 单轨波形编辑界面

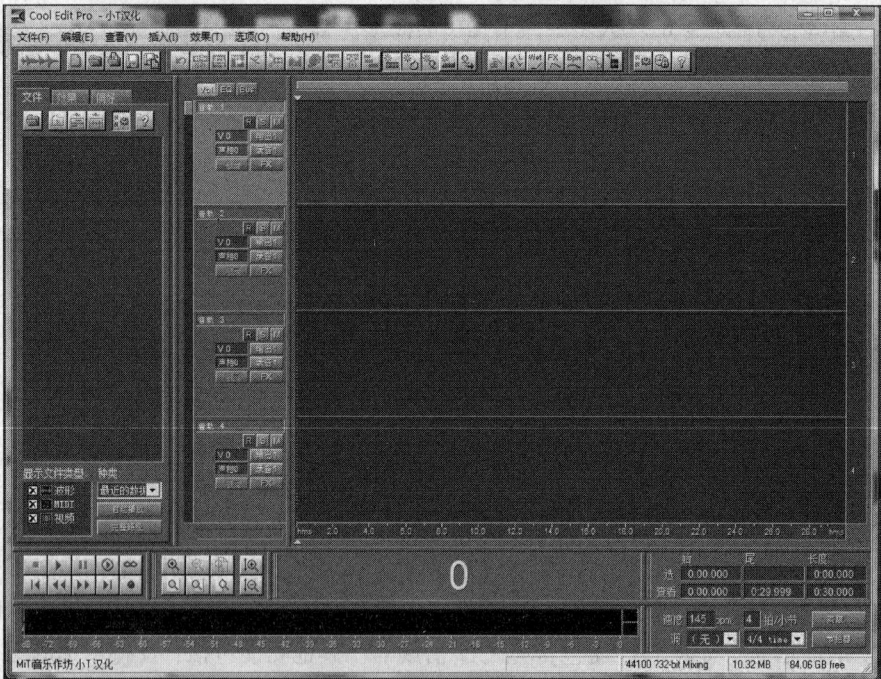

图 5-12　Cool Edit Pro2.1 多轨界面

2. 菜单栏

Cool Edit Pro2.1 的菜单栏因界面的不同而不同。在多轨界面中菜单栏有 10 项，包括"文件"菜单、"编辑"菜单、"查看"菜单、"效果"菜单、"生成"菜单、"分析"菜单、"偏好"菜单、"选项"菜单、"窗口"菜单和"帮助"菜单，如图 5-13 所示。多轨界面的菜单用于不同轨迹的音量、位置调整、声音插入、剪切复制等混音合成编辑。而单轨界面中的菜单栏有 7 项，包括"文件"菜单、"编辑"菜单、"查看"菜单、"插入"菜单、"效果"菜单、"选项"菜单和"帮助"菜单。如图 5-14 所示。它的主要任务是进行录音、编辑、设置等。

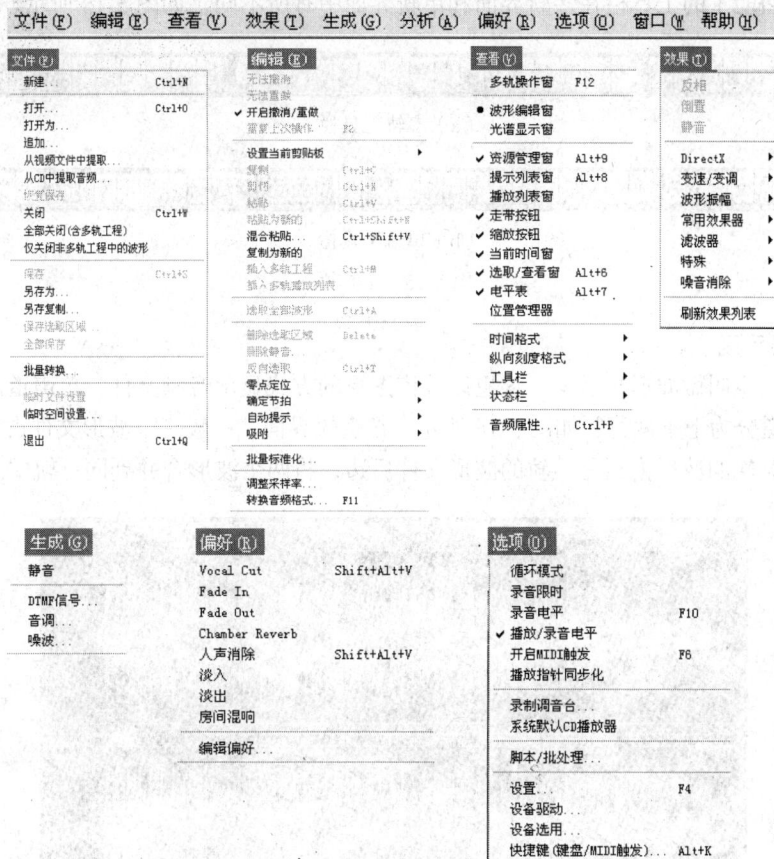

图 5-13　多轨界面的部分菜单栏

图 5-14　单轨波形编辑界面的部分菜单栏

3. 工具栏

Cool Edit Pro2.1 的工具栏在多轨界面和单轨界面中有所不同，如图 5-15 所示。

（a）多轨工具栏

（b）单轨工具栏

图 5-15　工具栏

4. 波形显示区

波形显示区也叫做波形显示窗，这里以波谱图形的方式显示音频文件，单声道波形文件只显示一行，双声道分为上下两行，如图 5-16 所示。在多轨界面，一般一个波形文件占单独一轨，也可以用鼠标将某轨的波形拖到另一轨的波形文件后边，将两个波形合并到同一轨中。

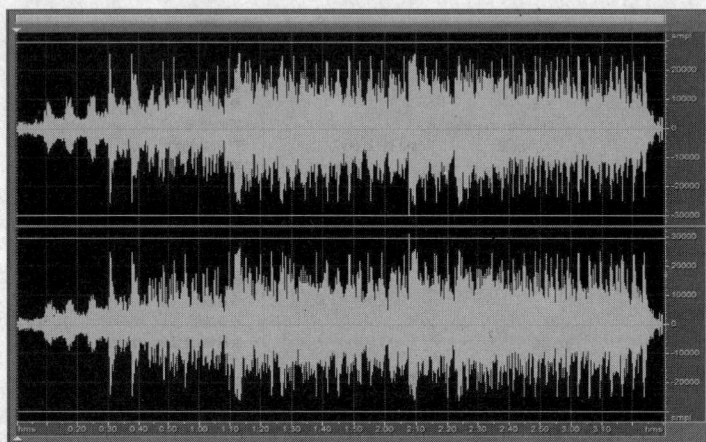

图 5-16　波形显示区

5. 操作区

操作区中包括录放按钮、缩放按钮、时段显示、电平指示条等，如图 5-17 所示。

图 5-17　操作区

5.3.2　录音前的准备与录音

1. 录音前的准备

（1）确定主题。

（2）选取音源（质量高、录音环境好）。

（3）选取设备（根据实际情况，选择性能较好的设备）。

（4）规划好实际需要录制的内容。

2．声音的录制

（1）用麦克风输入声音，操作步骤如下。

①　双击屏幕右下角的小喇叭标志，弹出"音量控制"对话框，单击"选项"菜单，选择"属性"命令，如图 5-18 所示。

②　在"属性"对话框的"调节音量"单选按钮框中选择"录音"按钮，在"显示下列音量控制"列表框中选择"麦克风"复选框，然后单击"确定"按钮，如图 5-19 所示。

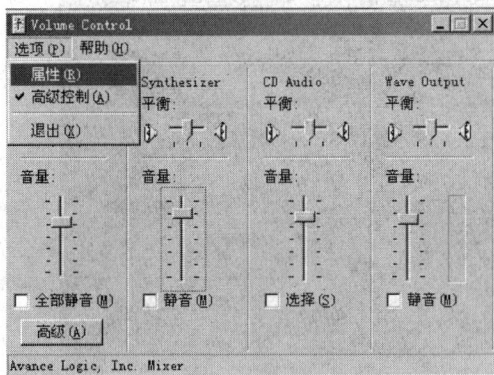

图 5-18　声音与音频属性　　　　　图 5-19　声音与音频属性设置

③　启动 Cool Edit Pro2.1，单击 Cool Edit Pro2.1 左上角或按 F12 键切换到波形编辑界面，如图 5-20 所示。

④　在波形编辑界面的"文件"菜单中选择"新建"命令，如图 5-21 所示。

图 5-20　界面切换

⑤　在弹出的"新建波形"对话框中，在"采样率"列表框中选择"44100"，在"声道"框中选择"立体声"单选按钮，在"采样精度"框中选择"16 位"单选按钮，然后单击"确定"按钮，如图 5-22 所示。

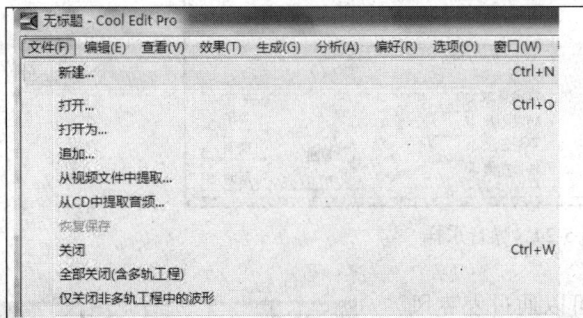

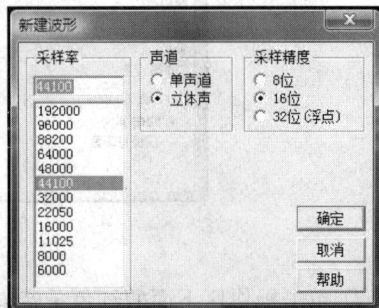

图 5-21　新建波形　　　　　图 5-22　设置采样率

⑥　噪音采样。录下一段空白的噪音文件，不需要很长，选择"效果/噪音消除/降噪器"命令，选择噪音采样，单击"关闭"按钮。如图 5-23 和图 5-24 所示。

图 5-23　录取环境噪音

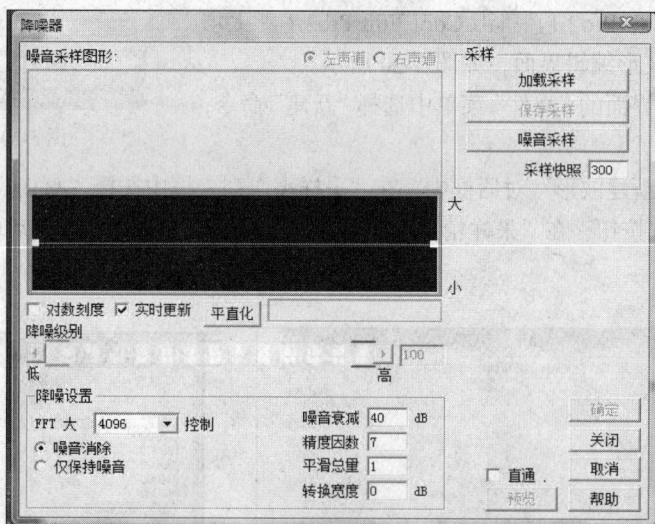

图 5-24　噪音采样

⑦ 单击操作区下面的红色录音键就可以通过麦克风来录制所需要的音频，如图 5-25 所示。

⑧ 录制的声音首先要进行降噪，虽然录制环境要保持绝对的安静，但还是会有很多杂音的。单击"效果"中的降噪器，我们在步骤⑥已经做了环境的噪音采样，此时只

图 5-25　录音

需单击"确定"按钮，降噪器就会自动消除录制声音中的环境噪音。也可以打开"预览"功能自己拖动直线来进行调整，直到满意为止，如图 5-26 所示。

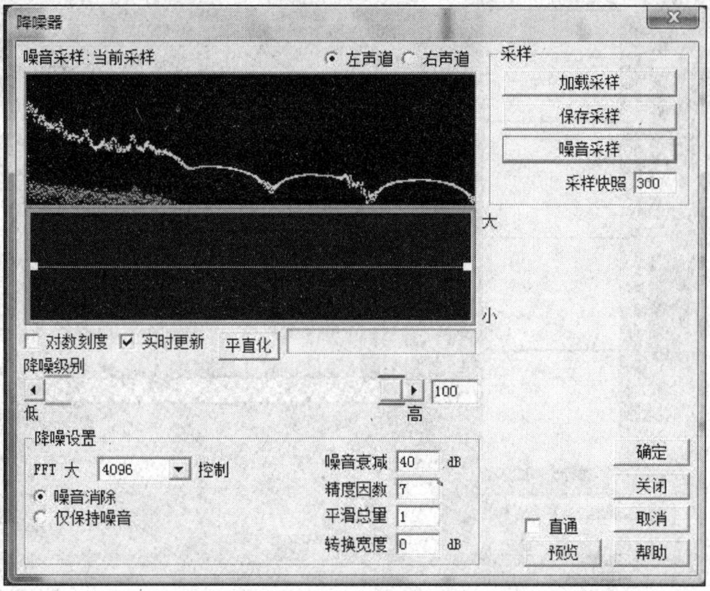

图 5-26　降噪

⑧ 单击"文件"菜单，选择"另存为"命令，选择保存类型后对所录的声音进行保存。

（2）录取计算机中播放的音频。

只需在图 5-19 所示的"调节音量"单选按钮框中选择"录音"按钮，然后在"显示下列音量控制"列表框中选择"波形输出混音"复选框，然后单击"确定"按钮。其他操作同用麦克风录音类似。

5.3.3　Cool Edit Pro 剪辑音频

在多轨编辑模式下，各个音轨的波形需要对齐、剪切、复制，以及移动到其他音轨中去。编辑音频的方法如下。

（1）声音的对齐和移动方法：用鼠标拖出音轨的波形选择区域，单击鼠标右键并拖曳到其他音轨上，即可实现。

（2）剪切部分声音的方法：用鼠标拖出音轨的波形选择区域，单击鼠标右键，弹出快捷菜单，选择"分割"命令后单击鼠标右键并拖曳即可实现剪切部分声音。

（3）复制部分声音的方法：用鼠标拖出音轨的波形选择区域，单击鼠标右键，弹出快捷菜单，选择"循环副本"命令后设置循环次数即可实现复制部分声音。

（4）删除部分声音的方法：在单轨界面下选择菜单栏中的"文件/打开"命令，打开需要选择的音频文件，可以看到一个波形文件，单击操作区中的播放按钮或按空格键播放监听，选择入点和出点。单击鼠标左键移动选中所要删除的部分，此时会出现如图 5-27 所示的白色反选部分，然后按键盘上的 Delete 键进行删除。

完成音频的编辑后，选择"文件"菜单中的"另存为"命令，在"保存类型"下拉列表中选择所要保存的音频格式，如图 5-28 所示。

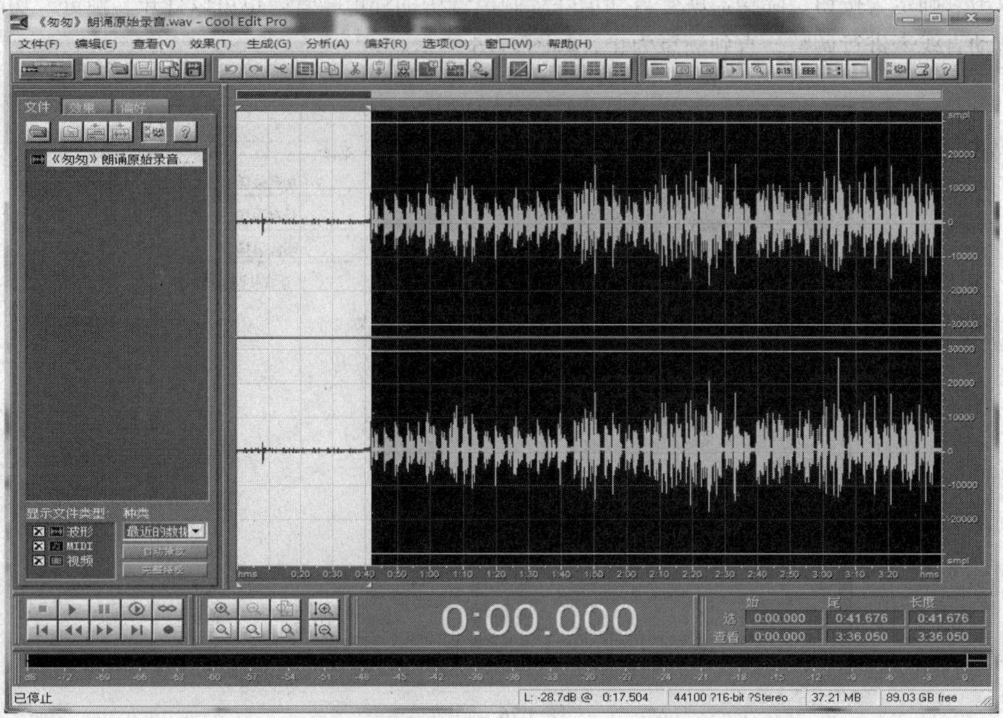

图 5-27　波形的删除

图 5-28　存储格式设置

5.3.4　Cool Edit Pro 音频特效

在"效果"菜单中包含有丰富的音频处理效果，它是 Cool Edit Pro 的核心部分，也是 Cool Edit Pro 超越其他音频处理软件的主要原因。Cool Edit Pro 音频处理效果有以下几种。

（1）反相：将波形沿中心线上半部分和下半部分调换，如图 5-29 所示。

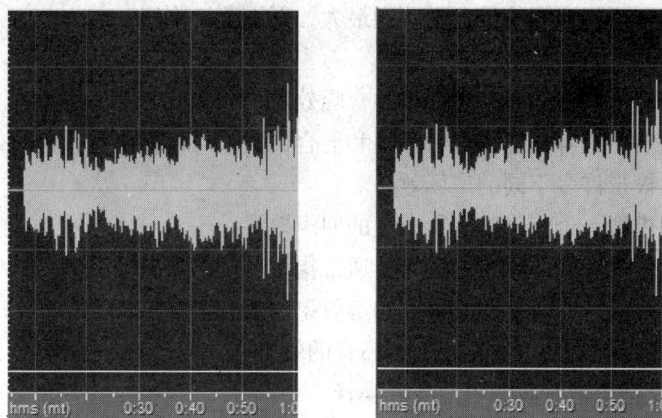

图 5-29　波形反相

（2）倒置：将选中的波形开头和结尾反向，如图 5-30 所示。

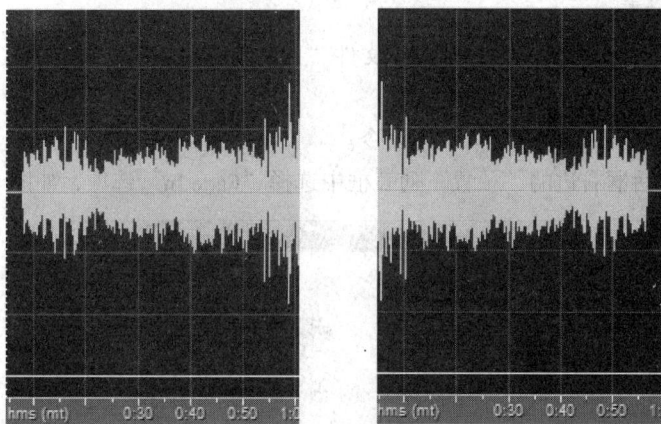

图 5-30　波形倒置

（3）静音：将选中的波形做静音处理。

（4）DirectX（效果器插件）中都是支持 Direct 的效果器插件。

（5）变速/变调：用来改变音频的时值和声调。

（6）波形振幅：如图 5-31 所示，它可以有以下各扩展选项。

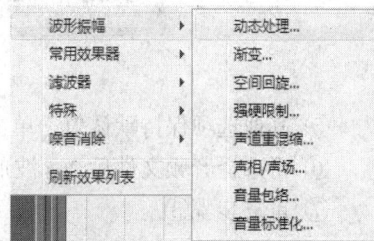

- 动态处理：可以根据录音电平动态调整输出电平。

- 渐变：将当前波形或被选中波形的振幅扩大或缩小。

- 空间回旋：调整当前波形或被选中波形的动态环绕效果。

图 5-31　波形振幅

- 强硬限制：将音频信号限制在最大电平设置内。

- 声道重混缩：将当前音频文件的两个通道进行混合输出新的两个通道。

- 声相/声场：改变声相曲线可以将波形的全部或部分的音量处理成左右相位不断转移以及增强立体声等效果。

- 音量包络：改变包络线可以将波形的全部或部分的音量处理成从渐强到渐弱、保持后渐弱、快速逐渐进入、平滑进入、平滑结束，还可以将波形处理成铃声颤动，锯齿形强弱循环等效果。

- 音量标准化：可将音频信号电平调到最大，而不至于削峰。

（7）常用效果器：包括以下各扩展选项。

- 合唱：利用它可以将人声处理成多种合唱效果，如多人齐唱、二重唱、四重唱等。
- 延时：在左右声道各自选择延时时间和混合比例，可模拟出多种延时效果。
- 回声：可以模拟许多不同的声场效果。
- 房间回声：模拟一个三维空间所产生的回声效果。
- 混响：是模仿声音的空间感的效果，通常指多个反射重叠的残响。
- 多重延时：延时、回声、滤波、混响等效果的集合。

（8）滤波器：可以产生加重低音、突出高音的效果。

（9）降噪：降低甚至消除波形中的各种噪音。

5.3.5　动手实践

例 5-1　将音频文件天鹅湖.mp3 做一个淡入淡出效果。

具体操作步骤如下。

① 在单轨界面选择"文件"，打开素材文件"天鹅湖.mp3"。

② 选择音频文件前 20s 波形。

③ 单击"效果/波形振幅/渐变"菜单命令。

④ 在弹出的对话框右边的"预置"列表框中选择"Fade In"选项，如图 5-32 所示。

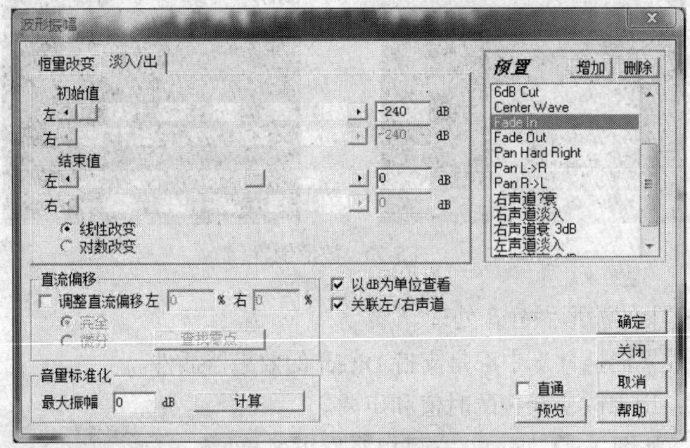

图 5-32　淡入效果设置

⑤ 其他选项保持默认值，单击"确定"按钮。

⑥ 再选择音频文件后 20s 波形。

⑦ 重复步骤③。

⑧ 在弹出的对话框右边的"预置"列表框中选择"Fade Out"选项。

⑨ 单击"确定"按钮。

⑩ 将处理后的文件另存为"天鹅湖淡入淡出.mp3"。

例 5-2　将独唱音频处理成重唱、合唱形式。

具体操作步骤如下。

① 在单轨界面选择"文件"命令，打开素材文件"天鹅湖.mp3"。

② 选择整个波形。

③ 单击"效果/常用效果器/合唱"菜单命令。

④ 在弹出的对话框右边的"预置"列表框中选择"Duo"选项，如图 5-33 所示。

图 5-33　合唱效果设置

⑤ 单击"确定"按钮。

⑥ 将处理后的文件另存为"二重唱.mp3"。

⑦ 再次选择整个波形。

⑧ 单击"效果/常用效果器/合唱"菜单命令。

⑨ 在弹出的对话框右边的"预置"列表框中选择"Most Sopranos"选项。

⑩ 单击"确定"按钮，然后将处理后的文件另存为"合唱.mp3"。

例 5-3　添加多重延迟效果。

具体操作步骤如下。

① 在单轨界面选择"文件"命令，打开素材文件"天鹅湖.mp3"。

② 选择整个波形。

③ 单击"效果/常用效果器/多重延迟"菜单命令。

④ 在弹出的对话框左边的"预置"列表框中选择"Rich Double Tap"选项，如图 5-34 所示。

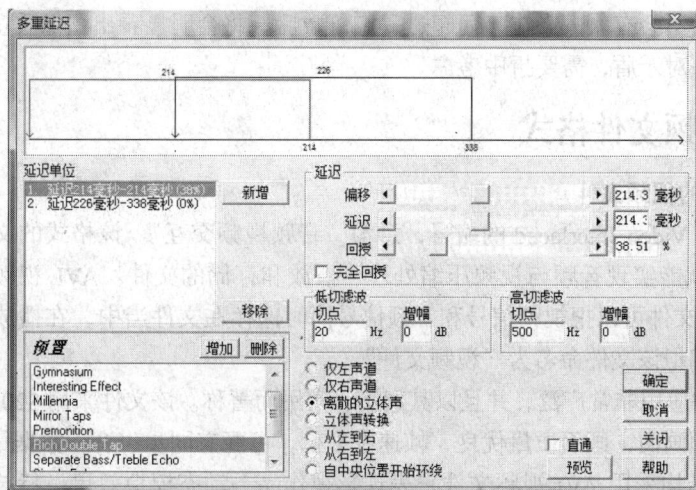

图 5-34　多重延迟效果设置

⑤ 单击"确定"按钮。

⑥ 将处理后的文件另存为"多重延迟.mp3"。

5.4 视频文件概述

5.4.1 视频

视频影像实质上是快速播放的一系列静态图像，当这些图像是实时获取的人文和自然景物图时，称为视频影像。计算机视频是数字的，视频图像可来自录像带、摄像机等视频信号源的影像，这些视频图像使多媒体应用系统功能更强、更精彩。

视频有模拟视频（如电影）和数字视频，它们都是由一序列静止画面组成的，这些静止的画面称为帧。一般来说，帧率低于 15 帧/秒，连续运动视频就会有停顿的感觉。我国采用的电视标准是 PAL 制，它规定视频 25 帧/秒（隔行扫描方式），每帧 625 个扫描行。当计算机对视频进行数字化时，就必须在规定的时间内（如 1/25s 内）完成量化、压缩、存储等多项工作。

在视频中有以下几个技术参数。

1. 帧速

指每秒钟顺序播放多少幅图像。根据电视制式的不同，NTSC 制为 30 帧/秒、PAL 制和 SECAM 制为 25 帧/秒。有时为了减少数据量而减慢了帧速，如只有 16 帧/秒，也可达到一定的满意程度，但效果略差。

2. 数据量

如果不经过压缩，数据量的大小是帧速乘以每幅图像的数据量。假设一幅图像为 0.6MB，帧速为 30 帧/秒，则每秒所需数据量将达到 18MB。但经过压缩后数据量仍太大，使得计算机显示跟不上速度，这时可采取降低帧速、缩小画面尺寸等方法来降低数据量。

3. 图像质量

图像质量除了原始数据质量外，还与对视频数据压缩的倍数有关。一般来说，压缩倍数比较小时，对图像质量不会有太大影响，而超过一定倍数后，将会明显看出图像质量下降。所以数据量与图像质量是一对矛盾，需要折中考虑。

5.4.2 视频文件格式

1. AVI 格式的视频文件

AVI 是 Audio Video Interlaced 的缩写，意为"音频视频交互"。该格式的文件是一种不需要专门的硬件支持就能实现音频与视频压缩处理、播放和存储的文件。AVI 视频文件的扩展名是".avi"。AVI 格式文件可以把视频信号和音频信号同时保存在文件当中，在播放时音频和视频同步播放，所以人们把该文件命名为"视频文件"。

AVI 视频文件应用非常广泛，并且以其经济、实用而著称。该文件采用 320 像素×240 像素的窗口尺寸显示视频画面，画面质量优良，帧速度平稳，可配有同步声音，数据量小。因此，目前大多数多媒体产品均采用 AVI 视频文件来表现影视作品、动态模拟效果、特技效果和纪实性新闻。图 5-35 所示为利用 Windows 中的媒体播放机播放的 AVI 格式的视频画面。从图中看到，在播放视频信号的同时，还可以调整音频信号的音量，聆听同步播放的声音。

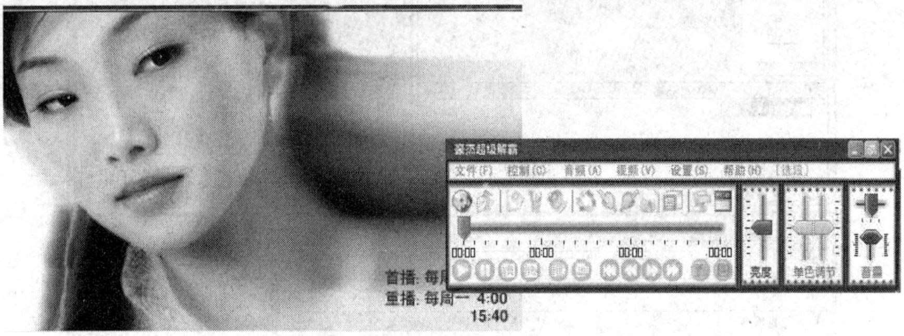

图 5-35　Windows 中的媒体播放机

2．MPEG 格式的视频文件

MPEG 是 Motion Picture Experts Group 的缩写，MPEG 方式压缩的数字视频文件包括 MPEG1、MPEG2、MPEG4 在内的多种格式，常见的 MPEG1 格式被广泛用于 VCD 的制作和一些视频片段下载的网络应用上面。使用 MPEG1 的压缩算法，可以把一部 120min 长的电影压缩到 1.2GB 左右大小。MPEG2 则是应用在 DVD 的制作方面，同时在一些 HDTV（高清晰电视广播）和一些高要求视频编辑、处理上面也有相当的应用面。使用 MPEG2 的压缩算法压缩一部 120min 长的电影可以压缩到 4～8GB 的大小。

5.4.3　视频影像的获取

获取数字视频信息主要有两种方式。一种是将模拟视频信号数字化，即在一段时间内以一定的速度对连续的视频信号进行采集。所谓采集就是将模拟的视频信号经硬件设备数字化，然后将其数据加以存储。在编辑或播放视频信息时，将数字化数据从存储介质中读出，经过硬件设备还原成模拟信号后输出。使用这种方法，需要拥有录像机、摄像机及一块视频捕捉卡。录像机和摄像机负责采集实际景物，视频捕捉卡负责将模拟的视频信息数字化。另一种方法是利用数字摄像机拍摄实际景物，从而直接获得无失真的数字视频。就目前来讲，由于数字摄像机的普及，第 2 种方法使用的场合多一些。

5.4.4　视频编辑软件介绍

视频编辑就是对捕捉来的视频影像进行编辑处理，来完成部分片断的制作。传统的影视编辑大多采用模拟方式，通过对拷贝的剪贴等方式制作出各种特技效果。而计算机处理视频影像则是利用数字方式对数字化的视频信息进行编辑处理，制作出具有多种视觉效果的视频文件。具有数字视频编辑功能的软件很多，其中比较常用的有 Windows Movie Makers、Adobe Premiere、Media Studio Pro、Avid Xpress Pro、Ulead Video Studio、After Effects 等。

Premiere 是公认的一种理想专业化数字视频处理软件，它可以配合多种硬件进行视频捕获和输出，提供各种精确的视频编辑工具，并能产生广播级质量的视频文件。用 Premiere 不仅可以制作各种特技效果，而且可让每位掌握它的用户都成为一名出色的导演，它可以为多媒体应用系统增添高水平的创意。

Premiere 的工作界面如图 5-36 所示，它包括项目窗口、时间线窗口、监视窗口、控制面板等。

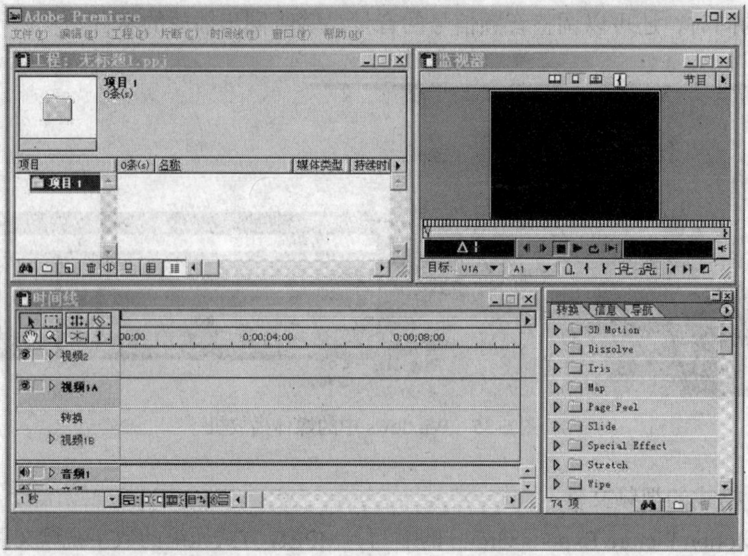

图 5-36　Premiere 的工作界面

5.5　Windows Movie Maker 的使用

5.5.1　Windows Movie Maker 概述

Windows Movie Maker 在 Windows XP 中是一个重要媒体工具，该工具可以直接从数字摄像机或数码相机中获取声音和电影片断制作自己的电影剪辑，也可以将录像带上的内容复制存储成数字格式文件。压缩后每 1GB 的硬盘空间可以存储 20h 的影像。Windows Movie Maker 可以自动为硬盘上的每个视频文件制作索引，还可以对其进行编辑。此外，也可以将硬盘中的图片添加进来，配上切换效果，加上解说词，可以制作出自己的数字视频文件。由该工具制作的视频文件是微软公司支持的 ASF 格式，它可以通过 Internet 进行实时播放。

依次单击"开始/所有程序/附件/Windows Movie Maker"命令，启动"Windows Movie Maker"，其工作界面如图 5-37 所示，它分成工具栏、收藏区、监视器和工作区 4 个主区域。

图 5-37　Windows Movie Maker 工作界面

1．工具栏

使用工具栏可快速执行一般任务操作，它可以代替菜单的一些功能。要显示或隐藏工具栏，单击"查看/工具栏"命令，然后单击要显示或隐藏的工具栏的名称。Windows Movie Maker 的工具栏如图 5-38 所示。

图 5-38　工具栏区域

2．收藏区

使用收藏区对录制或导入的音频、视频和静止图像内容进行整理。收藏包含剪辑，可以将剪辑从收藏区拖到当前工作区的项目中，还可以将剪辑拖到监视器上以播放它们。一个剪辑仅仅表示一个原始素材文件，如果对一个剪辑进行了更改，所做更改将只反映在当前项目中，它们不影响素材文件。

收藏按名称排列在左边的窗格中，而所选收藏中的剪辑显示在右边的窗格中。如图 5-39 所示收藏区中显示有 3 个剪辑：剪辑、图像和乐曲。

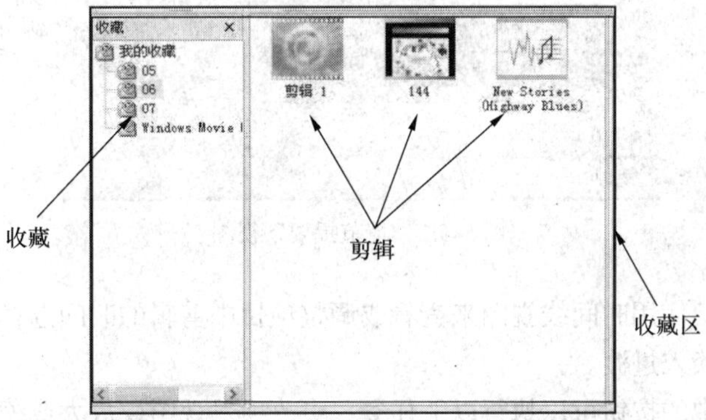

图 5-39　收藏区

3．监视器

使用监视器可预览视频内容，其中包括一个随着视频的播放而移动的搜索滑块和用于播放视频的监视器按钮。使用监视器可以查看单个剪辑或整个项目，也可以在将项目保存为电影之前，对其进行预览。在监视器中，可以使用导航按钮在一个单独的剪辑中移动，也可以在整个项目中移动。还可以使用其他按钮执行多种功能，如以全屏视图观看电影或将一个剪辑分割成两个较小的剪辑等。监视器及其相关的按钮，如图 5-40 所示。

4．工作区

工作区是制作和编辑项目的区域，使用工作区对制作的电影进行编辑。制作完成后，可将项目保存为电影。工作区由两个视图组成：情节提要视图和时间线视图。情节提要和时间线可以使用户从两个角度来制作电影。

图 5-40　监视器

（1）情节提要视图。情节提要视图是工作区的默认视图。在这个视图中，可以查看项目中剪辑的排列顺序。而且如果需要的话，还可以容易地对这些剪辑进行重新排列。也可以在监视器中预览所选剪辑，或者单击工作区中的空白区域来预览当前项目中的所有剪辑。与时间线视图不同，添加到当前项目中的音频剪辑不在此视图中显示。

图 5-41 所示为以情节提要视图显示的工作区，其中项目由情节提要视图中的所有剪辑构成。

图 5-41　"情节提要"视图

（2）时间线视图。使用时间线视图来查看或调整项目中剪辑的时间选择，可以在两个相邻剪辑间建立同时淡出及淡入过渡。

使用时间线视图中的按钮可以执行以下任务：更改项目视图、放大或缩小项目中的细节、录制解说或调节音频级别。时间以时:分:秒.百分之几秒（h:mm:ss.hs）的形式显示。要将剪辑中多余的部分剪裁掉，可使用剪裁手柄，它将在选中一个剪辑时显示。可以在监视器中预览所选剪辑，或者单击工作区中的空白区域来预览当前项目中的所有剪辑。图 5-42 所示为以时间线视图显示的工作区，其项目由时间线视图中的所有剪辑构成。

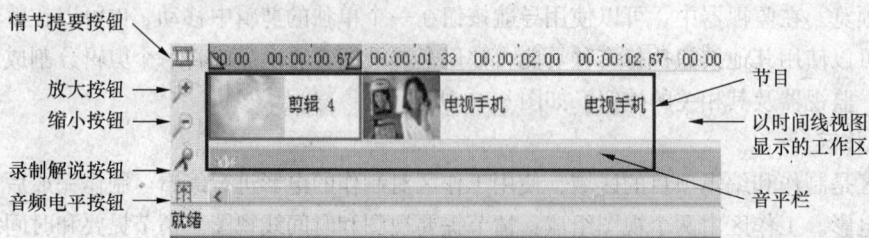

图 5-42　"时间线"视图

5.5.2 Windows Movie Maker 编辑视频

在认识了 Windows Movie Maker 界面各区域后，要实现一个视频节目的编辑操作，具体操作方法如下。

1．导入素材

素材可以是视频、音频或图形文件，这些文件可以直接录制，也可以到其他地方去搜集。依次单击菜单栏中的"文件/导入"命令，然后导入所需的文件。

2．简单编辑

把"剪辑"（影片片断）和"图片"分别拖放到时间线上，右击"图片"，弹出快捷菜单，单击"播放整个情节提要/时间线"命令，如图 5-43 所示。

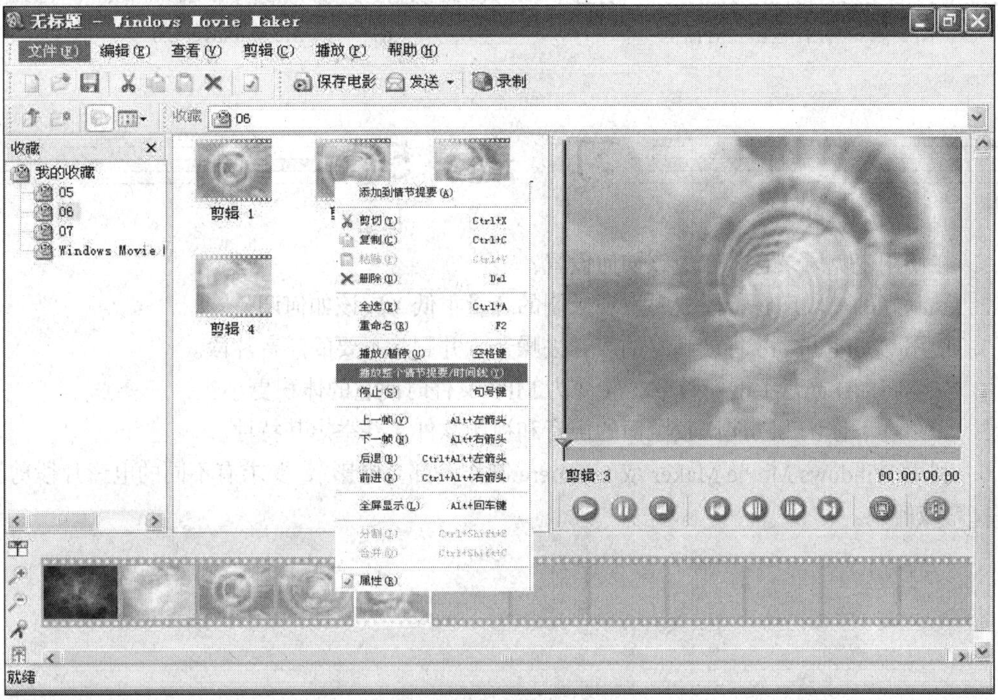

图 5-43 "Windows Movie Maker"窗口

3．保存电影

当所有的编辑操作完成后，单击"保存电影"按钮，在打开的设置界面中选择当前保存视频文件的输出质量（程序默认使用中等质量），以及该视频文件的版权信息，如标题、作者、日期、分级、说明等，如图 5-44 所示，确定后在文件名框中设置保存文件的文件名和保存路径。

保存电影完毕后，系统会提示是否观看已保存的影片。图 5-45 所示为在 Media Player 8.0 中观看这段影片。

Windows Movie Maker 程序还提供了直接将制作的电影作为电子邮件附件发送以及直接发布到 Web 服务器的功能，用户可以根据自己的需要选择。这两个命令位于"文件"菜单中的"将电影发送到"子菜单中。

图 5-44 "保存电影"对话框

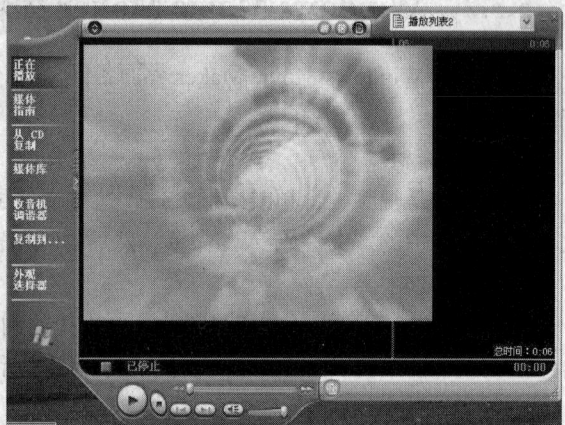

图 5-45 Media Player 8.0

习 题 5

1. 在使用麦克风录音时，应该如何设置？

2. 录制好的一段声音，播放时发现录制的音量很低，应该如何调整？

3. 使用 Cool Edit Pro 将录制好的声音去噪音，并删除不要的声音片段。

4. 如何将 CD 光盘上的一首歌，转变为 MP3 文件时使它的体积更小？

5. 介绍一下你认为功能比较全面的声音和视频软件，并举出其特性。

6. 利用 Windows Movie Maker 或 Premiere 制作一部"电影"，要求有不同的电影片段剪辑、文字字幕或解说。

第6章
PowerPoint 演示型课件制作

【本章概述】

本章主要介绍 PowerPoint 2003 演示文稿的有关基本知识，包括幻灯片视图、版面设计、应用模板、多媒体对象使用等，重点介绍 PowerPoint 2003 的动画制作。

PowerPoint 2003 可以显示包括文字、图像、图形、声音、视频、动画等多种形式的教学信息。利用这种优势，向学生传授知识，比传统的教师在黑板上书写更直观、更形象、更具有吸引力。PowerPoint 2003 的课件可以在多媒体教学环境演示教学过程，创设教学情境，提供教学示范，将抽象的教学内容用形象具体的动画等形式表现出来。PowerPoint 2003 制作课件操作简单，导入素材可以支持多种文件格式。

6.1　PowerPoint 2003 演示文稿

PowerPoint 2003 是 Microsoft 公司开发的一种演示文稿软件，是 Office 2003 软件包的重要成员之一。利用它可以很方便地创建出各种简单的演示文稿，如演讲文稿、产品展示、教师讲义以及具有图文并茂的、声形俱佳的多媒体课件等。

6.1.1　PowerPoint 窗口界面

启动 PowerPoint 2003 软件后，窗口界面如图 6-1 所示。

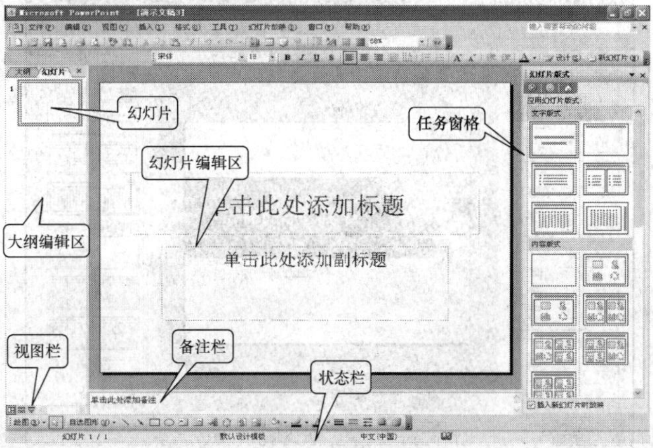

图 6-1　PowerPoint 窗口界面

6.1.2　几个基本概念

1．演示文稿

一个 PowerPoint 文件就称为一份演示文稿，其扩展名为".ppt"。用户可以创建一个新的演示文稿，也可以对已存在的演示文稿的内容进行添加、修改和删除。在不同的视图状态下，演示文稿可以有不同的表现形式，如可以以大纲形式出现，也可以以幻灯片形式出现。

2．幻灯片

"幻灯片"是演示文稿的一种表现形式。在幻灯片视图状态下，演示文稿以一张张幻灯片的形式显现。幻灯片中包含的内容多种多样，可以是文字、表格、图片，也可以是声音和图像。由于内容不同，存放、演示这些幻灯片的介质也各有不同。文字、图片可以打印在纸上或者复印成黑白、彩色的透明胶片，也可以转制成 35mm 的专业幻灯片，而声音和图像则先要保存为演示文稿文件，然后通过计算机播放。

3．版式

版式是指插入到幻灯片中的对象的布局，它包括对象的种类和对象与对象之间的相对位置。PowerPoint 提供 31 种版式，制作新幻灯片时可以选择所需的版式，如果用户在系统提供的版式中没有找到合适的版式，也可以先选择"空白版式"，然后通过插入对象的方式设计自己需要的版式。

4．模板

模板是指一个演示文稿整体上的外观风格，它包含预定义的文字格式、颜色、背景图案等。PowerPoint 2003 系统提供了上百种模板，用户可以根据需要进行选择。除此之外，用户还可以自己设计、创建新的模板。但是，一个演示文稿中所有的幻灯片在同一时刻只能应用一个模板。

6.1.3　幻灯片的视图

在 PowerPoint 演示文稿的制作过程中，可以通过多种视图方式显示演示文稿，即普通视图、幻灯片浏览视图和幻灯片放映视图。每种视图各有所长，如果用户能灵活使用它们，将会节省大量的时间，得到事半功倍的效果。

1．普通幻灯片视图

PowerPoint 2003 增加了普通幻灯片视图，如图 6-2 所示。在该视图状态下，用户既可以在幻灯片编辑区编辑幻灯片，也可以在幻灯片视图浏览幻灯片、调整幻灯片前后位置或剪切、复制幻灯片。

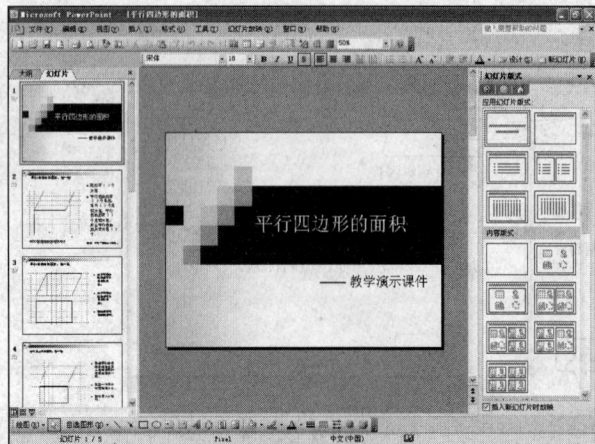

图 6-2　普通幻灯片视图

2. 普通大纲视图

如图 6-3 所示，在普通大纲视图状态下，用户既可以在幻灯片编辑区编辑幻灯片，也可以在左边的幻灯片大纲视图下添加、删除文本。

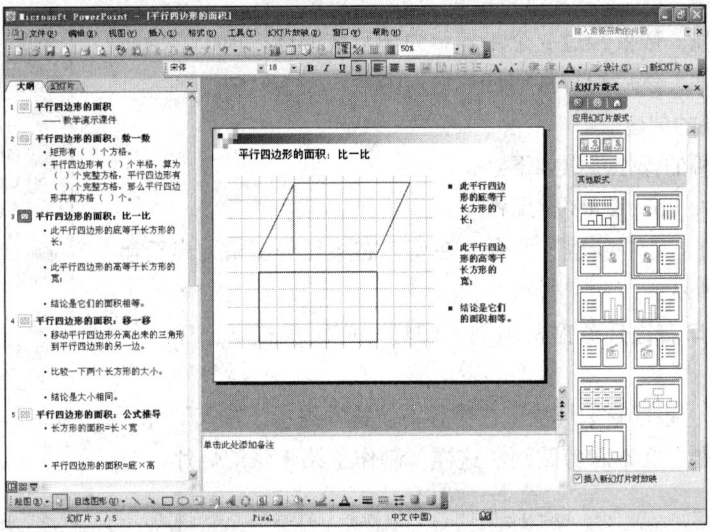

图 6-3　普通大纲视图

3. 幻灯片浏览视图

采用幻灯片浏览视图可以将一个演示文稿文件中包含的所有幻灯片顺次排列在幻灯片编辑区中，如图 6-4 所示。这时，幻灯片的个体被缩小了，每张幻灯片的内容变得模糊不清，但整个演示文稿的结构变得一目了然。在该视图状态下，不能对幻灯片进行编辑，但有利于幻灯片的复制、删除、插入，调整幻灯片的先后次序，为幻灯片设置放映方式、切换方式等。

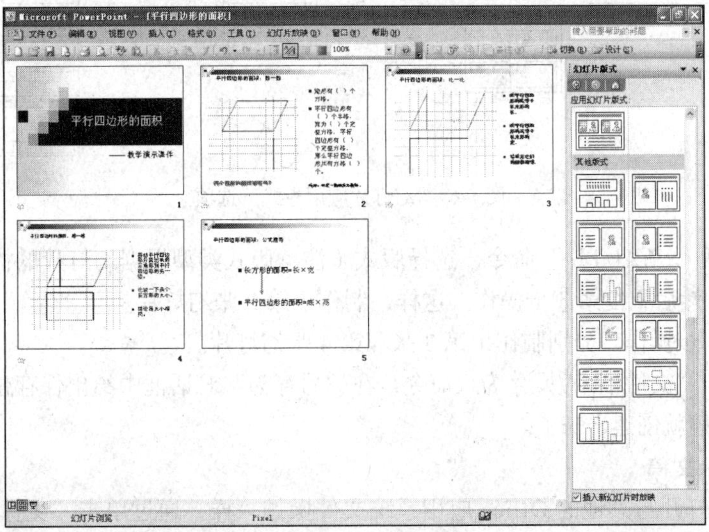

图 6-4　幻灯片浏览视图

4. 幻灯片放映视图

播放演示文稿是制作演示文稿的最终目的。在幻灯片放映视图下，PowerPoint 的编辑界面消失，系统以全屏方式演示文稿中的每张幻灯片。这时，每按一次鼠标左键或 Enter 键，屏幕就会显示下一张幻灯片，并且在演示的同时按照预先的设置播放所有的动画、声音、影片等。按 Esc 键或单击鼠标右键，在弹出的菜单中选择"结束放映"命令，可以中断当前的放映。

6.1.4　演示文稿的基本操作

制作演示文稿一般要经过 3 个步骤：为演示文稿选择模板，为每张幻灯片确定版式，然后给每张幻灯片输入内容。

1．演示文稿的创建

创建演示文稿的操作步骤如下。

① 启动 PowerPoint 2003 应用程序。

② 依次单击"文件/新建"命令，在窗口右边任务窗格列出新建选项，如图 6-5 所示。

同时，在窗口右边任务窗格出现"幻灯片应用板式"选项，如图 6-6 所示。

③ 选择版式，根据新幻灯片版式中各占位符的提示，输入幻灯片对象的内容、标题、文本和剪贴画。这样，制作了第 1 张幻灯片。

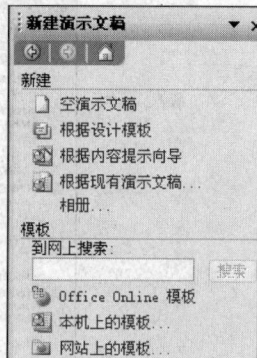

图 6-5　"新建演示文稿"任务窗格

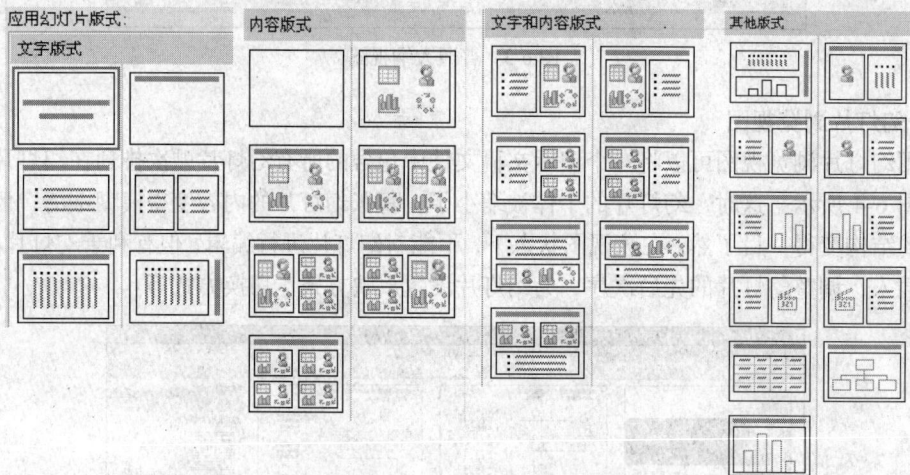

图 6-6　"幻灯片应用板式"选项

④ 单击"插入/新幻灯片"命令，选择版式（注：版式类型根据幻灯片的构想布置来选择，如图 6-6 所示），然后重复第③步操作。这样，制作了第 2 张幻灯片。

⑤ 重复第④步操作，分别制作出第 3 张和第 4 张幻灯片。

⑥ 依次单击"文件/保存/另存为"命令，在"另存为"对话框中给出保存位置和文件名，这样，一个演示文稿就创建出来了。

2．打开演示文稿

演示文稿的打开与其他的 Office 应用系统文件操作一样，通过单击"文件/打开"命令，或者从"文件"菜单的下方选择最近操作过的演示文件。

3．保存演示文稿

通过依次单击"文件/保存"或"文件/另存为"命令即可保存演示文稿。如果是改名保存文件，则在"另存为"对话框中输入文件的保存位置和文件名，系统默认文件的扩展名为.ppt。

6.1.5 演示文稿的编辑

1. 幻灯片的编辑

通常由几个信息对象组成一张幻灯片，每个对象都以图形的形式存在于幻灯片上。幻灯片的编辑指以幻灯片内信息对象为单位，对信息对象进行移动、复制、删除、输入、调整大小等操作。幻灯片内对象的编辑操作与 Word 中图形对象的编辑操作完全一样。

2. 演示文稿的编辑

一般由多张幻灯片组成一个演示文稿。演示文稿的编辑指以幻灯片为单位，对幻灯片进行移动、复制、删除等操作，一般在"幻灯片浏览"视图方式下进行，如图 6-4 所示。

在进行编辑操作之前，必须先选取操作的对象，然后进行如下编辑。

● 选取幻灯片：在"幻灯片浏览"视图方式下，用鼠标单击，选取一张幻灯片。按住 Ctrl 键，再单击要选取的幻灯片，可选择多张幻灯片。单击"编辑/全选"命令，可选中当前文档的所有幻灯片。

● 幻灯片的删除：选择幻灯片，按 Delete 键删除。

● 幻灯片的移动：利用"剪切"和"粘贴"命令实现幻灯片的移动，达到调整幻灯片排列顺序的目的。

● 幻灯片的复制：利用"复制"和"粘贴"命令实现幻灯片的复制。

6.2 PowerPoint 幻灯片的版面设计

制作出来的演示文稿一般都要有统一的外观，幻灯片的版面设计包括幻灯片的背景设置、幻灯片设计、幻灯片配色方案、使用母版等操作，如图 6-7 所示。

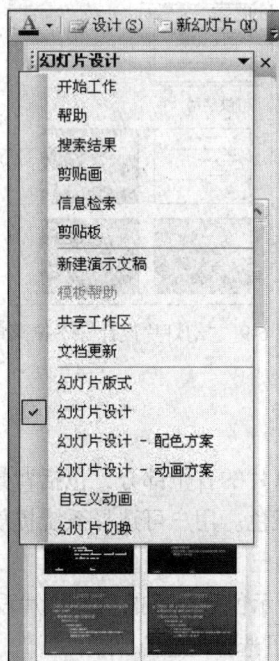

图 6-7　幻灯片设计

6.2.1 背景设置

单击菜单栏中的"格式/背景"命令，弹出"背景"对话框如图 6-8 所示，在此可改变背景颜色。

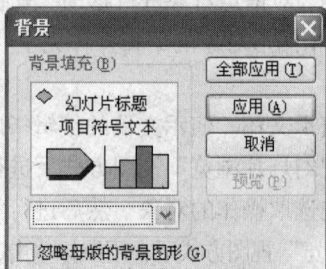

图 6-8 "背景"对话框

6.2.2 应用设计模板

在任务窗格中单击"幻灯片设计"，弹出"应用设计模板"选项，如图 6-9 所示，在其中可选择设计模板。

图 6-9 "幻灯片设计"下拉菜单

6.2.3 幻灯片配色方案

利用幻灯片配色方案可以对幻灯片的各个部分，包括背景、文本和线条、阴影、标题文本、填充、强调等，对其颜色进行重新配色。用户可选择系统提供的"标准"配色方案，也可以选择"自定义"，对各个部分分别自定义自己喜欢的颜色。

操作方法为：依次单击图 6-7 所示任务窗格的"幻灯片设计-配色方案"选项，弹出"配色方案"选项，如图 6-10 所示，在其中可选择配色方案。

图 6-10　"配色方案"选项

6.2.4　使用母版

母版用于演示文稿中幻灯片的格式设置，一般为预设格式，包括幻灯片标题、正文、页眉和页脚、日期、数字、备注等区域的位置、大小、颜色、背景、项目符号等格式的设置。PowerPoint 母版分为幻灯片母版、讲义母版和备注母版 3 类。

1. 幻灯片母版

幻灯片母版是最常用的母版，它适用于除标题幻灯片（版式选择了"标题幻灯片"）以外的所有幻灯片。操作方法为：依次单击"视图/母版/幻灯片母版"命令，操作窗口进入幻灯片母版编辑状态，如图 6-11 所示。它有 5 个占位符即 5 个区域（标题区、对象区、日期区、页脚区和数字区），对其进行各部分的格式设置。取消母版编辑状态回到正常视图，只需单击某视图切换按钮即可。

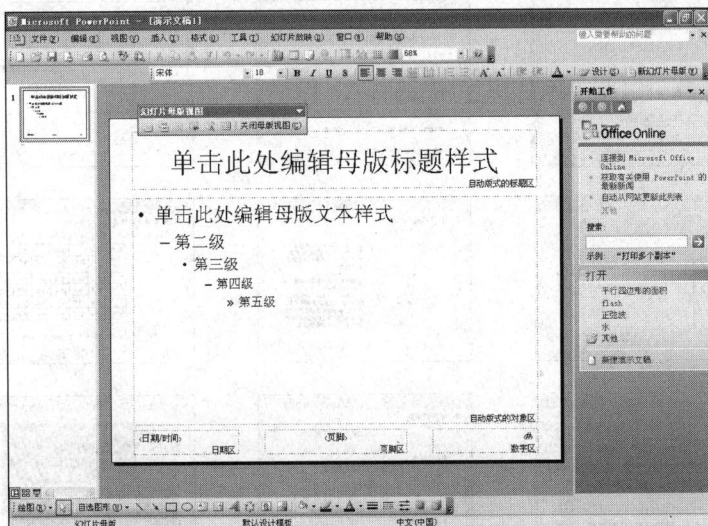

图 6-11　幻灯片母版编辑状态

● 设置文本格式，包括字体、字型、字号、颜色等。

操作方法：选取文本对象，设置文本格式。设置方法与 Word 中文本格式的设置一样。

● 设置对象格式，包括对象的颜色、线条、尺寸、位置等。

操作方法：双击占位符，弹出"设置图片格式"对话框，如图 6-12 所示，在其中进行设置。

图 6-12 "设置图片格式"对话框

● 向母版插入对象：要使每张幻灯片都出现某个对象，可以向母版中插入该对象。例如，图 6-13 所示演示文稿中的背景就是通过向母版中插入图形对象（见图 6-14）实现的。

注意 向母版插入的对象只能在幻灯片母版编辑状态下进行编辑，不能在其他视图下编辑。

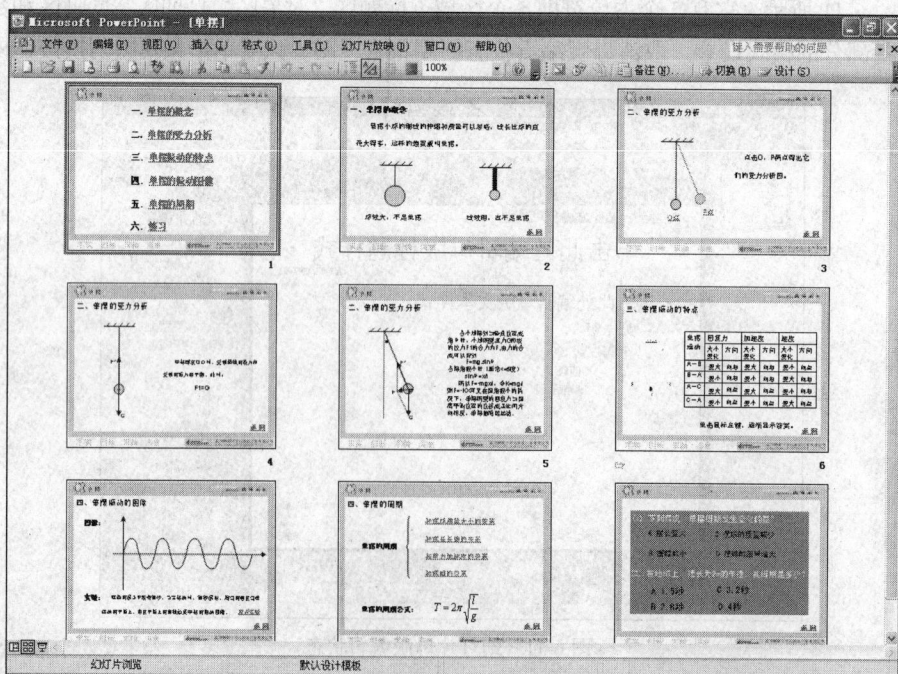

图 6-13 幻灯片浏览视图

2. 讲义母版

用于控制幻灯片按讲义形式打印的格式，可设置一页中打印幻灯片的数量、页眉格式等。

操作方法：依次单击菜单栏中的"视图/母版/讲义母版"命令。

3. 备注母版

用于控制幻灯片按备注页形式打印的格式，如图 6-15 所示。

操作方法：依次单击菜单栏中的"视图/母版/备注母版"命令。

图 6-14　向母版中插入的图形对象　　　　图 6-15　备注母版编辑状态

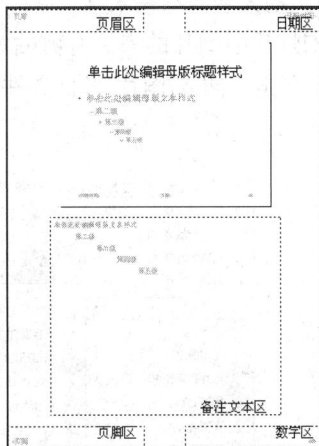

6.2.5　设置页眉、页脚、编号和页码

"页眉和页脚"对话框有"幻灯片"选项卡和"备注和讲义"选项卡，分别如图 6-16 和图 6-17 所示。

操作方法：依次单击菜单栏中的"视图/页眉和页脚"命令，弹出"页眉和页脚"对话框。

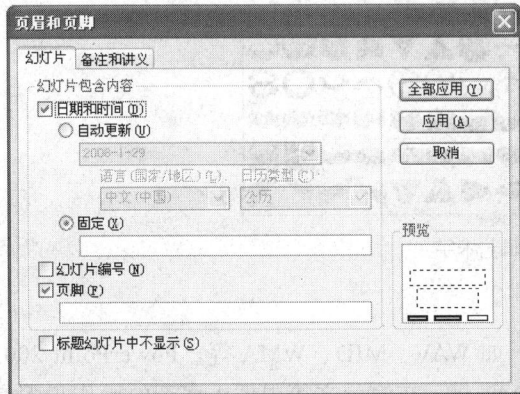

图 6-16　"幻灯片"选项卡　　　　图 6-17　"备注和讲义"选项卡

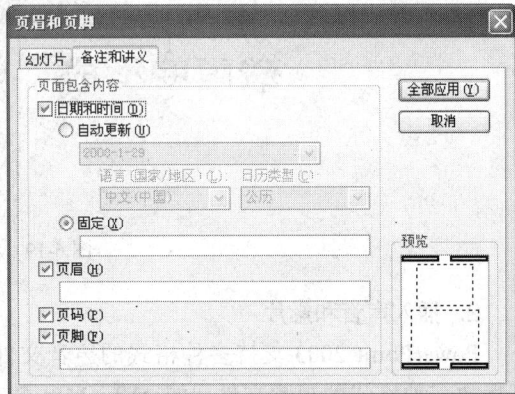

1. "幻灯片"选项卡

在这里对每张幻灯片的页脚、编号、日期和时间等信息进行设置，这些信息一般在每张幻灯片的下方显示，在幻灯片母版中也可以适当调整位置、大小等。

- "全部应用"按钮：设置的信息应用于当前演示文稿的所有幻灯片。
- "应用"按钮：设置的信息仅应用于当前选取的幻灯片。

2. "备注和讲义"选项卡

主要供演讲者备注使用的空间以及设置备注幻灯片的格式。

以上对演示文稿的设置，包括页眉、页脚、页码、日期和时间等信息，只有在幻灯片以备注或讲义的形式进行打印时才有效，在一般视图下看不到设置的效果。

6.2.6 插入多媒体对象

1. 插入图片与艺术字

幻灯片中图片的来源有剪贴画、来自文件、自选图形、艺术字、组织结构图等，如图 6-18 所示。单击"插入/图片/来自文件"命令，可加入各种图片，也可以使用绘图工具加工处理各种图形。

图 6-18 插入图片

艺术字的实现也是在普通视图下，通过单击"插入/图片/艺术字"命令，以输入普通文字为基础，通过添加阴影、设置字体形状、改变字体颜色和大小，来突出和美化这些文字，如图 6-19 所示。

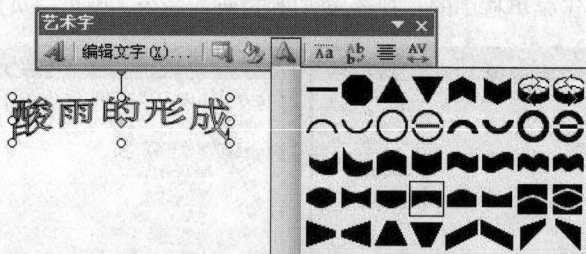

图 6-19 编辑艺术字

2. 插入声音和影片

PowerPoint 2003 支持多种格式的声音文件，如 WAV、MID、WMA 等。PowerPoint 2003 可播放多种格式的视频文件，如 AVI、MPEG、DAT 等。在演示文稿中插入声音的操作步骤是在普通视图下，通过选择"插入/影片和声音/文件中的影片（声音）"命令来实现，如图 6-20 所示。

3. 插入 Flash 动画

PowerPoint 中嵌入 Flash 动画可以为其作品加入矢量动画和互动效果。嵌入的 Flash 电影能保持其功能不变，按钮仍然有效。具体操作步骤如下。

① 选择"视图/工具栏/控件工具箱"命令，打开控件工具箱如图 6-21 所示。

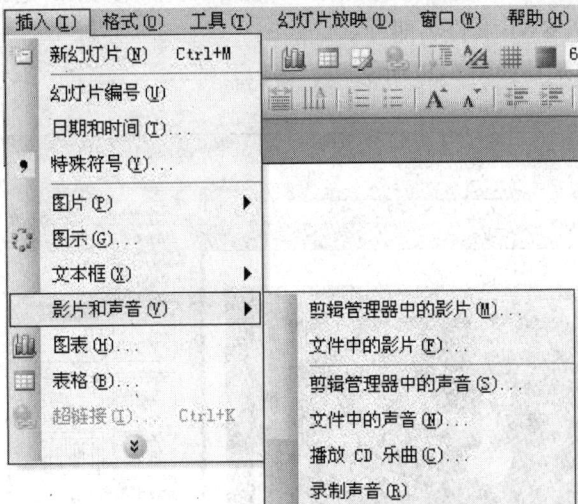

图 6-20 插入影片和声音

图 6-21 控件工具箱

② 单击 ▓ 按钮，选择 "Shockwave Flash Object" 选项，这时鼠标指针将变成十字形，用十字光标在幻灯片上拖出一个窗口作为 Flash 电影播放的场地。Flash 电影能随意占用荧幕的任意大小或位置。

③ 确定 Flash 窗口后，右击该窗口，选择弹出菜单中的 "属性" 命令，其界面如图 6-22 所示。

④ 选择 "自定义" 右边的 "..." 按钮，打开 Flash 的 "属性页" 对话框，如图 6-23 所示。

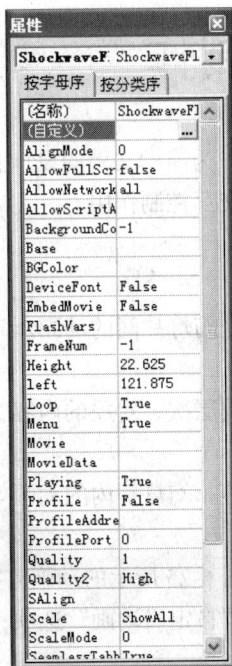

图 6-22 控件工具属性

图 6-23 "属性页" 对话框

⑤ 在"属性页"对话框中键入 SWF 格式电影文件的 URL 或路径。如果 SWF 电影文件在 PowerPoint 文件的同一目录下，则键入 SWF 文件名即可。

⑥ 完成后，播放幻灯片，观看效果，如图 6-24 所示。

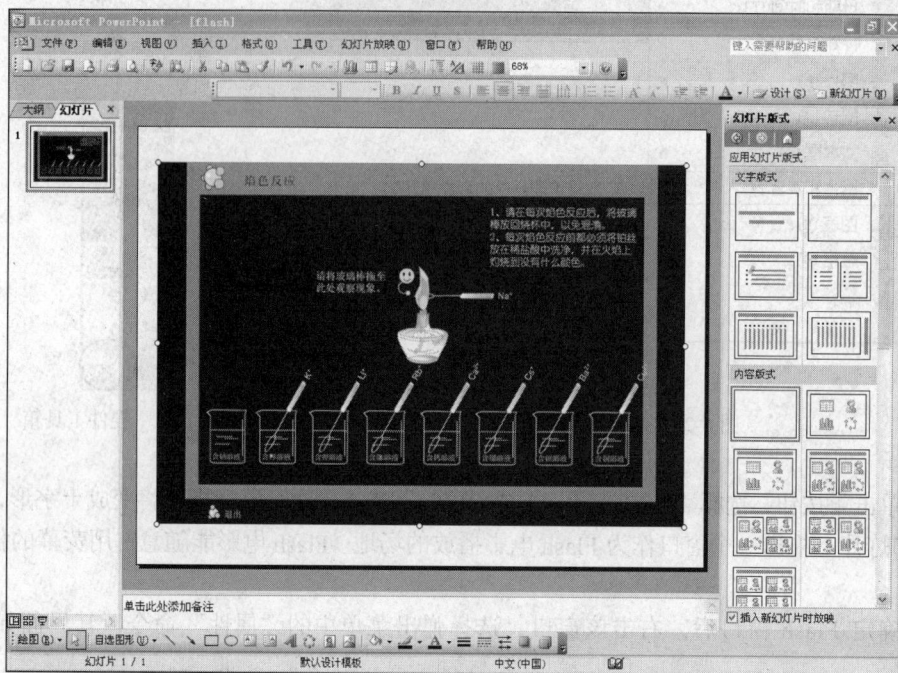

图 6-24　Flash 动画演示

6.3　PowerPoint 动画制作

PowerPoint 成功之处在于它应用了动画设计技术和超链接技术，为演示文稿的设计和演示锦上添花。它使演示文稿增加了动态和声音演示效果，具备了简单的交互控制作用。

6.3.1　演示文稿的动画设置

设计演示文稿的动画有两种，一种是幻灯片内的动画，另一种是幻灯片间的动画。

1．幻灯片内的动画设置

幻灯片内的动画设置指在演示放映幻灯片时，一张幻灯片内不同层次、对象的内容，随着演示的进展，逐个地、动态地显示出来。

设置项目包括动画效果选择、声音设置、显示顺序、启动控制等。幻灯片内的动画效果设置一般在幻灯片视图下进行，有动画方案和自定义动画两种。

（1）动画方案。选择任务窗格中的"动画方案"选项，弹出如图 6-25 所示的动画方案。

（2）自定义动画。选择任务窗格中"动画方案"下拉菜单中的"自定义动画"选项，弹出如图 6-26 所示的动画方案。

其中，选择"进入"下拉菜单，单击"其他效果"，弹出"添加进入效果"对话框，如

图 6-27 所示。选择"强调"下拉菜单，单击"其他效果"，弹出"添加强调效果"对话框，如图 6-28 所示。

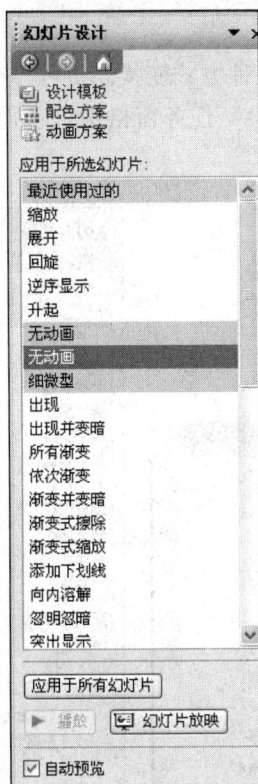

图 6-25　动画方案设置

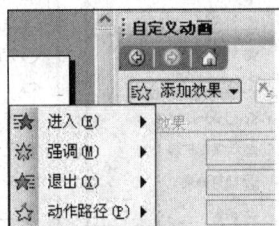

图 6-26　自定义动画设置

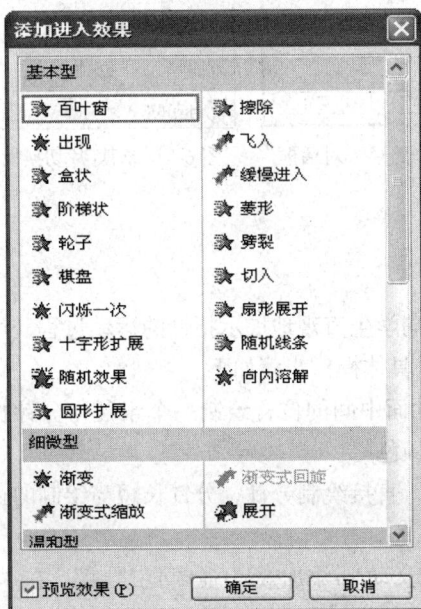

图 6-27　"添加进入效果"对话框

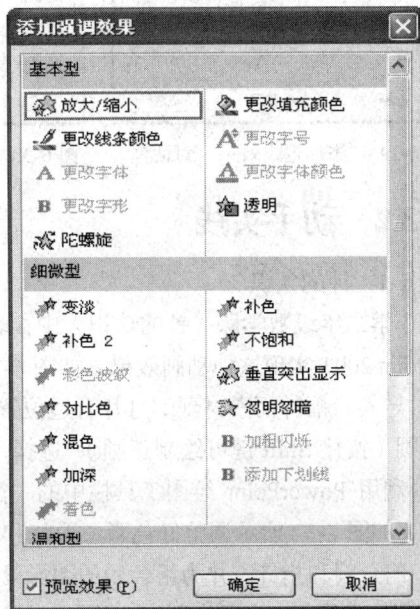

图 6-28　"添加强调效果"对话框

　　同样，选择"退出"下拉菜单，单击"其他效果"，弹出"添加退出效果"对话框，如图 6-29 所示。选择"动作路径"下拉菜单，单击"其他动作路径"，弹出"添加动作路径"对话框，如图 6-30 所示。

2. 幻灯片间切换动画设置

　　幻灯片间切换动画设置指在多张幻灯片之间，以各种方式变换幻灯片。动画效果有水平百叶窗、盒状展开等几十种方式，一般在"幻灯片切换"任务窗格中进行设置，如图 6-31 所示。

图 6-29　"添加退出效果"对话框　　　图 6-30　"添加动作路径"对话框　　　图 6-31　幻灯片切换设置

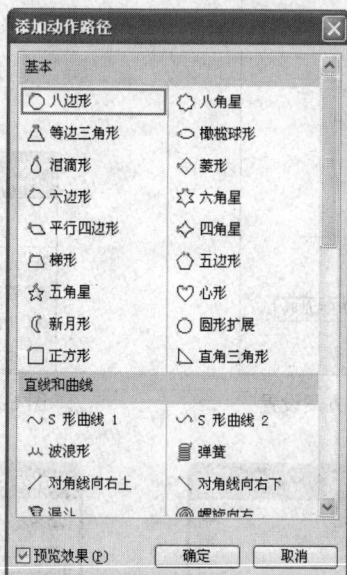

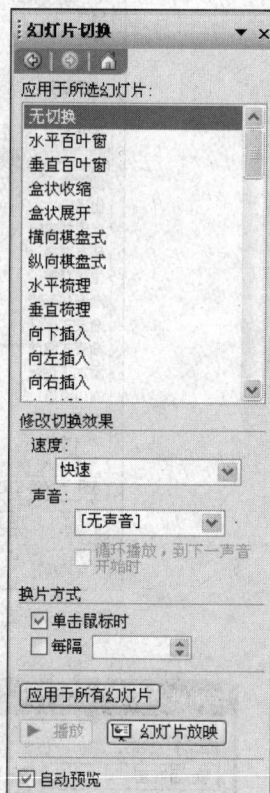

6.3.2　动手实践

　　例 6-1　钟的认识。

　　在小学二年级数学课《钟的认识》中，教师为了向学生直观地展示指针的运动过程，可利用 PowerPoint 2003 实现这种动画效果，如图 6-32 所示。具体操作步骤如下。

　　① 导入一幅钟面素材到幻灯片合适位置，并在钟面中间的位置绘制一个半径与分针长度相同的正圆（按住 Shift 键可绘制正圆），选择"无填充颜色"。

　　② 利用 PowerPoint 绘图工具栏中的"箭头工具"直接绘制分针，分针长短与绘制的正圆半径相同，如图 6-32 所示调整好色彩、形状和粗细。

　　③ 组合圆和指针，并为组合后的图形设置"自定义动画/添加效果/强调/陀螺旋"，在"效果"和"计时"选项卡中设置为"360° 顺时针"；取消"平稳开始"和"平稳结束"复选框；速度为"慢速"。"陀螺旋"对话框如图 6-33 所示。

图 6-32　钟的动画效果　　　　　　　　　图 6-33　"陀螺旋"对话框

④ 与上面步骤基本相同，画一个相对较小的同心圆，完成时针的制作。单击"开始"设置为"之前"。播放幻灯片，查看时钟动画效果。

例 6-2　用 PowerPoint 演示正弦波。

正弦型函数的图像是高中数学中很重要的内容。但对于很多学生来说，这节课的内容又显得过于抽象而变得难于理解。所以，数学老师多选择用课件来演示正弦波，以更好地完成教学任务。下面介绍正弦波演示的具体操作过程。

① 单击"绘图"工具栏中的"椭圆"按钮，在幻灯片编辑窗口中画一个小的圆球（用它来表示动点）。选中此圆球，右击鼠标，在弹出的快捷菜单中选择"自定义动画"命令，打开"自定义动画"任务窗格。在此任务窗格中单击"添加效果/动作路径/正弦波"命令，如图 6-34 所示。

② 正弦波路径运动停止后，看到一个正弦波出现。选中它，可以利用控制句柄调整其大小或进行旋转操作。如图 6-35 所示。

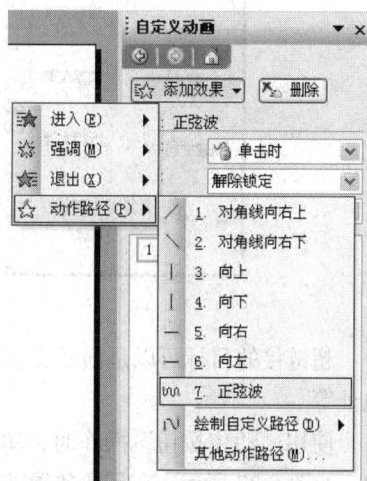

图 6-34　"正弦波"自定义动画

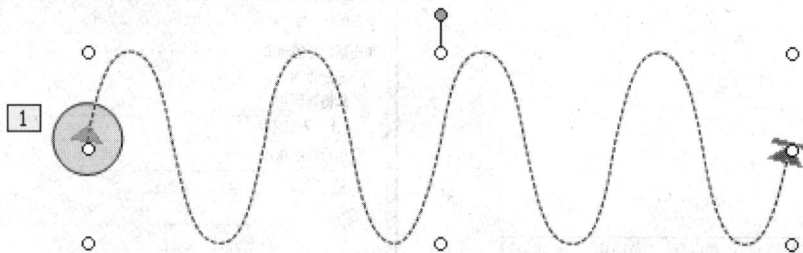

图 6-35　正弦波路径

③ 由于在放映时，只能看到圆球沿该路径运动，路径本身（正弦波）是不会显示出来的。为此，按下 Print Screen 键，将正弦波屏幕拷贝下来，并粘贴到画图板中，进行适当的编辑后保存文件，然后单击"插入/图片/来自文件…"命令，将路径图插入到编辑窗口中，仔细调整图片的位置，使图片中的路径与编辑窗口中的路径完全重合。调整小球，执行"绘图叠放次序/置于顶层"命令。观看演示效果。

6.3.3 演示文稿的超链接

演示文稿在放映时，一般按顺序放映。为了改变幻灯片的放映顺序，让用户来控制幻灯片的放映，可应用 PowerPoint 2003 的超链接来实现。

1. 创建超链接

创建超链接有两种方法：使用"超链接"命令和"动作按钮"。

使用"超链接"命令控制幻灯片的放映顺序时，操作上应该先选择起点文本或对象，然后单击菜单栏中的"插入/超级链接"命令，弹出"插入超链接"对话框如图 6-36 所示，选择链接的目标。

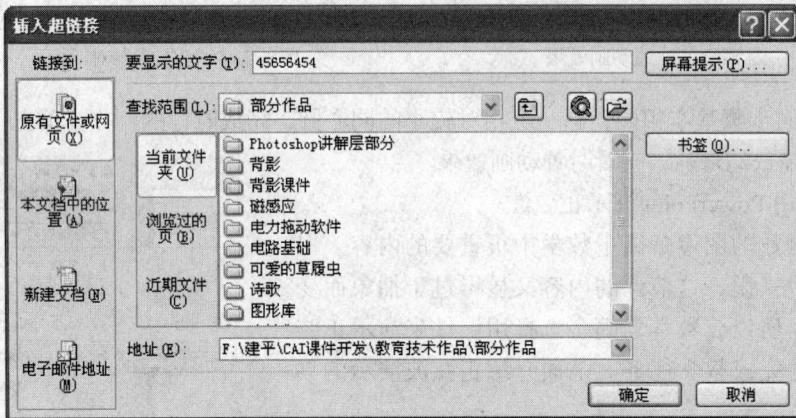

图 6-36 "插入超链接"对话框

超链接的目标可以是演示文稿中的某一张有主题的幻灯片，也可以是其他类型的文件或网络地址等。

使用"动作按钮"操作时，单击菜单栏中的"放映幻灯片/动作按钮/…"命令，选择动作按钮，如图 6-37 所示；在需要放置按钮的位置单击，出现选择的按钮，并弹出"动作设置"对话框，如图 6-38 所示；选择"超链接到"单选按钮，并选择链接的目标。

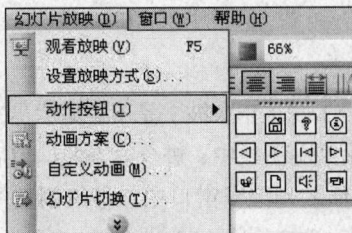

图 6-37 "动作按钮"选择框

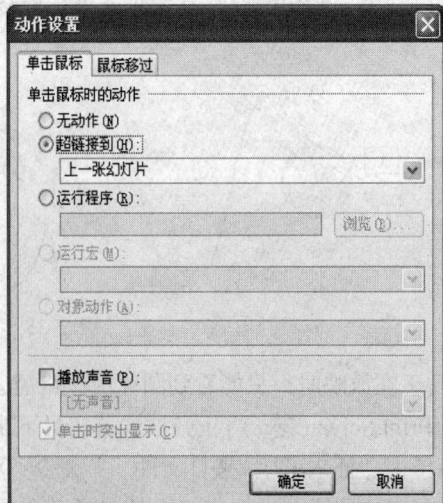

图 6-38 "动作设置"对话框

2.　编辑和删除超链接

● 编辑超链接操作：将鼠标指针指向已经链接好的"超链接"，单击鼠标右键，弹出快捷菜单，选择"编辑超链接"命令，弹出"编辑超链接"对话框，如图 6-39 所示。

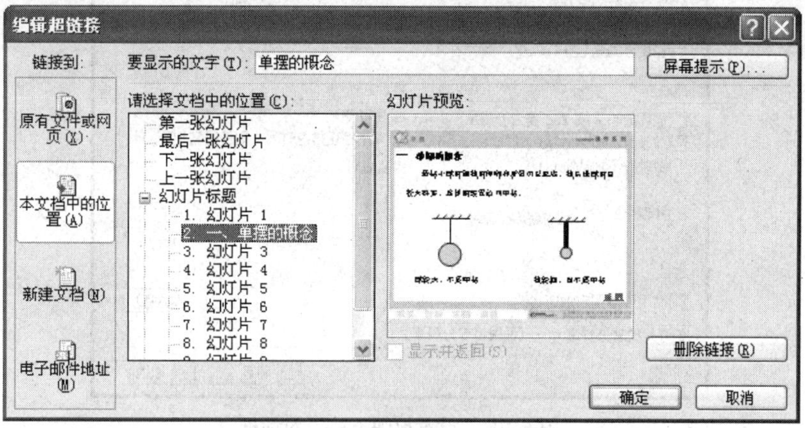

图 6-39　"编辑超链接"对话框

● 删除超链接操作：将鼠标指针指向已经链接好的"超链接"，单击鼠标右键，弹出快捷菜单，选择"删除超链接"命令，此时取消已经链接好的"超链接"。

6.4　演示文稿的放映与打印

制作演示文稿的目的是为了放映或打印出来，放映和打印演示文稿的方式可以根据用户的具体要求进行设置。

6.4.1　演示文稿的放映

1.　放映方法

演示文稿的放映有如下两种方法。

● 单击菜单栏中的"幻灯片放映/观看放映"命令。

● 单击窗口上的"幻灯片放映"命令按钮。

2.　放映方式的设置

在演示文稿放映之前，可根据使用者的具体要求设置演示文稿的放映方式。

● 单击菜单栏中的"幻灯片放映/设置放映方式"命令。

● 按住 Shift 键，单击"幻灯片放映"命令按钮，弹出"设置放映方式"对话框如图 6-40 所示，在其中进行选择即可。

3.　放映控制

在系统默认的情况下，放映控制有如下方法。

● 放映：按 F5 键。

● 取消放映：按 Esc 键。

● 到下一张：单击鼠标右键，或者使用→键、↓键、Page Down 键。

● 到上一张：使用←键，或者↑键、Page Up 键。

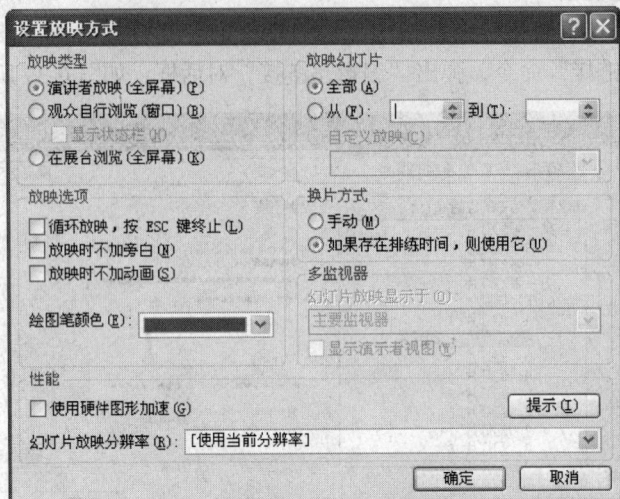

图 6-40 "设置放映方式"对话框

6.4.2 演示文稿的打印

1. 页面设置

在演示文稿打印之前，需要对打印页面的大小、格式、方向、编号等进行设置。

操作方法：单击菜单栏中的"文件/页面设置"命令，弹出"页面设置"对话框，如图 6-41 所示。

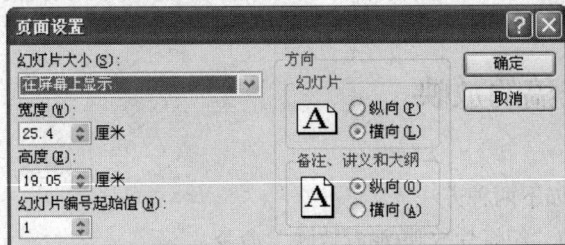

图 6-41 "页面设置"对话框

2. 设置打印

操作方法：单击菜单栏中的"文件/打印"命令，弹出"打印"对话框如图 6-42 所示，在对话框中对打印选项进行设置。使用者可以将演示文稿以幻灯片的形式打印，也可以以备注、讲义或大纲的形式打印。打印设置项目包括打印机型号（名称）的选择和属性设置、打印范围、打印内容、打印数量等。"打印内容"下拉列表中有幻灯片、讲义、备注页和大纲视图选项，分别说明如下。

- 幻灯片：一页只打印一张幻灯片，与幻灯片视图中的效果一致。
- 讲义：一页可打印多张幻灯片，效果与讲义的母版设置一致。
- 备注页：每页除了打印一张幻灯片以外，还包括该幻灯片的备注信息。
- 大纲视图：只打印出幻灯片中的文本内容，一页可打印多张幻灯片的内容。

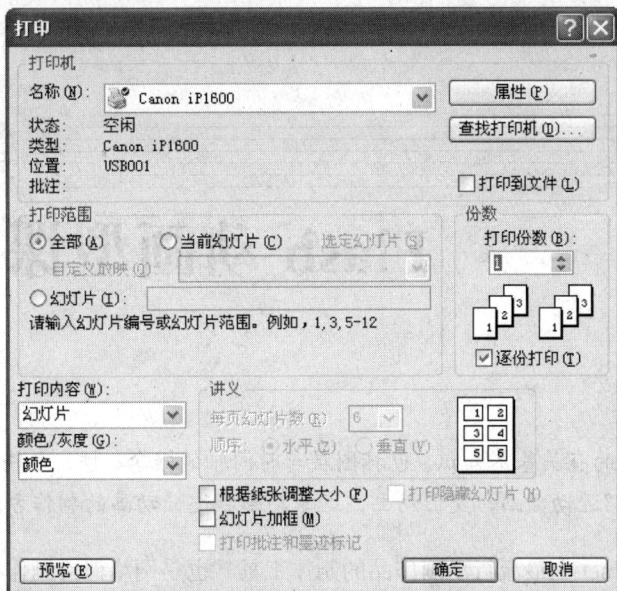

图 6-42　"打印"对话框

习　题　6

1. PowerPoint 2003 中有哪几种视图方式？各视图方式的特点是什么？
2. 放映一个演示文稿有几种方法？
3. 如何判断电影影片、动画和 Flash 动画是否插入成功？
4. 如果希望自动切换，并希望每个动作播放后下一个动画自动开始，应该怎么办？
5. 创建超链接有哪些方式？如何修改超链接文本的字体颜色？
6. 制作一个物体从斜面滚动下来的动画。
7. 制作一个物体单摆的运动动画。

第7章
Flash 动画型课件制作

【本章概述】

本章阐述 Flash 8 的有关基本知识，包括图层与时间轴的概念、帧、元件与实例的操作、绘图工具的使用，详细介绍运动动画、变形动画、遮罩动画和逐帧动画的制作方法。

Flash 是当今 Internet 上最流行动画作品的制作工具，也是网络课件制作的主要工具。它之所以在网上广为流传，其一是动画文件容量小，其二就是采用了流控制技术。简单地说，就是边下载边播放的技术，不用等整个动画下载完，就可以开始播放。

Flash 目前已经成为实事上的交互式矢量动画标准，软件巨头 Microsoft 公司也在其新版的 Internet Explorer 内嵌 Flash 播放器。由于在 Flash 中采用了矢量作图技术，各元素均为矢量，因此只用少量的数据就可以描述一个复杂的对象，从而大大减少动画文件的大小。矢量图像可以真正做到无极放大和缩小，即可以将一幅图像任意地缩放，而不会有任何失真。

Flash 动画是由时间发展为先后顺序排列的一系列编辑帧组成的，在编辑过程中，除了传统的"帧—帧"动画变形以外。还支持过渡变形技术，包括移动变形和形状变形。"过渡变形"方法只需制作出动画序列中的第一帧和最后一帧（关键帧），中间的过渡帧可以通过 Flash 计算自动生成。这样不但可以大大减少动画制作的工作量，缩减动画文件的尺寸，而且过渡效果非常平滑。Flash 对帧序列中的关键帧的制作，产生不同的动画和交互效果。播放时，也是以时间线上的帧序列为顺序依次进行的。

Flash 动画与其他电影的一个基本区别就是具有交互性。Flash 交互是通过 ActionScript 实现的。ActionScript 是 Flash 的脚本语言，随着其版本的不断更新，日趋完美。使用 ActionScript 可以控制 Flash 电影中的对象、创建导航和交互元素，制作非常具有魅力的课件作品。

7.1 Flash 8 概述

7.1.1 Flash 8 的操作界面

Flash 8 的操作界面分为菜单栏、工具栏、图层及时间轴、舞台、浮动面板、属性面板等，如图 7-1 所示。其中 Flash 中的舞台就像导演指挥演员演戏一样，要给演员一个排练演出的场所。在舞台工作区即可以绘制编辑图形、文字和创建动画，也可以展示图形图像、文字、动画等对象。

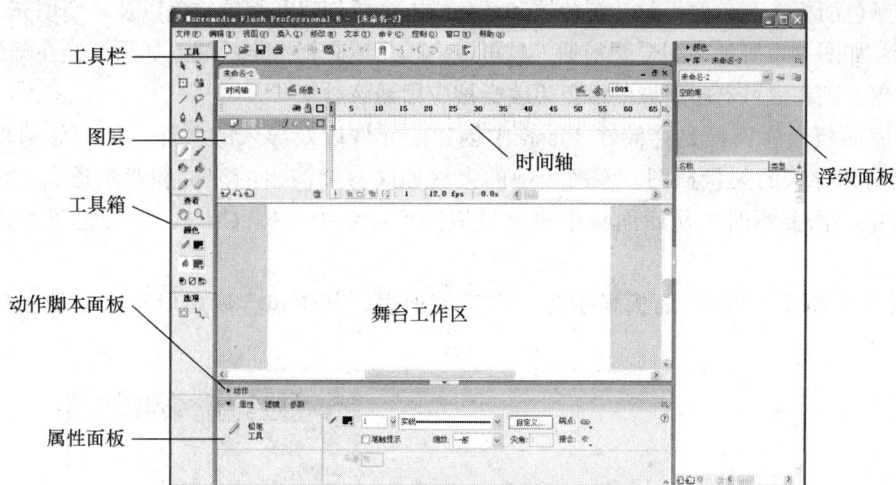

图 7-1　Flash 8 的操作界面

1．工具栏

工具栏中有 15 个按钮，如图 7-2 所示。

图 7-2　工具栏

工具栏中部分按钮的功能如下。

：可使编辑时进入"对齐"状态。此时，绘制图形、移动对象都可以自动对齐到对象、网格或辅助线，但不适合微量调整。

：可使选中的曲线或图形外形更加平滑，多次单击具有累积效果。

：可使选中的曲线或图形外形更加平直，多次单击具有累积效果。

：可改变舞台中对象的旋转角度和倾斜角度。

：可改变舞台中对象的大小尺寸。

：用来将舞台中多个选中对象按设定的方式排列对齐。

2．工具箱

工具箱提供了用于图形绘制和图形编辑的各种工具。工具箱内从上到下分为"工具"栏、"查看"栏、"颜色"栏和"选项"栏，如图 7-3 所示。单击按下某个工具按钮，即可激活相应的操作功能。

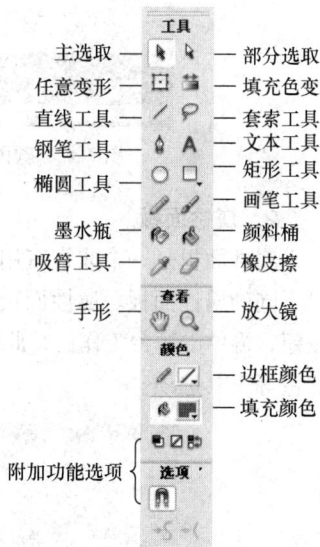

图 7-3　工具箱

7.1.2　控制面板

Flash 8 操作界面包括 3 类控制面板：浮动面板、属性面板和动作脚本面板。

1．浮动面板

使用浮动面板可以方便地编辑、调用对象，Flash 8 为用户提供了多组控制面板，如对齐、信息、变形面板，颜色面板，库面板等。

（1）颜色面板。颜色面板包括混色器和颜色样本，要创建和编辑纯色以及渐变填充，可以使用混色器，如图 7-4 所示。配合颜料桶工具可以将颜色填充到指定区域。如果已经在舞台中选定了颜色对象，则在混色器中所做的颜色更改会被应用到该对象。

（2）库面板。库面板是存储在 Flash 中创建的元件以及导入的文件，如视频剪辑、声音剪辑、位图和导入的矢量插图。库面板中的素材如同参加演出的演员和背景道具。在影片的制作过程中，需要不时地从库面板中将素材拖曳到舞台中，按 Ctrl+L 组合键可快速打开这个面板。

如图 7-5 所示，"库"面板显示为一个滚动列表，其中包含库中所有项目的名称和文件类型。

图 7-4 "颜色"面板

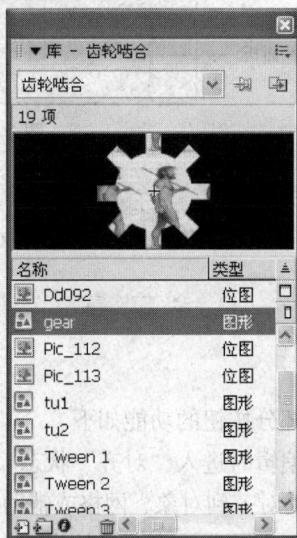

图 7-5 "库"面板

2. 属性面板

属性面板是一个非常有用的特殊面板，单击选中不同的对象或工具箱中的工具时，会自动调出不同的属性面板。属性面板集中了相应的参数设置选项。例如，单击工具箱中的"文本工具"按钮，再单击舞台工作区，此时的属性面板如图 7-6 所示，其中提供了用于设置文字字体、大小、颜色等工具选项。

图 7-6 文本属性面板

3. 动作脚本面板

动作脚本是 Flash 的脚本撰写语言（ActionScript），如图 7-7 所示。使用它可以向影片添加交互性。动作脚本提供了一些元素，如动作、运算符以及对象，可将这些元素组织到脚本中，指示影片要执行什么操作。用户可以对影片进行设置，从而使单击按钮和按下键盘键之类的事件可触发这些脚本，如可用动作脚本为影片创建停止按钮。

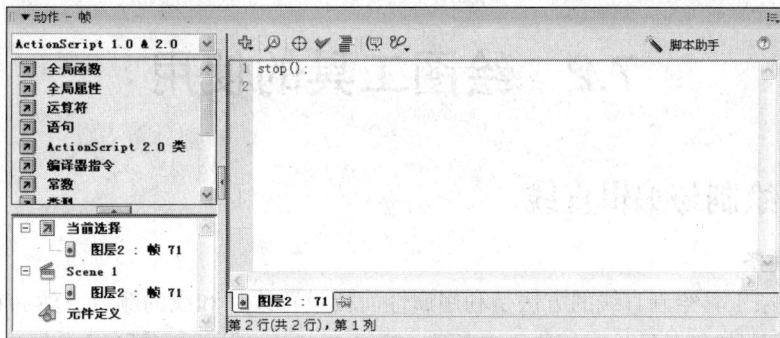

图 7-7 动作脚本面板

在标准编辑模式下使用该面板，可以通过从菜单和列表中选择选项来创建脚本。在专家编辑模式下使用该面板，可直接向脚本窗格中输入文本。

7.1.3 图层与时间轴

1. 图层

图层就好比是一张透明的纸，把图像的不同部分画在不同的图层中，叠放在一起便形成了一幅完整的图像，而对每一个图层中的图像内容进行修改时，其他图层中的图像不会受到影响。这为用户修改、编辑图像提供了极大的方便。

在 Flash 中，图层有 4 种状态，如图 7-8 所示。

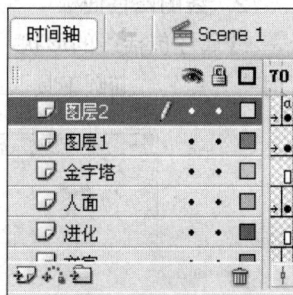

图 7-8　Flash 中的图层

：表明此图层处于活动状态，可以对该图层进行各种操作。Flash 一次只能有一个图层处于活动状态。

：表明此图层处于隐藏状态，即在编辑时是看不见的。处于隐藏状态的图层不能进行任何修改。

：表明此图层处于锁定状态，被锁定的图层无法进行任何操作。

：表明此图层处于外框模式，处于外框模式的层，其上的所有图形只能显示轮廓。外框模式只能显示图形轮廓的功能，它的作用是在进行多图层的编辑，特别是要对几个图层的对象进行比较准确的定位时，可以仅凭轮廓的分布准确地判断它们的相对位置。

2. 时间轴

时间轴是 Flash 进行动画创作和编辑的主要工具。时间轴就好像导演的剧本，它决定了各个场景的切换以及演员出场、表演的时间顺序。Flash 把动画按时间顺序分解成帧，在舞台中直接绘制的图形或从外部导入的图像，均可形成单独的帧，再把各个单独的帧画面连在一起，合成动画。每一个动画都有它的时间轴。图 7-9 所示为一个 Flash 动画的时间轴实例。

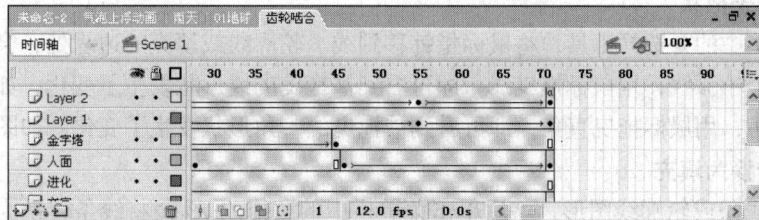

图 7-9　Flash 动画的时间轴

7.2 绘图工具的使用

7.2.1 绘制与编辑直线

1. 绘制线条

使用 /线条工具绘制直线的方法是利用属性面板设置线型和线的颜色，然后在舞台工作区内拖曳鼠标，即可绘制各种长度和角度的直线。按住 Shift 键的同时在舞台工作区内拖曳鼠标，可以绘制出水平、垂直和 45° 角的线条（也适用于铅笔工具）。

使用 /铅笔工具绘制线条图形时，可以绘制任意形状的曲线矢量图形。绘制完一条线后，Flash 8 可以自动对其进行加工，如变直、平滑等。

单击工具箱中的 /铅笔工具，在属性面板中设置线型和线的颜色，同时工具箱 "选项" 栏内会显示一个 "铅笔模式" 按钮 。单击该按钮，可弹出 3 个按钮供选择，如图 7-10 所示。

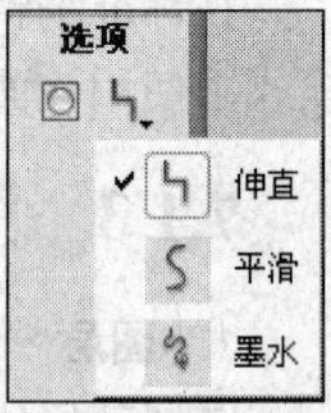

3 个按钮是用来设置铅笔模式的，分别用于绘制规则线条、平滑曲线和接近徒手画出的线条。

图 7-10 "铅笔模式" 选项

2. 线的属性面板

线属性包括线的形状、线的粗细、线的颜色等。单击工具箱中的 "铅笔工具"、"线条工具"、"钢笔工具"、"椭圆工具" 或 "矩形工具"，都可以打开线的属性面板，如图 7-11 所示。

图 7-11 "线" 属性面板

利用线的属性面板可设置线条、矩形和椭圆形轮廓线的属性，包括线粗细和位置的调整，线颜色和透明度的设置以及笔触的样式。

"端点" 按钮：单击该按钮调出一个菜单，用来设置线段（路径）终点的样式。选中 "无" 选项时，对齐线段终点；选择 "圆" 选项时，线段终点为圆形；选择 "方性" 选项时，线段终点超出线段半个笔触宽度。

"接合" 按钮：单击该按钮调出一个菜单，用来设置两个角的相接方式（尖角、圆角或斜角）。

"自定义" 按钮：单击该按钮调出 "笔触样式" 对话框，如图 7-12 所示。利用该对话框即可自定义笔触样式（线样式）。

3. 改变线条形状

使用工具箱中的 选择工具，将鼠标指针移到线、轮廓线或填充的边缘处，会发现鼠标指针右下角出现一个小弧线，用鼠标拖曳线，即可看到被拖曳的线形状发生了变化，如图 7-13 所示；指向直角线直角，用鼠标拖曳直角，即可看到被拖曳的直角形状发生了变化，如图 7-14 所示。

4. 将线转换为填充

选中一个线条或轮廓线图形，然后单击菜单栏中的 "修改/形状/将线条转换为填充" 命令。这时选中的线条或轮廓线图形就被转换为填充。以后，可以使用颜料桶工具，改变填充的样式。

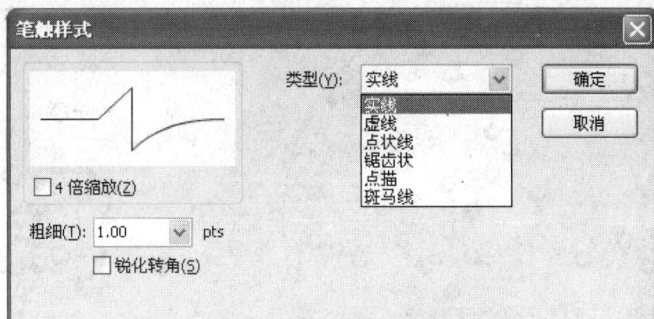

图 7-12　"笔触样式"对话框

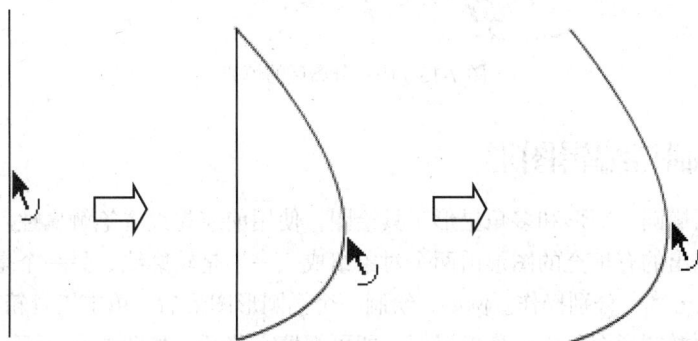

图 7-13　线形状变化

图 7-14　角形状变化

5．墨水瓶工具

墨水瓶工具的作用是改变已经绘制线的颜色和线型等属性。在修改了线的颜色和线型后，单击工具箱内的墨水瓶工具，将鼠标移到舞台工作区中的某条线上，单击鼠标左键，即可修改线条颜色和线型。如果用鼠标单击一个无轮廓线的填充，则会自动为该填充增加一条轮廓线。

6．滴管工具

滴管工具的作用是吸取舞台工作区中已经绘制的线条和填充的对象。单击工具箱中的滴管工具，然后将鼠标移到在舞台工作区内的对象之上，此时鼠标指针变成 （对象是线条）、 （对象是填充）或 （对象是文字）的形状。单击鼠标左键，即可将单击对象的属性赋予相应的面板，相应的工具也会被选中。

在舞台中导入一幅图片，选择菜单栏中的"修改/分离"命令后，使得图片矢量化。用滴管工具滴取图片，在圆中单击鼠标就可以把图片填充到里面，如图 7-15 所示。

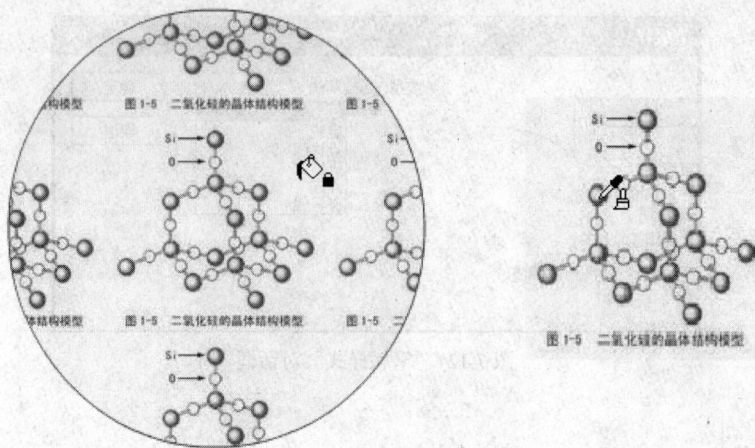

图 7-15　图片分离后的填充

7.2.2　绘制与编辑图形

绘制图形包括椭圆、矩形和多角星形工具绘图，使用前应先设置笔触属性。用椭圆、矩形和多角星形工具绘制出的有填充的图形由两个对象组成，一个是轮廓线，另一个是填充。这两个对象是独立的，可以分离，分别操作。例如，绘制一个椭圆形图形后，单击工具箱中的 选择工具，再将鼠标指针移到椭圆形图形内，拖曳鼠标，即可把填充移开，如图 7-16 所示。

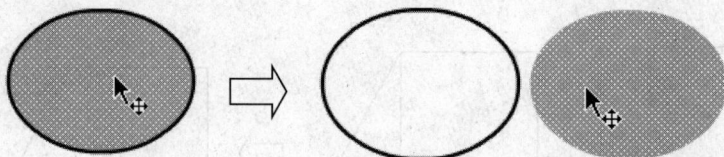

图 7-16　填充对象的移动

1. 绘制椭圆

单击工具箱内的 椭圆工具，再在舞台工作区内拖曳鼠标，即可绘制出一个椭圆图形。如果在拖曳鼠标时，按住 Shift 键，即可绘制出圆形图形。

如果希望只绘制圆形轮廓线而不要填充，只需在设置填充颜色时，选中工具箱内颜色栏中的 按钮，即没有填充颜色。如果希望只绘制填充不要轮廓线时，只需在设置轮廓线颜色时，选中工具箱内颜色栏中的 按钮，即没有轮廓线颜色。

2. 绘制矩形

单击工具箱内的 矩形工具，然后在舞台工作区内拖曳鼠标，即可绘制出一个矩形图形。在单击工具箱内的矩形工具后，工具箱"选项"栏内会增加一个 按钮。单击它，可调出"矩形设置"对话框，如图 7-17 所示。在该对话框的"边角半径"文本框中输入圆角半径值。

3. 绘制星形

单击工具箱内的 多角星形工具，再单击属性面板内的"选项"按钮，可以调出"工具设置"对话框，如图 7-18 所示。

在"样式"下拉列表中选择"多边形"或"星形"选项，用来设置图形样式；在"边数"文本框中输入多边形或星形图形的边数；在"星形顶点大小"文本框中输入星形图形顶点张角大小，该文本框的数据只在绘制星形图形时有效。

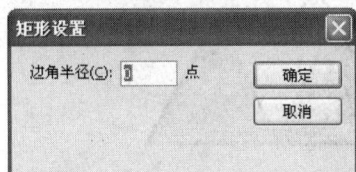

图 7-17　"矩形设置"对话框　　　　图 7-18　"工具设置"对话框

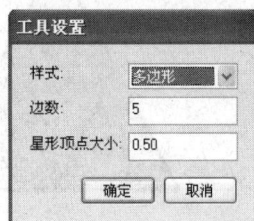

在舞台工作区内拖曳鼠标，即可绘制出一个多角星形或多边形图形。如果在拖曳鼠标时按住 Shift 键，即可画出正多角星形或正多边形，如图 7-19 所示。

图 7-19　多边形图形设置效果

4. 切割图形

可以切割的图形有矢量图形、分离的位图和文字，不包括组合对象。

切割图形时，可以采用用 选择工具在舞台工作区内拖曳鼠标，如图 7-20 左图所示，选中图形的一部分；可以在要切割的图形对象上绘制一条细线，如图 7-21 左图所示。再使用选择工具选中被细线分割的一部分图形，用鼠标拖曳移开选中的新图形；也可以在要切割的图形对象上绘制一个图形，再使用选择工具选中新绘制的图形，并将它移出，如图 7-22 所示。

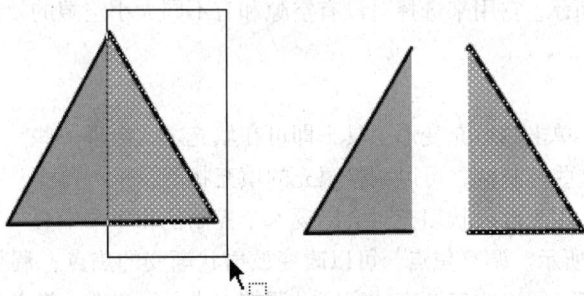

图 7-20　用选取切割图形

图 7-21　画线切割图形

图 7-22　绘制图形切割

5. 颜料桶工具

颜料桶工具的作用是对填充属性进行修改。填充的属性有纯色（即单色）填充、线性渐变填充、放射状渐变填充、位图填充等，如图 7-23 所示。

图 7-23　填充的属性

使用颜料桶工具时，在"选项"栏中单击"空隙大小"按钮，弹出一个菜单，如图 7-24 所示。它用来选择对没有空隙和有不同大小空隙的图形进行填充。

6. 填充变形工具

对填充了的图形，单击填充变形工具，即可在填充之上出现一些控制柄，用鼠标拖曳这些控制柄，可以调整填充的填充状态。

图 7-24　颜料桶填充选项

（1）放射状填充：用于放射状填充时会出现 4 个控制柄和 1 个中心标记，如图 7-25（a）所示。调整焦点，可以改变放射状渐变的焦点；调整中心点，可以改变渐变的中心点；调整宽度，可以改变渐变的宽度；调整大小，可以改变渐变的大小；调整旋转，可以改变渐变的旋转角度。

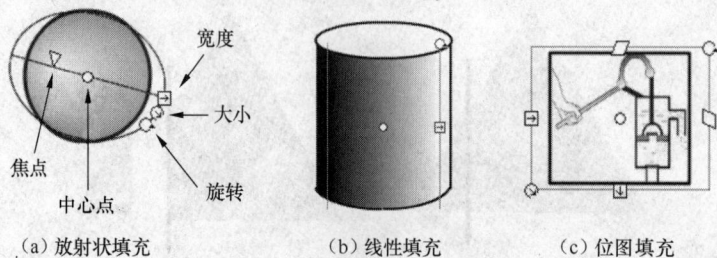

（a）放射状填充　　　　　（b）线性填充　　　　　（c）位图填充

图 7-25　填充变形工具使用

（2）线性填充：线性填充时会出现 2 个控制柄和 1 个中心标记，如图 7-25（b）所示。用鼠标拖曳这些控制柄，可以调整线性填充的状态。

（3）位图填充：位图填充时会出现 7 个控制柄和 1 个中心标记，如图 7-25（c）所示。用鼠标拖曳控制柄，可以调整填充的状态。

7.2.3　绘制与编辑曲线

1．钢笔工具

利用钢笔工具可以绘制矢量直线与曲线。绘制直线，只要单击直线的起点与终点即可。单击工具箱中的钢笔工具，在舞台工作区中，绘制直线时单击直线的起点与终点即可。绘制曲线则单击要绘制的曲线的起点处，松开鼠标左键；再单击下一个节点处，则在两个节点之间会产生一条线段；在不松开鼠标左键的情况下拖曳鼠标，会出现两个控制点和两个控制点间的蓝色直线，再拖曳鼠标，可以改变切线的位置，以确定曲线的形状。当曲线需要多个节点时，依次单击下一个节点，并在不松开鼠标左键的情况下拖曳鼠标以产生两个节点之间的曲线，如图 7-26 所示。直线或曲线绘制完后，双击鼠标，即可结束该线的绘制。

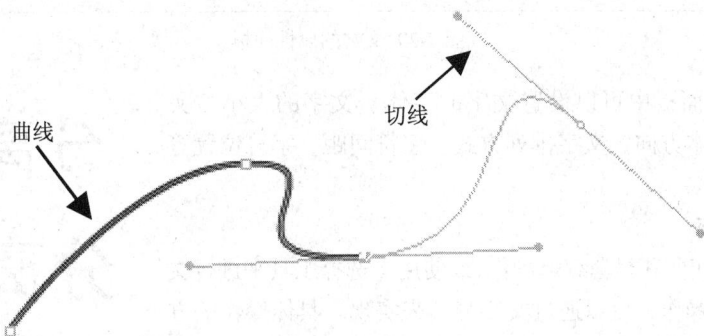

图 7-26　钢笔工具使用

2．部分选择工具

使用部分选择工具可以改变矢量图形的形状。单击工具箱中的部分选择工具按钮，再单击线条或轮廓线，可以看到，线的上边会出现一些绿色亮点，这些绿色亮点是矢量线的节点。或用部分选择工具拖曳出一个矩形框，松开鼠标左键后，会显示出矢量曲线的节点和节点的切线，如图 7-27 所示。用鼠标拖曳节点或调整控制柄即可改变图形的形状。按住 Alt 键，同时用鼠标拖曳调整控制柄，就可以单独调整控制柄的一端。

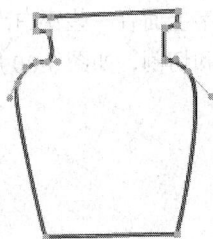

图 7-27　部分选择工具使用

7.2.4　编辑文本

1．输入文本

单击工具箱内的文字工具按钮，在舞台工作区单击，即会出现一个矩形框，矩形框右上角有一个小圆控制柄，表示它是延伸文本，同时光标出现在矩形框内，这时用户就可以输入文字了。随着文字的输入，矩形框会自动向右延伸，如图 7-28 所示。如果要创建固定行宽的文本，可以用鼠标拖曳文本框的小圆控制柄，即可改变文本的行宽度。

FLASH课件

图 7-28　文字工具使用

2．文本属性的设置

文本的属性包括文字的字体、字号、颜色、风格等。设置文本的属性可以通过菜单命令或属性面板选项来完成。单击工具箱内的 **A** 文本工具，在舞台工作区单击，即可调出它的属性面板，如图 7-29 所示。

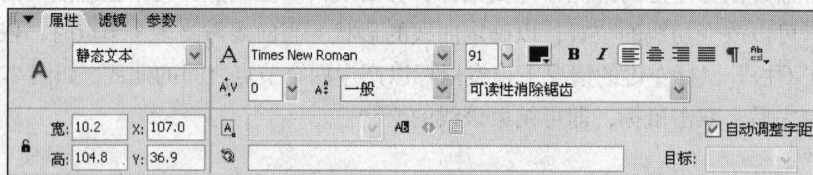

图 7-29　文本的属性面板

在文本属性面板中可以设置文字的字体、文字的大小、文字颜色，改变文本方向、文字排列方式、字符间距、字符位置等内容。

3．文字分离

为了使文字扭曲和封套编辑操作，或使用 选择工具来进行文字变形、切割等操作，可以通过文字分离来实现。具体操作的方法是：对于 Flash 中的文字，执行"修改/分离"菜单命令，将文字分解为独立的单个字符或汉字。如果是多个文字，需要再次执行菜单栏中的"修改/分离"命令，直至它们不可再分离，分离的文字上面有一些小白点，最后通过使用 选择工具来进行文字变形和切割，如图 7-30 所示。

图 7-30　文字分离与变形

7.3　帧、元件与实例操作

7.3.1　时间轴上的帧

Flash 把动画按时间顺序分解成帧，在舞台中直接绘制的图形或从外部导入的图像，均可形成单独的帧，再把各个单独的帧画面连在一起，合成动画。在时间轴上主要有以下几种帧，如图 7-31 所示。

- 空白帧：该帧内是空的，没有任何对象，也不可以在其内创建对象。
- 空白关键帧：帧单元格内有一个空心的圆圈，表示它是一个没内容的关键帧，可以创建各种对象。如果新建一个 Flash 文件，则在第 1 帧会自动创建一个空白关键帧。单击选中某一个空白帧，再按 F7 键，即可将它转换为空白关键帧。

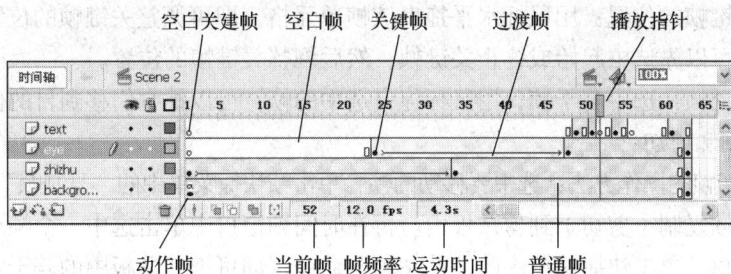

图 7-31　时间轴上的帧

- 关键帧：帧单元格内有一个实心的圆圈，表示该帧内有对象，可以进行编辑。单击选中一个空白帧，再按 F6 键，即可创建一个关键帧。
- 普通帧：在关键帧的右边的浅灰色背景帧单元格是普通帧，表示它的内容与左边的关键帧内容一样。单击选中关键帧右边的一个空白帧，再按 F5 键，则从关键帧到选中的帧之间的所有帧均变成普通帧。
- 过渡帧：它是两个关键帧之间，创建补间动画后由 Flash 计算生成的帧，它的底色为浅蓝色（动作动画）或浅绿色（形状动画）。用户不可以对过渡帧进行编辑。
- 动作帧：该帧本身也是一个关键帧，其中有一个字母"a"，表示这一帧中分配有动作脚本。当动画播放到该帧时会执行相应的脚本程序。有关内容将在 7.4 节介绍。

7.3.2　帧的操作

1. 帧的插入

（1）插入普通帧：单击选中要插入普通帧的帧单元格，然后按 F5 键。这时就会在选中的帧单元格中新增加一个普通帧，该帧单元格中原来的帧以及它右面的帧都会向右移动一帧。

（2）插入关键帧：单击选中要插入关键帧的帧单元格，然后按 F6 键或单击帧快捷菜单中的"插入关键帧"命令。

（3）插入空白关键帧：单击选中要插入空白关键帧的帧单元格，然后按 F7 键或单击帧快捷菜单中的"插入空白关键帧"命令。

2. 帧的删除和转换

（1）删除帧：在时间轴窗口中选中要删除的一个或多个帧，然后单击帧快捷菜单中的"删除帧"命令。按 Shift+F5 组合键，也可以删除选中的帧。

（2）清除帧：单击选中要清除的帧，然后单击帧快捷菜单中的"清除帧"命令，可将选中的帧中的内容清除，使该帧成为空白关键帧。

（3）清除关键帧：单击选中要清除的关键帧，然后单击帧快捷菜单中的"清除关键帧"命令。此时，原关键帧中的内容会被前面的关键帧内容取代。

（4）转换为关键帧：单击选中要转换的普通帧，然后单击帧快捷菜单中的"转换为关键帧"（或"转换为空白关键帧"）命令，即可将普通帧转换为关键帧（或空白关键帧）。

3. 帧的选取

编辑帧以前应先选中要编辑的帧。在时间轴上帧可以用单击或拖选方式选取。对一个图层的所有帧选取可以单击控制区域内的某一图层；选择所有帧可以单击帧快捷菜单中的"选择所有帧"命令。

4．帧的移动

（1）调整关键帧的位置：用鼠标水平拖曳该帧单元格，即可调整关键帧的位置。如果要调整动画帧的长度，可以先选中起始或终止关键帧，然后调整关键帧的位置。

（2）鼠标移动帧：选中若干帧，用鼠标拖曳选中的帧，可以把它们移到目的位置。

5．帧的复制和剪切

复制帧和剪切帧的操作方法：选中要移动的帧，单击帧快捷菜单中的"复制帧"（或"剪切帧"）命令，将选中的帧复制（剪切）到剪贴板内。再在时间轴窗口中单击选中一个帧单元格，然后调出"帧"快捷菜单，单击快捷菜单中的"粘贴帧"命令，即可把剪贴板中的若干帧粘贴到时间轴窗口选定的帧内，从而实现复制帧（移动帧）。

7.3.3　元件与实例操作

在制作动画或课件时，一些素材需要反复使用。如果对重复的素材使用一次就绘制一次，会占用很多时间，而且制作出来的作品会占用很大容量。

将素材转换成"元件"后，它将自动存储在库面板中，如图 7-32 所示。它可以是图形、按钮、电影剪辑，而声音、位图等素材导入 Flash 后，也将自动存放在库面板里。

将元件放置到舞台工作区上则称为实例，即实际用到的物体。元件可以重复使用，或作为单独个体存在，或与其他元件组成新元件。当元件应用到舞台中成为实例后，两者之间仍然保持镜像关系，即修改元件内容的同时也修改实例内容。元件的好处很多，除减少素材体积大小外，还可以制作出整体变色、变透明等特效。重要的是，只有元件可以执行 Flash 8 中的运动变形动画。

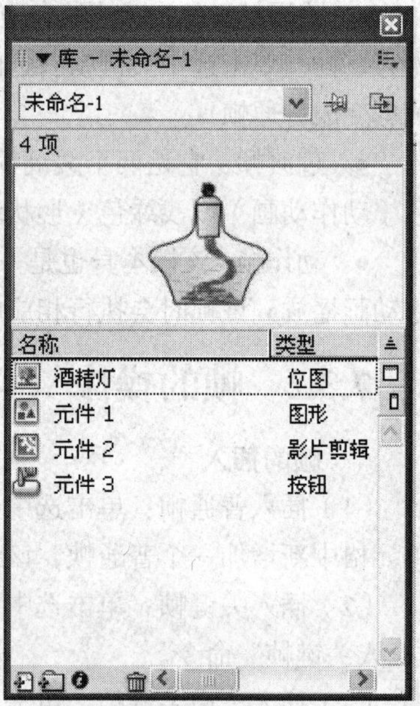

图 7-32　元件与库

1．元件的分类

元件可以分为图形元件、影片剪辑元件和按钮元件。

（1）图形元件：图形元件可以是矢量图形、图像、声音或动画等。它通常用来制作电影中的静态图形，不具有交互性。声音元件是图形元件中的一种特殊元件，它有自己的图标。

（2）影片剪辑元件：用来制作独立于主影片时间轴的动画。它可以包括交互性控制、声音，甚至其他影片剪辑的实例。也可以把影片剪辑的实例放在按钮的时间轴中，从而实现动画按钮。为了实现交互性，单独的图像也可以做成影片剪辑。用两种元件创建的实例是不同的，影片剪辑实例只需要一个关键帧来播放动画，而图形实例必须出现在足够的帧中。

（3）按钮元件：可以在影片中创建按钮元件的实例。在 Flash 中，首先要为按钮设计不同状态的外观，然后为按钮的实例分配事件（例如：鼠标单击等）和触发的动作。

在编辑时，必须单击"控制/测试影片"菜单命令或单击"控制/测试场景"菜单命令，才能在播放器窗口内演示它的动画和交互效果。

2．创建元件与实例

元件的创建可以通过单击"插入/新建元件"菜单命令或单击"库"面板左下角的"新建元件"按钮，调出"创建新元件"对话框来实现，如图 7-33 所示。

图 7-33　"创建新元件"对话框

创建元件也可以在主场景的舞台中先绘制好图形，然后将其全选，接着按 F8 键弹出一个"转换为元件"对话框，如图 7-34 所示。

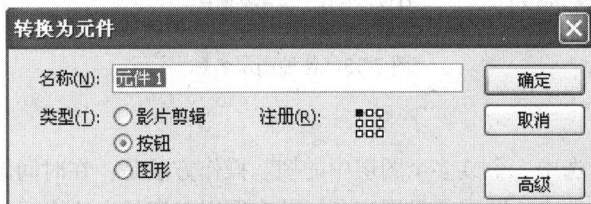

图 7-34　"转换为元件"对话框

按 Ctrl+L 组合键打开库面板，可以看到库面板中已生成了一个命名的图形元件。用鼠标选中库面板中"名称"栏里的元件，可以在位于上方的预览窗口中看到该元件的内容。当元件被拖曳到舞台中应用后，它就不再称为元件，而称之为"实例"。一个元件可以创建多个实例，而元件在库中只存储一次。

3. 编辑元件与实例

在创建了若干元件实例后，可能需要编辑修改。元件经过编辑后，Flash 会自动更新它在影片中的所有实例。编辑元件的一般方法是双击"库"面板中的一个元件，调出元件编辑窗口。在舞台工作区内，将鼠标指针移到要编辑的元件实例处编辑即可。元件编辑完后，单击该工作区右上角的 场景按钮，即可回到原舞台工作区。

编辑实例，可以利用属性面板改变实例的位置、大小、颜色、亮度、透明度等属性，还可以改变实例的类型，设置图形实例中动画的播放模式等。实例属性的编辑修改，不会造成对相应元件和其他由同一元件创建的其他实例的影响。

7.4　制　作　动　画

7.4.1　编辑图层

在制作一个 Flash 动画时，图层就相当于舞台中演员所处的前后位置，可以根据图形和动画的需要在时间轴中建立多个图层。图层的多少，不会影响输出电影文件的大小。各个图层之间是完全独立的，一般不会出现相互的影响。

图层中除了普通图层外，还有两种特殊的图层，一个是引导层，另一个是遮罩层。

引导层就是使物体沿着引导线中的路径来运动，当普通图层与引导层关联后，就成为被引导层；遮罩层也称蒙版层，起到局部显示的特殊效果，普通图层与遮罩层关联后，则成为被遮罩层。

在时间轴中，各种图层通过图层名称左边不同的图标来表示，如图 7-35 所示。

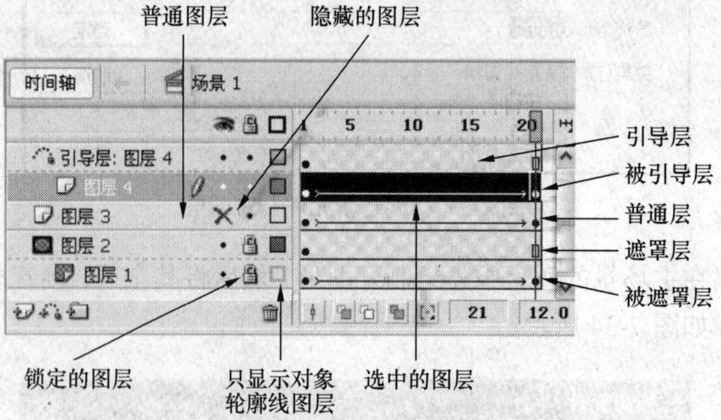

图 7-35　各种图层名称

1. 图层的选择

图层的选择就是指选中一个或多个图层中的帧。操作方法是：在时间轴窗口中单击图层控制区的相应图层行，此时选中的图层行呈黑底色，并在图层名字的右边出现一个笔状图标。选中多个图层时则按下 Shift 键或 Ctrl 键，同时单击控制区内各相应图层行，即可选中多个图层。

2. 改变图层的顺序

改变图层的顺序时，用鼠标拖曳图层控制区域内的图层，即可将图层上下移动。

3. 编辑、删除图层

编辑、删除图层时，首先选中一个或多个图层，然后单击🗑图标或者拖曳选中的图层到🗑图标上。

4. 复制图层

复制图层就是复制该图层中的帧。操作方法是：新建一个图层，选中要复制的帧，单击鼠标右键，在弹出的快捷菜单中选择"粘贴帧"命令，将剪贴板中的内容粘贴到选中图层的各帧中。

7.4.2　运动补间动画

在 Flash 8 中运动补间动画可以创建出丰富多彩的动画效果，可以使一个对象在画面中沿直线移动，沿曲线移动，变换大小、形状和颜色，以中心为圆点自转，以中心为圆点旋转，产生淡入淡出效果等。

下面通过一个简单的例子，说明创设运动补间动画的基本方法。

例 7-1　走直线的小球。

具体操作步骤如下。

① 用工具栏中的椭圆工具，在舞台中绘制一个小球。

② 框选或单击图层该帧，全选小球，按 F8 功能键，弹出"转化为元件"面板，命名后得到"小球"元件。

③ 单击时间轴第 25 帧，按下 F6 功能键，得到一个关键帧。

④ 拖动舞台中的小球到右边位置，单击时间轴第 1～25 帧中的任意帧，设置属性面板中的"补间"为"动画"，此时时间轴第 1～25 帧显示一条有箭头的线，背景呈淡蓝色，如图 7-36 所示。

⑤ 最后，按 Ctrl+Enter 组合键观看动画演示。

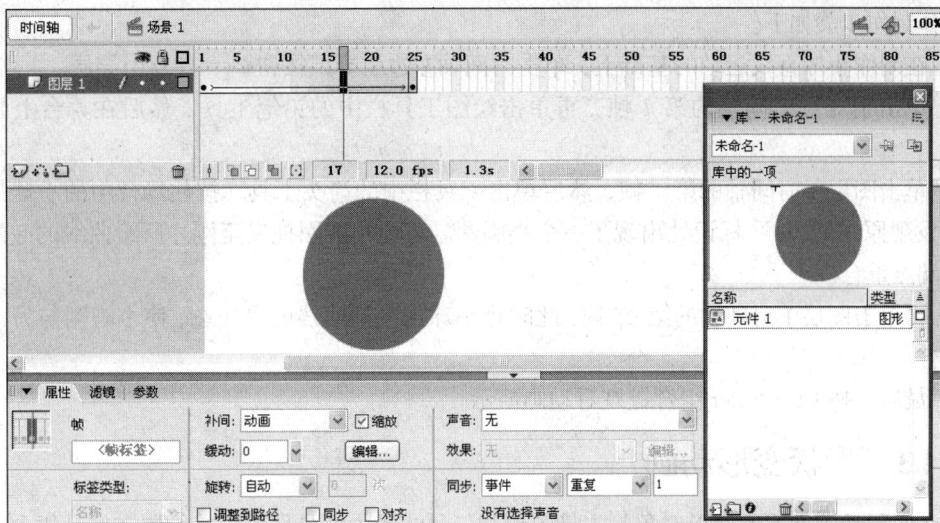

图 7-36 运动动画特征

当需要调整小球快慢或以中心为圆点旋转时，可以分别调整属性面板中的"缓动"和"旋转"选项。当需要变换大小时，单击关键帧，选中对象，改变其大小。当需要改变颜色或产生淡入淡出效果时，单击关键帧，选中对象，在属性面板中选择"颜色"下拉列表中的"色调"或"亮度"，如图 7-37 所示。

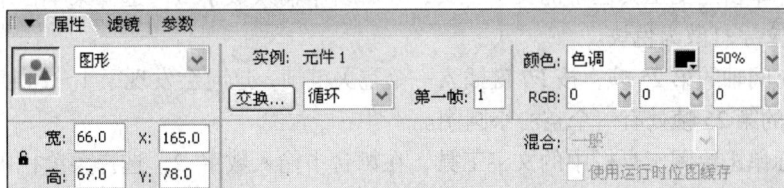

图 7-37 "颜色"调整

当需要小球沿特定路径移动时，此时需要使用引导层，如图 7-38 所示。

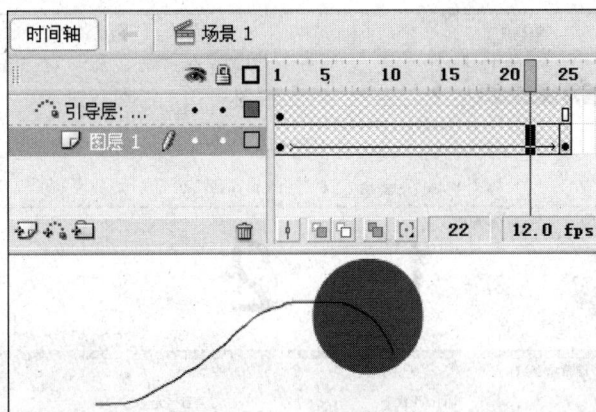

图 7-38 引导层使用

引导层是一种特殊的层，在引导层中可以设计一条曲线路径，然后将此路径与引导层下方的编辑层中的元素串联在一起，这样就可以做出物体沿特定路径移动的动画效果。

具体制作步骤如下。

① 在制作小球直线运动的基础上，单击时间轴左边引导层按钮，建立引导层。

② 单击引导层时间轴的第 1 帧，再单击绘图工具栏中的铅笔工具，然后在舞台上画一条曲线。

③ 单击图层 1 时间轴的第 1 帧，然后单击工具栏中的箭头工具，按住舞台中的小球进行拖曳，会发现原先的"+"标记处出现了一个小圆圈。将此小圆圈拖曳至刚才所绘曲线的一端，并使其与端点重合。

④ 再单击图层 1 时间轴的第 25 帧，此时将小球拖曳至曲线的另一端，使小圆圈与另一端的端点重合。

⑤ 最后，按 Ctrl+Enter 组合键观看动画演示。

7.4.3 形状变形动画

形状变形动画方式的变形对象是失量图形和矢量线段，就是那些直接绘制在作品舞台上的各种图形和线段。利用形状变形动画可以使这些矢量图形和矢量线段在形状、颜色、位置上发生任意的平滑变化。

下面通过一个简单的例子，说明创设形状变形动画的基本方法。

例 7-2　数字 1 变为数字 2。

具体操作步骤如下。

① 用鼠标单击绘图工具栏中的文字工具，在舞台中输入数字 1，选择菜单栏中的"修改/分离"命令，将文字打散为色块。

② 单击时间轴的第 25 帧，按 F7 键插入一个空关键帧，这时会发现第 1～20 帧均变成灰色，而且在时间轴的第 25 帧处有一个空心小圆圈。

③ 用鼠标单击绘图工具栏中的文字工具，在舞台中输入数字 2，选择菜单栏中的"修改/分离"命令，将文字打散为色块。

④ 单击时间轴第 1～25 帧中的任意帧，设置属性面板中的"补间"为"变形"，此时时间轴第 1～25 帧显示一条有箭头的线，背景呈浅绿色，如图 7-39 所示。

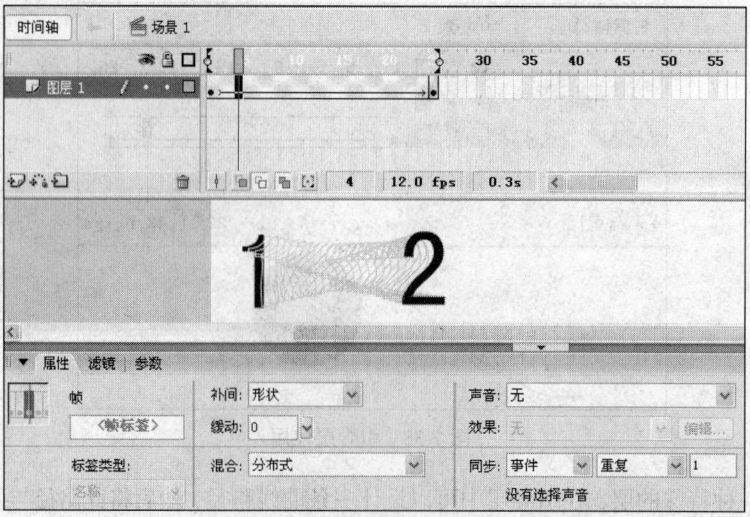

图 7-39　形状变形动画特征

⑤ 最后，按 Ctrl+Enter 组合键观看动画演示。

在图形渐变时，如果需要个性化变形，可以在第 1 帧数字 1 处，多次选择菜单栏中的"修改/形状/添加形状提示"命令，添加形状提示符号 a、b 等，重新放置 a、b 的位置。用鼠标指针指向第 25 帧处时，数字 2 已经添加了形状提示符号 a、b，经多次调整 a、b 位置后，按 Ctrl+Enter 组合键观看动画演示，会有令人满意的效果。

7.4.4　遮罩层动画

所谓遮罩层就是将位于它下面的那一层遮住，在遮罩层上可开出各种各样的"洞"（"洞"可以是矢量图、字符、符号及外部导入的各种素材），形成挖空区域，挖空区域将完全透明，其他区域都是完全不透明的。

通过挖空区域，下面图层的内容就可以被显示出来，而没有对象的地方成了遮挡物，把下面的被遮罩图层的其余内容遮挡起来。因此，可以透过遮罩层内的对象（挖空区域）看到其下面的被遮罩图层的内容，而不可以透过遮罩层内没有对象的非挖空区域看到其下面的被遮罩图层的内容。通过对遮蔽层和被遮罩层上的对象编辑，使它们做出各种动作，产生令人炫目的动画效果。

下面通过一个简单的例子说明创建遮罩动画的基本方法。

例 7-3　文字"竹"的遮罩动画。

具体操作步骤如下。

① 创建一个普通图层，并在其上创建一个对象，此处导入一幅图像。

② 在选中的普通图层的上边创建一个新的普通图层，在新建的图层上绘制图形与输入文字，以便作为遮罩层的挖空区域，如图 7-40（a）所示。

③ 将鼠标指针移到遮罩层的名字处，单击鼠标右键，弹出图层快捷菜单，单击"遮罩层"命令。此时，选中的普通图层的名字会向右缩进，表示已经被它上面的遮罩层所关联，成为被遮罩图层，如图 7-40（b）所示。

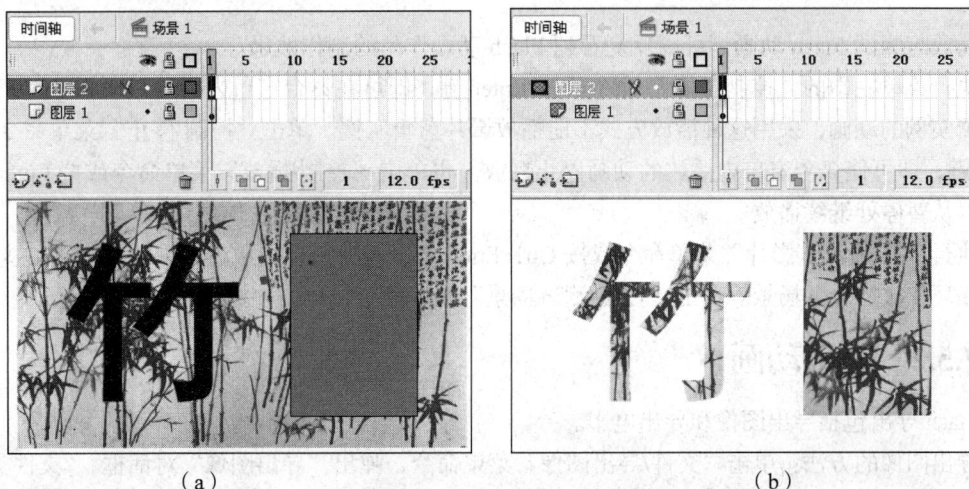

（a）　　　　　　　　　　　　　　　（b）

图 7-40　"遮罩层"的使用过程

在建立遮罩层后，Flash 8 会自动锁定遮罩层和被它遮盖的图层，如果需要编辑遮罩层，应先解锁，解锁后就不会显示遮罩效果了。如果需要显示遮罩效果，需要再锁定图层。

如果取消被遮盖的图层与遮罩层的关联，可以选中被遮罩的图层，然后选中"图层属性"对话框中的"一般"单选按钮。

7.4.5　逐帧动画

逐帧动画在 Flash 中的应用也比较常见，逐帧动画的每一帧都由制作者确定，而不是由 Flash 通过计算得到，然后连续依次播放这些画面，即可生成动画效果，如小鸟的飞翔、人的走动等。逐帧动画适合制作非常复杂的动画，Gif 格式的动画就是属于这种动画。与过渡动画相比，通常逐帧动画的文件字节数较大。为了使一帧的画面显示的时间长一些，可以在关键帧后边添加几个与关键帧内容一样的普通帧，如图 7-41 所示。

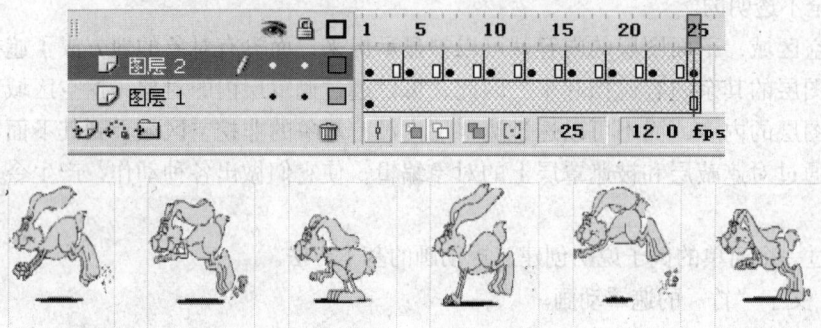

图 7-41　逐帧动画

7.5　播放和导出动画

7.5.1　播放与测试动画

播放与测试 Flash 动画，可以反复看到 Flash 动画作品的制作效果。

执行菜单栏中的"控制/播放"命令或按 Enter 键，即可在舞台窗口内播放该动画。对于有影片剪辑实例的动画，采用这种播放方式不能播放影片剪辑实例。单击"控制/停止"菜单命令或按 Enter 键，即可使舞台窗口内播放的动画停止播放。再单击"控制/播放"菜单命令或按 Enter 键，又可以从暂停处继续播放。

执行"控制/测试影片"菜单命令或按 Ctrl+Enter 组合键，可在播放窗口内播放动画。这种方法可循环依次播放各场景。单击"控制/测试场景"菜单命令，可循环播放当前场景的动画。

7.5.2　导出动画

Flash 导出包括导出图像和导出电影。

导出图像的方法：单击"文件/导出图像"菜单命令，弹出"导出图像"对话框，"文件类型"下拉列表内的文件类型只有图像文件的类型。利用该对话框，可将动画当前帧保存为扩展名为"*.jpg"、"*.gif"、"*.bmp"等格式的图像文件。

导出电影的方法：单击"文件/导出/导出影片"菜单命令，弹出"导出影片"对话框，利用该对话框选择文件类型和输入文件名，单击"确定"按钮，保存的文件是"*.swf"和其他视频文件。

习　题　7

1. 用 Flash 制作风扇旋转的动画，如图 7-42 所示。

2. 在网上下载一张汽车图片，用 Flash 制作一个车轮能滚动，并且直线行驶的汽车动画，如图 7-43 所示。

图 7-42

图 7-43

3. 用 Flash 制作月亮绕地球转动的动画，如图 7-44 所示。

4. 用 Flash 制作地球自转的动画，如图 7-45 所示。

图 7-44

图 7-45

5. 制作一个放大镜，在文字"海洋与陆地的水循环仅仅是地球上水循环的一部分"上移动，移动到什么字段位置，该部分文字放大，如图 7-46 所示。

图 7-46

第8章
Authorware 交互型课件制作

【本章概述】

本章主要介绍 Authorware 的基本操作与应用特点，重点介绍 Authorware 交互功能中的按钮、热区域、热对象、目标区、条件响应、文本交互、下拉菜单、时间和次数限制响应。通过对其设计图标工具的使用，学会 Authorware 交互型课件的制作。

Authorware 是 Macromedia 公司推出的适合专业人员以及普通用户开发多媒体软件的创作工具。它是专业的计算机教学课件开发工具之一，经过十多年的发展，已经成为功能强大、使用范围广泛的多媒体制作软件，可以制作资料类、游戏类、教育类等各种类型的多媒体课件作品。

8.1　Authorware 7.0 概述

8.1.1　Authorware 7.0 的操作界面

启动 Authorware 7.0 后，默认的屏幕布局如图 8-1 所示。窗口共分为标题栏、菜单栏、工具栏、设计窗口、知识对象对话框、演示窗口和设计图标工具栏。

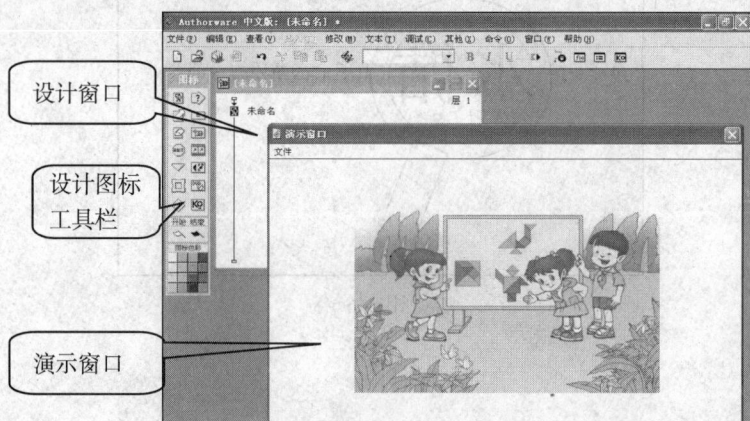

图 8-1　Authorware7.0 主界面

Authorware 7.0 的工具栏共有 17 个工具按钮和一个正文风格下拉式列表框。下面介绍几种特殊的工具。

：导入文件按钮。使用该按钮，可以在文件中引入外部的图像、文字、声音、动画等，并使其成为内部文件或链接对象。

：执行程序按钮。单击该按钮，屏幕上会弹出一个演示窗口，显示程序执行的过程。

：控制面板按钮。单击该按钮，会弹出控制面板，用它可以调试程序。

：函数按钮。单击该按钮，屏幕上会弹出一个函数窗口，用户可从中找到所需的函数及参数等，并可导入外部函数。

：变量按钮。单击该按钮，屏幕上会弹出一个与函数窗口类似的变量窗口。

：知识对象按钮。单击该按钮，可以打开知识对象对话框。再次单击该按钮，将关闭该对话框。

8.1.2　设计图标工具栏

设计图标工具栏在 Authorware 窗口中的左侧，包括 14 个图标、开始旗、结束旗和标志色。图标栏是 Authorware 的核心部分。以往制作多媒体一般要用编程语言，而 Authorware 通过这些图标的拖放和设置就能完成多媒体程序的开发，充分体现了现代编程的思想。

：显示图标。负责显示文字或图片对象，既可以从外部导入，也可以使用内部提供的"图形工具箱"创建文本或绘制简单的图形。

：移动图标。可以移动显示对象以产生特殊的动画效果，共有 5 种移动方式可供选择。

：擦除图标。可以用各种效果擦除显示在展示窗口中的任何对象。

：等待图标。用于设置一段等待的时间，也可设置等待用按键或单击鼠标才继续运行程序。

：导航图标。当程序运行到该图标时，会自动跳转到其指向的位置。

：框架图标。为程序建立一个可以前后翻页的控制框架，配合导航图标可编辑超文本文件。

：分支图标。其作用是控制程序流程的走向，完成程序的条件设置、判断处理、循环操作等功能。

：交互图标。可轻易实现各种交互功能，是 Authorware 最有价值的部分，共提供 11 种交互方式，如按钮、下拉菜单、按键、热区等交互模式。

：计算图标。执行数学运算和 Authorware 程序，如给变量赋值、执行系统函数等，利用计算图标可增强多媒体编辑的弹性。

：群组图标。一个特殊的逻辑功能图标，其作用是将一部分程序图标组合起来，实现模块化子程序的设计。

：数字电影图标。在程序中插入数字化电影文件（包括*.avi、*.dir、*.flc、*mov、*.mpeg等），并对电影文件进行播放控制。

：声音图标。用于在多媒体应用程序中引入音乐及音效，并能与移动图标、电影图标并行，可以做成演示配音。

：DVD 图标。用于导入 DVD 视频，要求计算机配置 DVD 光驱播放设备。

：知识对象图标。用于打开知识对象对话框。

：开始旗。用于设置调试程序的开始位置。

：结束旗。用于设置调试程序的结束位置。

：标志色。在程序的设计过程中，可以用来为流程线上的设计图标着色，以区别不同区域的图标。

8.1.3　设计窗口与演示窗口

设计窗口是 Authorware 进行多媒体程序编辑的地方，程序流程的设计和各种媒体的组合都是在设计窗口中实现的。新建一个 Authorware 程序时，设计窗口会自动出现在 Authorware 界面中，设计窗口包含"标题"、"流程线"、"程序开始标志"、"程序结束标志"、"插入指针"和"窗口层次"，如图 8-2 所示。

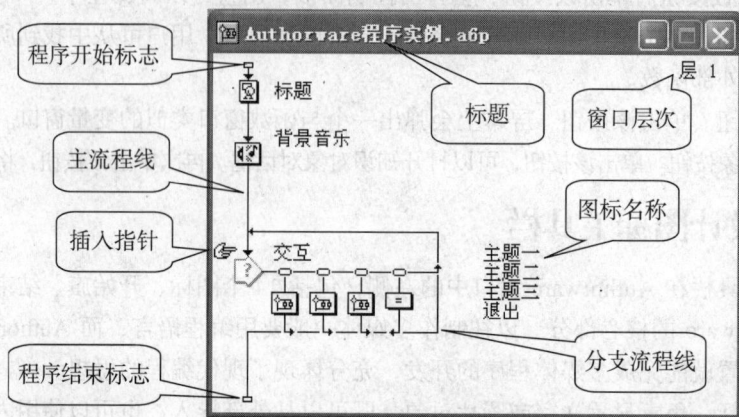

图 8-2　设计窗口

演示窗口是用户输入文字和图形的地方。在流程线上双击"标题"显示图标，会自动弹出演示窗口，用户可在此窗口输入文字和图形，如图 8-3 所示。

演示窗口也是程序执行的输出窗口，单击工具栏上的"运行"按钮，或者单击"调试"菜单中的"播放"命令，就会弹出演示窗口并可以观察到程序的执行效果，如图 8-4 所示。

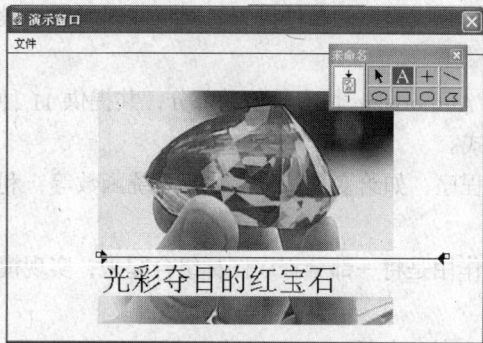

图 8-3　演示窗口输入文字和图形

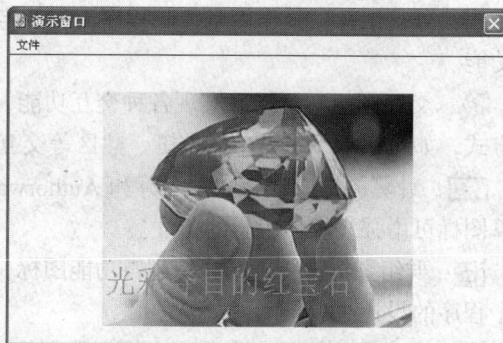

图 8-4　演示窗口执行程序

8.2　素材导入及其图标使用

8.2.1　显示图标及其应用

1. 显示图标

将鼠标指针移到设计图标工具栏中的显示图标上，按下鼠标左键，拖动显示图标到流程线上并释放，如图 8-5 所示。双击"未命名"设计图标，Authorware 会弹出演示窗口和一个绘图工具箱，如图 8-6 所示。

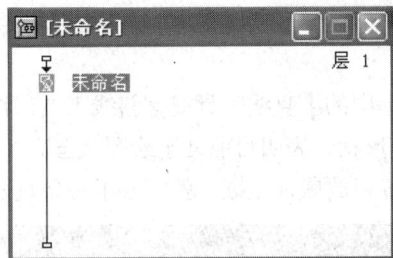

图 8-5　设计窗口　　　　　　　　　　　　　　图 8-6　演示窗口

2. 显示图标属性

单击"修改"菜单中的"文件/属性"命令，弹出"属性：文件"对话框，如图 8-7 所示。

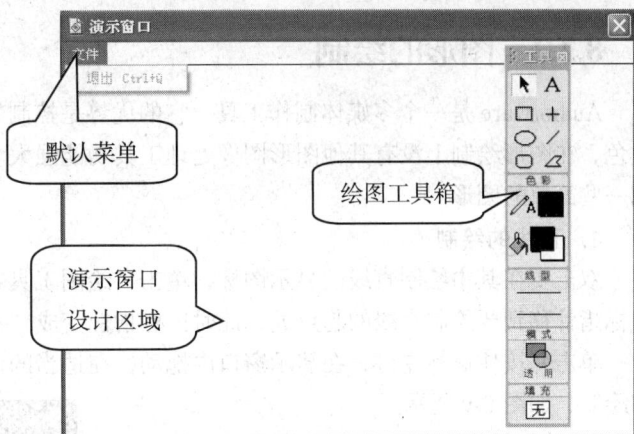

图 8-7　"属性：文件"对话框

3. 绘图工具箱

如图 8-8 所示，绘图工具箱提供了一系列用于输入文本、绘制图形的工具。在绘制图形时，可以用鼠标在绘图工具箱中单击来选择某种工具，被选择的工具会加亮显示。

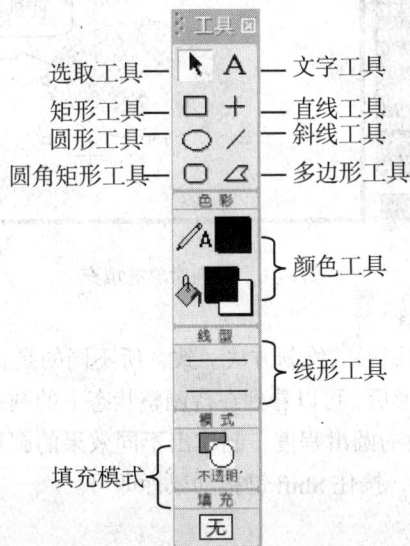

图 8-8　绘图工具箱

4. 保存程序

在初次保存文件时，Authorware 会弹出"保存文件为"对话框，起一个文件名，Authorware 会自动加上扩展名".a7p"，以表示这是一个 Authorware 的程序文件。

8.2.2 图形的绘制

Authorware 是一个多媒体制作工具，它的优势是控制各种媒体的组合，相当于电影中导演的角色，在图形绘制上没有其他图形图像处理工具功能强大。为方便用户使用，Authorware 可以绘制一些简单的图形。

1. 直线的绘制

双击要在其中绘制直线的显示图标，单击"绘图工具箱"中的 ━ 直线工具或 ╱ 斜线工具，将鼠标指针移到要绘制直线的起点处，此时鼠标指针变成"+"形状，表明目前处于绘图状态。

单击并按住鼠标左键，在演示窗口内拖动，在适当的位置释放鼠标左键，就完成了一条直线的绘制，如图 8-9 所示。

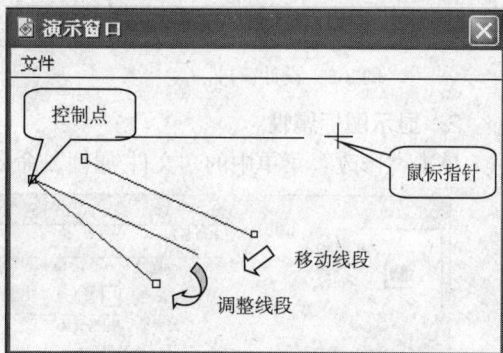

2. 椭圆与矩形的绘制和调整

单击"绘图工具箱"中的 ⬭ 椭圆工具，可以绘制椭圆。

单击绘图工具箱中"色彩"部分的"文本颜色"和"填充颜色"，调出"颜色"选择面版，可以为椭圆填充前景色、背景色和边框颜色。双击绘图工具箱中的 ▭ 矩形工具、⬭ 圆角矩形工具或 ◿ 多边形工具，可以调出"填充模式"选择板，如图 8-10 所示。此时可以通过两种填充方式填充颜色与底纹。

图 8-9　绘图与编辑线段

图 8-10　椭圆对象的填充

3. 圆角矩形的绘制和调整

圆角矩形的绘制与椭圆和矩形的绘制方法一致，所不同的是，选中绘图工具箱中的 ⬭ 圆角矩形工具，在拖拉一个圆角矩形后，可以看到在待调整状态下的圆角矩形内左上角有一个控制点，用它可以调节圆角矩形中边角的圆滑程度，制作出不同效果的圆形、桶形和枕形，如图 8-11 所示。如果要绘制等边圆角矩形，按住 Shift 键拖动鼠标即可。

4. 多边形的绘制和调整

选中绘图工具箱中的 ◿ 多边形工具，将鼠标移到演示窗口中单击一下，确定绘制多边形对象的第 1 个顶点。拖动鼠标时有一条直线会随着鼠标指针移动，在另一个位置单击鼠标就确定了第 2 个顶点，同时也就形成了多边形对象的第 1 条边。重复上述操作直至绘制到最后一个顶点，在最后一个顶点处双击鼠标，就完成了一个未封闭的多边形对象，如图 8-12（a）所示；也可以将鼠标指针移至第 1 个顶点上，单击鼠标左键，完成一个封闭的多边形对象，如图 8-12（b）所示。如果在拖动鼠标的同时按住 Shift 键，可以沿着 0°、45°、90° 绘制边线。

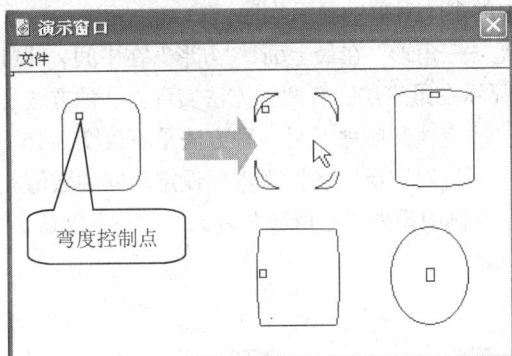

图 8-11 将圆角矩形改变形状

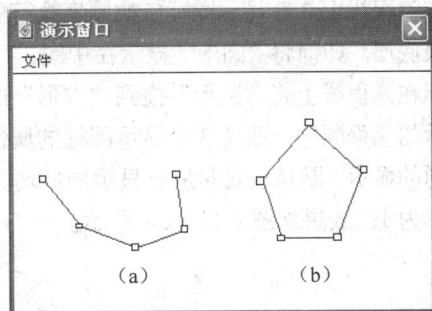

图 8-12 多边形对象

当绘制好的多边形需要调整时，可以使用 选取工具，对绘制好的多边形对象进行大小、形状以及位置调整。选中多边形对象后，拖动当前选中的多边形对象的顶点，也即改变了顶点位置，实现对图形大小、形状的调整。当增加多边形对象的顶点数目和边的数目时，选中多边形对象，然后选择 多边形工具，在按住 Ctrl 键的同时，用鼠标单击多边形对象的一条边，这条边上就被插入了一个新的顶点，从而由一条边变为两条边。对多边形填充时，不管边封闭否，都可以对其内部进行填充。而用"直线"或"斜线"工具封闭的图形，则不能进行填充。

5. 多个图形对象的放置

当在一个显示图标上绘制一个以上所需的图形对象后，需要了解在"演示窗口"中如何安排摆放这些对象。对多个图形对象的编辑，可选中所有要编辑的对象再进行移动、剪切、复制、粘贴、删除等操作，如图 8-13 所示。

6. 显示模式

当多个图形、图片相互重叠时，可以通过"显示模式选择板"来改变图形、图片重叠之间的相互关系。

双击绘图工具箱的 选择工具，可打开"显示模式选择板"，如图 8-14 所示。

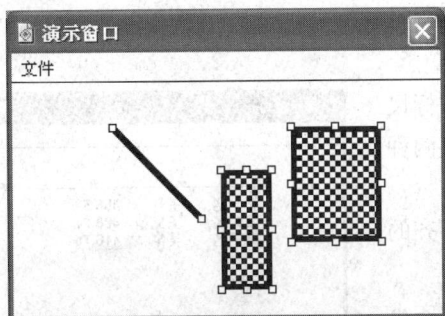

图 8-13 对多个图形对象的编辑

图 8-14 各种显示模式

7. 编辑多个显示图标

当在多个显示图标上绘制一个以上所需的图形对象后，编辑多个显示图标会遇到放置在不同显示图标中图像的显示次序问题，对于处在不同的显示图标中的多个对象，Authorware 在默认情况下，将后执行的设计图标中的内容放置在先执行的设计图标中的内容的前面，如图 8-15（a）、（b）所示。下面以本实例说明如何改变多个显示图标中的多个对象的显示次序。

流程线上 3 个显示图标依次顺序执行的结果是"三角形"在最上面，"方形"在中间，"圆形"在最底层。如何将"圆形"显示在中间，"方形"显示在最底层，有两种方法实现。一种方法是用鼠标在流程线上将"圆形"拖到"方形"的下方，改变执行顺序。另一种方法是不改变 8-15（a）所示的流程顺序，改变 3 个显示图标的属性设置。通过对"层"属性文本框设定不同的数值实现不同的显示，默认设置是所有显示图标均为 0 层，本例中设置"三角形"为 2，"方形"默认，"圆形"为 1，效果如图 8-15（c）所示。

（a）　　　　　　　　　（b）　　　　　　　　　（c）

图 8-15　多个显示图标的显示次序

8. 文本对象的处理

文本是多媒体作品设计中不可缺少的内容，它能传递更加直接的信息，文本是人机之间一种最基本的交互，因此，它也是多媒体中使用频率最高的对象。使用绘图工具箱中的 **A** 文本工具，可以方便地创建文本对象并对它进行编辑，如图 8-16 所示。

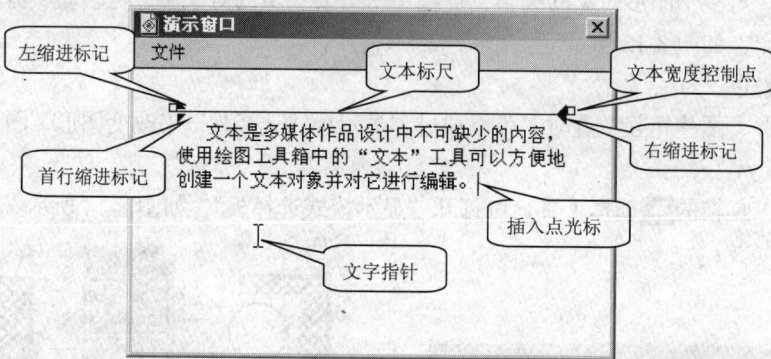

图 8-16　文本对象

如果需要创建表格等分栏文本对象，可以在文本标尺上通过鼠标单击设置制表位来实现。Authorware 提供两种制表位，如图 8-17 所示。

● 普通制表位：形状为▼，用于设置一个左对齐的分栏。

● 小数点制表位：形状为▼，用于设置一个对齐小数点的分栏。

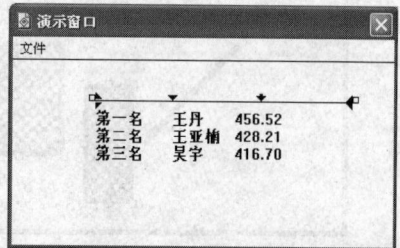

图 8-17　设置制表位

在文本对象中嵌入变量，可以显示实时变化的信息或不同用户的信息。此时，它显示的是变量的值。嵌入变量的方法为：将变量输入到文本对象中并用花括号将它括起来。Authorware 允许使用系统变量和自定义变量两种。

使用系统变量可以打开一个显示图标，向其中添加如图 8-18（a）所示的内容，运行程序，会看到如图 8-18（b）所示的结果。此时窗口显示的时间是运行程序那一时刻的系统时间，秒针没有跳动。为了能使时间随时钟改变，可以设置显示图标的属性，方法为：用鼠标右键单击显示图标，在弹出的对话框中选择"显示"选项卡，选中"更新变量显示"复选框，这时运行后显示的是随系统而改变的时间。

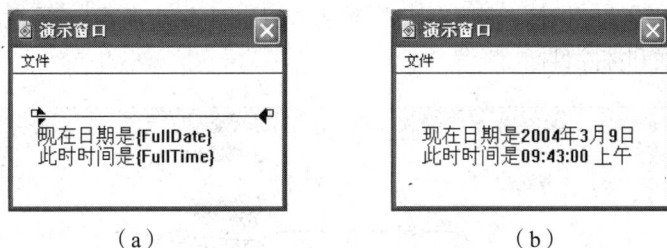

图 8-18　使用系统变量

在系统变量无法满足程序的需要时，可使用自定义变量。使用时，必须事先设定自变量的内容，这种操作称为赋值，需要用到计算图标。

具体操作方法如下。

① 拖动一个计算图标和一个显示图标到设计窗口中后分别命名为"赋值"、"画面"，如图 8-19 所示。

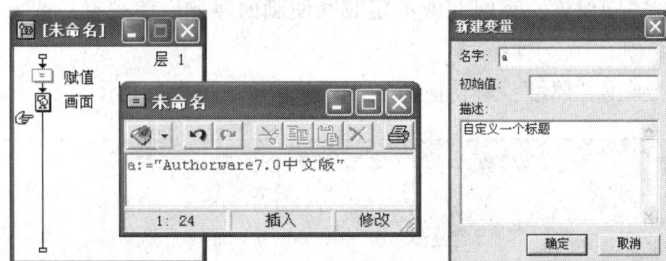

图 8-19　"新建变量"对话框

② 打开计算图标，输入 a：= "Authorware7.0 中文版"，a 是自定义的变量。输入完毕后，单击计算窗口右上角的关闭按钮，此时会出现一个提示窗口，询问是否保存对计算窗口的修改，单击"确定"按钮后会弹出一个"新建变量"对话框。在此"新建变量"对话框中可以输入变量名、变量的初始值以及变量描述。由于不能使用中文名，在变量描述框中输入一段关于此变量的说明性信息，使得将来在程序中有了几十个变量后也不会搞混。本例由于已经用表达式为 a 变量设定了一个值，就不用再输入初始值，输入说明性信息，直接确定即可。

③ 打开显示图标，选择文字工具输入{a}，如图 8-20（a）所示。

④ 运行程序，观看效果，如图 8-20（b）所示。

图 8-20　嵌入自定义变量

8.2.3 擦除图标与等待图标

1. 擦除图标

擦除图标的作用是把显示在演示窗口的内容用丰富的动画效果擦除，可以擦除屏幕上已显示出的内容。擦除图标擦除的内容是图标中所有的内容，如果不想一次擦除一个图标内的所有内容，就必须将这个图标里的内容分别显示在不同的图标里。

双击擦除图标，弹出"属性：删除图标"对话框，如图 8-21 所示。"属性：删除图标"对话框用于设置擦除方式和擦除目标。

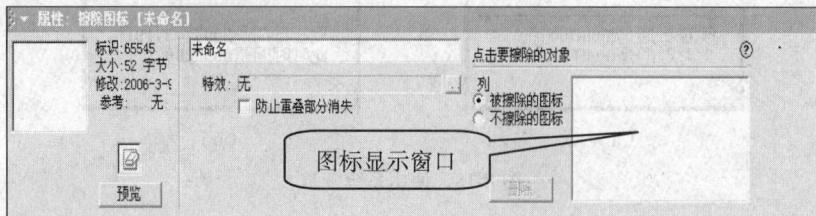

图 8-21 "属性：擦除图标"对话框

2. 等待图标

等待图标则是把程序进程的控制权转移到用户手中，它是体现 Authorware 交互性的表现之一，使用它可以在程序中设置一定时间或不定时间使画面停顿以便观看，或者等待用户的进一步操作。

双击等待图标，弹出"属性：等待图标"对话框，如图 8-22 所示。

图 8-22 "属性：等待图标"对话框

8.2.4 群组图标

在进行多媒体作品创作时，会发现小小的设计窗口无法容纳下众多的设计图标，这个问题可以通过在设计窗口中单击鼠标右键，在弹出的快捷菜单中选择"使用滚动条"命令，调出滚动条来解决。但更主要的问题是当程序太大时，程序没有了条理，结构显得不清晰。为了达到结构化程序设计的思想，我们采用了"群组"图标，它可以把应用程序划为若干个模块，每个模块都完成一定的功能，而且要使每个模块都只有一个入口和一个出口。每个模块都可以作为另一个稍大模块的子模块。

直接拖放一个"群组"图标在流程线上，双击这个图标后会出现一个与设计窗口类似的群组图标的设计窗口，如图 8-23 所示。图中层次标志的"层"与显示图标的"层"不一样，一个 Authorware 程序的主设计窗口的层次为 1，在主流程线上的群组图标设计窗口层次为 2，在层次为 2 的窗口的流程线上的群组图标的设计窗口层次为 3，依此类推。

在使用群组图标时，常用鼠标选中多个连续的设计图标，方法为在这些图标的左上角按住鼠标左键拖动，产生一个虚线框，将这些图标框到虚线框中后松开鼠标，便将这些图标选中。执行"修改/群组"菜单命令，可以将当前选中的多个连续的设计图标组合为一个群组图标，如图 8-24 所示。同样，执行"修改/取消群组"菜单命令，可以将一个群组图标分组为组合前的状态。

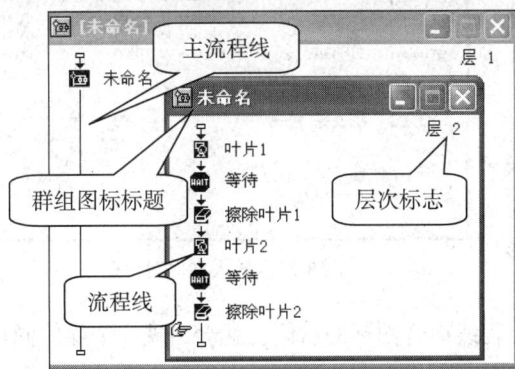

图 8-23　群组图标介绍

图 8-24　建组前的图标选择

选择群组图标，单击鼠标右键，在弹出的快捷菜单中选择"属性"命令，调出"属性：群组图标"对话框，如图 8-25 所示。

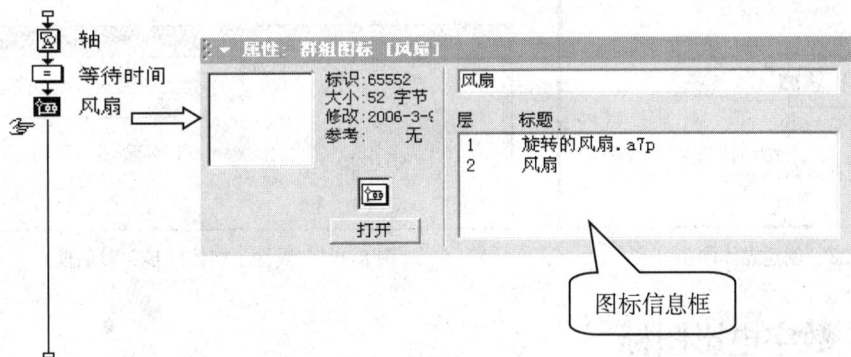

图 8-25　"属性：群组图标"对话框

8.2.5　声音图标

1. 声音对象的导入

引入声音的一般操作方法如下。

① 在流程线上放置声音图标并命名。

② 双击声音图标，打开"属性：声音图标"对话框，如图 8-26 所示，单击"导入"按钮，弹出导入文件对话框，如图 8-27 所示。

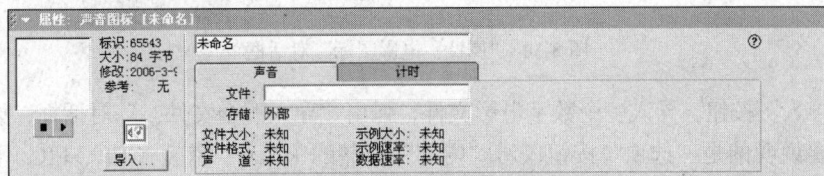

图 8-26　"属性：声音图标"对话框

③ 找到所要导用的声音文件，通过"链接到文件"复选框确定采用内部导入还是链接导入，单击"导入"按钮导入文件。

④ 在"属性：声音图标"对话框中预听声音和查看导入的声音文件参数，并进行必要的设置。

⑤ 关闭"属性：声音图标"对话框。

2．媒体同步

媒体同步是指在媒体播放的过程中同步显示文本、图形、图像和执行其他内容。Authorware 提供的媒体同步技术，允许声音图标和数字电影图标激活任意基于媒体播放位置和时间的事件。

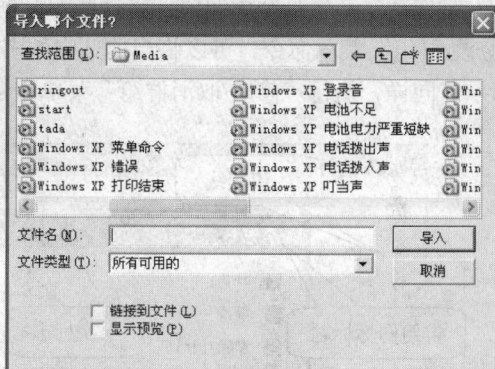

图 8-27　导入文件对话框

从图标选择板中拖动一个设计图标放置到流程线声音图标的右侧，就会出现一个媒体同步分支（具有一个时钟样式的媒体同步标记，如图 8-28 所示），同时该设计图标就会自动成为一个媒体同步图标。单击媒体同步标记，就可以打开"属性：媒体同步"对话框，如图 8-29 所示。在其中可以对媒体同步分支的同步属性进行设置，以决定媒体同步图标的执行情况。

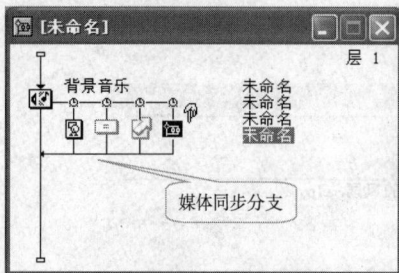

图 8-28　创建媒体同步分支

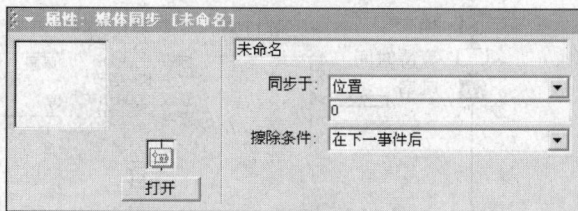

图 8-29　"属性：媒体同步"对话框

8.2.6　数字电影图标

导入数字电影，首先要在流程线上需要的位置放置一个数字电影图标，然后双击该数字电影图标，打开"属性：电影图标"对话框，如图 8-30 所示。

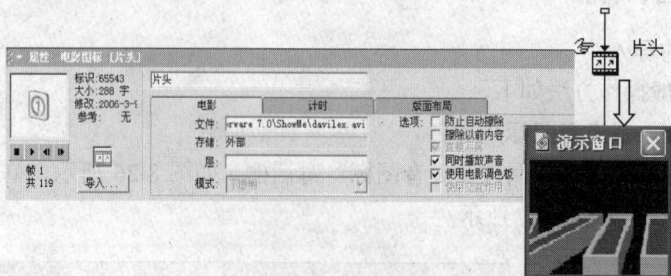

图 8-30　"属性：电影图标"对话框

单击"导入"按钮，导入一个数字电影文件，弹出"导入哪个文件？"对话框，如图 8-31 所示，此处需要说明的是"选项"按钮仅对"内部"存储的（FLC、FLI、CEL、PIC）数字电影文件起作用，单击此按钮，弹出"电影输入选项"对话框。

图 8-31　导入数字电影文件

"使用全部结构（为了较好地动态回放）"复选框：选择此复选框，将数字电影的每一帧都完全加载到 Authorware 中，而不是仅加载其与前一帧不同的部分。这样做会占用更多的内存，但是有利于数字电影的单步播放或倒播。

"使用黑色作为透明颜色"复选框：选择此复选框就将黑色设置为透明色，当数字电影的覆盖模式被设置为透明模式或褪光模式时，其中黑色部分会变成透明。不选择此复选框则将白色设置为透明色。在默认情况下此复选框处于选择状态。

8.2.7　导入 GIF 动画

GIF 动画是常见的一种动画文件格式，它是基于位图的动画，一般都制作成幅面小、播放长度短、容量较小的文件，但内容和形式生动活泼。在数字电影图标中不能导入 GIF 动画文件，因此，Authorware 7.0 提供了一种可以播放 GIF 动画的方法。

导入 GIF 动画的具体操作方法如下。

① 单击"插入"菜单，打开如图 8-32 所示的"媒体"菜单，选择"Animated GIF"菜单项，将会弹出如图 8-33 所示的"Animated GIF Asset 属性"对话框。

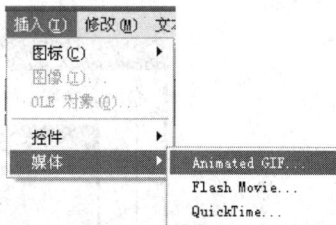

图 8-32　打开"插入"菜单

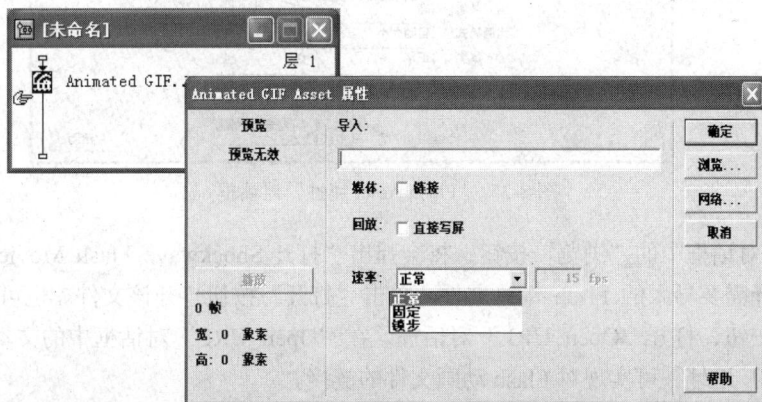

图 8-33　"Animated GIF Asset 属性"对话框

② 单击该对话框中的"浏览"按钮，将会弹出"打开 GIF 文件"对话框。在该对话框中选择需要导入的 GIF 动画文件，单击"打开"按钮。

③ 另外，还有一种导入 GIF 动画的方法，即单击对话框中的"网络"按钮，打开如图 8-34 所示的"Open URL"对话框。在该对话框中的文本框中输入 GIF 动画所在的 URL 地址，可以实现对 GIF 动画文件的链接，然后单击"OK"按钮关闭该对话框。

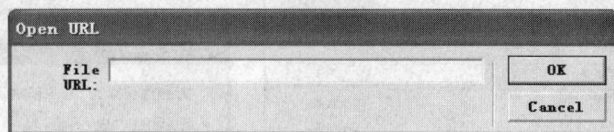

图 8-34 "Open URL"对话框

④ 运行程序，将看到所导入 GIF 动画的播放效果。

8.2.8 导入 Flash 动画

Flash 动画是目前较为流行的一种动画文件格式，它是一种基于向量图的动画，改变大小后不影响画面质量，除了使用自身功能制作动画效果以外，还可以引入图像、声音等更多的媒体形式，特别是 Flash 动画可以包含交互功能。在数字电影图标中也不能导入这种格式的动画文件，因此，Authorware 7.0 提供了一种可以播放 Flash 动画的方法。

导入 Flash 动画的具体操作方法如下。

① 单击"插入"菜单，打开"媒体"下拉菜单，选择"Flash Movie"菜单项，将会弹出如图 8-35 所示的"Flash Asset 属性"对话框。

图 8-35 "Flash Asset 属性"对话框

② 单击该对话框中的"浏览"按钮，将会弹出"打开 Shockwave Flash Movie"对话框。在该对话框中选择需要导入的 Flash 动画文件，单击"打开"按钮打开该文件。也可以单击对话框中的"网络"按钮，打开"Open URL"对话框。在"Open URL"对话框中的文本框输入 Flash 动画所在的 URL 地址，可实现对 Flash 动画文件的链接。

如果该引入的 Flash 作品具有目标区域交互时，在拖动交互区域时会使整个 Flash 画面移动，则无法进行交互作用，此时不允许 Flash 移动，如图 8-36 所示，可右击 Flash 图标，在下拉菜单中选择"计算"，弹出计算图标，在计算图标内输入可移动性系统变量"为假"，即"Movable@"设计图标名称":= 0"，即可使其固定位置。

③ 运行程序，即可看到所导入 Flash 动画的效果，如图 8-37 所示。

图 8-36　改变设计图标的可移动性

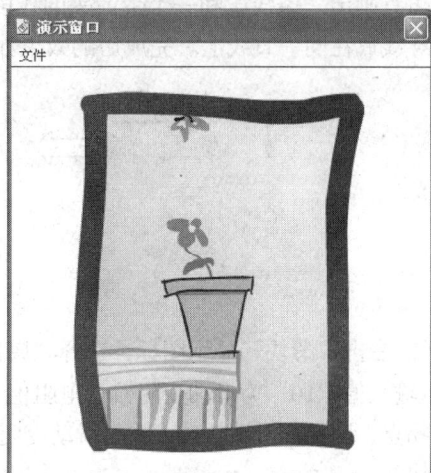

图 8-37　演示效果

8.2.9　动手实践

例 8-1　欧姆定律的实验演示。

用显示图标及其相关属性设置来做一个模拟演示"欧姆定律的实验演示"的实例，如图 8-38 所示。其效果是用鼠标拖动滑动变阻器指针，改变滑动变阻器的阻值，实现动态显示电流值的变化。

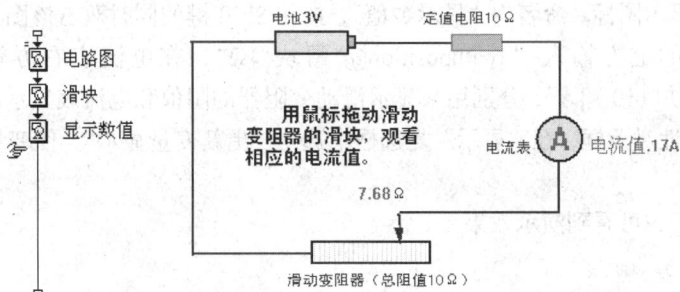

图 8-38　欧姆定律的实验演示图

具体操作步骤如下。

① 在流程线上添加一个显示图标，命名为"电路图"，双击该图标，用矩形工具绘制一个矩形并用灰色填充作为电池；用矩形工具绘制一个矩形并用绿色填充作为一个定值电阻；用椭圆工具绘制一个圆，并用文字工具输入一个红色字母 A 作为电流表；用矩形工具绘制一个矩形填充竖格线作为滑动变阻器。用文字工具做必要标注，并用直线工具把几个装置连接起来。完成后的效果如图 8-39 所示。

② 用鼠标右键单击"电路图"显示图标，在弹出的快捷菜单中选择"计算"命令，并在弹出的窗口中输入"Movable@"电路图"：= false"。使得在程序运行时，该图标中的内容不能被移动。

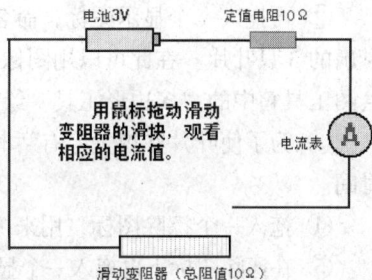

图 8-39　电路图设计

③ 继续在流程线上拖入显示图标，命名为"滑块"，按住 Shift 键的同时双击该图标，用"斜线"工具画出一条线段和一个带箭头的线段，组合成为滑块，如图 8-40（a）所示，把滑块与连接的导线放在同一直线上。完成后的效果如图 8-40（b）所示。

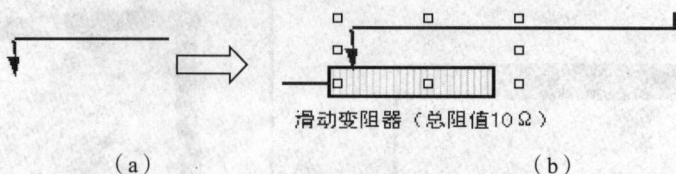

（a） 　　　　　　　　　　　　　　　　（b）

图 8-40　滑块效果

④ 右击"滑块"显示图标，选择"属性"命令，在弹出的对话框设置中如图 8-41（a）所示（终点输入值"10"为滑动变阻器总电阻值）。单击"滑块"演示窗口中的滑块，拖动产生两个三角形拐点，设置其滑动轨迹，并与滑动变阻器在位置上重合，如图 8-41（b）所示。然后单击"确定"按钮。

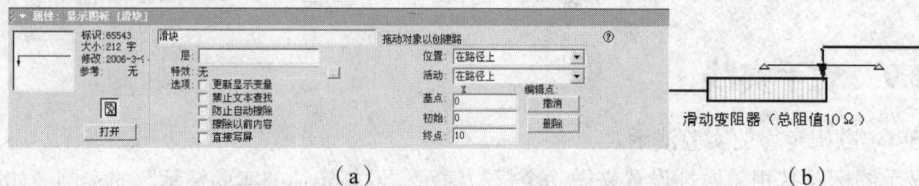

（a） 　　　　　　　　　　　　　　　　（b）

图 8-41　滑块属性与轨迹的设置

⑤ 添加一个显示图标，命名为"显示数值"，按住 Shift 键的同时双击该图标，用文字工具在滑动变阻器图片的上方输入"{pathposition@"滑块"}Ω"，在电流表右方输入"电流值{3/（pathposition@"滑块"+10）}A"，分别用来显示滑动变阻器的阻值和电流表显示的电流值。然后右击该图标，打开属性对话框，在"显示"复选框中选中"更新变量显示"，使变量能够及时反映变化情况。

⑥ 完成后运行，可看到演示效果。

例 8-2　旋转的风扇。

用显示图标、擦除图标以及等待图标制作一个转动的风扇。在实例中可通过改变设定值，控制风扇的转速，如图 8-42 所示。

具体操作步骤如下。

① 在流程线上拖入一个显示图标，命名为"轴"，双击该图标，在演示窗口中画出风扇的转轴。由于轴在旋转中表现出来是相对静止的，可以在显示图标中单独显示，以作为一个参照。

② 再拖入一个显示图标，命名为"叶片 1"，按住 Shift 键的同时双击该图标，在窗口中画出风扇的 3 只叶片。在此可以用图像处理软件画好 3 只不同角度的叶片，导入到演示窗口，也可用绘图工具箱中的"多边形工具"绘制不同角度的叶片，如图 8-43（a）所示。

③ 为了使叶片在视觉上有暂时的停留现象，在流程线拖入等待图标，设置 0.1s 左右的等待时间。

④ 拖入一个擦除图标，用来擦除显示图标"叶片 1"。

⑤ 在擦除图标下再拖入一个显示图标，以显示图标"轴"为参照，画出风扇顺时针旋转 60°的 3 只叶片，并命名为"叶片 2"，如图 8-43（b）所示。

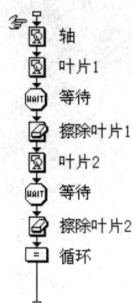

图 8-42 流程图与显示效果

（a）　　　　　　　　（b）

图 8-43 叶片的设计效果

⑥ 同理，拖入等待图标，设置值与第 1 个等待图标相同，再拖入一个擦除图标，分别命名为"等待"和"擦除叶片 2"，用来停顿和擦除显示图标"叶片 2"。

⑦ 为达到无限转动的效果，在流程线最后拖入一个计算图标，双击该图标，打开计算编辑窗口，单击工具栏中的"函数"按钮，选择 GoTo 函数，设定变量如图 8-44 所示。

⑧ 关闭变量输入窗口，保存。运行程序观看效果。

在调节风扇转速的控制时，为了方便起见，可以用自定义变量方式，加一个计算图标，并在等待图标内设置变量来改变风扇的转速，如图 8-45 所示。

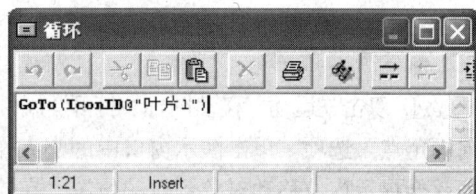

图 8-44 设置叶片循环

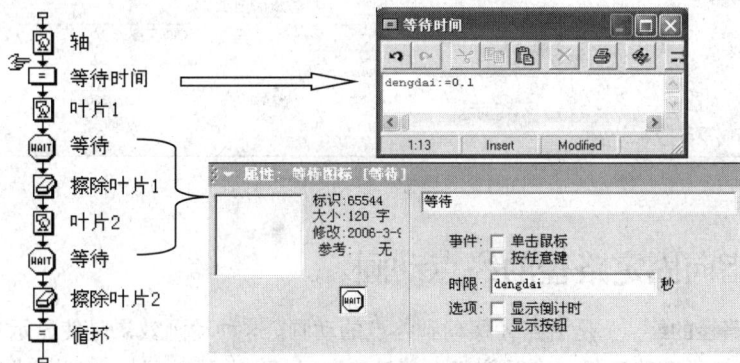

图 8-45 用自定义变量控制

8.3 动 画 设 计

Authorware 具有较强的动画功能，提供了特效、运动、定位 3 种方式来实现动画效果。其中，移动图标为对象提供了 5 种运动方式：指向固定点、指向固定直线上的某点、指向固定区域内的某点、指向固定路径的终点和指向固定路径上的任意点。

8.3.1 指向固定点的动画

"指向固定点"是直接移动到终点的动画。这种动画效果是使显示对象从演示窗口中的当前位置直接移动到另一位置。

具体操作步骤如下。

① 单击工具栏中的"新建"按钮，新建一个文件。

② 从设计图标工具栏中拖放显示图标到流程线上，并命名为"背景"。

③ 执行"插入/媒体/Animated GIF"菜单命令，插入一个"小人"的 GIF 动画。然后再拖放移动图标到流程线上，命名为"运动"，此时程序设计流程线与实例如图 8-46 所示。

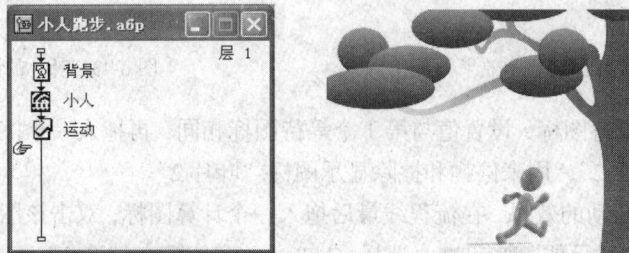

图 8-46　程序设计流程线与实例

④ 双击"运动"移动图标，打开"属性：移动图标"对话框，在"类型"下标列表中选择"指向固定点"选项。单击演示窗口中的小人作为移动对象，选定移动对象之后移动图标的属性对话框就会提示拖放移动对象到目的位置，在这里我们拖放小人到演示窗口的右边，对话框的设置如图 8-47 所示。

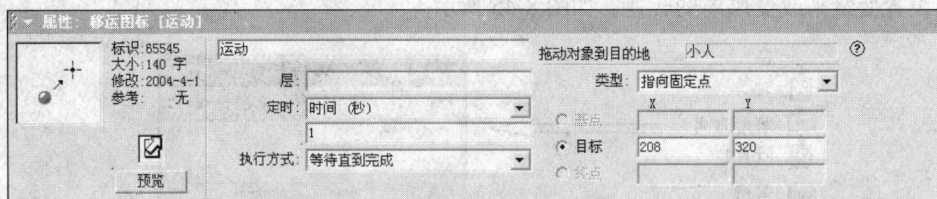

图 8-47　"属性：移动图标"对话框

8.3.2　指向固定路径的终点动画

"指向固定路径的终点"是沿路径移动到终点的动画。这种动画效果是使显示对象沿预定的路径从路径的起点移动到路径的终点并停留在那里，路径可以是直线段、曲线段或是二者的结合。

创建"指向固定路径的终点"运动效果的动画是比较常见的，本小节选用皮球弹跳的例子来介绍"指向固定路径的终点"的动画设计。运行效果是：程序运行后，小球将从演示窗口的左边高处弹下，弹跳几次后到演示窗口的右边结束。

具体操作步骤如下。

① 单击工具栏中的"新建"按钮，新建一个文件。

② 从设计图标工具栏中拖放显示图标到流程线上，并命名为"皮球"。双击该图标打开其演示窗口，然后在窗口中画一个"皮球"作为移动对象。

③ 向流程线上添加一个移动图标并双击该图标，将会打开"属性：移动图标"对话框。与此同时，还会在该对话框的后面打开一个演示窗口，窗口中出现已经设置过的"皮球"对象。

④ 在"属性：移动图标"对话框打开的情况下，单击演示窗口中的移动对象"皮球"，此时该移动对象将会出现在对话框的预览窗口中，如图 8-48 所示。

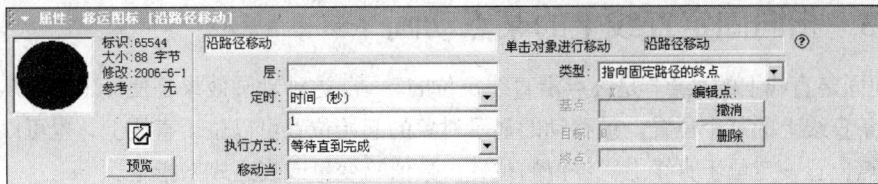

图 8-48 "属性：移动图标"对话框

⑤ 选择动画类型为"指向固定路径的终点"，在移动对象"皮球"上单击鼠标左键，此时在皮球的中心会出现一个黑色的三角，它表示移动对象的运动起点。

⑥ 拖动移动对象"皮球"（不能拖动黑色的三角，否则移动的是对象的起始位置），到某一个点放开鼠标左键，此时会出现一个路径的关键点，表示为一个空心的三角形拐点（任意两个关键点之间的路径都是直线的）。拖动这些三角就可以改变对象的运动途径，如图 8-49 所示。

⑦ 双击任意一个三角形拐点，三角形拐点将会变为圆形拐点，表示它两侧的路径是圆滑的；再双击圆形，将会重新变为三角。依次下去，会产生一个运动路径，如图 8-50 所示。

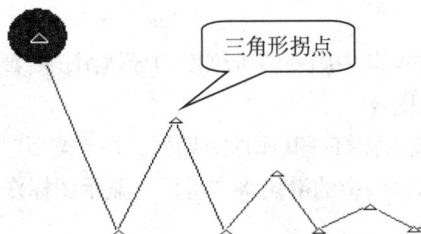

图 8-49 制作弹跳路径

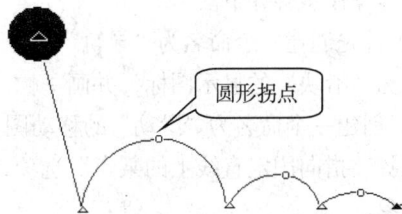

图 8-50 制作圆弧弹跳路径

在操作过程中如果出现错误，可以打开"属性：移动图标"对话框，选择编辑点后单击"删除"或"撤销"按钮进行修改，也可以拖放圆形控制点改变曲线的形状。

⑧ 单击"确定"按钮，关闭对话框。运行程序，即可看到皮球弹跳的动作。

在选择了"指向固定路径的终点"动画类型之后，在"属性：移动图标"对话框中多了一项"移动时"属性，如图 8-51 所示。在该文本框中输入的逻辑常数、变量或表达式将作为此移动图标是否执行的条件。当实例程序运行到移动图标时，会首先检查"移动时"属性的值是否为真（TRUE，1 或 ON），如果为真，就会执行此移动图标；如果为假（FALSE，0 或 OFF），就将此设计图标忽略，如果保持该文本框为空的话，程序仅在第 1 次遇到该移动图标时执行它一次。此处设置"三角形移动"运动图标的"移动时"属性为"FALSE"，当 Authorware 运行时，就会跳过"三角形移动"而直接往下进行。

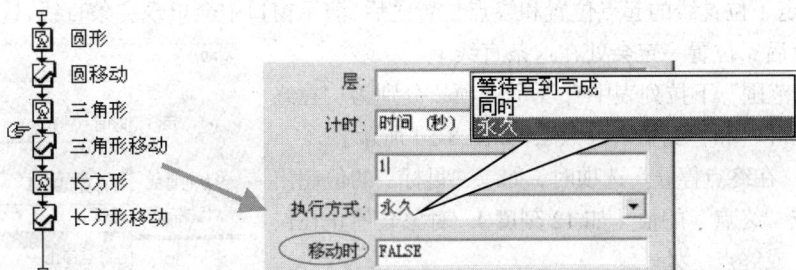

图 8-51 移动条件与执行方式

8.3.3 指向固定直线上的某点动画

"指向固定直线上的某点"是终点沿直线定位的动画。这种动画效果是使显示对象从当前位置移动到一条直线上的某个位置。被移动的显示对象的起始位置可以位于直线上，也可以在直线之外，但终点位置一定位于直线上。停留的位置由数值、变量或表达式来指定。

下面通过一个气垫导轨的例子来介绍创建"指向固定直线上的某点"运动效果的动画。如图 8-52 所示，运行效果是：程序运行后，输入刻度值，滑块滑向该刻度。

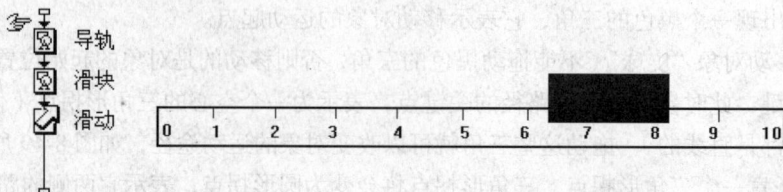

图 8-52　气垫导轨与程序示意图

具体操作步骤如下。

① 首先创建一个命名为"导轨"的显示图标，并向其中画一幅带刻度的导轨图；接着创建一个命名为"滑块"的显示图标，并画一幅"滑块"的图像。

② 创建一个命名为"滑动"的移动图标，双击该图标打开其属性对话框，在"类型"下拉列表中选择"指向固定直线上的某点"选项，单击演示窗口中的滑块将"滑块"显示图标作为它的作用对象。

如图 8-53 所示，"指向固定直线上的某点"移动方式的移动图标属性对话框中有如下内容。

图 8-53　设置移动方式

● 选中"基点"单选按钮，用鼠标在演示窗口中拖动对象可以确定位置线的起点。

● 选中"终点"单选按钮，用鼠标在演示窗口中拖动对象可以确定位置线的终点。

● 在确定了位置线的起点位置和终点位置之后，演示窗口中会出现一条直线，这就是位置线。对象移动结束后，位置一定会处在这条直线上。

● "远端范围"下拉列表中有 3 个选项，分别为"在终点停止"、"循环"和"到上一终点"，如图 8-54 所示。

● 选择"在终点停止"选项时，如果"目标"的值超出了"基点"或"终点"的值（如 12 刻度），对象会停止在位置线的起点（或终点）处。

选择"循环"选项时，如果"目标"的值超出了"基点"

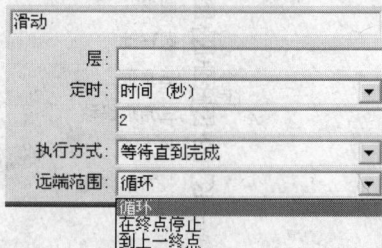

图 8-54　"属性：移动图标"对话框

或"终点"的值（如 12 刻度），对象会按给定值与设定值两者差值执行，按 12-10＝2 执行，定位在 2 刻度处；如果给定值为–2，按–2＋10＝8 执行，定位在刻度 8 处。

选择"到上一终点"选项时，如果"目标"的值超出了"基点"（或"终点"）的值，则 Authorware 会将位置线从起点处（或终点处）向外延伸，最终对象移动的终点仍会位于伸长了的终点位置线上，但已经超出了"基点"和"终点"所定义的范围。例如，将"目标"的值设为 12，运行程序后滑块在终点外延伸 2 刻度处。

8.3.4　指向固定路径上的任意点动画

"指向固定路径上的任意点"是沿路径定位的动画。这种动画效果也是使显示对象沿预定的路径移动，最后停留在路径上的任意位置而不一定非要移动到路径的终点。停留的位置可以由数值、变量或表达式来指定。

下面通过一个卫星围绕地球转动的例子来介绍创建"指向固定路径上的任意点"运动效果的动画。如图 8-55 所示，运行效果是：程序运行后，输入比例值，卫星停留在比例值位置。

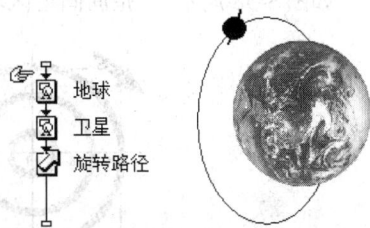

图 8-55　地球卫星与程序示意图

具体操作步骤如下。

① 首先创建一个命名为"地球"的显示图标，单击工具栏中的"导入"按钮，并向其中导入一幅地球图像，设置 Alpha 显示方式。

② 拖入一个显示图标，命名为"卫星"，双击该显示图标，在弹出的窗口中绘制一个卫星图片。

③ 创建一个命名为"旋转路径"的移动图标，双击该图标打开"属性：移动图标"对话框，在"类型"下拉列表中选择"指向固定路径上的任意点"选项，单击演示窗口中的卫星将"卫星"显示图标作为它的作用对象。

如图 8-56 所示，"指向固定路径上的任意点"移动方式的移动图标属性对话框中有如下内容。

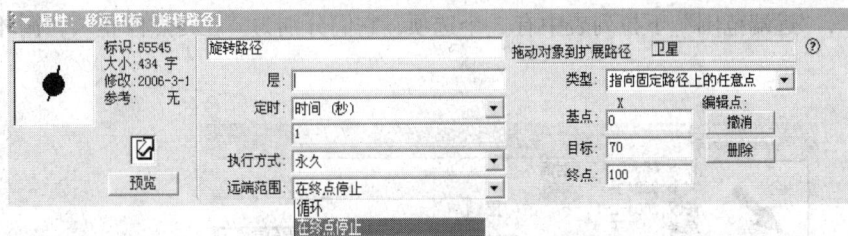

图 8-56　"属性：移动图标"对话框

- 选中"基点"单选按钮，用鼠标在演示窗口中拖动对象可以确定位置线的起点。
- 选中"终点"单选按钮，用鼠标在演示窗口中拖动对象可以确定位置线的终点。
- 在确定了位置线的起点位置和终点位置之后，调整中间的拐点，形成椭圆形路径。这里默认的"基点"0、"终点"100 和"目标"70 均是比例值，此例中"卫星"运行停留在路径中 70%的位置。

8.3.5　指向固定区域内的动画

"指向固定区域内的某点"是沿平面定位的动画。这种动画效果是使显示对象在一个坐标平面

内移动。起点坐标和终点坐标由数值、变量或表达式来
指定。

下面通过一个射箭的例子来介绍创建"指向固定区
域内的某点"运动效果的动画。如图 8-57 所示，运行效
果为：程序运行后，箭射向靶的区域内。

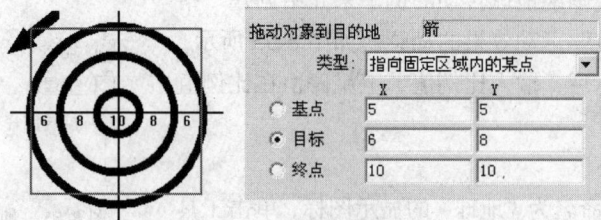

图 8-57　射箭与程序示意图

具体操作步骤如下。

① 首先创建一个命名为"靶"的显示图标，并在其
中画一幅带靶环的图；接着创建一个命名为"箭"的显示图标，并画一个箭。

② 创建一个命名为"射箭"的移动图标，双击该图标打开其属性对话框，在"类型"下拉列表
中选择"指向固定区域内的某点"选项，单击演示窗口中的箭将"箭"显示图标作为它的作用对象。

如图 8-58 所示，"指向固定区域内的某点"移动方式的移动图标属性对话框中有如下内容。

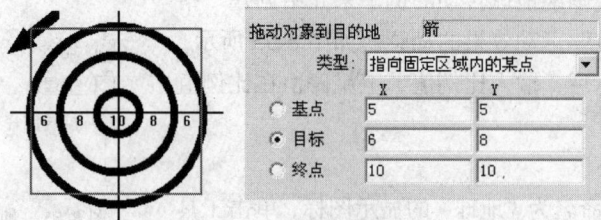

图 8-58　设置移动方式

● 选中"基点"单选按钮，用鼠标在演示窗口中拖动对象可以确定区域的起点 x 轴和 y 轴的
平面坐标。

● 选中"终点"单选按钮，用鼠标在演示窗口中拖动对象可以确定区域的终点 x 轴和 y 轴的
平面坐标。

在确定了区域的起点位置和终点位置之后，演示窗口中会出现一个区域方框，这就是位置区
域。对象移动结束后，位置一定会处在这个区域内。

如图 8-59 所示，"远端范围"下拉列表中有 3 个选项，它们分别为"在终点停止"、"循环"
和"到上一终点"。

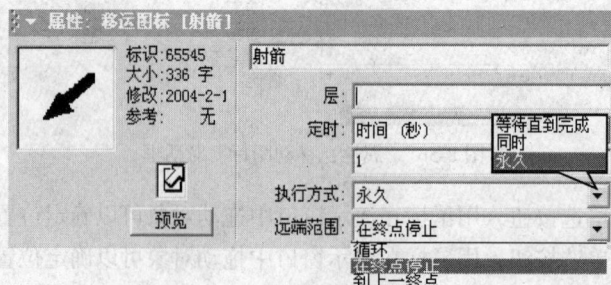

图 8-59　"属性：移动图标"对话框

8.3.6　动手实践

例 8-3　使用自定义变量控制水分子运动。

图 8-60 所示为水分子沿着所设定的路径移动的过程，操作步骤如下。

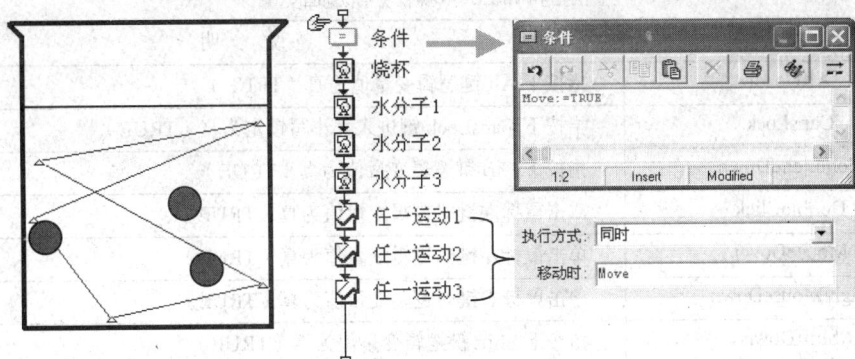

图 8-60　使用自定义变量作为移动条件

① 拖入一个计算图标，命名为"条件"，在"条件"计算图标中自定义变量 Move，并将它赋值为 True。

② 拖入显示图标，分别命名，并画好烧杯、水分子，由于每个水分子有自己的运动轨迹，需要拖入多个显示图标。

③ 针对每个水分子，拖入各自的移动图标，并分别命名。双击移动图标，打开"属性：移动图标"对话框，在"移动时"文本框中输入"Move"，由于 Move 是一个自定义的逻辑变量，所以此程序运行时，水分子会不停地沿封闭的多边形路径运动，每转完一圈，Authorware 会检查"移动时"属性的值，当值还是 True，移动就会重复进行，如果变为 False，移动就会停止。如果在"条件"计算图标中将 Move 赋值为 False，运行程序就会看到水分子停在原处不动。

例 8-4　使用系统变量控制水分子运动。

使用系统变量可以分别控制水分子运动，如图 8-61 所示。在"移动时"文本框中分别输入系统变量"CommandDown"、"ShiftDown"和"MouseDown"，分别控制水分子"任一运动 1"、"任一运动 2"和"任一运动 3"。当程序运行时，按下 Ctrl 键为 True，"水分子 1"运动一周；当按下 Shift 键为 True，"水分子 2"运动一周；当单击鼠标左键（MouseDown）为 True，"水分子 3"运动一周。以上"执行方式"设置均为"永久"，当设置为"同时"或"等待直到完成"，Authorware 会认为此移动图标已经执行完毕，不会执行。

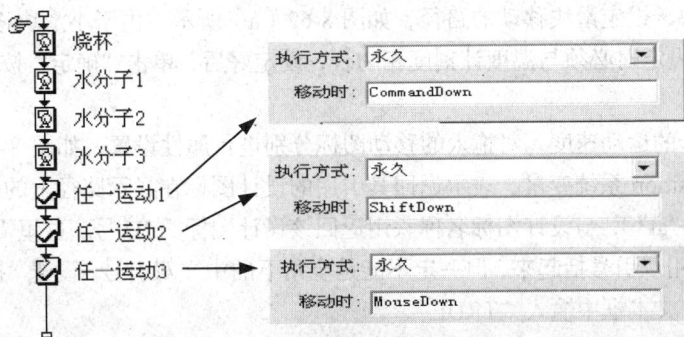

图 8-61　使用系统变量作为移动条件

使用系统变量控制水分子运动，实现了程序在运行期间直接控制移动的启停，从而表现出具有一定的交互功能。表 8-1 所示为常用的 Windows 操作系统逻辑变量。

表 8-1　　　　　　　　　　　常用的 Windows 操作系统逻辑变量

变 量 名 称	说　明
AltDown	指按下 Alt 键逻辑变量值为真（TRUE）
CapsLock	指按下 CapsLock 键进入大小写锁定为真（TRUE）
CommandDown	指按下 Ctrl 键逻辑变量值为真（TRUE）
DoubleClick	双击鼠标左键时逻辑变量值为真（TRUE）
MouseDown	单击鼠标左键时逻辑变量值为真（TRUE）
RightMouseDown	单击鼠标右键时逻辑变量值为真（TRUE）
ShiftDown	指按下 Shift 键逻辑变量值为真（TRUE）

例 8-5　使用变量控制移动速度。

使用变量可以控制水分子的运动速度，如图 8-62 所示程序，用鼠标上下拖动"水温刻度"滑块，水分子运动速度会加快和放慢。

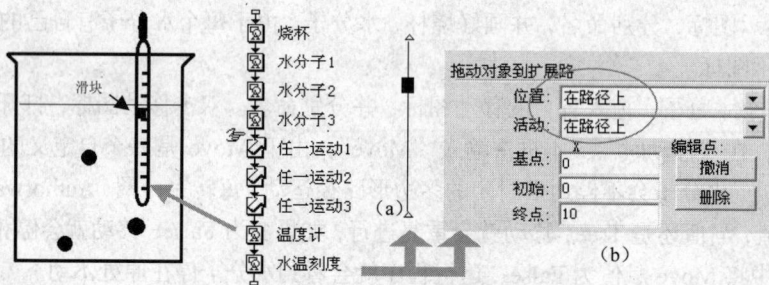

图 8-62　程序示意图

具体操作步骤如下。

① 如前所述，在创建好水分子运动的基础上，拖入显示图标，命名为"温度计"，画一个温度计放在烧杯中。

② 再拖入一个显示图标，命名为"水温刻度"，打开显示窗口创建一个小滑块，用鼠标右键单击"水温刻度"显示图标，选择"属性"命令，弹出"属性：显示图标"对话框，设置"位置"、"活动"属性均为"在路径上"，如图 8-62（b）所示。

③ 拖动小滑块，设定滑块移动的路径，如图 8-62（a）所示。由于小滑块移动的路径表示温度计温度的变化，设定时必须与温度计刻度相吻合，设定好后，单击"确定"按钮，退出"属性：显示图标"对话框。

④ 控制水分子的运动速度，对拖入的移动图标分别进行属性设置，如图 8-63 所示。在属性设置中引入 PathPosition 系统变量，表示返回其引用的设计图标在显示路径上的位置，符号"@"是引用符号（读做"at"），与设计图标名称联用返回该设计图标的 ID 号。这里需要注意的是，设计图标名称一定要用双引号括起来，但一定不能是全角下的中文双引号。设置"执行方式"为"永久"，在"移动时"文本框中输入"TRUE"。

⑤ 运行程序，用鼠标拖动滑块，滑块可沿温度计上下移动，将滑块拖向上方，水分子会跑得飞快，将滑块拖向下方，水分子会跑得很慢。

这个实例提供了一个可视化的调整手段，可以应用在很多地方，比如可用它来调节数字化电影的播放速度、调节音乐的播放速度等。

图 8-63　使用变量控制移动速度

例 8-6　小球沿正弦轨迹运动。

"小球沿正弦轨迹运动"程序运行后，屏幕将显示如图 8-64 所示的画面。小球按正弦规律运动。

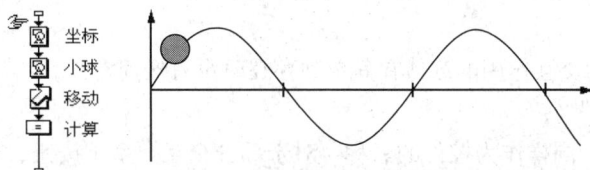

图 8-64　正弦轨迹运动与程序示意

具体操作步骤如下。

① 在流程线上拖入两个显示图标，分别命名为"坐标"和"小球"，用绘图工具画出坐标和一个圆，圆内部填充黑色作为小球。

② 拖入一个移动图标，把小球作为移动对象，移动类型为"指向固定区域内的某点"，选中"基点"，把小球拖曳到演示窗口左下角作为起始点。再选中"终点"，把小球拖曳到演示窗口右上角作为结束点，则在开始点和结束点之间形成一个矩形区域，即小球的可移动范围。x 轴起始点与终止点坐标分别设为"0"和"10"，y 轴出发点与结束点坐标分别设为"0"和"100"；在"目标"的水平文本框和垂直文本框内分别输入 x、y 变量，如图 8-65 所示。

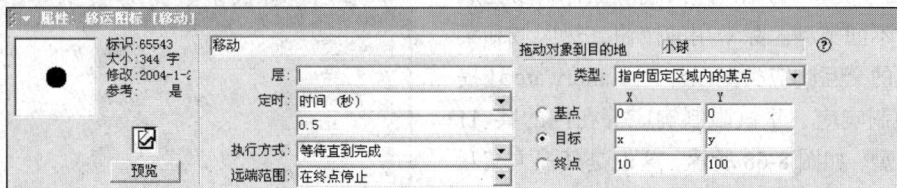

图 8-65　"属性：移动图标"对话框

③ 在"移动"图标下边加入一个名称为"计算"的计算图标，"计算"图标的设置如图 8-66 所示。其中，第 1 条语句 x：＝x＋1 是给变量 x 每次累加 1，第 2 条语句 y：＝50＋50*SIN(x)是计算 y 的正弦值，正弦最大值为 50，最小值为–50，为使整个正弦轨迹均在坐标区内，所以加上一个基准值 50。第 3 条语句 if x＜＝10 then GoTo（IconID@"移动"）的作用是：如果 x 不大于 10 则转至"移动"图标去执行，这样可构成一个循环。

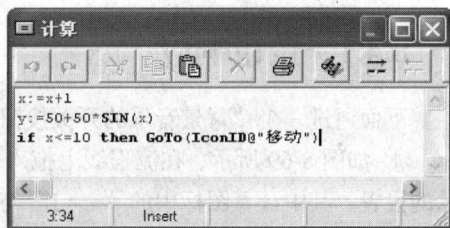

图 8-66　计算图标的设置

④ 运行该程序，可以看到小球在演示窗口内做正弦轨迹的移动。

8.4　交　互　控　制

Authorware 为用户提供了强大的交互功能，这些功能均由交互作用分支结构来实现，如图 8-67 所示。交互作用分支结构由"交互"图标和"响应"图标共同构成。

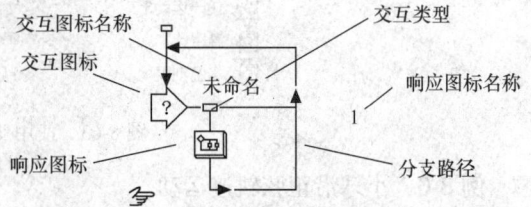

图 8-67　交互作用分支结构

● 交互图标名称：作为一个控件的名称，它由用户任意确定，但在课件制作和修改过程中，为了便于阅读程序，给其命一个合适的名字非常重要。

● 交互图标：作为交互作用的载体在其单独存在时没有任何意义，它与其右边的响应图标一起实现画面以及功能的跳转。

● 响应图标名称：同样作为控件的名称，对于部分交互类型（按钮、热区域等），它有着与交互图标名称同样的功能，但对于另一部分交互类型（条件、文本输入等）来说它有着另外的功能（在后续内容中介绍）。

● 响应图标：为交互图标右边横向排列的所有控件，其作用是实现制作人在执行此步交互后所预期的效果。

> **注意**　交互设计、框架和决策判断图标不能直接作为响应图标置于交互图标的右边，但可以存在位于响应图标位置的组合图标中。

● 分支路径：为响应图标中程序执行完以后决定机器读取程序的方向，也就是箭头的指向。在 Authorware 的交互作用中存在 4 种分支路径，将在交互属性中做具体介绍。

● 交互类型：为用户进入响应图标所要完成的操作的不同类型。除常用的按钮、热区域和菜单等传统的交互响应类型以外，Authorware 还提供时间限制响应、重试限制响应等在内的共 11 种交互类型，如图 8-68 所示，这也是其强大交互功能的体现。在图 8-68 中左边的符号在编辑窗口响应类型处各代表一种交互类型。

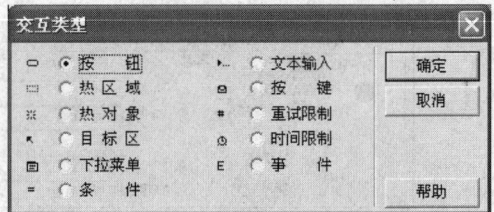

图 8-68　交互类型

8.4.1　按钮响应

下面通过一个"背景音乐的开关按钮"的例子，介绍按钮响应的使用。具体操作步骤如下。

① 如图 8-69 所示，在流程线上拖入一个计算图标和声音图标，对它们分别进行如图 8-70 所示的设置。其中计算图标中的"a:= 1"与右图相对应，使音乐在程序运行时处于播放状态。由于声音图标的属性设置在前面已经做过介绍，在此不再赘述。

在编辑上述的程序时，当关闭计算图标并选择保存对计算图标所进行的修改后，系统便会弹

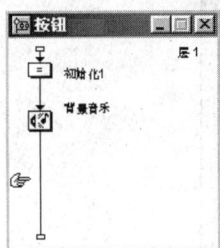

图 8-69 按钮流程图设置

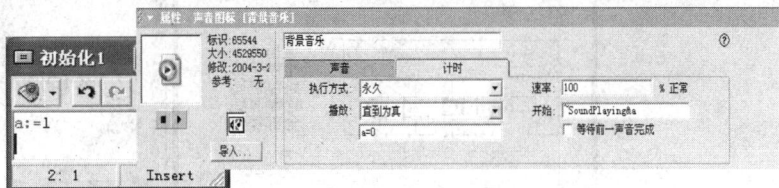

图 8-70 "计算"和声音"图标中的属性设置

出如图 8-71 所示的对话框，名字"a"为此程序中用户自定义的一个变量，只仅仅在此程序中成立。此处"初始值"文本框中的内容，表示用户对"a"所赋的初值，此值可以是数值也可以是字符串；"描述"文本框中的文本内容则表示作者对此自定义变量功能的说明，对程序的运行效果没有任何影响，但对以后进行程序的调试有一定的意义。

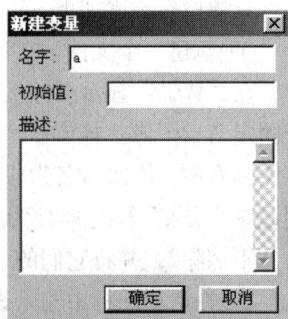

图 8-71 新建变量对话框

② 在已有的程序后加入一个如图 8-72 所示的交互分支结构，用来控制音乐的开关。首先在按钮属性对话框的"按钮"选项卡里选中"非激活状态下隐藏"复选框，然后将"音乐开"和"音乐关"两个按钮在演示窗口的位置重叠。分别在"音乐开"和"音乐关"的"激活条件"文本框中输入"a = 0"和"a = 1"，然后在"音乐开"和"音乐关"的两个计算图标中将"a"分别赋值"a: = 1"和"a: = 0"。此时运行此程序，当音乐播放时，在演示窗口中只会见到"音乐关"按钮，而当按下"音乐关"按钮以后，音乐停止，在"音乐关"按钮相同的位置就会出现"音乐开"按钮，而"音乐关"按钮又在演示窗口中消失。此外，还需在其"响应"选项卡中选中"永久"复选框，并且在"分支"属性中选择"返回"分支路径。这样就可以使这两个按钮在激活条件下始终存在于演示窗口中。

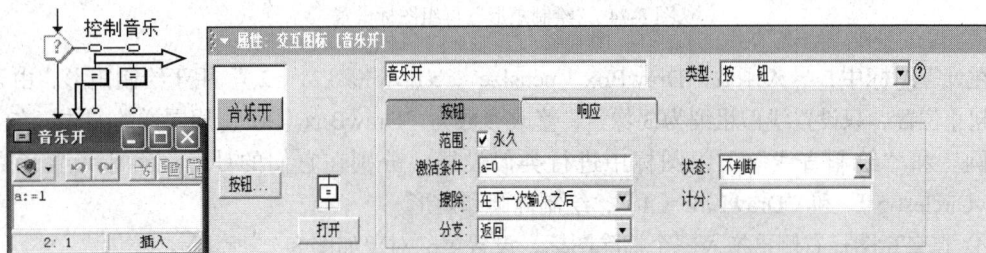

图 8-72 音乐开关的设置

③ 运行程序，可以看到按钮"音乐开"、"音乐关"交替出现。

8.4.2 热区域响应

按钮在演示窗口中是一个看见的区域，而热区是一个看不见的矩形区域。下面通过一个"几何画板"的例子，实现在画板中能绘制几何图形，并从中体会热区响应图标的应用。图 8-73 所示为几何画板的效果与流程图。

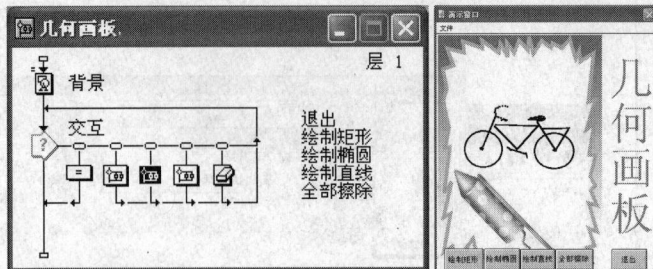

图 8-73　外观效果与流程图

具体操作步骤如下。

① 新建一个文件，在流程线上拖放一个显示图标，命名为"背景"，并导入一张图片作为背景，在"背景"显示图标上添加一个"附属计算"图标，在其中输入"Movable@"背景":=0"用于固定背景图像。拖放一个交互图标，并拖放一个计算图标、三个群组图标和一个擦除图标到交互图标右侧，依次命名为"退出"、"绘制矩形"、"绘制椭圆"、"绘制直线"和"全部擦除"，并分别设置"交互"图标属性为"不擦除"，按钮响应的属性除设置它们的按钮形状和位置外，也设置为"不擦除"，并将它们的"范围"都设置为"永久"。

② 在计算图标中输入表达式"Quit（0）"用于退出程序。

③ 打开"绘制矩形"群组图标，在其中添加如图 8-74 所示的流程线，将"交互类型"设置为"热区域"，使热区域覆盖图像中的绘图区域，将"矩形交互"图标属性设置为"不擦除"，"热区域"响应也设置为"不擦除"。

图 8-74　"绘制矩形"群组图标设置

在计算图标中，导入函数"DrawBox（pensize ，x1，y1，x2，y2）"用于绘制矩形，由于不设定起止位置，只设置线型粗细为 3 像素，修改参数为"DrawBox（3）"。用同样的方法，在"绘制椭圆"和"绘制直线"群组图标中进行类似设置，分别在它们的计算图标中设置函数为"DrawCircle（5）"和"DrawLine（4）"，绘制椭圆和矩形。

④ 在交互图标右侧再拖入一个擦除图标，设置擦除对象如图 8-75 所示。

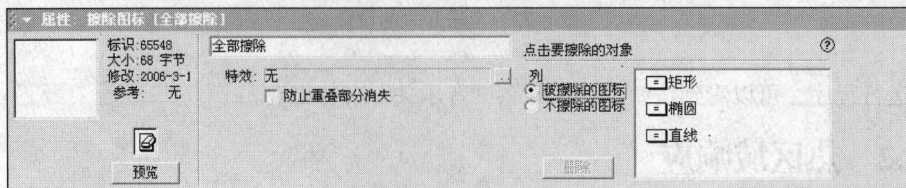

图 8-75　设置擦除对象

⑤ 运行程序，绘制一个"自行车"，如果不满意，单击"全部擦除"按钮，擦除全部对象，然后再重新绘制。

8.4.3　热对象响应

前面学过的热区域交互，它的交互区域只是规则的矩形区域，而在很多情况下交互的对象很可能是不规则的区域，并且对象是正在移动的，此时就需要用到热对象响应，它的交互区域就是整个对象所占的区域。

在进入其属性设置以前，我们先来看一道例题。运行程序，使其产生如图 8-76 所示的效果。当用户将鼠标移至图片的范围内，单击鼠标左键，就会看见整个图片加亮，并且在图片的下方显示出图的注释。此时用户单击图形以外的任何空白区域都不会产生此效果。

图 8-76　程序运行效果

下面介绍热对象的程序及其属性设置。其流程图如图 8-77 所示，热对象的交互属性如图 8-78 所示。程序最开始的计算图标用于设置窗口的大小，随后是两个群组图标，两幅图片就分别导入在这两个群组图标中。

在建立的交互作用分支结构中，分别将两张图片设为两个热对象，且设置图片为透明覆盖模式。这样，当用户单击其中某一个图片区域时，计算机就会沿着相应的分支路径读取程序，而在分支路径上的两个"群组"中放入的是对两幅图片说明的文字。这样在用户单击图片区域时就会出现上述效果。

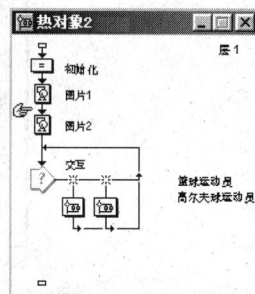

图 8-77　热对象流程图

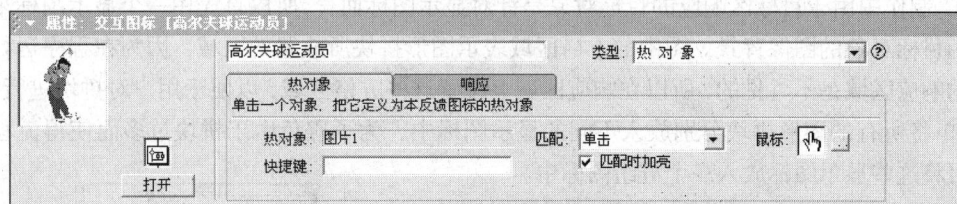

图 8-78　热对象交互属性

8.4.4　目标区响应

与我们以前介绍的静态的交互类型所不同，目标区响应需要用户移动对象进入已经预设好并且与之相匹配的区域内方可进行交互，相对来说它是一种较特殊的动态交互。这也在一定程度上反映了目标区响应在某些方面的优越性。

下面通过一个"拼图游戏"的例子来了解目标区响应的使用。"拼图游戏"是用若干的图形拼块组合成一个完整的图形。可以将每一个图形拼块都作为一个目标对象，然后将每个对象所对应的响应区域按照正确的拼块摆放位置进行摆放。那么，当用户把所有的拼块都拖放到相应的响应区域以后，这一幅完整的图片也就拼装成功了，其示意图如图 8-79 所示，流程图如图 8-80 所示。

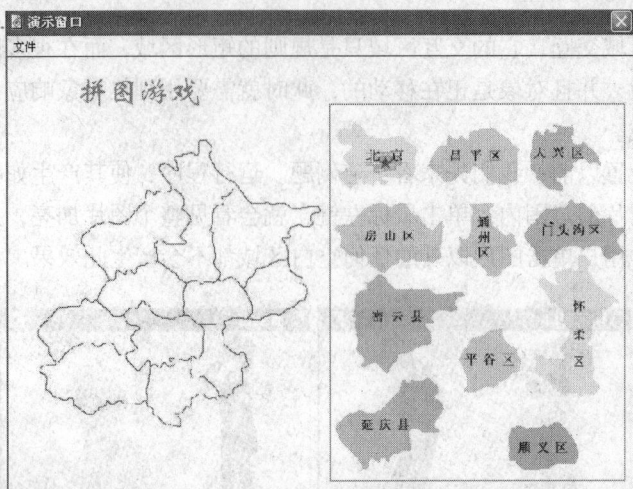

图 8-79　背景设置

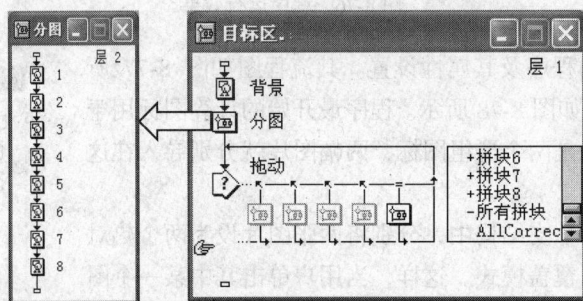

图 8-80　拼图的流程图

具体操作步骤如下。

① 制作中由于目标区响应的目标对象是针对显示图标而言,所以首先用一个显示图标来显示不作为目标对象的图像背景。图中的方格区域表示图形拼块所放置的区域，因为在程序运行时，对象的响应区域是不可见的，所以在响应区域上设置这些方格区域，以便于用户对拼块进行拼装。

② 将所有的图形拼块分别放入不同的显示图标中，为了避免由于拼块过多而使得流程线太长，可将这些显示图标放入一个群组图标中。

③ 在流程线上拖入一个交互图标，并在其演示窗口中用"TotalCorrect"、"TotalWrong"和"TotalScore" 3 个系统变量分别记录用户摆放的正确次数、错误次数和总分数，如图 8-81 所示。与此相关的属性设置在前面已经做过详细介绍，在此不再赘述。

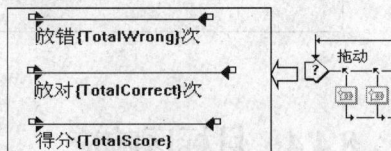

图 8-81　设置系统变量

④ 在建立好上述分支结构以后，双击响应类型图标，打开"交互属性"对话框。此时可以看见对话框中左上方的"目标对象预览框"为空白，且"目标对象"文本框也无任何文本内容。这表示还没有选定此分支路径的目标对象。此时双击目标对象所在的显示图标，选定演示窗口中显示的图片为目标。对于"正确响应"设置响应区域如图 8-82（a）所示，调整此响应区域至合适的大小和位置，重复上述操作，设置好每一个"拼块"。对于"错误响应"设置响应区域为整个区

域，如图 8-82（b）所示，除此之外，双击"所有拼块"处的响应类型图标，选中"允许任何对象"复选框，设置其"放下"下拉列表中的属性为"返回"，再调整此响应区域覆盖整个演示窗口，并设置其"状态"属性为"错误响应"，"计分"设置为"-10"，这样，任何一个目标对象只要没有被放入正确的响应区域内就会自动移回其初始位置，如图 8-83 所示。

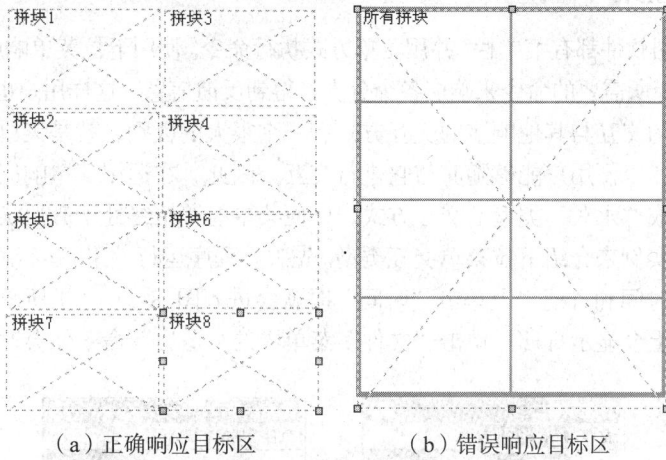

（a）正确响应目标区　　　　　（b）错误响应目标区

图 8-82　目标区域的确定

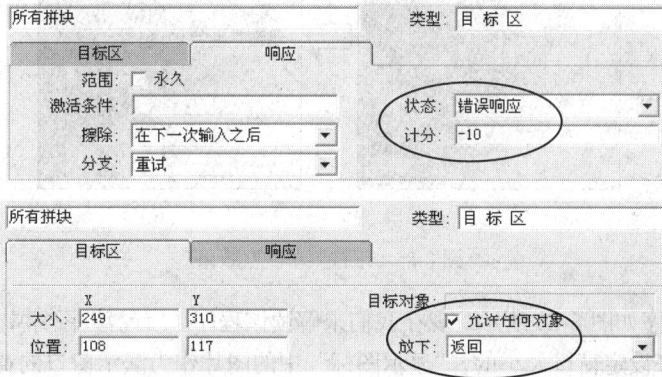

图 8-83　"错误"选择属性设置

⑤　在已经设置好的所有"拼块"和"所有拼块"右边加入"AllCorrectMatched"响应图标，设置响应类型为条件响应，如图 8-84 所示。名为"AllCorrectMatched"的系统变量，此时处于"条件"属性文本框中所表示的含义是：当计算机已经执行完所有的"状态"属性为"正确响应"的

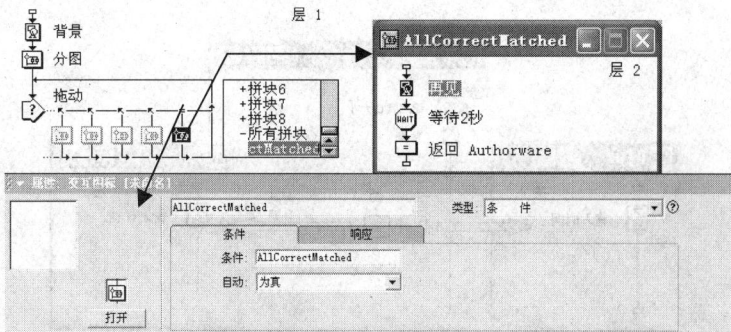

图 8-84　条件响应设置

分支路径中的程序以后，就可以匹配此条件从而进入此交互分支路径。在本题中表示，当所有拼块被正确拼接为一幅完整的图片时，计算机便进入此交互分支路径。最后，在此群组图标中加入图 8-84 所示的程序，用来向用户反馈拼接正确的信息。

8.4.5　下拉菜单响应

我们常用的应用软件都有菜单栏，并用菜单方式执行命令。使用下拉菜单响应可以设置菜单栏，利用该菜单可以选择所需要的命令来响应各个分支，得到反馈信息，这样用户也非常容易接受。

下拉菜单响应的交互与其他响应的交互方式有一个很大的区别，就是菜单通常需要在屏幕上保留很长一段时间，以便用户能够随时与它进行交互。因此，在运用菜单响应时，通常把各个菜单的交互方式设置成"永久"类型的交互方式，以便菜单能够始终处于激活状态。

下面通过一个实例来介绍下拉菜单交互类型。先观看程序运行效果，运行程序进入图 8-85（a）所示的界面，在"时间和日期"上单击"时间"时就会进入图 8-85（b）所示的界面。如果单击"日期"，演示窗口上会显示日期。单击"文件"菜单中的"退出"命令便会退出程序。

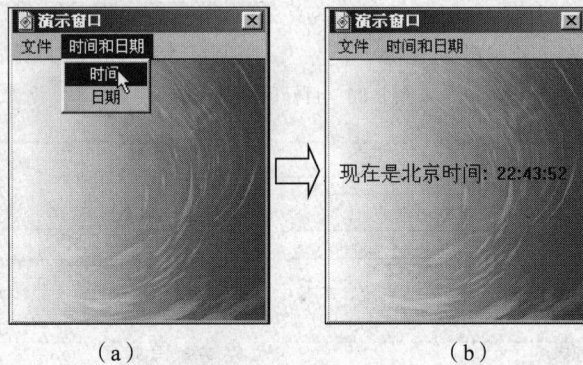

图 8-85　下拉菜单交互效果

上述效果的程序如图 8-86 所示，现在我们来解读该程序。"计算"图标中输入 ResizeWindow（200，200）是用来设定窗口大小的，"显示图标"中的图片作为演示窗口的背景，这两个图标主要是用来设置视觉效果，可以设置任意的大小和背景。接着计算机读到"交互"图标时，演示窗口的菜单栏上多了一个"时间和日期"菜单，此时用户单击此菜单的"时间"命令，则会显示图 8-86 左图所示"输入时间"显示图标中所输入的内容"现在是北京时间{ FullTime }"。{ FullTime }是一个系统变量，运行程序时，显示的是时间。单击此菜单的"日期"命令，则会显示图 8-86 右图所示"输入日期"显示图标中所输入的内容"今天是{FullDate}"。{FullDate}也是一个系统变量，

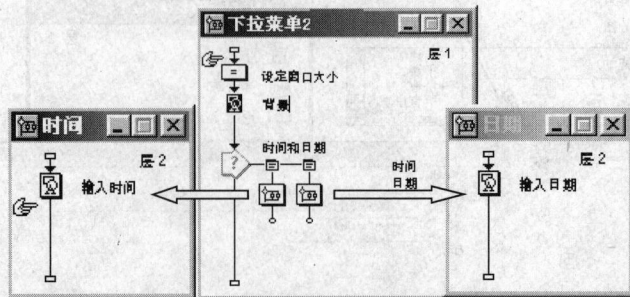

图 8-86　下拉菜单交互

运行程序时，显示的是日期。要想使时间和日期随时更新，则需选中"输入日期"和"输入时间"两个显示图标的显示属性的"更新变量显示"复选框。

在读懂这个简单的下拉菜单交互实例后，接着来看下拉菜单交互图标的具体属性，以达到更好的交互效果。

双击"下拉菜单"响应类型便会弹出如图 8-87 所示的"属性：交互图标"对话框。其中，"打开"按钮、"响应图标标题"文本框、"类型"下拉列表框和"响应"选项卡的属性设置与前面所介绍完全相同，此处不再赘述。

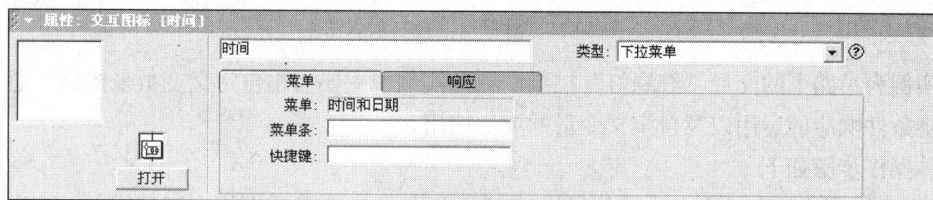

图 8-87 "属性：交互图标"对话框

下面重点介绍"菜单"选项卡中的属性设置。

- "菜单"文本框：此文本框是不可以被用户所编辑的，它所显示的是当前菜单选项所处的菜单组的名称，即程序设计窗口中交互图标的名称。此文本框中的内容将直接显示在演示窗口的菜单栏中。对照图 8-85 和图 8-86 中的"时间和日期"菜单组可以很容易理解其设置与显示效果的关系。

- "菜单条"文本框：用户在其中所输入的文本内容在演示窗口中显示的是菜单组的下拉菜单中的交互命令的名称。在此可以使用一些特殊字符来控制菜单项的显示方式。

例如：输入"(-"，则菜单中显示一条分隔线；

在菜单命令前方输入"("，则菜单命令为灰色，当前不能被使用；

输入空格，则菜单中显示空行；

在菜单命令的某个字母前输入"&"，则该字母被加上了下画线，且被设置为该命令的快捷键，如果想显示"&"字符本身，则需要输入"&&"。

- "快捷键"文本框：它的功能是设置与单击菜单命令等价的快捷键。如果要使用 Ctrl 键和其他键组合，如 Ctrl + A，可以输入"CtrlA"或者"A"；如果要使用 Alt 键和其他键组合，如 Alt + A，可以输入"AltA"。另外，利用键盘的上挡键和下挡键所对应的特殊字符也可以设置一些特殊的快捷键。例如，输入"+"所对应的快捷键是 Ctrl + Shift + （+ /=）。其中，（+ /=)代表"+"和"="两个符号的按键，"+"是上挡键，"="是下挡键；输入"="所对应的快捷键是 Ctrl+(+/=)。在设置下拉菜单响应的快捷键时，一般不允许对同一个命令设置几个等同的快捷键，也不允许使用通配符，以免引起歧义。另外，Authorware 并不区分大小写，因此要避免在一个菜单命令中使用"c"作为快捷键，在另一个菜单命令中使用"C"作为快捷键，这样实际上是同一个快捷键。

8.4.6 条件响应

条件响应属于系统性交互，是 Authorware 中最"理性化"的交互类型，当用户的操作符合制作者所设置的交互条件时，计算机才会进入交互分支路径，读取响应图标中的程序。

下面通过一个"交通红绿灯"的例子来说明条件响应的应用，如图 8-88 所示。

图 8-88　"红绿灯"控制示意图

此实例为道路上的交通"红绿灯"控制。在此实例中主要运用自定义变量来控制，通过这个例子学会条件响应的运用以及自定义变量的灵活使用。

具体操作步骤如下。

① 新建一个文件夹，命名为"红绿灯.a7p"，并拖动 3 个显示图标到流程线上，依次命名为"边框"、"背景图"和"灯框"，并导入相应的图片。再拖动一个计算图标到流程线上，命名为"a = 1"，并打开编辑窗口，设置自定义变量"a:= 1"用于匹配值自动反应。

② 拖动一个交互图标到流程线上，命名为"条件响应"，并拖动 3 个群组图标到交互图标的右侧，分别命名为"a = 1"，"a = 2"，"a = 3"。在条件文本框内分别设置激活条件如图 8-89 所示。

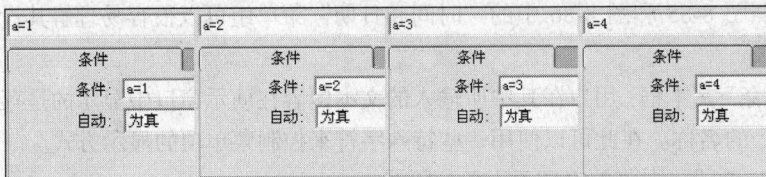

图 8-89　条件响应设置

③ 在"自动"下拉列表中系统提供了"关"、"为假"和"为真" 3 个属性供用户选择，这里对它们各自的特点做个解释。

● "关"：若将某处响应的"自动"属性设为"关"时，只有当存在其他交互分支路径，并且它们的路径"分支"属性均设为"继续"时，当计算机顺着交互分支从左到右逐个读取程序进行到此条件响应为"TRUE"时，Authorware 才会执行该响应分支的内容。

● "为假"：当"自动"属性设置为"为假"时，计算机读此条件响应会重复不停地监测该条件，只有条件的值从"FALSE"变为"TRUE"时，Authorware 才会匹配该条件响应。

● "为真"：当"自动"属性设置成"为真"时，计算机读到此交互作用分支结构，当匹配条件成立时，就会读取其分支路径上的程序。

④ 打开这 3 个群组图标，并拖动显示图标、等待图标和计算图标。在显示图标中导入相应的图片，设置等待图标的属性为"等待 3 秒"，在 3 个计算图标中都输入"a:= a + 1"，如图 8-90 所示。

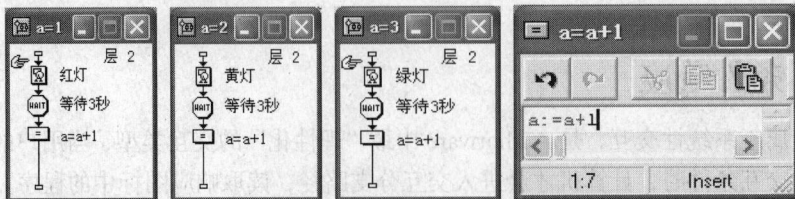

图 8-90　设置红绿灯颜色与时间

⑤ 最后拖动一个计算图标到流程线上，命名为"a = 4"，并打开计算编辑窗口，设置自定义变量"a:= 1"用于匹配值自动返回到开始执行，依此下去达到红绿灯自动循环显示的目的。

8.4.7　文本输入响应

文本输入响应是一类以文本为交互媒介的交互类型，它只在用户输入的文本与制作者的设置相符时，计算机才会读取相应分支路径中的程序。

下面通过一个"填空题测验"的例子，来了解文本输入响应的使用。运行结果与程序如图 8-91所示。

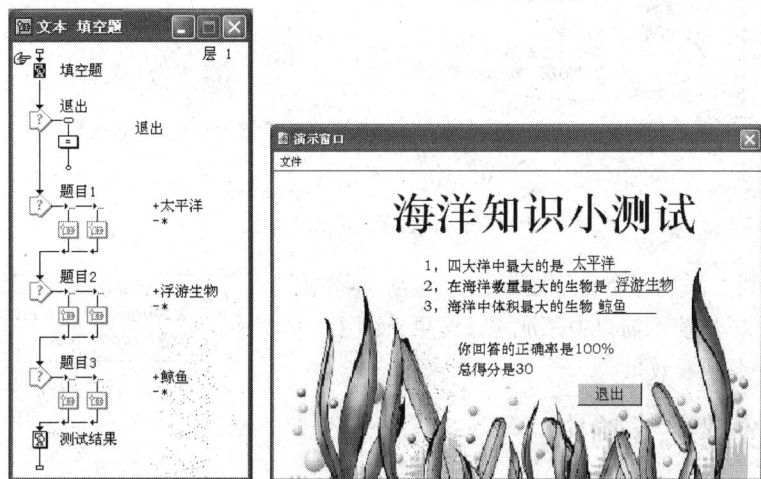

图 8-91　填空题制作示意图

具体操作步骤如下。

① 在流程线上拖放一个显示图标，命名为"填空题"。打开该图标，在演示窗口中添加一个图片作为试卷背景，输入题目。

② 添加一个交互图标，命名为"退出"，在交互图标的右下角添加一个计算图标，响应类型选择"按钮"，设置为"永久"，分支选择为"返回"。计算图标内添加"quit(0)"，保存后退出该计算图标。

③ 在流程图上再拖放一个交互图标，在交互图标右方拖放两个群组图标，选择"文本"响应类型，并分别命名为"太平洋"和"*"，打开"属性：交互"对话框，将擦除方式分别设置为"不擦除"，并分别设置"正确响应"和"错误响应"，计分也分别设置为 10 和−10。打开"属性：交互作用文本字段"对话框，设置不擦除填入的内容，并且设置填入的文字为"透明"模式，如图 8-92所示。

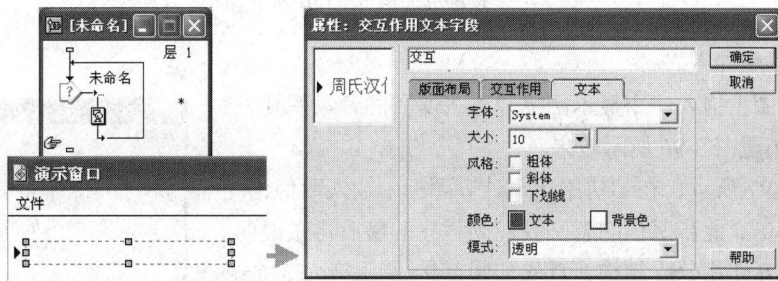

图 8-92　文本输入区属性对话框

文本输入的匹配，有"*"、"?"、"|"和"#"4 个符号。"*"表示任意字符；"?"表示单个字母或是文字的任意匹配；"|"是或者的意思，它表示其前后的两个文本都可以是该处文本响应的匹配；"#"号的匹配如果和"|"连起来使用，如设置的匹配文本为"123|#3abc"，当用户前两次都没有输入正确的匹配，第三次则可以用"abc"来匹配该响应，当然在任何时候都可用"123"来匹配响应。

④ 用同样的方法再为后面的题目进行设置。但作为文本输入字体的大小、颜色、风格等设置要双击如图 8-92 所示交互图标，打开文本交互的文本输入区，再双击此虚线框内的区域，就可进入文本输入对话框，如图 8-93 所示。

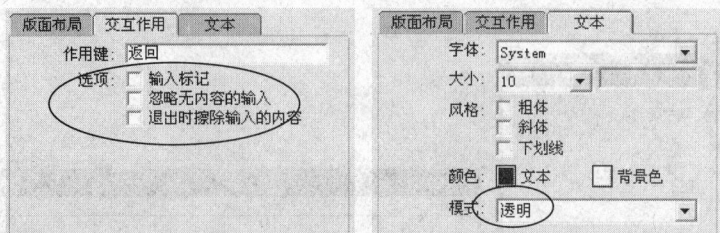

图 8-93　设置填入的文字属性

⑤ 在流程线上添加一个显示图标，命名为"测试结果"。打开该图标，在演示窗口中添加测试结果，如图 8-94 所示。运行程序，观看效果。

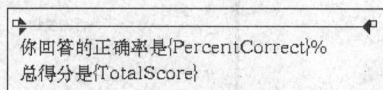

你回答的正确率是{PercentCorrect}%
总得分是{TotalScore}

图 8-94　文本框内设置系统变量

8.4.8　按键交互响应

按键交互可以认为是按钮交互的键盘形式，即将按下按钮产生交互效果变为按下键盘上特定键而产生交互效果。下面通过一个"按键单选题"的例子来熟悉按键响应。

"按键单选题"的任务是设置两道用键盘上的按键做出选择的选择题，如图 8-95 所示。由于两道题的设置相同，在此就只介绍其中一道题的设置。

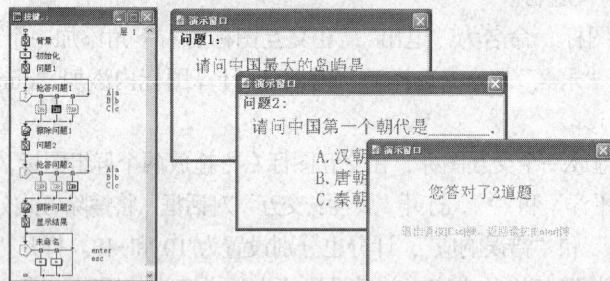

图 8-95　按键单选题与流程图示意图

具体操作步骤如下。

① 在流程图上拖入一个显示图标并导入所需的背景图片，然后调整窗口大小至图 8-96 所示效果。

② 如图 8-97 所示，在"初始化"计算图标中输入赋值语句"CorrectNum:= 0"，此步赋值的意义我们到程序的最后再做说明。

③ 建立交互作用分支结构，首先如图 8-97 所示拖入 3 个响应图标，并且将其响应图标名分别设为"A|a"、"B|b"和"C|c"。

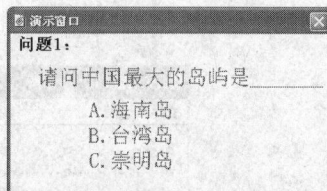

图 8-96　窗口显示效果

这样用户在键盘上分别按下 "a" 键、"b" 键、"c" 键，就会分别进入 3 个不同的分支路径。

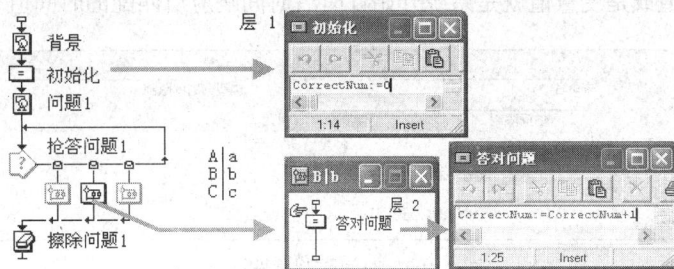

图 8-97　按键交互程序

④ 设置此处 3 个响应图标所在的交互分支路径的 "分支" 属性均为 "退出交互"，这表示无论用户按下 "a"、"b"、"c" 中的哪个键，计算机在执行完此响应图标中的程序后都会继续往下读取程序。由于此处 "b" 为正确的选项，所以在此计算图标中输入赋值语句 "CorrectNum:= CorrectNum + 1" 将变量 "CorrectNum" 值加 1，以便最后做统计。

⑤ 在紧随此交互作用分支结构的主流程线加入一个擦除图标擦掉 "问题 1"，并以同样的方法设置第 2 题。

⑥ 在流程线的末端添加一个名为 "显示成绩" 的显示图标，并在其演示窗口中输入如图 8-98 所示的文本内容。这样与我们上面设置的赋值语句相结合就可以将用户的正确选择次数显示在此处的显示图标中。

⑦ 在名为 "显示成绩" 的显示图标后建立一个交互作用分支结构，并如图 8-99 所示在名为 "enter" 和 "esc" 的计算图标中分别输入 "GoTo(IconID@"初始化")" 和 "Quit(0)" 两个函数来控制返回选择题和退出程序。

图 8-98　显示成绩的效果设置

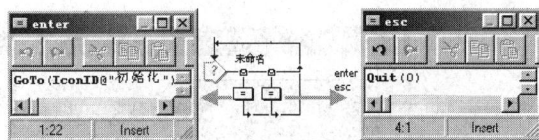

图 8-99　计算图标中的程序设置

现在我们再回过头来看 "初始化" 计算图标中的赋值语句所起的作用。在计算机回到 "初始化" 计算图标重新读取程序时，此时若不将 "CorrectNum" 的值赋为 "0"，那么此变量仍然保留着上一次的记录值，用户在进行完本次答题后，在名为 "显示成绩" 的显示图标中就会显示用户两次答题总的正确次数。

> 因 "A" 和 "C" 都是错误选项，所以也可以放在同一个分支中，响应图标设置为 "A|a|C|c"。

8.4.9　时间限制响应

时间限制响应与前面所介绍的交互类型有所不同，它一般只作为一个完整程序的限制项目很少单独构成程序，所以在这里就直接学习它的属性设置。

双击响应类型图标，打开如图 8-100 所示的属性对话框，在 "响应" 选项卡中它的 "永久" 复选框为不可选状态，其余属性设置在本章的 "一般属性" 中均有介绍，所以在此不作赘述。在

"时间限制"选项卡中，"时限"文本框中可以输入数字或是变量（包括自定义变量和系统变量）。在此文本框中的数值或是变量值就是系统开始计时后时间响应所匹配的时间值，单位为秒。

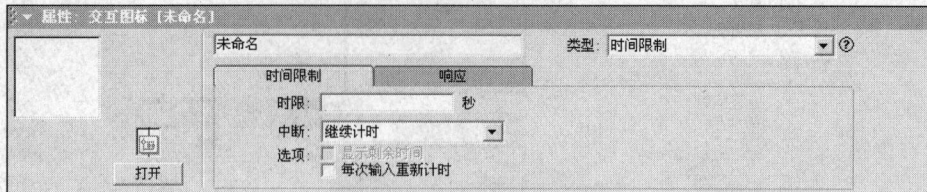

图 8-100　时间限制属性设置

8.4.10　重试限制响应

重试限制响应就是以重试次数为变量的条件响应。当重试的次数与制作者所设置的次数匹配时，计算机就进入此交互作用分支结构读取程序。此处的重试次数就是用户在此交互作用分支结构中进入其他分支路径的累计次数。

下面通过一个"限次猜数"的例子来了解重试限制响应的功能。

在图 8-101 中不被圈住的程序，属于条件响应部分，此处不作赘述。

首先我们来看对交互图标中文本内容的修改。如图 8-101 所示，我们用"5-tries"这一变量表达式记录用户所剩的猜数机会。

具体操作步骤如下。

① 如图 8-101 所示，在名为"+ a = b"的响应图标分支路径的右边加入另一个分支路径，并选择交互类型为重试限制，再设置其交互中的"分支"属性为"退出"。在"最大限制"文本框中输入值为"5"。表示用户在重试了 5 次以后，计算机就将进入此分支路径读取程序。

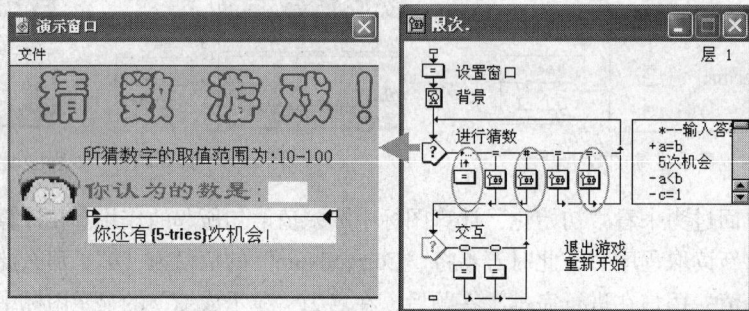

图 8-101　重试限制响应程序设置

计算图标中的程序设置如图 8-102 所示，其中包括如下程序语句：

```
b:=NumEntry
```

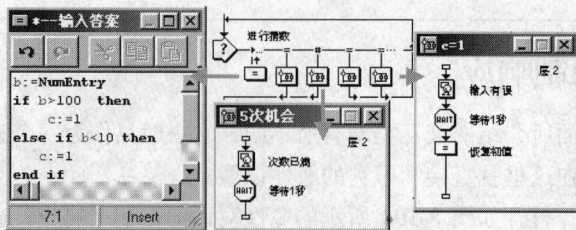

图 8-102　修改的程序设置

```
if b>100  then
  c:=1
else if b<10 then
  c:=1
end if
```

此类程序语句的意思是：将用户每次输入的值赋予变量 "b"，然后再规定 "b" 值大于 100 或是小于 10 时就将变量 "c" 的值赋为 1。

② 将在条件响应操作题中显示 "输入错误" 信息的程序放进新建的条件交互分支路径的群组图标内，并设置其 "条件" 属性为 "c = 1"。此处不再需要计算图标具有返回功能，将其中的程序改为 "c: = 0"。这样，在用户输入一个新的猜测数值时，计算机又可以再次利用条件语句确定其读取程序的分支路径。

在对这道猜数题做完上述改动后，当用户在第 5 次输入错误的判断内容时，计算机便会给用户反馈 "次数已满" 的信息，然后退出此处猜数的交互作用分支结构。

8.5　决策与判断分支

决策判断分支结构主要用于选择分支流程以及进行自动循环控制。决策判断一些分支图标是否执行、执行顺序及执行次数的手段。利用它可以实现某些程序语言中的逻辑结构。它很类似于编程语言中的 if…then…else、do while…enddo、for…endfor、do case…endcase 等逻辑结构。

8.5.1　决策判断分支结构

判断图标以及附属于该设计图标的分支图标共同构成了决策判断分支结构。如图 8-103 所示，分支图标所处的分支流程被称为分支路径，每条分支路径都有一个与之相连的分支标记。

它的基本操作是首先向主流程线上拖放一个判断图标，然后再拖动其他设计图标至判断图标的右边后释放，该设计图标就成为一个分支图标。

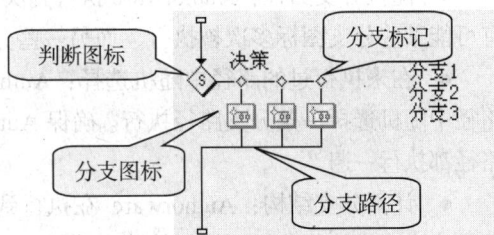

图 8-103　决策判断分支结构

当程序运行到一个决策判断分支结构时，Authorware 将会按照判断图标的属性设置，自动决定分支路径的执行次数。

一个决策判断分支结构可以通过决策判断图标属性对话框和分支属性对话框对决策判断分支结构的执行方式进行设置。

8.5.2　决策判断图标的属性设置

双击判断图标，就可以打开 "属性：决策图标" 对话框，如图 8-104 所示。

（1）"重复" 下拉列表框：设置 Authorware 在决策判断分支结构中循环执行的次数，有以下 5 个选项。

● 固定的循环次数：即执行固定的次数。根据下方文本框中输入的数值、变量和表达式的值，Authorware 将在决策判断分支结构中循环执行固定的次数。如果设置的次数小于 1，Authorware 则退出决策判断分支结构，不执行任何分支结构。

图 8-104 "属性：决策图标"对话框

● 所有的路径：所有的分支图标都被执行过。在每个分支图标都至少被执行一次后，Authorware 退出决策判断分支结构。

● 直到单击鼠标或按任意键：Authorware 将不停地在决策判断分支结构中循环执行，直到用户单击鼠标或按键盘上的任意键。

● 直到判断值为真：Authorware 在执行每一次循环之前，都会对输入到下方文本框中的变量或表达式的返回值进行判断。若值为 False，就一直在决策判断分支结构内循环执行；若值为 True，就退出决策判断分支结构。

● 不重复：Authorware 只在决策判断分支结构中执行一次，然后就退出决策判断分支结构返回到主流程线上继续向下执行。

（2）"分支"下拉列表框：与"重复"属性配合使用，用于设置 Authorware 到决策判断分支结构时执行哪些路径。这里的设置可以在"决策判断"图标的外观上显示出来。

● 顺序分支路径：Authorware 在第 1 次执行到决策判断分支结构时，执行第 1 条分支路径中的内容，第 2 次执行到决策判断分支结构时，执行第 2 条分支路径中的内容，依此类推。

● 随机分支路径：Authorware 执行到决策判断分支结构时，将随机选择一条分支路径执行。有可能某些分支图标多次被执行，而另一些分支图标没有得到执行。

● 在未执行过的路径中随机选择：Authorware 执行到决策判断分支结构时，会在未执行的路径中随机选择一条分支路径执行。确保 Authorware 在重复执行某条分支路径前，将所有的分支路径都执行一遍。

● 计算分支结构：Authorware 在执行到决策判断分支结构时，会根据下方文本框中输入的变量或表达式的值选择要执行的分支路径。

（3）"复位路径入口"复选框：仅在"分支"属性设置为"顺序分支路径"或"在未执行的路径中随机选择"时可用。Authorware 用变量记忆已执行路径的有关信息，选择此复选框就会清除这些记忆信息。

8.5.3 分支的属性设置

双击分支标记，即可打开"属性：判断路径"对话框，如图 8-105 所示。

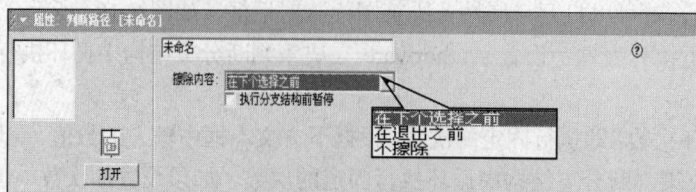

图 8-105 "属性：判断路径"对话框

（1）"删除内容"下拉列表框：设置擦除对应分支图标显示内容的时间，有以下 3 种选择。

● 在下个选择之前：执行完当前分支图标，立刻擦除该分支的显示内容。

● 在退出之前：Authorware 从当前决策判断分支结构中退出后才进行擦除。

● 不擦除：不擦除所有信息。（除非使用擦除图标）

（2）"执行分支结构前暂停"复选框：选择此复选框，程序在离开当前分支路径前，演示窗口中会显示一个"继续"按钮，单击该按钮，程序才继续进行。

8.5.4　动手实践

例 8-7　随机抽取的抢答题。

在小组比赛中，通常会遇到从题库中随机抽取的问题，并且要快速抢答，本例就是一个具有题库和抢答评分功能的制作程序，如图 8-106 所示。

图 8-106　抢答题程序与效果示意图

具体操作步骤如下。

① 制作中，封面部分起一个了解主题思想及抢答规则的作用，此处不再赘述。

② 试题库部分是本题的核心，判断图标选择"在未执行的路径中随机选择"，在其右边拖入群组图标，每个群组图标中写入一道题，如图 8-107 所示。

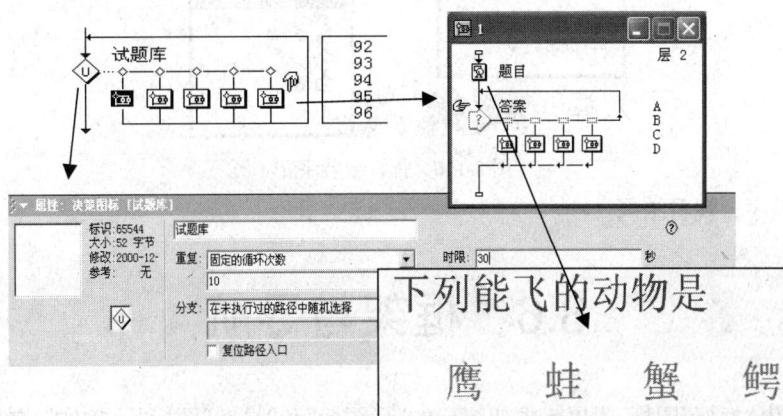

图 8-107　写入题目与判断分支属性设置

③ 在响应图标中选择"热区域响应"，双击交互图标，调整 A、B、C、D 4 个热区域在选择答案"鹰、蛙、蟹、鳄" 4 个字之上。在选择"正确答案"与"错误答案"群组图标内，输入如图 8-108 所示的内容。

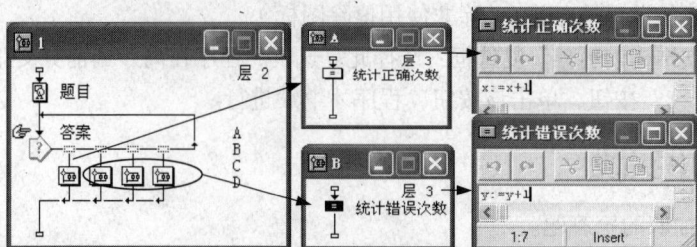

图 8-108　设置题目与响应类型

④ 在主流程线上拖入显示图标，并命名为"成绩"，在演示窗口写入"你答对{x}题，答错{y}题，得{x*20}分"。

⑤ 反馈评价部分拖入一个交互图标，在交互图标的右侧拖入 4 个群组图标，交互响应选择"条件"响应，对成绩达到 100 分、80 以上、60～80 分和 60 分以下设置不同的条件范围，如图 8-109 所示。

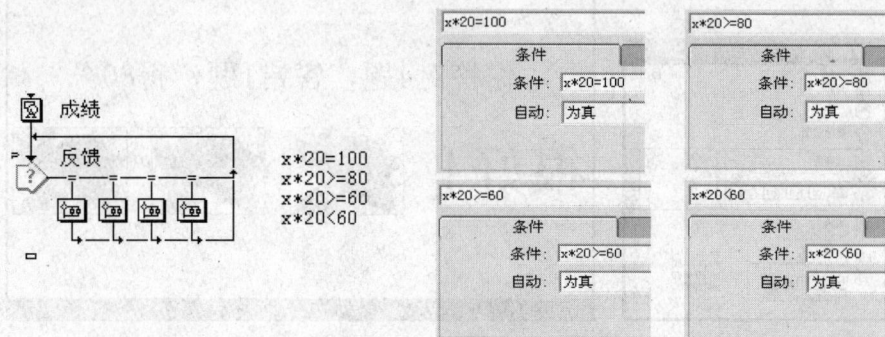

图 8-109　响应条件设置

⑥ 打开成绩评价的群组图标，对成绩达到 100 分、80 以上、60～80 分和 60 分以下设置不同的评价语句，如图 8-110 所示。

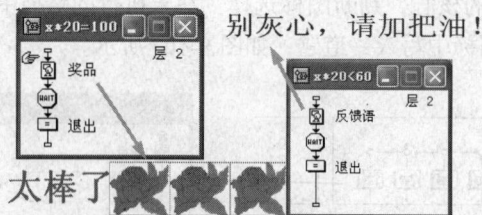

图 8-110　抢答结果评价

⑦ 运行程序，观看结果。

8.6　框架与导航

导航结构由"框架"图标、附属于框架图标的"页图标"和"导航"图标共同组成，它是 Authorware 中最特殊的图标。通过对框架图标内部结构的修改，还可以建立起适合于用户的，形式多样的控制系统。图 8-111 所示为导航结构示意图。

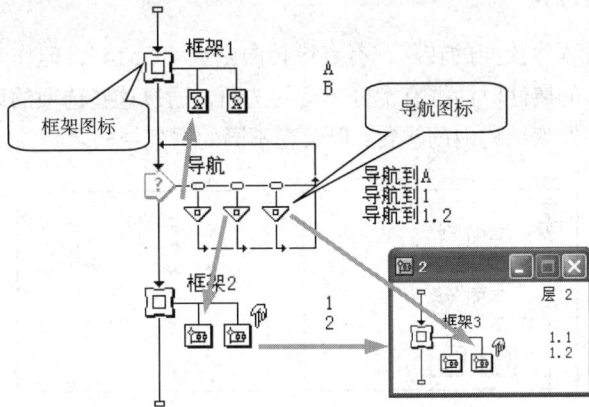

图 8-111　导航结构示意图

从图 8-111 中可以看出，使用导航图标，可以跳转到程序中的任意页图标中去。导航图标可以放在流程线上的任意位置，也可以放在框架图标及交互作用分支结构中使用。它指向的目的地只能是一个页图标（必须是位于当前程序文件中的页图标）。

使用导航结构可以实现以下功能。

① 跳转到任意页图标中，如单击任意超文本对象可以跳转到包含相关专题内容的页。

② 根据相对位置进行跳转，如跳转到前一页或跳转到后一页。

③ 从后到前返回到使用过的页。

④ 显示历史记录列表，从中选择一项作为目的地进行跳转。

⑤ 利用查找功能定位所需的页进行跳转。

8.6.1　框架图标

框架图标是一个具有内部结构的，由许多其他图标构建起来的复合型图标。双击框架图标，出现一个框架窗口，如图 8-112 所示。

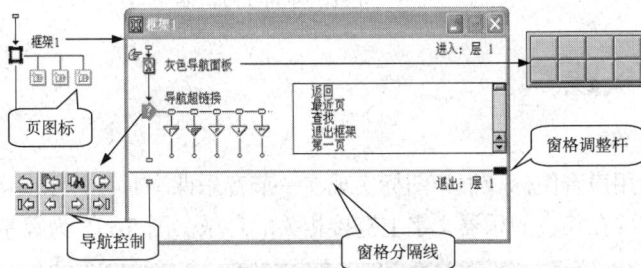

图 8-112　框架窗口

框架窗口是一个特殊的设计窗口，窗格分隔线将其分为两个窗格：上方的叫做入口窗格，下方的叫做出口窗格。Authorware 执行到一个框架图标时，在执行附属于它的第 1 个页图标之前会先执行入口窗口中的内容，如果在这里准备了一幅背景图像，该图像会显示在演示窗口中。在退出框架时，Authorware 会执行出口窗口中的内容，然后擦除在框架中显示的所有内容，撤销所有的导航控制。可以把程序每次进入或退出框架图标时必须执行的内容加入到框架窗口中。用鼠标上下拖动调整杆可以调整两个窗格的大小。

8.6.2　导航图标

导航图标用来实现程序流向的转移，有点像转向函数"GoTo"，但作为一个图标，它有着更完善的功能。导航图标的属性对话框有十分丰富的选项，通过这些选项的设置，可以用各种不同的查找方式实现程序在框架结构内的跳转，以及在不同的框架结构之间的跳转，如图 8-113 所示。

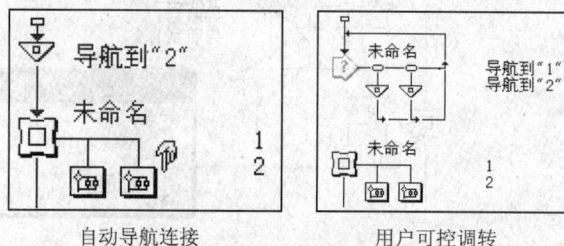

图 8-113　框架结构内的跳转

跳转方向和方式主要是由导航图标进行控制，在流程线上拖入一个导航图标，双击该导航图标，可打开导航图标属性对话框，如图 8-114 所示。

从图 8-114 所示可看出，调转目的地有 5 种不同的位置类型：最近、附近、任意位置、计算和查找。

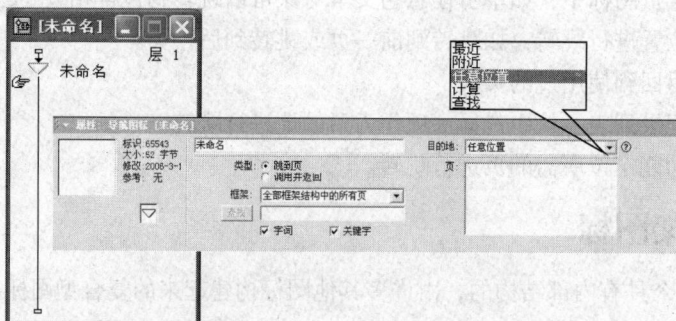

图 8-114　导航图标属性对话框

8.6.3　动手实践

例 8-8　超链接音乐。

本例主要通过运用声音图标、框架图标实现在一节音乐课中对一首乐曲的理解，课程中涉及多个乐器，讲解中需要在相应的乐器文字上链接相关的音乐。图 8-115 为程序与界面示意图。

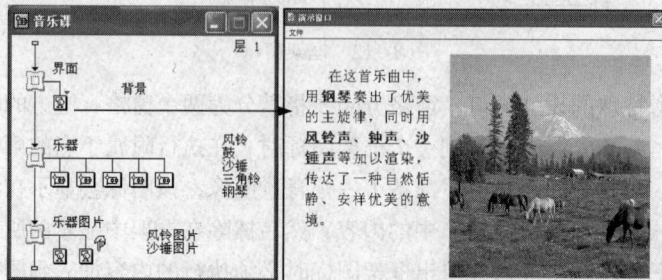

图 8-115　程序与界面示意图

具体操作步骤如下。

① 在流程线上拖入 3 个框架图标，双击框架图标，删除框架内"灰色导航面板"和"导航超链接"交互图标，如图 8-116 所示。

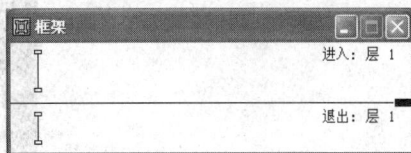

图 8-116　修改框架内结构

② 在 3 个框架图标右侧分别拖入如图 8-115 所示的图标，命名后，打开"乐器"框架中的页图标，分别导入各种相关的音乐，打开"乐器图片"框架中的页图标，分别导入各种相关的图片。

③ 执行"文本/定义风格"菜单命令，弹出"定义风格"对话框，可在此定义文本风格，如图 8-117 所示。

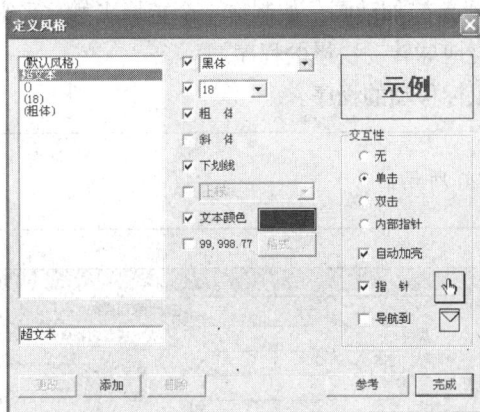

图 8-117　定义文本风格

④ 双击"背景"显示图标，在演示窗口中用"文字工具"选择需要超链接的文字，选择菜单栏中的"文本/应用试样"命令，弹出"应用试样"对话框。将定义的超文本风格应用于关键字上，在"属性：导航风格"对话框中选择"调用并返回"类型，如图 8-118 所示。

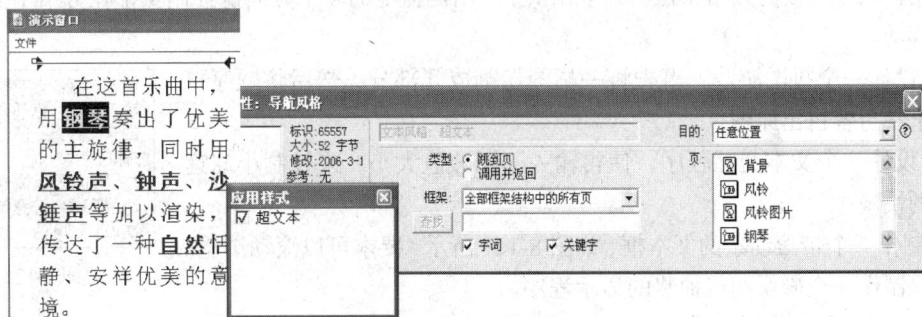

图 8-118　导航风格属性设置

⑤ 运行程序，在超文本关键字上单击鼠标，会听到相关意义的声音和显示相关图片。

习　题　8

1. 制作一个月食的动画效果，如图 8-119 所示。

图 8-119

2. 练习对 GIF、Flash 对象施加动画，如制作一个蜜蜂飞舞、采蜜、悠然离去的过程。

3. 设计一个控制卫星绕地球转动快慢的程序。

4. 设计一个小球跟随鼠标移动的程序。

属性设置如图 8-120 所示。

图 8-120

5. 画一个鸟笼，要求用鼠标拖动笼门到一边时，鸟儿飞出笼子，单击飞翔的鸟，出现"再见"字样。

6. 画一个 8×6 的方格棋盘，布 1 粒棋子，用键盘上的 4 个方向键控制棋子在方格中上、下、左、右移动。

7. 设计一个拼图游戏，事先将一幅图切割成几部分，然后将顺序打乱，要求参与者拼出原图。

8. 设计一个文本交互程序，使得输入不同数值大小，来控制小球运动速度的快慢。

9. 制作一个带滚动条的文本框，如图 8-121 所示，要求可以滚动浏览。

10. 制作一个彩票随机抽奖的显示程序。

11. 制作一个试题库，能进行随机抽取题目。

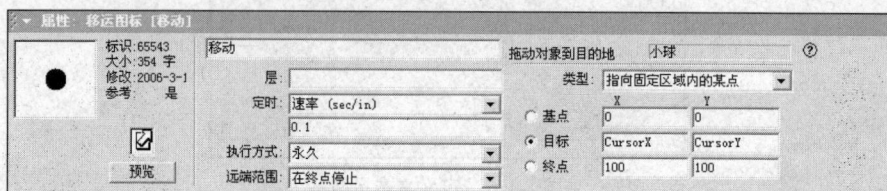

图 8-121

第9章
FrontPage 网页课件制作

【本章概述】

本章介绍 FrontPage 2003 网页制作工具的使用，主要内容包括网站创建和发布、编辑网页、图像插入、超链接的创建、网页布局与表单的使用。

9.1 FrontPage 2003 概述

9.1.1 FrontPage 2003 界面

FrontPage 2003 是 Microsoft 公司推出的一个建立 Web 站点、编制 Web 主页的工具软件，是 Office 2003 的一个组成部分。作为专门的网页制作工具，FrontPage 2003 为用户提供了强大的网页设计功能。它采用"所见即所得"的工作方式，用户即使不懂超文本链接标示语言（HTML），也能轻松地制作出高水平的网页。FrontPage 2003 同时也提供直接编辑 HTML 源代码的功能，如果用户会编写 HTML 语法，就可以直接在 HTML 编辑环境中进行修改。

启动 FrontPage 2003，其界面如图 9-1 所示。

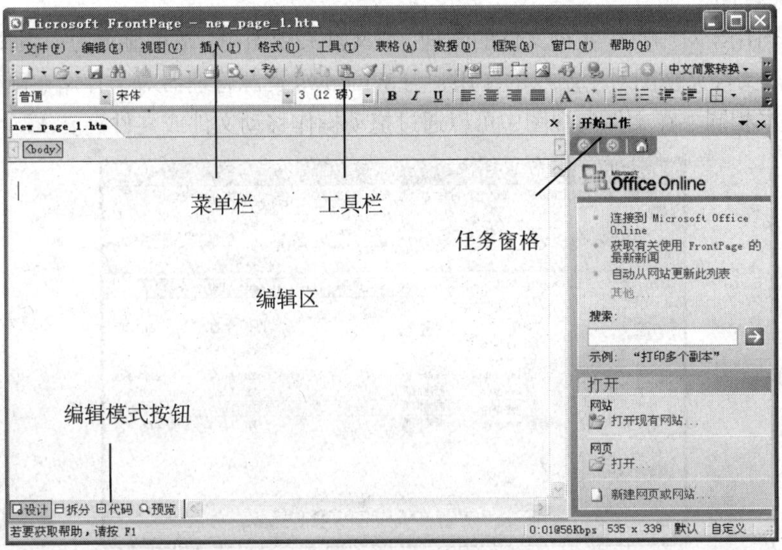

图 9-1 FrontPage 2003 界面

与以前版本的 FrontPage 不同，FrontPage 2003 编辑模式按钮提供了 4 种模式：设计模式、拆分模式、代码模式和预览模式。用户不必经过选择就可直接进入编辑器和资源管理器的窗口。实质上，FrontPage 2003 把以前版本的资源管理器和编辑器合二为一，集二者功能于一身，用户使用起来更加方便。

FrontPage 2003 中提供了以下 6 种视图。

1. 网页视图

网页视图主要用于网页的编辑工作，它是 FrontPage 2003 中常用的工作界面，如图 9-2 所示。网页的创建、编辑、预览等基本操作都是在此视图中进行，该视图窗口底部有 4 个标签："设计"、"拆分"、"代码" 和 "预览"。"设计"、"代码" 方式可进行编辑，"预览" 方式查看网页效果。

图 9-2　网页视图

2. 文件夹视图

文件夹视图用于对站点中各种文件的管理。在文件夹视图中，站点显示为一组文件和文件夹，如图 9-3 所示。文件夹视图对于站点的作用，与 Windows 资源管理器对于存储在硬盘上的文件的作用和操作基本相同。在文件夹视图中可以通过拖动操作移动文件或文件夹。

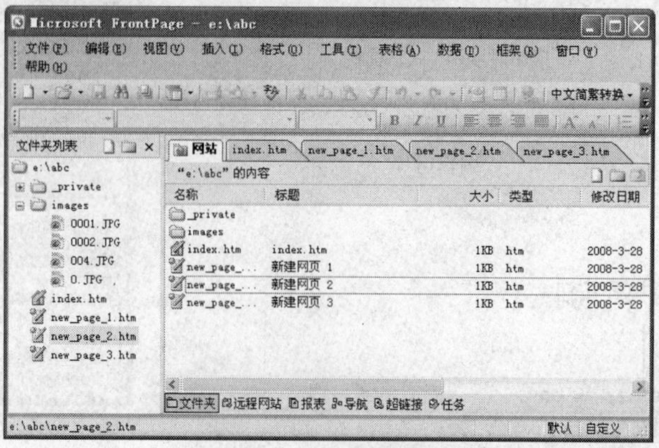

图 9-3　文件夹视图

3. 报表视图

报表视图显示站点内各种文件的状态。在该视图方式，可以方便了解当前站点的文件内容，更新连接情况和所有文件列表及变化情况等信息。当需要得到有关站点文件的详细情况时需使用报表视图，如图 9-4 所示。

图 9-4　报表视图

4. 导航视图

导航视图用于在网页中创建导航条。在导航视图中，可方便地观察站点的链接结构，它是以组织结构图的形式表示。如图 9-5 所示，其中主页位于顶部，其他的网页归入下面各层中。在该视图中可以很直观地浏览网站内页之间的连接关系，同时也可以通过鼠标将结构图中的网页拖到新位置来改变链接结构。

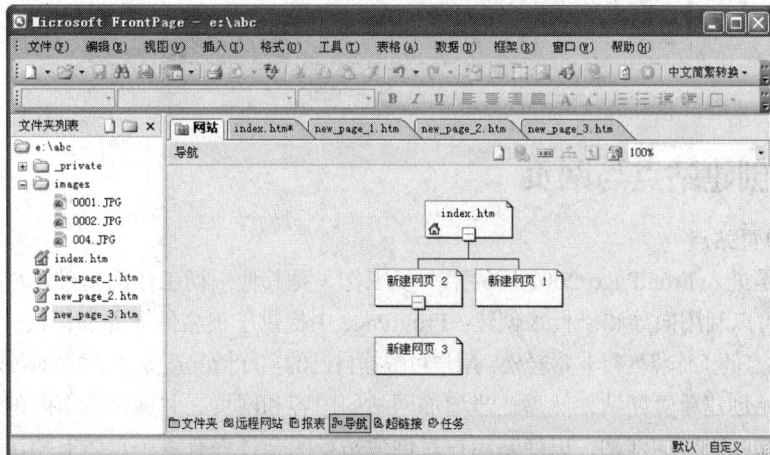

图 9-5　导航视图

5. 超链接视图

超链接视图显示网页内超链接的情况。超链接视图将当前站点显示为链接文件的一个网络，它们表示了站点中各个网页之间的相互链接关系，如图 9-6 所示。超链接视图就像一个地图，表明站点中的超链接路径。

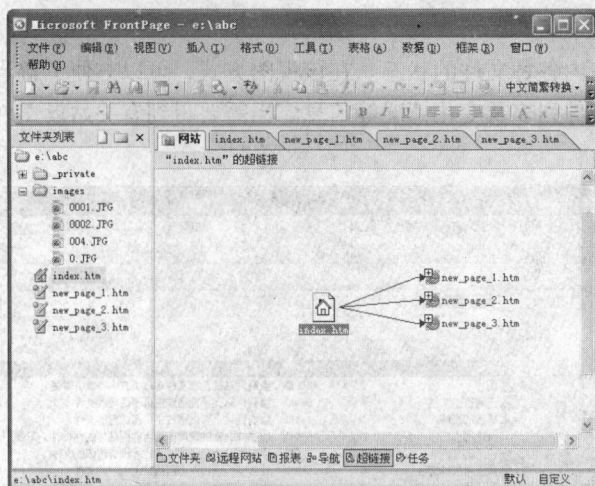

图 9-6　超链接视图

6. 任务视图

任务视图将需要做的工作以任务形式显示出来，并对其做简单的管理，如图 9-7 所示。

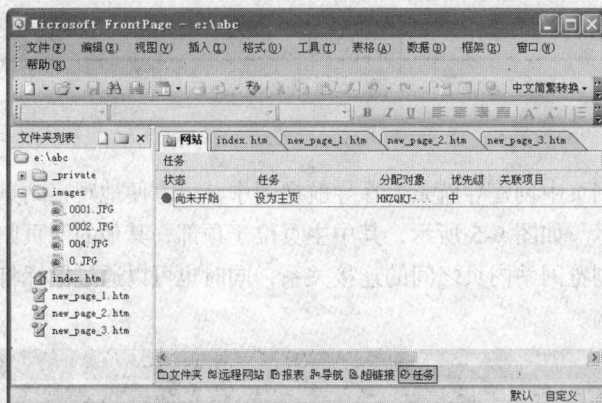

图 9-7　任务视图

9.1.2　创建站点与网页

1. 创建单页站点

创建站点是进入 FrontPage 2003 后的第一步工作，是其他一切工作的基础。用户可以自己创建新网站，也可以利用向导和模板来创建。FrontPage 中提供了很多的向导和模板，利用这些向导和模板，创建站点的工作将变得非常轻松，用户可根据自己的实际情况选择合适的向导或模板。这里主要介绍从头开始创建单页网站，然后逐步增加网站的内容和网页，并通过网页间的链接，构造一个简单的具有初步规模的网站，以使新用户对创建站点的全过程有一个总体上的认识。

具体操作步骤如下。

① 依次单击"文件/新建/站点"命令，打开如图 9-8 所示的对话框。

② 在"指定新网站的位置"下拉列表中选择新站点的保存位置，也可以直接输入，如"e:\abc123"，如图 9-8 所示。

③ 选择左边框中"只有一个网页的站点"选项，单击"确定"按钮。

④ 此时 FrontPage 就会自动创建一个单网页的网站，此网站只有一个网页，即主页。主页是一个站点的第 1 页，文件名通常为 index.htm。在工具栏中单击 "文件夹列表"按钮，出现文件夹列表，在这里可以看到所建网站的结构，如图 9-9 所示。

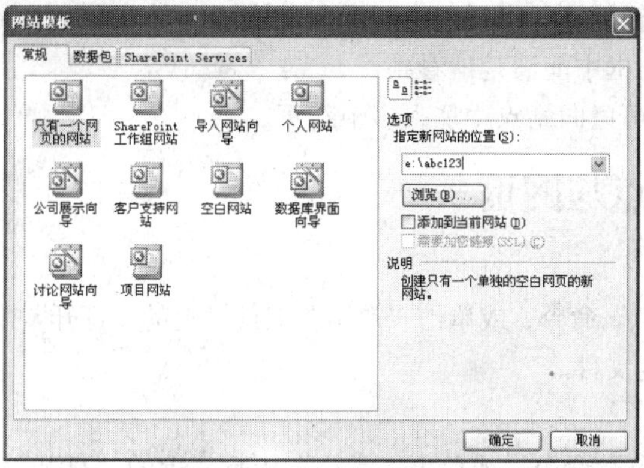

图 9-8　"网站模板"对话框

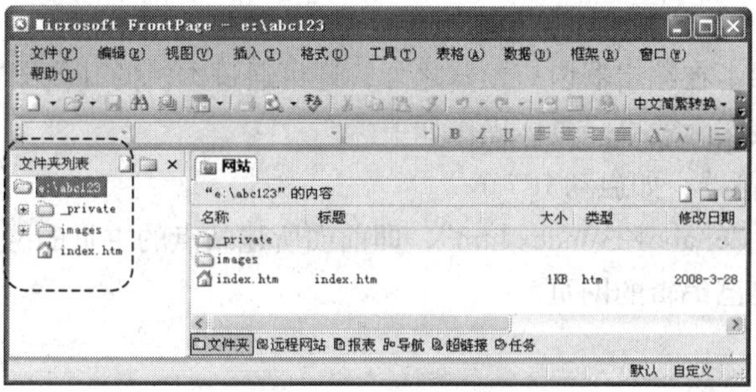

图 9-9　网站文件结构

⑤ 此时可以向主页中加入内容（加入内容的方法在后续内容中将详细讲解），如图 9-10 所示，这样，一个简单的主页就制作完成了。完成之后，可单击"预览"按钮转入预览方式下查看一下网页的制作效果。

2. 创建新页

在实际应用中，仅有一个主页的站点是极少见的，尤其是需要表达的内容较多时，则需要向其中加入新页。接着上面的例子介绍创建新页的操作步骤。

图 9-10　新建网站实例

① 单击"文件/新建/网页"（也可单击"常用"工具栏中的"新建"按钮），FrontPage 2003

将自动创建一个新的网页，该网页被命名为"new_page_1.htm"，但这个新页还未被加入站点中。

② 单击"文件/保存"命令，弹出"另存为"对话框，在"文件名"文本框中可更改网页的文件名。

③ 单击"确定"按钮返回，然后单击"保存"按钮，则新页 new_page_1.htm 就被加入到站点中，在"文件夹列表"框中能清楚地看到。

④ 重复这一步骤，可以向站点中加入多个新页。

9.1.3 打开站点与网页

1. 打开网站

单击"文件/打开站点"命令，或单击"常用"工具栏上的"打开"按钮，弹出"打开文件"对话框，选择所需打开的文件。

2. 打开网页

单击"文件/打开站点"命令，或单击"常用"工具栏上的"打开"按钮，出现对话框后，在"文件夹列表"框中用鼠标双击某个网页的文件名即可。

3. 预览网页

网页编辑完毕，除了在编辑器窗口预览之外，还可通过本机的其他浏览器软件访问自己编辑的网页，以进一步观察实际效果。具体操作如下。

① 启动本机的浏览器，如启动 IE7.0。

② 输入网址，如"e:\abc123\index.htm"，即前面所建站点的主页的网址，然后按 Enter 键，此时，浏览器中出现自己编辑的网页。

9.2 编 辑 网 页

9.2.1 文本编辑

文本是网页的一个重要组成部分，编辑 Web 网页时要对网页中的文本进行一些处理。

1. 文本的输入

要使页面正确地显示中文，必须将页面的编码设置为简体中文 GB2312 的编码方式。

操作方法如下。

① 打开网页，选择"文件/属性"命令，打开"网页属性"对话框，选择其中的"语言"选项卡，如图 9-11 所示。

② 将"HTML 编码"区域中的两个选项都设置为"简体中文（GB2312）"，单击"确认"按钮，此时就可以在页面中输入文字了。

2. 换行与分段

对于 FrontPage 2003 来说，在一段文本末尾按下 Enter 键就是一段的结束，无论这一段文本有多少字符，都被作为一个段落处理。输入文字时，若一行文字的长度超过屏幕的显示范围，FrontPage 2003 会自动换行，不必使用其他按键。若想将文字强制换行，但又不另起一个段落，可以单击"插入/换行符"命令，打开如图 9-12 所示的"换行符"对话框，从中可以选择"普通换行符"换行方式，单击"确认"按钮即可。

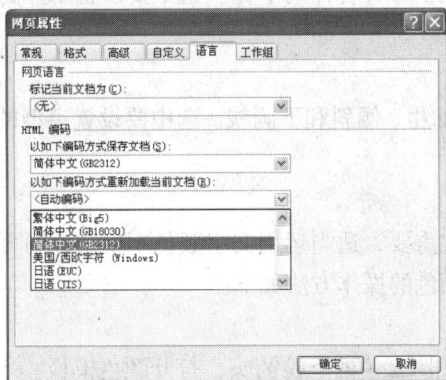
图 9-11　"网页属性"对话框

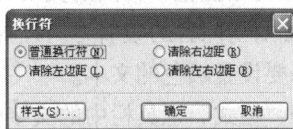
图 9-12　"换行符"对话框

3. 特殊字符的处理

在创建网页时，除了文本之外，还需要使用一些特殊的符号。FrontPage 2003 提供了各种各样的特殊符号，使用起来也很方便。插入各种特殊符号的操作方法如下。

① 将光标置于要插入特殊符号的位置。

② 单击"插入/符号"命令，弹出如图 9-13 所示的"符号"对话框，选择要插入的特殊符号，单击"插入"按钮即可。

图 9-13　"符号"对话框

有时候还会碰到诸如上标和下标之类的特殊符号，如 X^2 等，此时在页面中输入 X2，然后用鼠标选择其中的 2，再单击"格式/字体"命令，弹出"字体"对话框，选择"上标"复选框即可。

9.2.2　设置文字格式

FrontPage 2003 为文字格式的设定提供了完整的功能，设置文本格式的方法与 Word 大同小异，如果用户熟悉 Word，那么也就掌握了 FrontPage 中的设置方法。

1. 设置字体

设置文字字体最常用的方法就是使用"格式"工具栏。若屏幕上没有出现"格式"工具栏，则单击"查看/工具栏/格式"命令，便可显示"格式"工具栏，如图 9-14 所示。

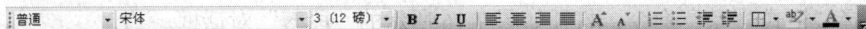
图 9-14　"格式"工具栏

在字体下拉列表中，FrontPage 2003 提供了各种各样的字体。选中要设置字体的文本，然后打开字体下拉列表，设置文字字体。

2．设置字型

"格式"工具栏中提供了 3 种设置方式：加粗、倾斜和下画线。选中要设置字型的文本，然后单击这些按钮就可将文本设置成相应的格式。

3．设置文字颜色

文字颜色对增强整个页面的美观程度非常重要，适当运用文字颜色不仅会让网页充满活力，还能加强页面对访问者的吸引力。设置文字颜色的操作方法如下。

① 选择要设置颜色的文本。

② 单击"格式"工具栏中的文字颜色按钮 **△ -** 的下拉箭头，打开颜色模板。

③ 在颜色模板中选择所需的颜色。

4．设置字号

设置文字字号的操作方法是：首先用鼠标选取要进行设置的文本，然后打开"格式"工具栏中的字号下拉列表，选择所需的字号。

5．设置文字效果

前面已经介绍了页面中一些特殊符号的处理方法，如上标、下标等，FrontPage 2003 还提供了许多特殊效果用于设置文本，操作方法如下。

① 选择要设置特殊效果的文本。

② 单击"格式/字体"命令，打开"字体"对话框，如图 9-15 所示。

③ 在"效果"区域中选择所需的文字效果，同时可以在"预览"区域中查看所设置的效果。

6．设置字符间距

在 FrontPage 2003 中也可以通过调节字符间距来设置文字的效果，操作方法如下。

① 选择要调节字符间距的文本。

② 单击"格式/字体"命令，打开"字体"对话框，图 9-15 所示。单击其中的"字符间距"选项卡，设定字符间距。

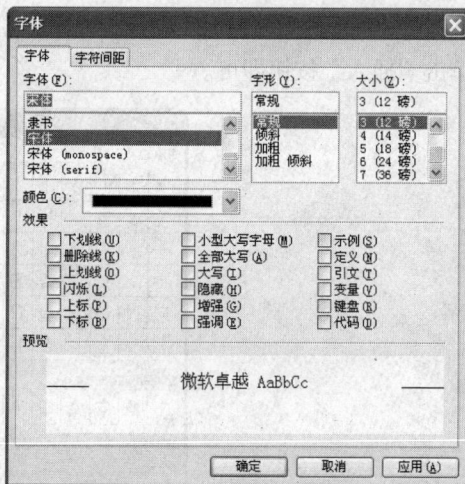

图 9-15　"字体"对话框

9.2.3　设置段落格式

1．设置段落样式

FrontPage 2003 提供了很多的段落样式，打开"格式"工具栏的样式下拉列表，用户可从中选择样式，如"标题 1"、"标题 2"等。若想将一个段落改变为另一种样式，只要先选择这个段落，再从样式下拉列表中选择一个新的样式即可。

2．段落的对齐、缩进和间距

段落的对齐、缩进和间距可通过"段落"对话框来设置，操作方法如下。

① 选择"格式/段落"命令，打开如图 9-16 所示的"段落"对话框。

② 选择对齐方式并对段落间距和缩进进行设定。

③ 在"预览"区域中预览效果，满意后单击"确认"按钮。

图 9-16　"段落"对话框

9.2.4　网页属性

网页创建好之后，就可以对网页属性进行设置，操作方法如下。

打开要设置属性的页面，单击"文件/属性"命令，打开"网页属性"对话框，选择"常规"选项卡，如图 9-17 所示，在"标题"文本框中可更改网页的标题。

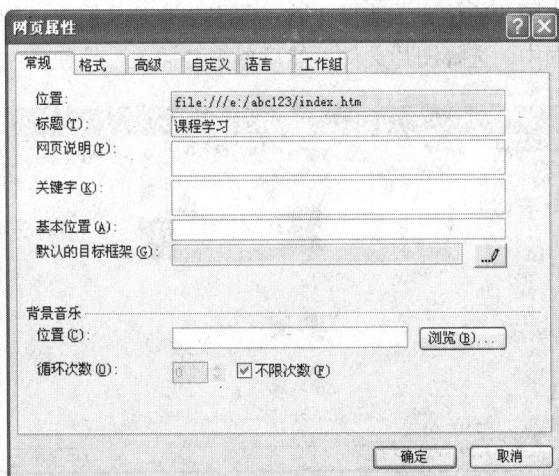

图 9-17　"网页属性"对话框

9.2.5　网页的背景

在"网页属性"对话框中，单击"格式"选项卡，如图 9-18 所示。在图中可更改背景颜色、文本颜色和超链接颜色。若需设置页面背景图案，选择"背景图片"复选框。单击"浏览"按钮，弹出"选择背景图案"对话框，可从文件中选择图案文件，单击"剪切画"按钮，可从系统上的剪贴画库中，选取图案作为背景。然后单击"确认"按钮即可。

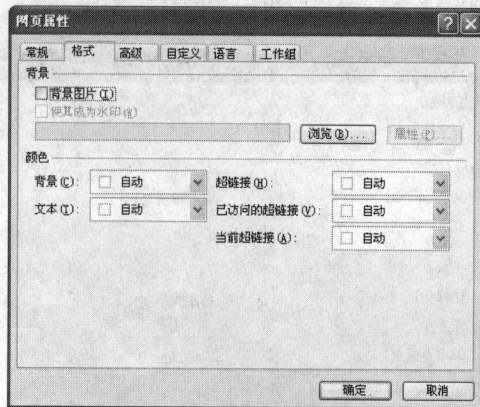

图 9-18 "格式"选项卡

9.3 加 入 图 像

图像是网页中必不可少的页面元素，为了加快页面下载速度，制作网页时应尽量减少图像文件的大小，减小图像的尺寸，使用较少的颜色。在网页中常用的两种图形文件格式为 GIF 和 JPEG，它们都属于压缩的图形文件格式。

9.3.1 插入图像

将插入点移到要插入图片的位置，选择"插入/图片"命令，打开"图片"对话框，如图 9-19 所示。在"图片"对话框中，选择图片文件，然后单击"插入"按钮。

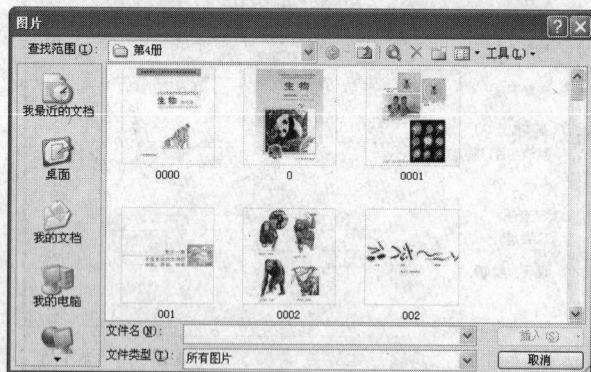

图 9-19 "图片"对话框

9.3.2 编辑图像

在网页中插入图像后，还可以对图像进行编辑。用鼠标单击插入的图像，在屏幕上出现"图片"工具栏，如图 9-20 所示。利用"图片"工具栏可对图片进行旋转、剪裁、冲蚀、设置凹凸效果、透明背景、调整亮度、调整对比度、插入文字等。选中图片后，拖动图片周围的控点，可改变图片大小。

图 9-20 "图片"工具栏

9.3.3 设置图像属性

选定所需的图像，单击鼠标右键，从弹出的快捷菜单中选择"图片属性"命令，弹出"图片属性"对话框，如图 9-21 所示。在对话框的"常规"和"外观"两个选项卡中进行设置，可以做出各种图文混排的页面效果。

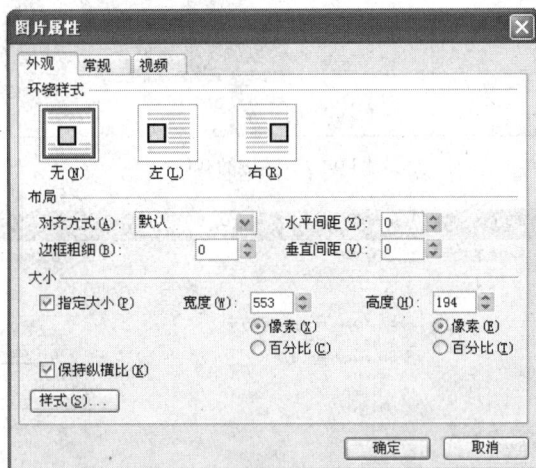

图 9-21 "图片属性"对话框

9.4 创建超链接

超链接是 Web 页面之间的纽带。使用超链接可访问各种学习网站，并进行网上学习、交流与合作等活动。没有超链接，网页就失去其真正的意义。

9.4.1 创建超链接

1. 选择链接的载体

链接的载体是显示链接的页面元素，如文字、图形或图像的部分区域，也称为热点区域。把某个文本或某幅图像与某个页面的地址联系在一起，该文本或图像具有超链接功能。若访问者单击此文本或图像，浏览器将打开相应地址的网页。创建超链接以前要选中链接的载体，每次只能创建一个超链接，如图 9-22 中所示带下画线的文本、图片或热点区域。

选定链接的载体后，单击"常用"工具栏上"插入超链接"按钮，或选择"插入/超链接"命令，打开"插入超链接"对话框，如图 9-23 所示。

2. 选择链接的目标

链接的目标包括网页、文件、电子邮件或页面中的书签等。根据跳转目的地的不同，网页中的链接可分为 4 种类型。

图 9-22　链接的载体

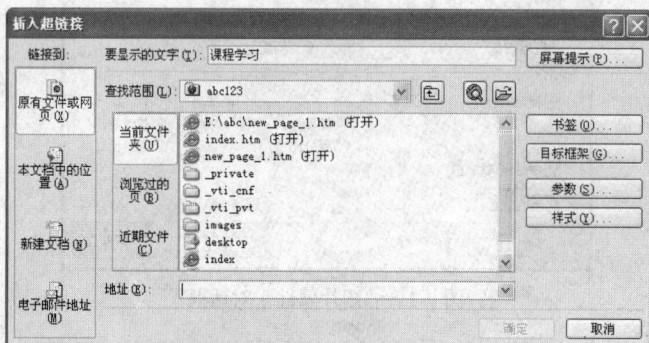

图 9-23　"插入超链接"对话框

（1）原有文件或网页。直接跳到本站点内其他网站的某一网页。

（2）本文档中的位置。可以用"插入/书签"命令，插入书签名称，插入点出现书签标识，使得来自其他网页或同一网页的超链接能够直接跳转到这些位置处。在"插入超链接"对话框列表文件中选定某一网页后，单击"书签"按钮，选择该网页上的书签，将会在书签位置创建某一超链接。

（3）电子邮件地址。选择链接到"电子邮件地址"按钮，填写目标电子邮件地址，可创建到电子邮件的链接。

（4）新建文档。可以将当前选中的链接的载体链接到一个新建的页面上。选择链接到"新建文档"按钮，在"新建文档名称"栏填写该网页的名称。

3．指定目标窗口

链接的目标网页选定后，可以指定目标网页是在本窗口中显示，还是在新打开的浏览器窗口中显示。单击"编辑超链接"对话框中"目标框架"按钮，打开如图9-24 所示的对话框，指定链接的目标网页是在新打开浏览器窗口中显示，默认是在当前窗口中打开目标网页。

单击"确定"按钮，创建完成一个超链接。

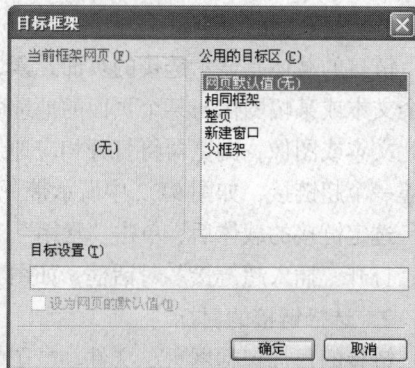

图 9-24　"目标框架"对话框

9.4.2 设置超链接的状态颜色

在浏览器中浏览网页时,已经访问过的超链接、尚未访问过的超链接和正在访问的超链接应有不同的颜色显示,使浏览者一目了然。

设置超链接的状态颜色操作方法是:选择"格式/背景"命令,打开"网页属性"对话框如图 9-25 所示。选中"格式"选项卡,对与超链接有关的部分进行设置,如果选中"启用链接翻转效果"选项,则可指定当鼠标指针指向超链接时,链接载体的翻转样式。

图 9-25 "网页属性"对话框

9.4.3 图像映射

图像映射的功能就是在一张图片上建立不同形状的热点区域,如矩形、圆形、多边形等,每一个区域都是一个超链接,在图片中的不同位置上单击鼠标,就会分别链接到相应的网页中。

制作图像映射的操作方法如下。

① 首先选定要制作的图像映射的图片,此时屏幕会显示出"图片"工具栏,在"图片"工具栏上有 5 个图标专门是为图像映射功能设置的,如图 9-26 所示。

② 单击"图片"工具栏中一种热点形式,如"长方形热点"按钮,并将光标移到要制作图像映射的图片中,光标变成铅笔形状,然后用鼠标在图片中拖动出一个矩形区域,如图 9-27 所示。

图 9-26 "图片"工具栏

图 9-27 "长方形热点"创建

③ 松开鼠标后，弹出"创建超链接"对话框，从中可设置该热点的链接目标。

其他形状热点区域的操作方法与创建长方形热点相同。单击"图片"工具栏中的"突出显示热点"按钮，可以将图片隐藏起来，只显示出热区的范围。

9.5 网 页 布 局

表格和框架是网页布局的常用工具，表格的灵活性很大，而框架的特点是能够避免对内容的过多重复。

9.5.1 创建表格

1. 创建表格

● 单击"常用"工具栏中的"插入表格"按钮，可以按默认方试插入表格，如图 9-28 所示。

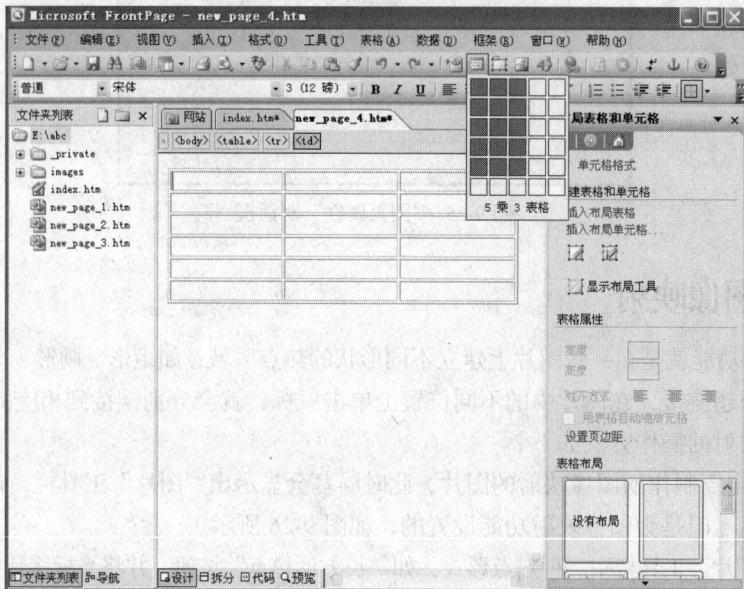

图 9-28 "插入表格"鼠标拖曳示意图

● 执行菜单命令可以对插入的表格进行精确设置，包括行和列的数目、边框尺寸、单元格的宽度等。操作方法是依次单击"表格/插入/表格"命令，打开"插入表格"对话框，在"大小"区域中的"行"和"列"栏中输入表格的行数和列数。

● 用鼠标控制画笔，可随心所欲地绘制任何表格。单击"表格/手绘表格"命令，显示"表格"工具栏，单击"手绘表格"按钮，光标变为铅笔形状。在要创建表格的位置，按下鼠标左键的同时拖动光标，就会出现一条虚线标识出表格的轮廓，然后再在其中绘出行和列。

2. 编辑表格

表格绘制好后，再根据需要进行调整，对表格的行或列可做增加或删除操作。具体的操作方法与 Word 中的操作相类似。

3. 设置表格或单元格的属性

在表格内单击鼠标，在弹出的快捷键菜单中选择"表格属性"命令，弹出"表格属性"对话框，如图 9-29 所示，可对表格的布局、边框和背景进行设置。

在单元格内单击鼠标右键，在弹出的快捷键菜单中选择"单元格属性"命令，弹出"单元格属性"对话框，如图 9-30 所示，可对单元格的布局、边框和背景进行设置。

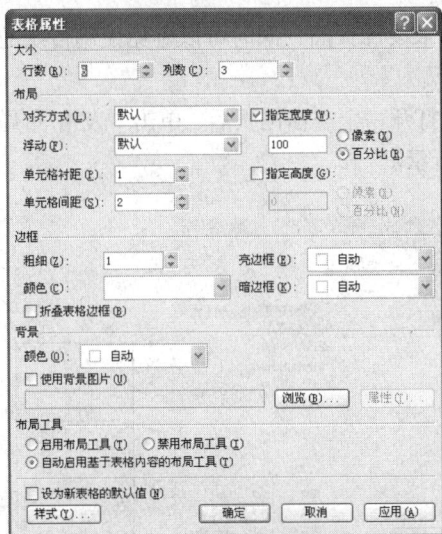

图 9-29　"表格属性"对话框　　　　　图 9-30　"单元格属性"对话框

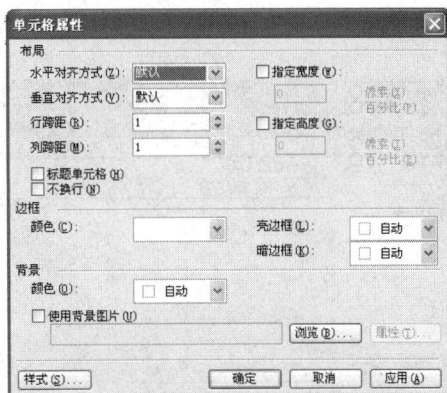

9.5.2　使用表格布局页面

一个网页页面往往被表格分成了很多小版块，如图 9-31 所示，每个小版块内有不同的版面主题，表格对整个网页布局起着控制作用。

图 9-31　使用表格布局示例

以上用表格进行页面布局采用的是先在页面上画一个 5 行 5 列的规则表格，然后通过合并、拆分等操作完成图示布局，并用鼠标拖动边框来改变行和列的比例。

9.5.3　使用布局表格和单元格

从设计网页的布局角度来看，用表格进行页面布局会发现以下问题：网页的版式设计不够美观；网页的排版仅用表格不能达到对网页内容精确定位的要求；如果想对网页的版块进行位置上的调整时，不能按照自己的意愿进行任意的移动定位等。

从这些问题中不难发现，使用表格进行网页布局不太方便，为了简化使用表格进行页面布局的过程，FrontPage 2003 提供了"布局"模式。

在"布局"模式中，可以使用表格作为基础结构来设计页面，同时可以避免使用传统的方法创建基于表格的设计时，经常会出现的一些问题。

创建与绘制布局表格和单元格的操作方法是：在打开一个空白网页后，单击"表格/布局表格和单元格"命令，在右边出现任务窗口，如图 9-32 所示。

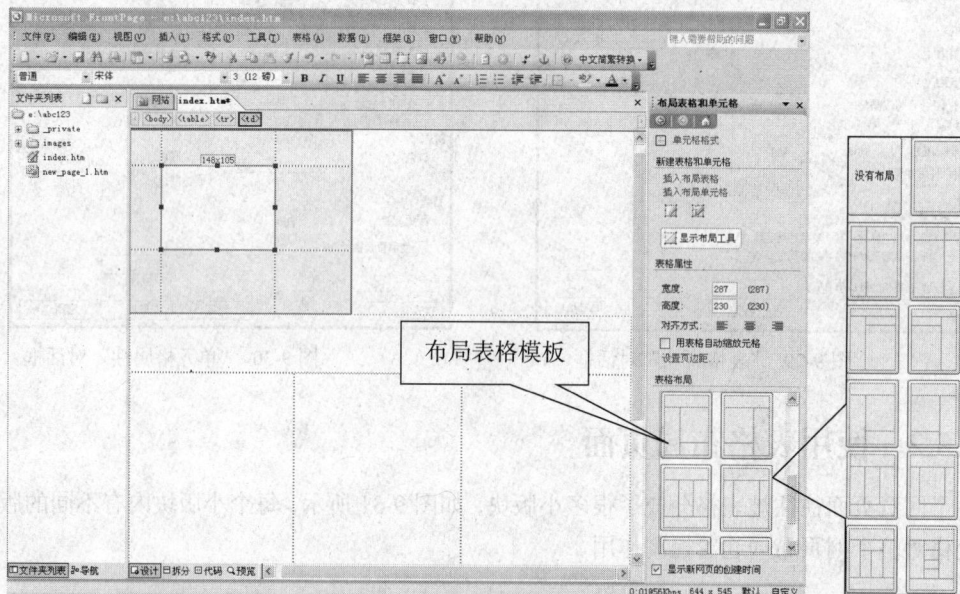

图 9-32　布局表格和单元格

使用■绘制布局表格和■绘制布局单元格命令按钮，将光标移至表格内进行绘制布局，操作完成后，一张网页布局就做好了。也可以直接采用添加布局表格模板进行布局页面。

9.5.4　创建框架

框架就是将浏览器窗口分成几个部分，每个部分是独立的网页，这样在一个屏幕上可以同时观看多个页面，还可以在同一个屏幕上的各个框架之间设置超连接。很多网站都具有这样的结构。一般一个网页至少分成 3 部分，最上面是标题，左面是目录，单击不同的目录，在右边框架会显示相应的内容。使用框架网页可以同时浏览几个页面，框架可以使站点充满趣味。

1. 使用模板创建框架

FrontPage 2003 提供了最流行的框架网页布局模板，可以利用这些模板轻松地创建框架网页。操作步骤如下。

① 单击"文件/新建/网页"命令，弹出"网页模板"对话框，选择其中的"框架网页"选项卡，如图 9-33 所示。

② 选择所需的框架，并在右边的"预览"区域可以预览框架的外观。例如，选择"标题、页脚和目录"框架，单击"确定"按钮后创建的框架如图 9-34 所示。

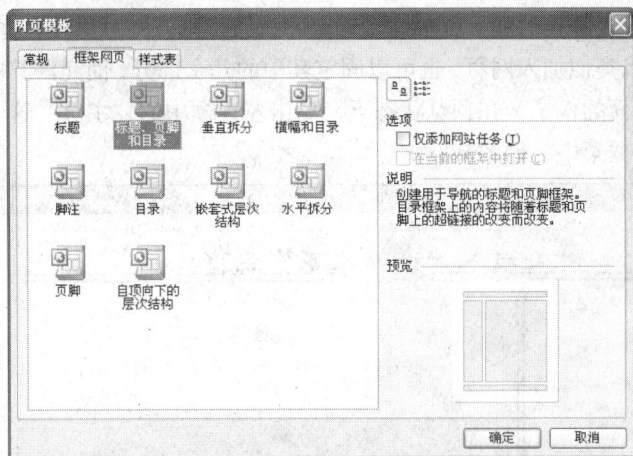

图 9-33　"框架网页"选项卡

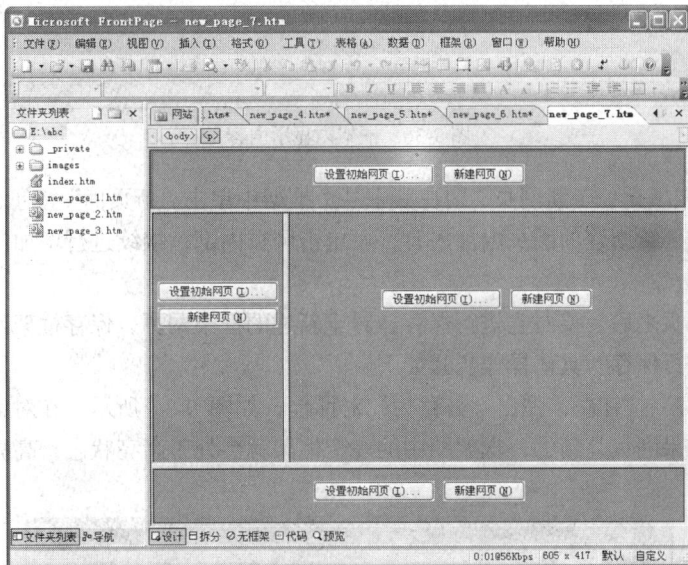

图 9-34　"标题、页脚和目录"框架网页

2．设置框架中的网页文件

图 9-34 所示的框架网页只是一个空框架，下面给框架中添加相应的内容。操作方法如下。

① 在某个框架中单击"设置初始网页"按钮，弹出"插入超链接"对话框，如图 9-35 所示。

图 9-35　"插入超链接"对话框

② 在对话框中设置链接的网页，单击"确定"按钮，则该网页出现在框架内部。

③ 其他框架可以类似加入网页，也可以固定其中的几个部分，而允许其中的一个框架跟随需要不断改变。接着上面的例子，在预览状态下，单击左边框中的"主页"这两个字，则与之相链接的页显示在右边的框架中，如图 9-36 所示。

图 9-36　框架内显示内容

④ 若要给框架填充一个新网页，则在其中某个框架中单击"新页面"按钮，一个新的网页就会出现在框架中。要给新建的网页增加内容，可单击网页内部，继续进行增加内容的操作。

3. 保存框架

设计好框架网页之后，要对它进行保存。对于新建的框架网页，保存框架网页需要对每一个框架及整个框架进行保存。具体操作步骤如下。

① 单击"保存"按钮🖫，弹出"另存为"对话框，如图 9-37 所示。在对话框的右边包含一个框架网页图，如果网页是新的，框架图中的一个框架就会处于高亮状态，高亮的框架表示当前正在保存的网页。

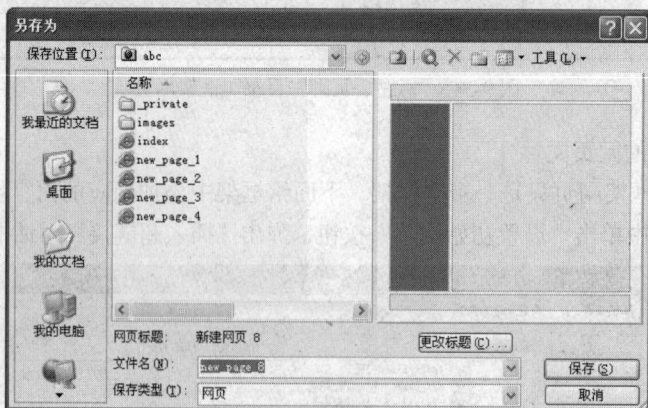

图 9-37　"另存为"对话框

② 输入网页名称，单击"保存"按钮保存。

③ 重复步骤②，保存其他的框架。

④ 框架网页保存完之后，对话框中的整个框架就处于高亮状态，这表示此时正保存框架网页本身。

⑤ 输入框架网页的名称及标题，单击"保存"按钮保存。

9.5.5 调整框架

利用模板创建网页后，由于模板本身的限制，可能创建的框架不能满足需要，这时，可以对框架进行调整。

1. 手动调整框架大小

对框架大小要求不是很精确时，可以手动调整，操作步骤如下。

① 将鼠标指针移到框架的分隔线上。

② 当鼠标指针变为双箭头后，拖动鼠标即可调整框架的大小。

2. 拆分框架

对框架进行拆分可以制作出更为复杂的框架网页。操作步骤如下。

① 选择要拆分的框架。

② 单击"框架/拆分框架"命令，弹出"拆分框架"对话框，如图 9-38 所示。

也可手动拆分框架：移动鼠标指针到框架分隔线上，指针变为双箭头时，按住 Ctrl 键拖动指针，则可以在页面中增加新的框架网页。

3. 删除框架

对于不需要的框架，可以将其删除。但要注意，删除框架只会简单地把框架从框架网页中删除，而框架中的文件仍然存在。操作步骤如下。

① 选择要删除的框架。

② 单击"框架/删除框架"命令即可。

4. 设置框架属性

创建好框架网页后，可以在"框架属性"对话框中对框架的属性进行修改。

操作方法是：选择需要修改的框架，单击"框架/框架属性"命令，弹出"框架属性"对话框，如图 9-39 所示。

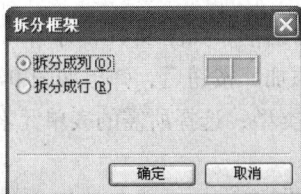

图 9-38 "拆分框架"对话框   图 9-39 "框架属性"对话框

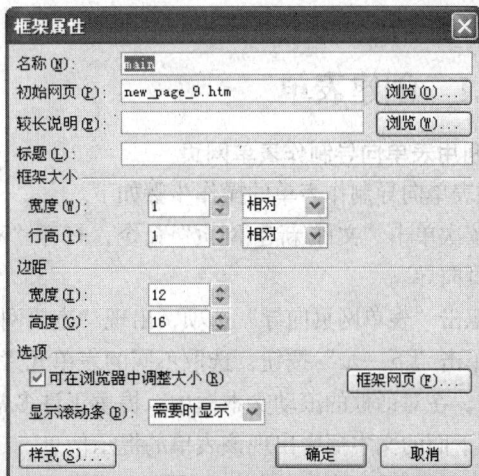

9.5.6 设置目标框架

在左边的目录框架中单击一个链接后，右边的框架就会出现一个对应的网页，右边框架称为左边框架中所看到的链接的目标框架。

设置超链接的目标框架的操作步骤如下。

① 选择要定义超链接的文字或图片。

② 单击工具栏中的"超链接"按钮 ，弹出"插入超链接"对话框，选择链接的目标网页。

③ 单击右边"目标框架"按钮，打开如图 9-40 所示的"目标框架"对话框，在"当前框架网页"区域中单击要用作目标的框架。

图 9-40 "目标框架"对话框

④ 单击"确定"按钮返回到"插入超链接"对话框，可以看到，在"目标框架"框中显示出设置的目标框架的名称。

9.6　表单的使用

9.6.1　创建表单

1. 利用表单向导制作表单网页

利用表单向导制作表单的操作步骤如下。

① 依次单击"文件/新建/网页"命令，打开"网页模板"对话框，选择"常规"选项卡中的"表单网页向导"。

② 双击"表单网页向导"选项，出现"表单网页向导"对话框，如图 9-41 所示。

③ 单击"下一步"按钮，选取不同的表单元素，单击"添加"按钮后，弹出如图 9-42 所示的对话框。在对话框的滚动文本框中，提供了许多常用的表单类型，选择所需的表单元素，则会在对话框下面的文本框中出现该表单的提示信息。

④ 单击"下一步"按钮，如图 9-43 所示，在弹出的对话框中，选择要从用户处收集的项目。

⑤ 单击"下一步"按钮，可以看到，添加的问题出现在问题列表中，单击"添加"按钮可以继续添加。添加完成后，单击"下一步"按钮，打开如图 9-44 所示的对话框。此时向导进入表单整体风格设置界面显示选项。

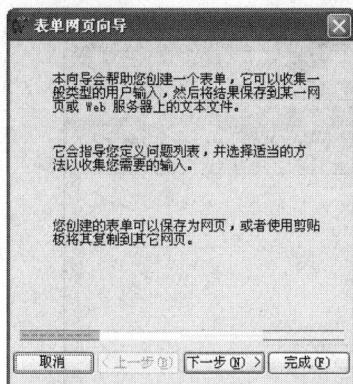

图 9-41　"表单网页向导"之一

图 9-42　"表单网页向导"之二

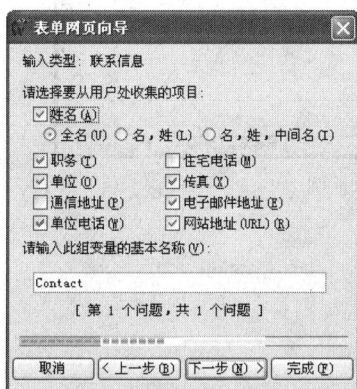

图 9-43　"表单网页向导"之三

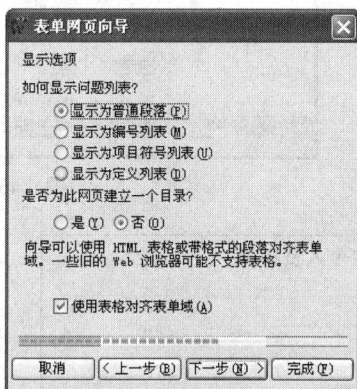

图 9-44　"表单网页向导"之四

该对话框包括 3 部分内容：上面的 4 个单选按钮为设置表单中的各个表单域采用何种方式的列表排列组织；第 2 部分的 2 个单选按钮为选择是否在表单域中采用目录表部件；第 3 部分的复选框为是否采用表格来组织表单元域。以上内容可以根据需要进行设置。

⑥ 单击"下一步"按钮，"表单网页向导"对话框提示选择处理用户提交的反馈信息的方式，3 个单选按钮列表分别为：将数据存为 Web 页面、或是存为文本文件、或是使用 CGI 脚本来处理数据。在下面的文本框中可以输入存储信息文件的名称。

⑦ 单击"下一步"按钮，进入最后的"表单网页向导"对话框，至此，创建表单的工作大致完成，如果要修改可单击"取消"按钮，回到前面的步骤中修改，否则单击"完成"按钮。

按上述操作方法创建的表单是一种反馈表单，结果如图 9-45 所示。

2．使用表单模板创建表单网页

FrontPage 2003 中提供了许多表单模板，使用表单模板可以很方便的创建许多表单，基本操作方法为：选定模板、创建表单。此处不再赘述。

3．手工创建表单

当利用向导和模板创建的表单不能满足需要时，可以手工创建表单。下面举例说明创建过程，显示效果如图 9-46 所示。

① 单击"插入/表单"命令，打开其子菜单，用鼠标拖曳子菜单顶部颜色较深的部位可以打开"表单"工具栏，如图 9-47 所示。

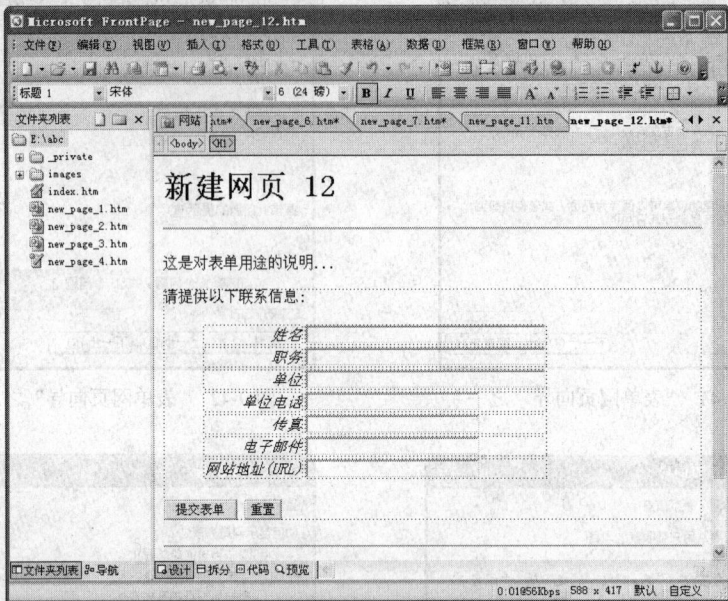

图 9-45　反馈表单示例

图 9-46　手工表单的显示效果

图 9-47　"表单"工具栏

② 选择标题部分，输入"学生个人资料表"，并居中，在下一行选择表单▢，用鼠标拖曳出区域，绘制 7 行 2 列表格，在表格内分别输入用户名、密码、你的爱好、你的性别、出生日期等内容，选择单行文本框按钮▣，用鼠标分别拖曳至"用户名"和"密码"文字后，双击文本框，打开如图 9-48 所示的"文本框属性"对话框，在其中可设置文本框的名称、允许输入的字符宽度等，单击"确定"按钮后返回页面。

③ 在下一行"你的爱好"中，单击工具栏中的复选框按钮☑，将复选框按钮分别放在每个具体爱好前。

④ 在下一行"你的性别"中，单击工具栏中的单选按钮◉，在单选按钮后输入"是"，同样，输入另一个单选按钮及"否"。

⑤ 在下一行"出生日期"中，输入"年、月、日"。单击工具栏中的下拉菜单按钮▤，双击下拉式菜单，打开如图 9-49 所示的"下拉菜单属性"对话框，单击"添加"按钮，依次输入 1980、

1981、1982 等。单击"确定"按钮返回到"下拉菜单属性"对话框。同理，添加"月"、"日"下拉菜单内容。

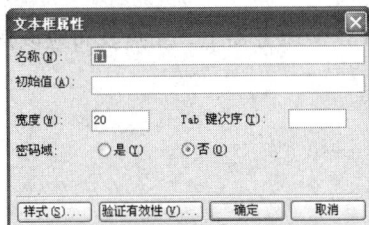

图 9-48　"文本框属性"对话框　　　　图 9-49　"下拉菜单属性"对话框

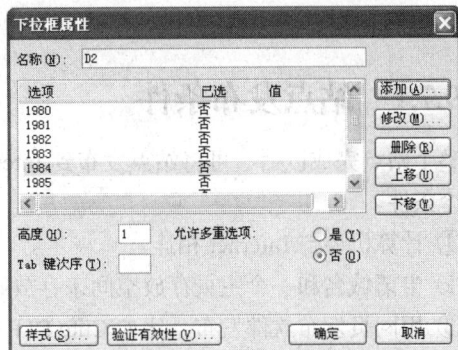

⑥ 最后单击工具栏中的单选按钮，设置"提交"和"重置"按钮。

至此，一个简单的表单就创建完成了，对于手工创建表单的其他一些用法，方法相似。

9.6.2　保存表单

FrontPage 2003 提供了多种保存表单结果的方法，操作方法如下。

① 在表单内单击鼠标右键，从快捷菜单中选择"表单属性"命令，打开如图 9-50 所示的"表单属性"对话框。

② 默认状态下，FrontPage 2003 将表单结果以一个文件的形式保存。选中"发送到"单选按钮，在"文件名称"文本框中，输入保存表单结果的文件夹路径及文件名称，单击"浏览"按钮可以选择保存表单结果的文件，单击"确定"按钮就可以将表单以文件的形式保存。

③ 可以将表单结果发送到你的电子邮件箱中，当浏览者每次提交表单结果时，你就会得到一条 E-mail 消息。在"电子邮件地址"框中输入接收表单结果的 E-mail 地址，单击"确认"按钮即可。

④ 可以将表单结果发送到自定义表单处理程序中。选取"发送到其他对象"单选按钮，在其右边的下拉列表框中选择所需的表单处理程序，然后单击"确定"按钮。

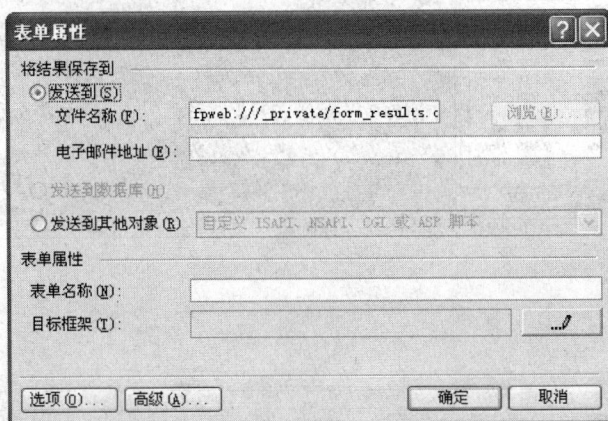

图 9-50　"表单属性"对话框

9.7 网站的发布

9.7.1 站点发布条件

整个站点完成以后，可将站点发布到 Internet/Intranet WWW 服务器上，站点发布应该具备下面几个条件。

① 计算机要与 Internet 相连。

② 申请域名和一个主页存放空间来存放站点。

③ 用网页发布软件发布，比如 Cute FTP 等。

利用 FrontPage 2003 可以直接将站点发布到 WWW。如果服务器支持 FrontPage 扩展，可以使用 HTTP 方式发布网页；如果服务器不支持 FrontPage 扩展，只能使用 FTP 方式发布网站。

9.7.2 网站发布

整个站点内的所有网页完成后，可以将站点发布到 Internet。一般提供个人主页服务的站点都要求使用 FTP 软件将网页文件上传到 Web 服务器上，上传网页文件常使用具有断点续传功能的一些软件，如 CuteFTP、WS.FTP 等。下面使用 CuteFTP 软件将我们的站点发布到 Internet。操作步骤如下。

① 从 http://www.newhua.com/ty_ftp.htm 可下载到 CuteFTP 免费评估版的安装程序 cute4232.exe，按照提示步骤完成按装过程。

② 运行 CuteFTP，双击 CuteFTP 图标，弹出如图 9-51 所示的窗口，输入主机的 FTP 服务器地址（ftp.go.163.com）、用户名（teaching）和密码，其他选项使用默认设置，然后单击"链接"按钮或按 Ctrl+Enter 组合键进行链接。链接成功后就可从左边窗口（称为本地站点）把文件上传到右边窗口（称为远程站点）了。

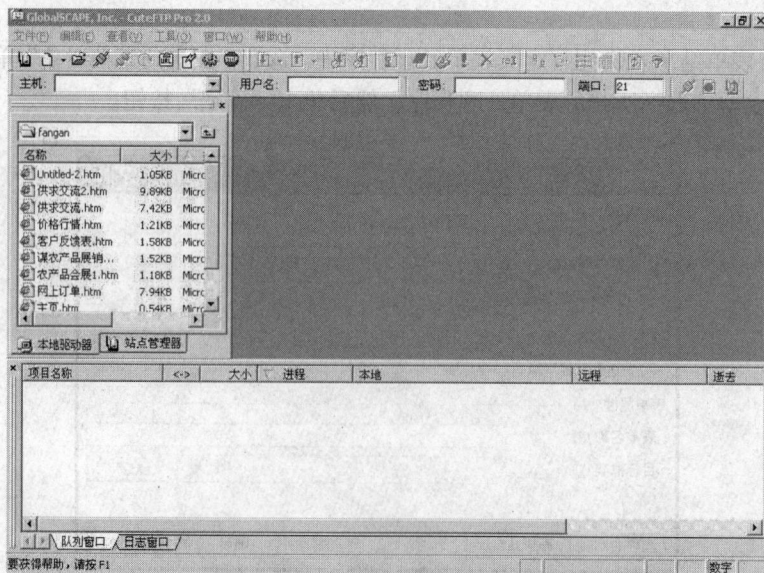

图 9-51 CuteFTP 主窗口

习　题　9

1. FrontPage2003 包括哪几种视图？各有何特点？
2. 什么是框架？在网页制作中使用框架有哪些优点？
3. 网页中的超链接有哪几种类型？
4. 把一个单元的某一部分教学内容，通过 FrontPage 2003 制作成一个网站主题内容，并写出规划报告。
5. 制作一个问卷调查表单，内容包括姓名、地址、是与否、多条意见复选等。
6. 申请一个免费个人主页空间，发布个人主页，请同学间相互评比。

第10章
几何画板课件制作

【本章概述】

本章主要讲述几何画板的有关知识，结合实例介绍几何画板在绘制、度量、计算、变换、迭代、图表、动画等方面的使用。目的是把数学知识从静态进入动态、抽象变为形象，拓展学习者的空间思维。

几何画板是以数学为根本，以"动态几何"为特色的专业学科平台软件，该软件短小精悍，功能强大，开发的软件具有精确的数字化描述和动态的参数交互功能，能够动态表现相关对象的关系。具体地说，几何画板可以作为一个电子作图工具，利用它可以模拟直尺、三角板、圆规，作出点、线段、射线、直线、圆等几何图形。几何画板能够准确的、动态的表现几何问题，使传统教学中只能在黑板上静态表现的结果变成动态的展示过程，使分析、过程、结果都一目了然。几何画板是教师和学生研究几何关系的理想工具。

10.1 几何画板概述

10.1.1 几何画板界面

几何画板的启动与其他软件类似，单击"开始/程序/几何画板"命令，即可进入几何画板的使用界面，如图 10-1 所示。

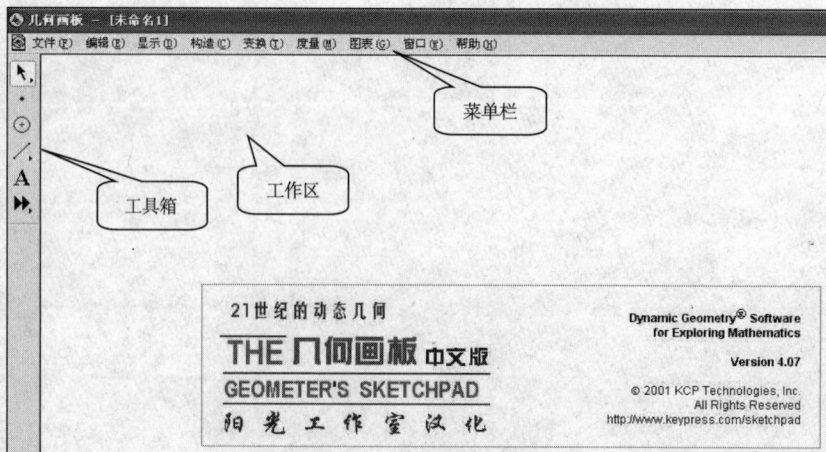

图 10-1 几何画板使用界面

10.1.2　菜单栏

几何画板菜单栏包括文件菜单、编辑菜单、显示菜单、构造菜单、变换菜单、度量菜单、图表菜单等，部分菜单命令如图 10-2 所示。

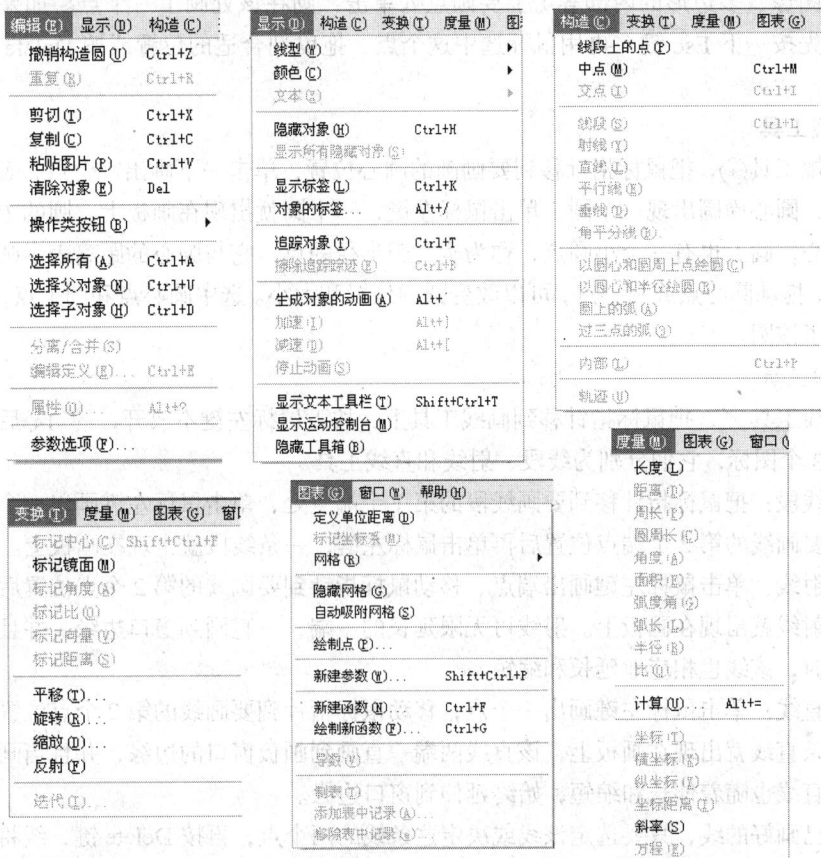

图 10-2　几何画板的菜单

10.1.3　画板工具与使用

几何画板界面上左边为画板工具箱，由 6 个工具按钮组成，如图 10-3 所示。

1.　选择工具

选择工具 用于对象选取、旋转和缩放。将鼠标移到选择工具上，延时后显示出 3 个图标，分别为选择、旋转和缩放工具。

（1）选择工具：可以移动鼠标到某一个对象上，单击鼠标左键，可选择一个对象；也可以用鼠标依次单击各对象，同时选中若干个离散的对象；在适当位置，按下鼠标拖曳出矩形区域，同时选中若干个离散的区域或整个对象。当用鼠标在工作区空白处单击一下，可以释放工作区中原来选中的其他对象，避免误操作。

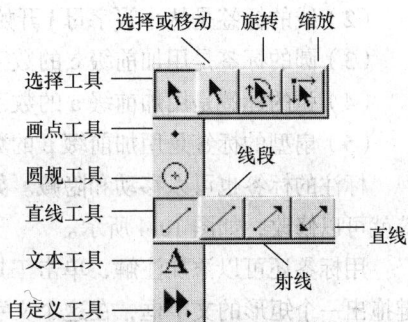

图 10-3　画板工具

（2）旋转工具：可以将选中的对象围绕一个中心点进行旋转变换。

（3）缩放工具：可以将选中的对象进行放大缩小。

2. 画点工具

选择画点工具 ◆，在工作区空白的地方或已有的对象（对象可以是线段、射线、圆、圆弧、轨迹、函数图像、多边形的内部等）上要画点处单击，则在该处画了一个点。如果要移动或删除它，只要先按一下 Esc 键，再用鼠标选中这个点，拖曳到合适的位置或按 Delete 键，删除这个点。

3. 圆规工具

选择圆规工具 ⊙，把鼠标指针移到要画圆的圆心位置，单击一下画出一个点，表示圆心，然后移动鼠标，圆心周围出现一个圆，单击鼠标左键，一个圆就出现在画板上。圆的中间有一个小圆点表示圆心，圆上也有一个小圆点，称为确定圆半径的点，它与圆心的距离表示圆的半径。在选择工具下，拖动圆心点或圆上点，可以改变圆的位置和大小。选中圆心点和圆上点，再按 Delete 键，就删除了该圆。

4. 直线工具

选择直线工具 ╱，把鼠标指针移到画线工具上，按下鼠标左键不放开，约 1s 后右边就会显示出 ╱ ╱ ╱ 3 个图标，它们分别为线段、射线和直线工具。

（1）画线段：把鼠标指针移到要画线段的第 1 个端点处，单击鼠标左键画出一个端点，移动鼠标指针到要画线的第 2 个端点位置后再单击鼠标左键，一条线段就出现在画板上。

（2）画射线：单击鼠标左键画出端点、移动鼠标指针到要画线的第 2 个点位置后再单击鼠标左键，一条射线就出现在画板上。射线可无限延长的一端，一直画到窗口边缘，并且当画板窗口放大和缩小时，该线也相应地延长和缩短。

（3）画直线：单击鼠标左键画出一个点，移动鼠标指针到要画线的第 2 个点位置后再单击鼠标左键，一条直线就出现在画板上，该直线两端一直画到画板窗口的边缘，并且当画板窗口的大小变化时，直线也随着伸长和缩短，始终延伸到窗口边缘。

要删除已画好的线，只要选定该线或决定这条线的两个点，再按 Delete 键，线将被删除。

5. 文本工具

文本工具 **A** 用于标注对象，也就是给所作出的点、线段、圆、圆弧等几何图形起名字。单击文本工具后，鼠标指针变成一只手形状，只要把这只"手"的手指尖移到要标注的对象上单击，就可以标注对象显示标签。

用几何画板作出的几何对象，一般都由系统自动配置好标签，大概范围如下。

（1）点的标签是从大写字母 A 开始标注。

（2）线的标签是从小写字母 j 开始标注。

（3）圆的标签是用加前缀 c 的数字（c1，c2，…）标注。

（4）弧的标签是用加前缀 a 的数字（a1，a2，…）标注。

（5）扇型的标签是用加前缀 p 的数字（p1，p2，…）标注。

标注的标签也可以移动和隐藏。如果想修改标注，只需在文本工具的状态下，双击标注的标签就可以修改，如图 10-4 所示。

用标签还可以添加注解，单击工具栏中的"文本"铵钮，在画板中的适当位置，按住鼠标左键拖出一个矩形的文字框，在这个文字框中可以输入中西文的注解。

单击"显示/显示文本工具栏"菜单命令，打开文本编辑工具箱，如图 10-5 所示。通过工作区

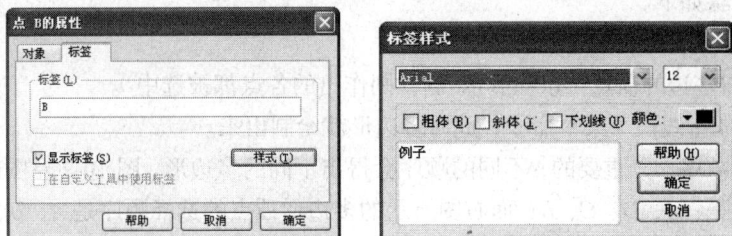

图 10-4　标签属性与样式

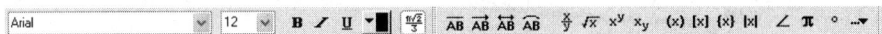

图 10-5　文本工具栏

下方"文本工具栏"有关字体、字号、字型、颜色选择框来编辑文本。单击"数学符号面板"按钮，可以编辑比较复杂的数学式。

6. 自定义工具

利用自定义工具 ▶▶，使用者可根据自己的需要，事先制作某些常用几何图形，然后保存在自定义工具中，供随时调用。

10.2　构造几何图形关系

10.2.1　点和线的基本操作

几何画板的核心是几何关系，即在运动和变化中保持所给定的几何关系。点、线、圆的基本操作是几何关系建立的基础，几何画板通过对选中对象的操作，实现删除、移动、复制、旋转、缩放、构造、度量和变换操作。

1. 点的操作

把鼠标指针移到点上，按下鼠标左键不放，这时该点外围出现一个小圆，表示被选中，拖动鼠标，该点随着鼠标也相应地移动，到达合适位置后，放开鼠标左键，选中的点就移动到新的位置。

2. 线的操作

把鼠标指针移到要画线的第 1 个端点处，单击鼠标左键画出一个端点，移动鼠标指针到要画线的第 2 个端点位置后再单击鼠标左键，一条线段就出现在画板上。

例如："拖动线段的操作"。可以选择画线段工具，画一条线段 AB，并在该线段上任取一点 C，如图 10-6 所示。

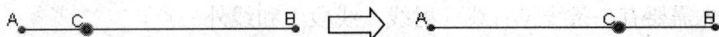

图 10-6　点与线的拖动

拖动 A 点或 B 点，线段和 C 点受控制；拖动 C 点，C 点只能在线段上运动；选中两端点 A 和 B 或只选线段，由于父点 A 和 B 必须保持相应关系，所以线段的方向和长短不变，作平行移动。

例 10-1　用多个点构造多边形。

具体操作步骤如下。

① 用画点工具，作出多边形的各个顶点。

② 顺序选取多边的顶点（按住 Shift 键，则作出的各点都被选中）。

③ 单击"构造/线段"菜单命令，此时多边形就绘制出来。

选取顶点的顺序十分重要的，不同的顺序会得出不同的多边形。图 10-7 左图所示的多边形其顶点的选择顺序是：*A*、*D*、*C*、*B*；而右图所示的多边形顶点的选择顺序是 *A*、*B*、*C*、*D*。可以看出，它们的差别是十分明显的，如图 10-7 所示。

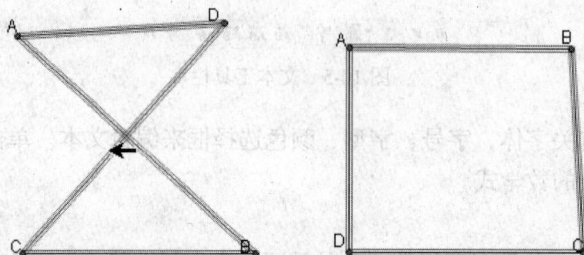

图 10-7　线段构造

例 10-2　拖动两条互相垂直线段的操作。

具体操作步骤如下。

画一条线段 *AB*，并在该线段上任取一点 *C*，同时选中线段 *AB* 和点 *C*，执行"作图菜单/垂线"命令，画出一条过点 *C* 并垂直于 *AB* 的直线 *j*，如图 10-8（a）所示。拖动图形的任一对象时，线段 *AB* 和直线 *j* 这种垂直关系永远保持，如图 10-8（b）所示。

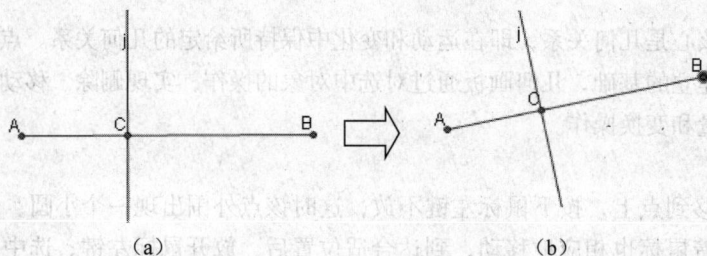

图 10-8　垂直关系的保持

10.2.2　绘制平行线、垂线和角平分线

平面几何中的图形之间很多是有一定关系的，在"构造"菜单中可以看到平行线、垂线和角平分线 3 项。

1. 平行线

作平行线首先需要有一条线（直线、射线、线段）和线外一点。

具体操作方法如下。

先选定一点 *C* 和一个线段 *AB*，然后单击"构造/平行线"菜单命令，就能画出过已知点且平行已知直线的平行线，如图 10-9（a）所示。在构造的平行线上任选一点 *D*，用选择工具分别选取 *C*、*D* 两点，单击"构造/线段"菜单命令，构造线段 *CD*，在 *CD* 线段外用选择工具单击直线，再单击"显示/隐藏平行线"菜单命令，此时只显示线段 *CD*，如图 10-9（b）所示。

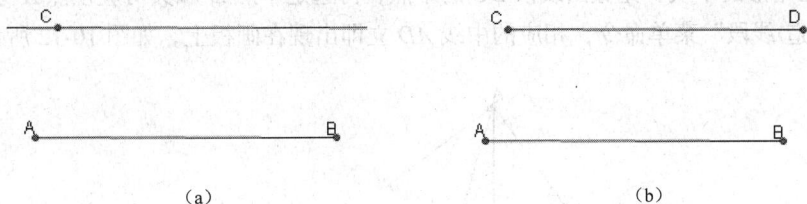

（a）　　　　　　　　　　　　　　（b）

图 10-9　构造线段过程

由于平行线 CD 是由计算机自动计算生成的，当选中 B 点，并在屏幕上拖动它时，不但线段 AB 随之变动，新产生的线段 CD 也随着变动，并且始终保持与直线 AB 的平行。

2．垂线

作垂线先选定一点 C 和一线段 AB，然后单击"构造/垂线"菜单命令，就能画出过已知点且垂直已知直线的垂线，如图 10-10 所示。

作线段的垂直平分线：先作出线段的中点，再选中线段和中点为当前对象，然后单击"构造/垂线"菜单命令，相应的垂直平分线立即出现在画板上。

3．角平分线

要作∠ABC 的角平分线，先按书写顺序，选中 A、B、C 为当前对象，单击"构造/角平分线"菜单命令，相应的角平分线立即出现在画板上。

例 10-3　绘制三角形的三条角平分线交于一点。

具体操作步骤如下。

① 作出三角形 ABC，依次选择 A、B、C 三点，用"构造/角平分线"菜单命令作出∠ABC 的平分线（注意：点的顺序是十分重要的）。在构造的角平分线与 AC 相交一点 D，用选择工具分别选取 B、D 两点，单击"构造/线段"菜单命令，构造线段 BD，在 BD 线段外用选择工具单击直线，再单击"显示/隐藏角平分线"菜单命令，此时只显示线段 BD。

② 再依上述方法作出∠BAC 和∠ACB 的角平分线。任意拖动△ABC 的某个顶点，可看到三角形的形状在改变，但 3 条角平分线却始终交于一点，如图 10-11 所示。

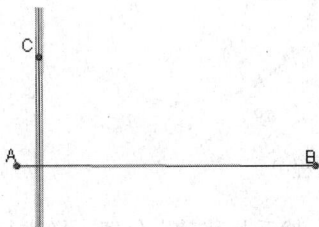

图 10-10　构造垂线过程

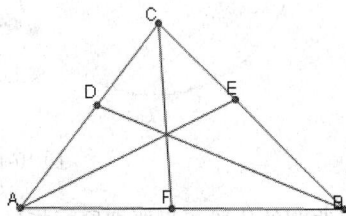

图 10-11　三角形的三条角平线

例 10-4　绘制三角形的高和中线。

具体操作步骤如下。

① 绘制三角形的高：选中"画线段"工具，画出三角形，并用"标签工具"标注顶点字母 A、B、C，作 BC 边上的高 AE。方法是：选择线段 BC 和点 A，单击"构造/垂线"菜单命令，作出 A 点的垂线，在构造的垂线与 BC 相交一点 E，用选择工具分别选取 A、E 两点，单击"构造/线段"菜单命令，构造线段 AE，在 AE 线段外用选择工具单击直线，单击"显示/隐藏垂线"菜单命令，此时只显示高 AE，如图 10-12 所示。

② 绘制三角形的中线：先做出线段 *BC* 的中点，再选定中点 *D* 和其对应顶点 *A* 为当前对象，然后单击"构造/线段"菜单命令，相应的中线 *AD* 立即出现在画板上，如图 10-12 所示。

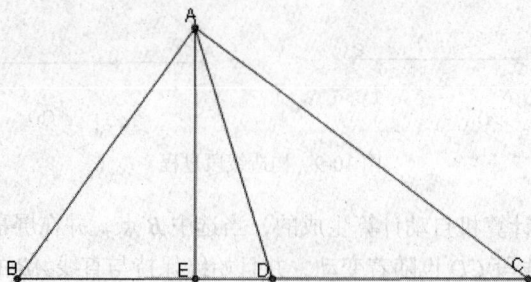

图 10-12　三角形的高与中线

10.2.3　圆与弧的绘制

1. 画圆

画圆有 3 种方法可以实现。第 1 种方法是用画圆按钮⊕画圆，其方法是按住鼠标左键拖动，设置圆的半径，当大小合适时释放鼠标左键即可绘制出圆；第 2 种方法是通过两点画圆，画出两个点，单击"构造/以圆心和圆周上的点画图"菜单命令即可，如图 10-13（a）所示；第 3 种方法是用圆心和半径画圆，先选择"画点"按钮作出圆心，选择"线段"按钮画出半径，单击"构造/以圆心和半径画圆"菜单命令画圆（注：用这种方法作圆，要改变其大小，只需拖动图上的线段端点 *A* 或 *B*），如图 10-13（b）所示。

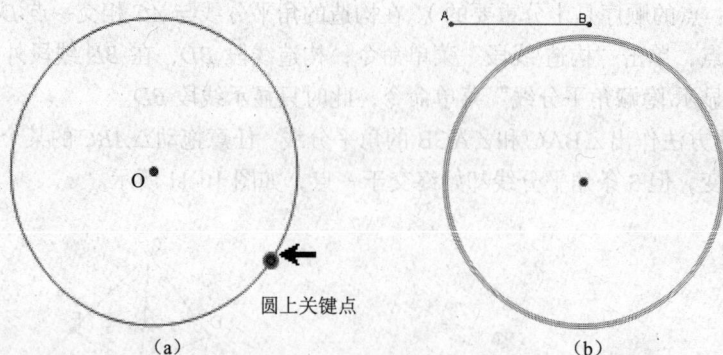

图 10-13　圆的绘制过程

如果要修改圆的位置，只要把鼠标指针移到圆周上，然后与移动点位置一样进行操作。如果要改变圆的半径，只要移动圆上代表圆半径大小的那个"圆上关键点"即可。

例 10-5　制作三角形的外心，如图 10-14 所示。

具体操作步骤如下。

① 画一个圆，在该圆上用"画点"按钮作 3 点 *C*、*D*、*E*（注意，不要选圆上的关键点）。

② 选取这 3 点作线段，单击"构造/中点"菜单命令，作出各线段中心 *F*、*G*、*H*。

③ 选中中点 *F*、*G*、*H* 和 3 条边，单击"构造/垂线"菜单选项，作它的中垂线。

④ 完成后，拖动 *C*、*D*、*E* 其中任意一点改变三角形的形状，3 条中垂线的交点始终是所作圆的圆心 *O*。

2.画弧

画弧也有两种方法。第 1 种方法是过 3 点作弧。在工作区用"画点"按钮作出 A、B、C 3 个点，选择"构造/过三点的弧"菜单命令，即可用已选定的点作出一个弧。

> 作出的弧与选择 3 点时的顺序有关，不同顺序弧的范围不同，如图 10-15 所示。

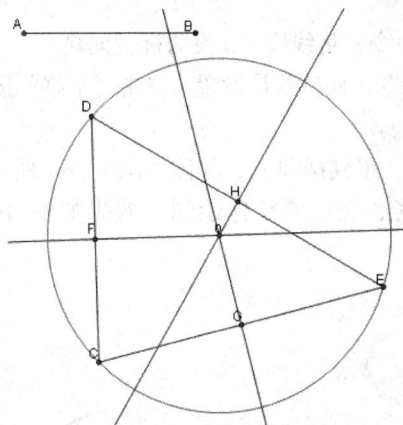

图 10-14　制作三角形的外心　　　　图 10-15　不同顺序的弧

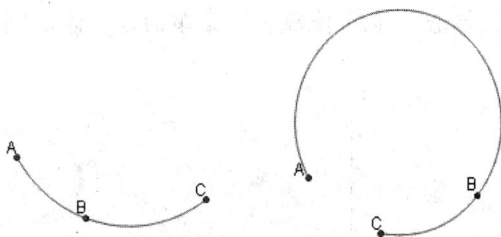

第 2 种方法是选取圆及圆上两点作弧。先作一个圆，用"画点"按钮在圆上作两点 A、B，选取圆，并按顺序选择 A、B 两点，单击"构造/圆上的弧"菜单命令即可作出一弧。

> 选圆及圆上两点所作的弧，是从第 1 点逆时针方向到第 2 点之间的一段弧。

例 10-6　绘制圆柱体。

具体操作步骤如下。

① 绘制一个圆，同时选中点 O 和点 A，单击"构造/直线"菜单命令，构造直线 AO。

② 同时选中直线 AO 和圆 O，单击"构造/交点"菜单选项，构造直线 AO 与圆 O 的交点 B，如图 10-16 所示。

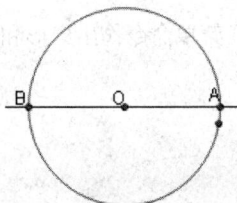

③ 单击画点工具，在圆 O 上任意画一点 E，同时选中点 E 和直线 AB，单击"构造/垂线"菜单命令，构造直线 AB 的垂线。垂线与直线 AB 的交点为 D，如图 10-17 所示。

图 10-16　构造直线 AO 与圆 O 的交点　　　图 10-17　构造过 E 点的垂线

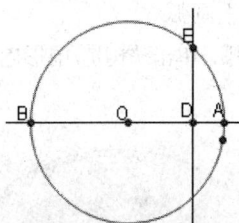

④ 选中 D、E 两点，单击"构造/线段"菜单命令，再次选取 DE 直线，单击"显示/隐藏直线"菜单命令，只显示 DE 线段。

⑤ 选取 DE 线段，单击"构造/中点"菜单命令，构造线段 DE 的中点 F。

⑥ 同时选中点 F 和点 E，单击"构造/轨迹"菜单命令，构造出椭圆 L_1，如图 10-18 所示。

⑦ 同时选中点 O 和直线 AB，单击"构造/垂线"菜单命令，构造直线 AB 的垂线 l。

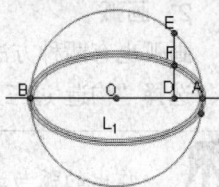

图 10-18　构造椭圆轨迹

⑧ 单击画点工具，在直线 l 上单击绘出一个点 G。

⑨ 选中点 O 和点 G，单击"变换/标记向量"菜单命令，将线段 AG 设为标记向量。

⑩ 同时选中点 A、F、B，单击"变换/平移"菜单命令，保持默认设置，单击"平移"按钮，得到点 A′ F′ B′，如图 10-19（a）所示。

⑪ 选取点 F′ 和点 E，单击"构造/轨迹"菜单选项，得到椭圆 L_2，如图 10-19（b）所示。

⑫ 单击"显示/隐藏…"菜单命令，隐藏圆和直线，完成圆柱体绘制，效果如图 10-20 所示。

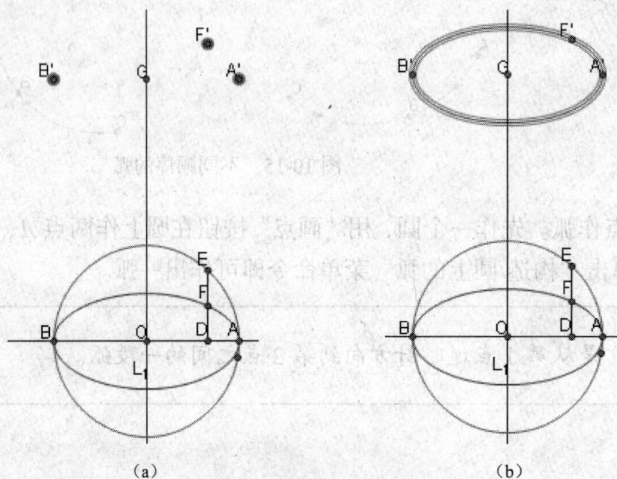

（a）　　　　　　　　　　　　（b）

图 10-19　变换与构造轨迹

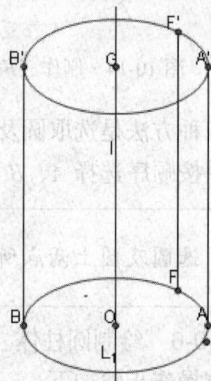

图 10-20　圆柱体效果

3. 扇形和弓形

与以前谈到的圆弧相似，但扇形和弓形含有"面"。

扇形和弓形的画法类似，具体操作步骤如下。

① 用画圆的方法画一个合适的圆。

② 在所作圆上画弧。

③ 选择所作弧，单击"构造/扇形内部"（或"弓形内部"）菜单命令作出扇形和弓形，如图 10-21 所示。

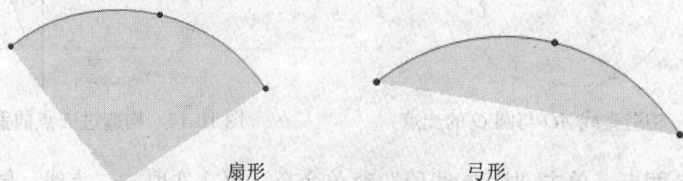

扇形　　　　　　　　弓形

图 10-21　扇形与弓形

10.3　度量与计算

10.3.1　度量

度量包括长度、角度、面积、弧度、比值等。对象的度量一般都是先选择需要度量的几何对象，然后执行"度量"菜单里的相应命令。其中的"距离"命令既可以对两个点也可以对点到直线的距离进行度量。而且，随着对象位置或大小的改变，这些度量值也自动改变。

1.　线段长度的度量

（1）选择需要度量的线段 AB。

（2）在菜单中单击"度量/长度"命令，即出现度量值，如图 10-22 所示。

2.　度量点到线或度量两点距离

度量 C 点到线段 AB 的距离，先选中点 C 和线段 AB，再单击"度量/距离"菜单命令，在画板上即出现度量值，如图 10-23 所示。

图 10-22　度量长度

图 10-23　度量点到线段的距离

3.　度量角度

度量 $\angle ABC$ 的角度，先依次选中 A、B、C 为当前对象。注意顺序不能选错，中间的点必须是角的顶点。再单击"度量/角度"菜单命令，在画板上即出现度量值，如图 10-24 所示。

4.　度量面积

度量 $\triangle ABC$ 的面积，先选中点 A、B、C 为当前对象，单击"构造/多边形内部"菜单命令，如图 10-25（a）所示，$\triangle ABC$ 内部被阴影填充。再单击"度量/面积"菜单命令，在画板上即出现度量值，如图 10-25（b）所示。

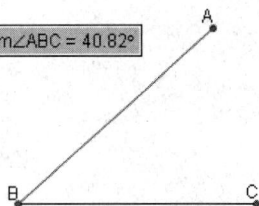

图 10-24　度量角度

5.　度量点的坐标

度量点 A 的坐标或横坐标或纵坐标，先选中点 A，单击"度量/坐标"菜单命令，画板上即显示出点 A 的坐标，如图 10-26 所示，也可以只选横坐标或纵坐标。

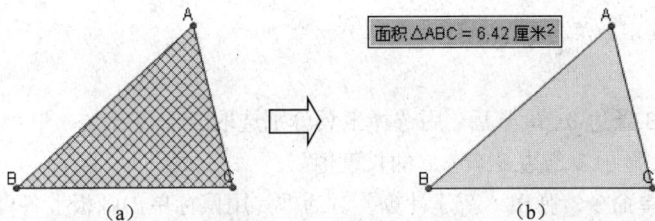

图 10-25　度量面积过程

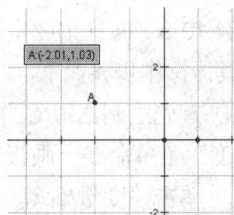

图 10-26　度量点的坐标

10.3.2 计算

菜单中的"度量/计算…"命令可以对对象的值进行运算，求得所需要的结果。

度量计算的一般方法是：先用选择工具同时选中公式中需要的所有度量值（如点、线段、角等的度量值），然后单击"度量/计算…"菜单命令，弹出"新建计算"对话框，如图 10-27 所示。此时被选中的所有度量值都存入计算器的"数值"下拉列表中。输入计算公式时，公式的各项均在计算器的"数值"、"函数"和"单位"3 个下拉列表及键盘符号中选取，最后单击"确定"按钮，就可以在画板上得到计算公式的度量值。

例 10-7 绘制三角形内角和为 180°。

具体操作步骤如下。

① 首先绘制△ABC 并标注后，用选择工具，按顺序选中 A、B、C 为当前对象，单击"度量/角度"菜单命令，画板上部显示文字∠ABC 的角度。同样，顺序选中 B、A、C 为当前对象，单击"度量/角度"菜单命令，画板上部显示文字∠BAC 的角度。同理，顺序选中 B、C、A 为当前对象，画板上部显示文字∠BCA 的角度。

② 单击"度量/计算…"菜单命令，弹出"新建计算"对话框。用鼠标单击画板上∠ABC 的度量值，然后单击计算器中的"+"号，再单击画板上∠BAC 的度量值，单击"+"号，单击画板∠BCA 度量值，最后单击"确定"按钮即可。

③ 在画板上任意拖动三角形的一个顶点，可以看到，三个角的度数在不断变化，但最后一个表达式等号右边的值不变，总是 180°，如图 10-28 所示。

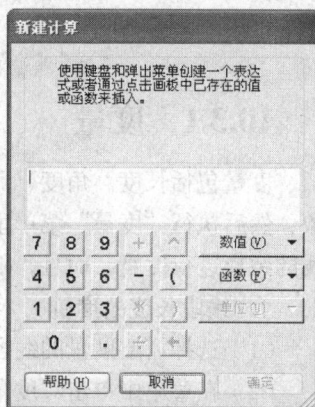

图 10-27 "新建计算"对话框

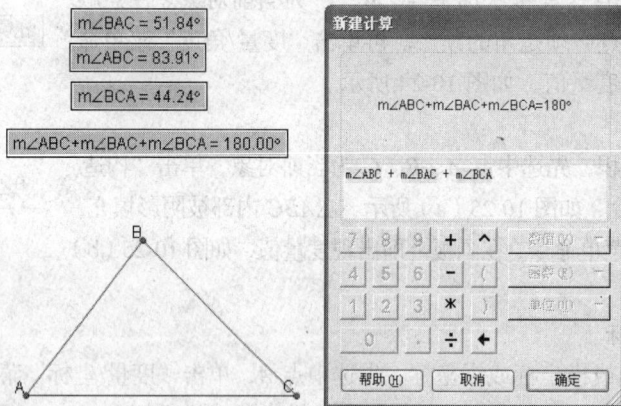

图 10-28 绘制三角形内角和

例 10-8 验证余弦定理 $a^2 = b^2 + c^2 - 2bc*\cos A$。

具体操作步骤如下。

① 首先绘制△ABC 并标注 3 条边 a、b、c 后，用选择工具分别选取 3 条边 a、b、c，单击"度量/长度"菜单命令，画板上部会显示 3 条边 a、b、c 的长度值。

② 单击"度量/计算…"菜单命令，弹出"新建计算"对话框。用鼠标单击画板上各度量值，然后单击计算器中的各算术符号，即可出现公式计算结果。

③ 比较 a^2 和 $b^2+c^2-2bc*\cos A$ 值，如图 10-29 所示都为一样，说明验证正确。

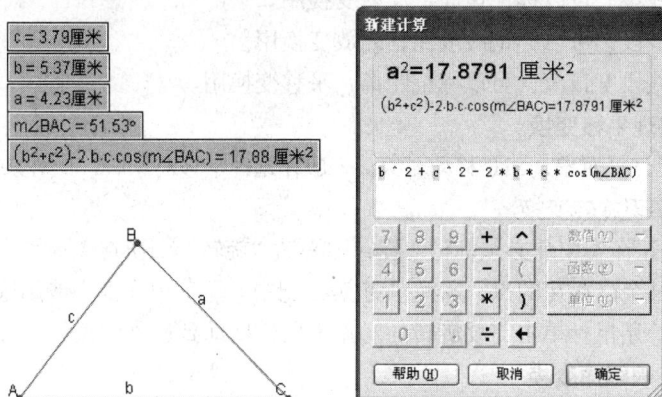

图 10-29　验证余弦定理

当使用了菜单中的"图表/制表"命令后，还可以把窗口里各类数值以列表的形式表现出来，便于观察，如图 10-30 所示。

c	b	a	m∠BAC	$(b^2+c^2)-2\cdot b\cdot c\cdot\cos(m\angle BAC)$
3.79厘米	5.37厘米	4.23厘米	51.53°	17.88 厘米²

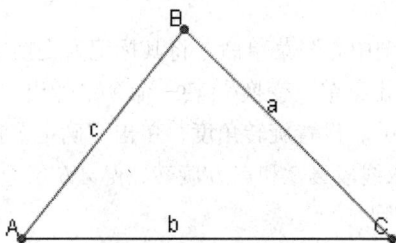

图 10-30　数值列表

说明：表格中的数据是制表当时的数据，若拖动 $\triangle ABC$ 某个点，数据会改变，表格中的数据也会跟着改变。

10.4　变换与迭代

10.4.1　变换

几何画板中的图形变换有平移、旋转、缩放和反射。在几何画板中，对几何图形进行平移、旋转和缩放变换可以使用"变换"菜单中的相关命令，也可以使用 选择按钮。

常用变换有 6 种方式。

（1）选中一点，可以标记中心，旋转或缩放变换用。

（2）选中两点，可以标记向量，平移变换用。

（3）选中三点，可以标记角度，控制旋转。

（4）选中一条线段，可以标记镜面，反射变换用。

（5）选中两条线段，可以标记线段比，缩放变换用。

（6）对选中的线段度量值，可以标记距离，平移变换用。

1. 用 ▶ 按钮实现平移变换

按钮的作用一是选择对象，二是移动对象。一般在选择平移对象后，把对象拖动到目的地即可。

2. 用 ▶ 按钮实现旋转变换

"旋转"工具按钮在使用前必须标记"旋转中心"，"旋转"变换将以这个中心对原来的图形进行旋转。首先选择某个已存在的点，选择"变换/标记中心"菜单命令，或用选取工具双击标记对象，设置旋转中心。用鼠标单击需要旋转的对象不放，拖动到适当的位置松开鼠标。

3. 用 ▶ 按钮实现缩放变换

"缩放"工具按钮在使用前也要标记"缩放中心"，"缩放"变换将以这个中心对原来的图形进行缩放。具体操作与"旋转"变换类似。

4. 用菜单实现定量变换

用上面的 3 种按钮进行的变换不能定量地实现各种变换要求。要精确进行各种变换，可以用"变换"菜单实现。与用工具按钮进行变换一样，如果要实现"旋转"和"缩放"变换，必须先标记中心。

例 10-9 画一个正方形。

具体操作步骤如下。

① 画一条水平线段 *AB*。

② 选择 *A* 点，用"变换/标记中心"菜单命令将其标记为变换中心。

③ 选择点 *B* 和线段 *AB*，单击菜单"变换/旋转"命令，弹出"旋转"对话框。

④ 在"角度"框内输入"90"，设置旋转角度，单击"确定"按钮，出现 *A B'* 边。

⑤ 双击 *B'* 标记为中心，选取线段 *A B'* 和点 *B'* 旋转，得 *A'B'* 条边；最后用线段连接 *A'B* 边，从而作出一个正方形，如图 10-31 所。

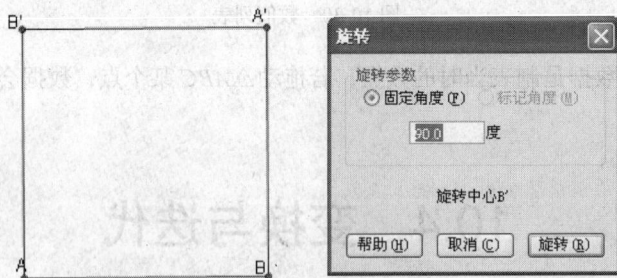

图 10-31 画一个正方形

⑥ 拖动 *A* 点，正方形大小位置可变，形状不变。

例 10-10 画一个边长不变的正方形。

为了使作出的正方形在拖动时能保持边长不变，应使用"变换"菜单中的"平移"命令。

具体操作步骤如下。

① 作一点 *A* 并选定，单击"变换/平移"菜单命令，弹出"平移"对话框。

② 在"方向"文本框中输入需要的度数（如水平移动，则输入"0"），在"数量"文本框中

输入正方形边长值，单击"确定"按钮，得 B 点。

③ 利用得到的线段 AB 再用旋转的方法即可作出边长不变的正方形。

> **注意**　上面方法得到的线段不但长度不变，而且其方向也不变，使用时需注意。

例 10-11　棱柱、棱台、棱锥三者关系。

棱柱和棱锥，可看成棱台的上底面采用不同的比例进行缩放而产生。

具体操作方法如下。

① 先作出下底面：画 $\triangle ABC$。

② 选择 $\triangle ABC$（包括边和顶点），再复制一个同样的三角形 $\triangle A'B'C'$，并移动到适当位置。

③ 在窗口空白处画两条线段并都选择，单击"变换/标记比"菜单命令将它们的长度之比作为"缩放"比。

④ 在 $\triangle A'B'C'$ 内画一点 O，单击"变换/标记中心"菜单命令将其标记为"缩放"变换的中心。

⑤ 选择 $\triangle A'B'C'$，单击"变换/缩放"菜单命令，弹出"缩放"对话框。

⑥ 出现缩放变换得到的 $\triangle A''B''C''$，连接 A、A''，B、B''，C、C''，得三棱柱 AB''。

⑦ 隐藏 $\triangle A'\ B'\ C'$。

> **注意**　通过拉动标记比的两条线段中任意一条的端点，就可以改变三棱柱 AB'' 的上底面，从而演示出从棱锥到棱台再到棱柱的情况，说明三者的关系。

10.4.2　迭代

迭代就是指一个初始对象（亦称原像）按一定的规则反复映射的过程。迭代包括简单迭代和带参数的迭代两种方式。

1. 简单迭代

先选中原像一个点或多个点（亦称原像点），然后单击"变换/迭代"菜单命令，在"迭代"对话框中选取与原像点相对应的一组（初像点）或多组映射点和迭代次数，最后单击"迭代"按钮，即可得到固定迭代的像。

原像点的确定：第 1 次迭代的出发点为原像点，取决于绘制基本图形的起始条件。例如，若用圆绘制正多边形，则取圆上第 1 个顶点为原像点；若用线段绘制正多边形，取第 1 条边的两个端点为原像点。

例 10-12　用迭代功能绘制正八边形。

具体操作步骤如下。

画一条线段 r，以点 O 为圆心，以 r 为半径画圆，单击"构造/以圆心和半径绘圆"菜单命令画圆，选取圆上一点 A，让点 A 以圆心 O 为中心旋转 45° 角，单击"变换/旋转"菜单命令，输入"45"，得到点 A'，单击"构造/线段"菜单命令，连接 AA' 绘出正八边形的一条边。

执行迭代功能：选中原像点 A，单击"变换/迭代"菜单命令，在"迭代"对话框中选取初像点 A 和迭代次数"7"，即可得到迭代的八边形，如图 10-32 所示。

2. 带参数的迭代

新建一个参数 n（取正整数），先选中原像一个点或多个点和参数 n，并按住 Shift 键，然后单击"变换/带参数的迭代"菜单命令，在"迭代"对话框中选取与原像点相对应的一组（初像点）

或多组映射点，最后单击"迭代"按钮即可得到动态迭代的像。

例 10-13 用迭代绘制等边三角形螺旋。

具体操作步骤如下。

① 以线段 *AB* 为边，并以 *B* 为中心旋转 60°，绘制等边三角形 *ABC*。

② 画一小线段 *r*，以 *r* 为半径，分别以点 *A*、*B* 为圆心作小圆，交 *AB* 于点 *M*，交 *BC* 于点 *N*，连接 *MN*，并隐藏两个小圆，如图 10-33 所示。

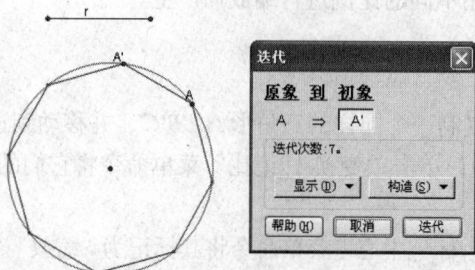

图 10-32　八边形迭代过程

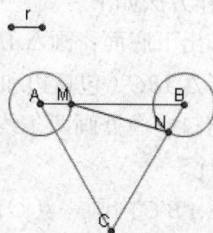

图 10-33　MN 连线画法

③ 度量 *AB* 的长度，单击"图表/新建参数"菜单命令，新建参数 *n* = 12。

④ 同时选中原像点 *A*、*B* 和参数 *n*，并按住 Shift 键，然后单击"变换/带参数的迭代"菜单命令，在"迭代"对话框中选取与原像点相对应的初像点 *M*、*N*，确定后得到动态迭代图形。

⑤ 拖动三角形 *ABC* 任意一点或 *r* 的端点，可以观看变化的图形，如图 10-34 所示。

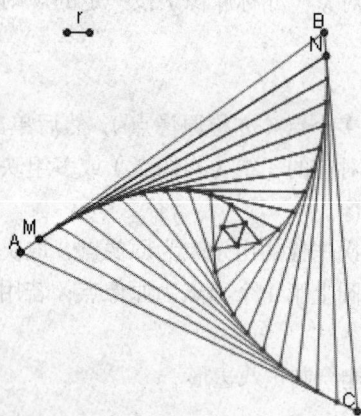

图 10-34　等边三角形螺旋

10.5　移动与动画

10.5.1　移动

几何画板中把点到点的移动，称为"移动"。定义移动的方法是：同时选中两个点作为当前对象，单击"编辑菜单/操作类按钮/移动"选项，并指定移动的速度后，单击"确定"按钮，在画板上就会出现"移动"按钮。

例 10-14　制作圆在弧线上的往复运动。

具体操作步骤如下。

① 在画板上用画点工具，点 A、B、C 三点，单击"构造/过三点的弧"菜单命令，出现一个弧线。

② 再在画板上画一小线段 r，同时选中线段 r 和点 C，单击菜单"构图/以圆心和半径画圆"命令，画出小圆。

③ 选中新画的小圆，单击菜单"构图/圆内部"命令，此时圆内部处于选中状态，用鼠标右键单击菜单，在弹出的对话框中选择红色。

④ 作移动按钮，同时选中点 C 和点 B，单击"编辑菜单/操作类按钮/移动"选项，并指定移动的速度后，单击"确定"按钮，在画板上就会出现一个"从 $C \rightarrow B$ 移动"按钮。同样，选中点 C 和点 A，单击"编辑菜单/操作类按钮/移动"选项，并指定移动的速度后，单击"确定"按钮，在画板上就会出现另一个"从 $C \rightarrow A$ 移动"按钮。

⑤ 单击"从 $C \rightarrow B$ 移动"按钮和"从 $C \rightarrow A$ 移动"按钮，会出现不同方向的运动，如图 10-35 所示。

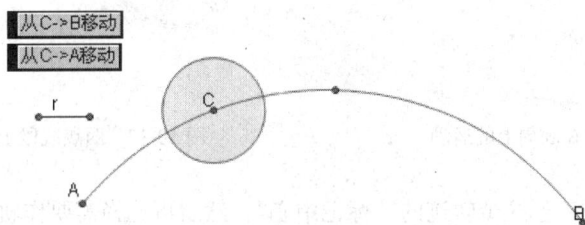

图 10-35　圆在弧线上的往复运动

10.5.2　动画

几何画板中的动画功能可以很生动地连续表现运动效果。可以方便地描画出运动物体的运动轨迹，如在圆周、圆弧、直线、线段、轨迹、多边形内部和平面上的运动。而且轨迹的生成是动态的、逐步的，表现出轨迹产生的全过程。

几何画板描述让一个点沿着一条路径运动的过程，这里我们称为"动画"。

制作动画的一般步骤是确定动点的路径、选择动点和建立动画按钮 3 个步骤。

例 10-15　小球在圆周上的运动。

具体操作步骤如下。

① 在画板上画一个圆，并在圆上画出一点 A。

② 用画线工具画一个线段 r。

③ 以点 A 为圆心，以 r 为半径画圆，单击"构造/以圆心和半径绘圆"菜单命令画一个圆，再次单击"构造/圆内部"菜单命令，填充小球颜色。

④ 选取点 A，单击"编辑/操作类按钮/动画"选项，画板上弹出"操作类按钮运动点的属性"对话框，选择方向和速度，单击"确定"按钮后就建立了一个名为"运动点"的动画按钮，如图 10-36 所示。

⑤ 单击"运动点"按钮，小球转动，再次单击"运动点"按钮，小球停止。

如果要显示动画的运动轨迹，则需要选择菜单中的"构图/轨迹"命令。以下用一个例子来演示运动轨迹的效果。

例 10-16 已知圆外一点与圆周上一动点，求连接这两点线段上一点的轨迹。

具体操作步骤如下。

① 在画板上画一个圆，并在圆上画出一点 A。

② 在线段上作一点 B，双击 A 点，使 A 点成为"标记中心"，同时选中 A 和 B 点。

③ 选择"构图/轨迹"菜单命令，这时就出现了点 B 的运动轨迹，它是个圆，如图 10-37 所示。

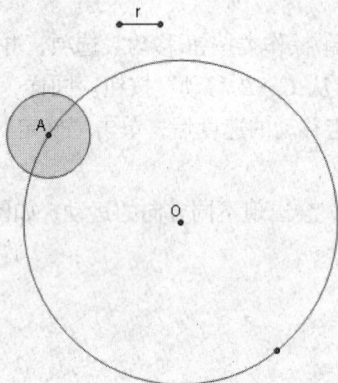

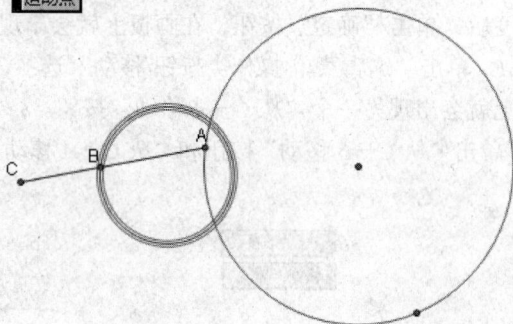

图 10-36　小球在圆周上的运动　　　　图 10-37　两点线段上一点的轨迹

说明：必须先选择产生这个轨迹的"标记中心"，然后再选择需要作轨迹的那一点。

例 10-17　制作"曲轴连杆"演示课件。

曲轴连杆是一种常见的机械装置，它可以把往复直线运动变为圆周运动。上面的例 10-16 有点类似曲轴连杆运动，但是，当它的线段的端点在圆周上运动时，另一端点不动，线段本身的长度在改变。而曲轴连杆要求该线段（连杆）长度不变，另一端点在直线上运动。

具体操作步骤如下。

① 画一个圆，以圆心 O 为一个端点画一个水平线段 l。

② 在圆上作一点 A，并作线段 r。以 A 为圆心，线段 r 为半径作圆 2。

③ 取圆 2 与线段 l 的交点 B，连接线段 AB 和线段 AO，作连杆。

④ 隐藏圆 2，取 A 为"标记中心"，选取 A 点，单击菜单"编辑/操作类按钮/动画"选项，制作好动画，如图 10-38 所示。

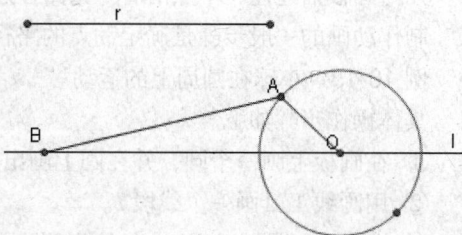

图 10-38　曲轴连杆运动

10.6　坐标与函数

几何画板对各类函数的图形描述是形象直观的。要建立函数图像，一般来说要先建立坐标系。

几何画板提供的坐标网格有极坐标网格、方形网格和矩形网格 3 种。极坐标网格对应极坐标系，方形网格和矩形网格对应直角坐标系，如图 10-39 所示。方形网格坐标和矩形网格坐标的区别是方形网格的横坐标和纵坐标单位长度是均匀的，坐标系中只有一个单位点；矩形网格的横坐标和纵坐标可取不同的单位长度，坐标系中有横、纵两个单位点。

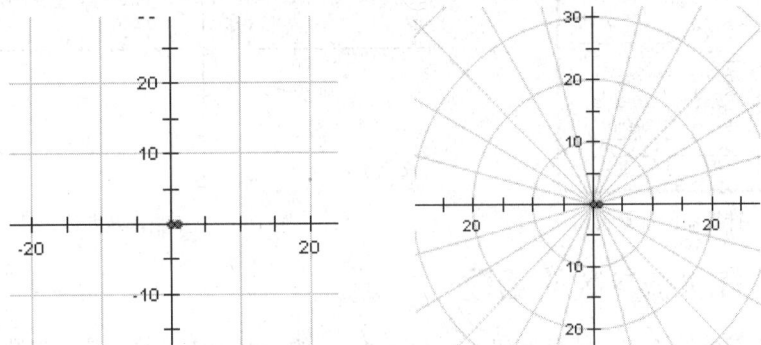

图 10-39　直角坐标和极坐标

单击"图表/定义坐标系"菜单命令，可以在几何画板里建立起一个坐标系。将光标放在横坐标轴上的单位点"1"上，可用鼠标拖动，改变单位的大小。

拖动原点 O 可以改变坐标系的位置。建立好的坐标系，通过单击"图表/隐藏坐标系（显示坐标系）"菜单命令将其隐藏和显示。

几何画板可以直接输入函数表达式就可以绘制函数，绘制函数图形的一般操作方法如下。

① 设置函数作图的支持环境。

② 建参数和定义范围。

③ 输入函数和绘制图形。

④ 控制系数和参数的变化。

一般在直角坐标系下的图形是单击"图表/网格/方形（或矩形）网格"菜单命令，并单击"编辑/参数选项/单位/弧度制"菜单命令。在极坐标系下的图形单击"图表/网格/极坐标网格"菜单命令，并单击"编辑/参数选项/单位/弧度制"菜单命令。

10.6.1　简单函数

一般用的软件都有所谓内置函数，即一些常用函数。选择几何画板中的常用函数可单击"图表/绘制新函数"菜单命令，打开后会出现"新建函数"对话框。

例 10-18　作出函数 $y = \sin x$ 的图像。

具体操作步骤如下。

① 建立直角坐标系，单击"显示/参数选择"菜单命令，将"角度"的单位选为"弧度制"。

② 单击"图表/绘制新函数"菜单命令，弹出"新建函数"对话框。

③ 单击"函数"下拉按钮，从函数列表里选择 sin 函数，再单击计算器的数值"x"，这时，计算器的计算窗口如图 10-40 所示。

④ 单击"确定"按钮，图表显示正弦函数曲线，选择"图表/隐藏网格"命令隐藏网格，结果如图 10-41 所示。

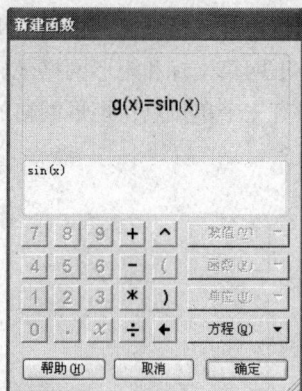

图 10-40　计算器的计算窗口

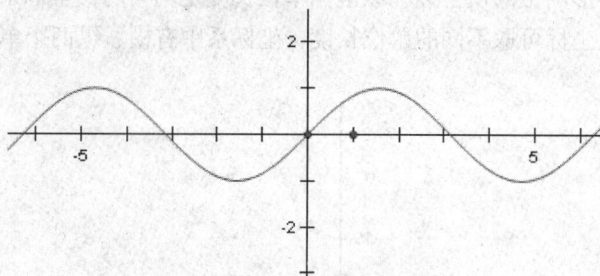

图 10-41　正弦函数曲线

g(x)=sin(x)

sin(x)

10.6.2　有动态参数的函数

所谓有动态参数的函数，就是形如 $y = a(x-m)^2 + n$ 的一般正弦函数，其中参数 x、m、n 的变化可以引起函数图像和性质的许多变化。下面以此函数为例，说明动态参数的变化如何引起函数图像和性质的变化。

例 10-19　制作动态抛物线 $y = a\,(x-m)^2 + n$。

具体操作步骤如下。

① 定义直角坐标系，将原点 A 改为 "O"，将定义点 B 改为 "1"，如图 10-42 所示。

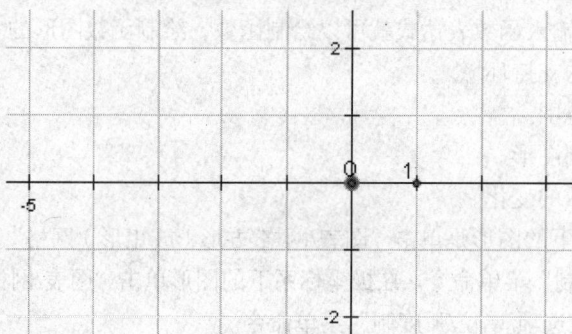

图 10-42　构造过程一

② 在工作区作 A、B、C 3 点，单击 "构造/垂线" 菜单命令，构造 CF、DC、EH 3 条垂线，构造线段，隐藏垂线，如图 10-43 所示。

③ 度量 CF、DC、EH 的长度，并分别更改名为 a、m、n，如图 10-44 所示。

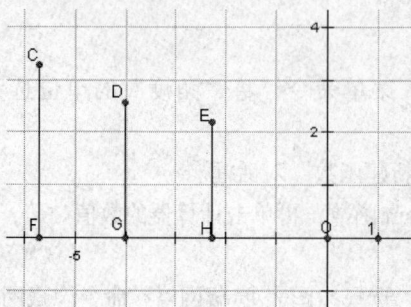

a = 3.28厘米
m = 2.57厘米
n = 2.20厘米

图 10-43　构造过程二

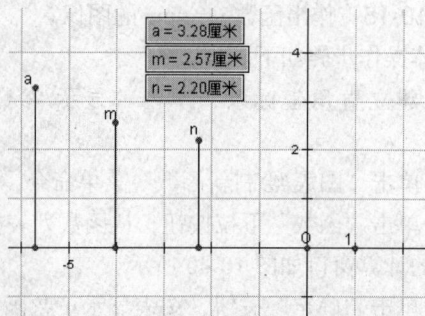

图 10-44　构造过程三

④ 单击"图表/绘制新函数"菜单命令，弹出计算器，根据函数，输入变量和值，单击"确认"按钮后，得到如图 10-45 所示的抛物线。

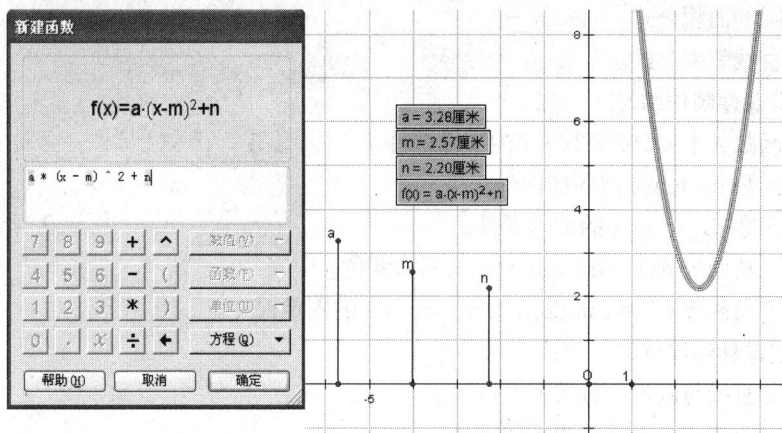

图 10-45 构造过程四

⑤ 分别拖动 a、m、n，观察抛物线形状变化。

例 10-20 作椭圆函数图像。

具体操作方法如下。

① 作两个同心圆，圆心为 O。

② 选定 O 点，单击"图表/定义原点"菜单命令，作出坐标系。

③ 作射线 OA，交两圆于 A、B 点。

④ 过 A 点作 y 轴的平行线，过 B 点作 x 轴的平行线，两线交于 M 点。

⑤ 单击 A 点，选择"编辑/操作类按钮/动画"菜单命令，制作动画。

⑥ 单击 M 点，选择"显示/追踪"菜单命令，单击"运动点"按钮，跟踪 M 点，如图 10-46 所示。

⑦ 调整大小圆关键点，可以看到不同形状的椭圆。

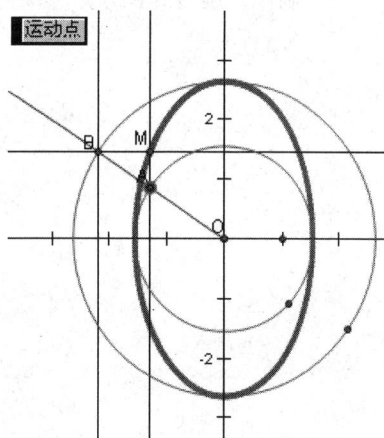

图 10-46 椭圆函数图像的形成

习 题 10

1. 几何图形和几何体制作练习

（1）利用画射线工具绘制两条互相垂直的射线。

（2）绘制两个圆，其中一个圆过另一个圆的圆心。

（3）利用绘制中垂线的方法，绘制三角形的外接圆。

（4）利用平移选项，绘制两个全等三角形。

（5）绘制一个球体。

2. 度量型课件制作练习

（1）验证切割线定理。

（2）验证四边形内角和为 360°。

（3）验证平行四边形的面积公式。

（4）验证圆的面积公式。

（5）验证直线斜率公式。

3．图像型课件制作练习

（1）制作函数 $f(x) = 2x^2 + 3x + 1$ 的图像课件。

（2）制作函数 $y = \log 3x$ 的图像课件。

（3）制作函数 $f(x) = \cos x$ 的图像课件。

（4）制作三角函数 $f(x) = A\sin(\omega x + \phi)$ 的图像课件。

（5）制作三角函数 $f(x) = 2\sin(2x)$，$x \in [a, b]$ 的图像课件。

4．动画型课件制作练习

（1）制作"直线与圆的位置关系"课件。

（2）制作一个按向量平移四边形的课件。

（3）制作"抛物线的切线"课件。

（4）制作"简谐振动"的课件。

（5）制作"旋转的长方体"课件。

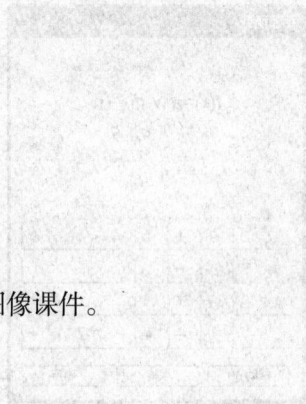

附录 A
上机实验

实验一　用 Photoshop 制作贺年画图片

一、实验目的

1. 掌握 Photoshop 图像的选取。
2. 掌握 Photoshop 图像修饰的方法。
3. 掌握 Photoshop 艺术文字的处理。

二、实验内容

利用 Adobe Photoshop 软件制作"贺年画"。Photoshop 贺年画的制作效果如图 A1-1 所示，制作好的贺年画以"贺年画.jpg"文件保存在 D 盘或指定的文件夹下。

图 A1-1　"贺年画"效果样张

三、实验操作过程和步骤

1. 启动 Photoshop 软件

依次选择"开始/程序/Adobe Photoshop"命令，即可进入 Photoshop CS 主界面。

2．创建一个新图像文件

（1）单击菜单栏中的"文件/新建"命令，在弹出的"新建"对话框中设置各项参数，文件名称设为"贺年画"，如图 A1-2 所示。

（2）单击"好"按钮，创建一个新的图像文件，即贺年画.jpg 文件。

3．"贺年"文字选区的选取与修饰

（1）单击菜单栏中的"文件/打开"命令，打开指定的"素材"文件夹中的"贺年.jpg"图像文件，如图 A1-3 所示。

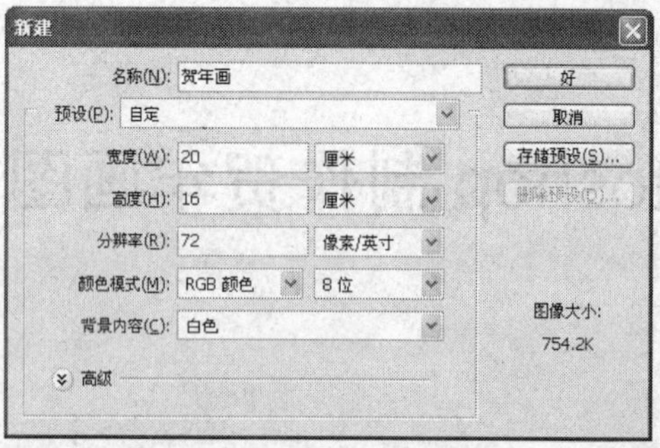

图 A1-2　"新建"对话框 　　　　　　图 A1-3　贺年.jpg 图像文件

（2）选择工具箱中的 工具，在工具选项栏中设置各项参数，如图 A1-4 所示。

图 A1-4　魔棒工具选项栏

（3）在画面中的"贺"字上单击鼠标，创建一个选择区域，将"贺"字选中，然后将选择区域拖曳至"贺年画"图像窗口中，如图 A1-5 所示。

（4）在"图层"面板中单击 按钮，创建一个新图层"图层 1"。

（5）设置前景色为"红色"，按 Alt+Delete 组合键填充前景色，然后按 Ctrl+D 组合键取消选择区域，图像效果如图 A1-6 所示。

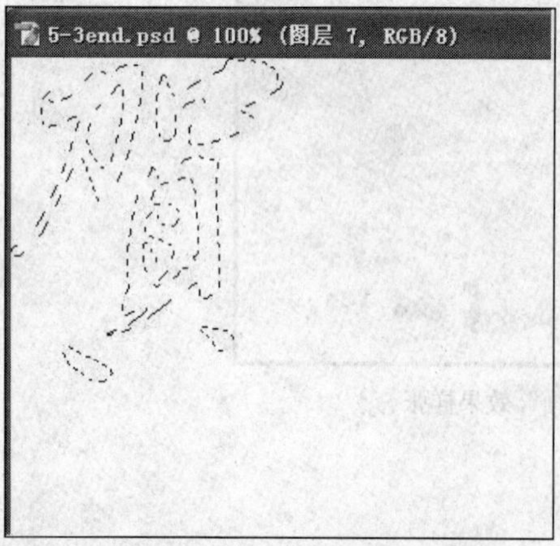

图 A1-5　"贺年画"图像窗口 　　　　　图 A1-6　图像效果

（6）激活"贺年.jpg"图像窗口，按 Ctrl+D 组合键取消选择区域。

（7）使用 ※ 工具在画面中单击"年"字，创建选择区域，将"年"字全部选中，并将选择区域拖曳至"贺年画"图像窗口中。

（8）单击菜单栏中的"选择/变换选区"命令，为选择区域添加变形框，按住 Shift 键的同时拖曳变形框任意一角的控制点，等比例缩小选择区域，如附图 1-7 所示。

（9）按 Enter 键确认变换操作，再按 Alt+Delete 组合键填充前景色（红色），然后按 Ctrl+D 组合键取消选择区域。

（10）参照前面的操作方法，打开指定"素材"文件夹中的"鞭炮.jpg"图像文件，按 Ctrl+A 组合键全选图像，然后按 Ctrl+C 组合键拷贝选择区域内的图像。

（11）激活"贺年画"图像窗口，按 Shifi+Ctrl+V 组合键将复制的图像粘贴至选择区域内，图像效果如图 A1-8 所示。

图 A1-7 "贺年画"图像窗口 图 A1-8 图像效果

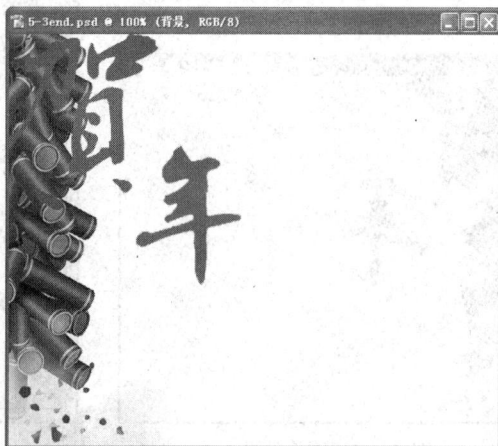

（12）在"图层"面板中，将"图层 2"拖曳至"图层 1"的下方，然后单击"背景"层，使其成为当前图层，如图 A1-9 所示。

（13）选择工具箱中的 工具，单击工具选项栏中的 ，则弹出"渐变编辑器"对话框，设置渐变条下方 3 个色标的 RGB 值分别为（250，176，91）、（255，254，25）和（253，253，201），如图 A1-10 所示。

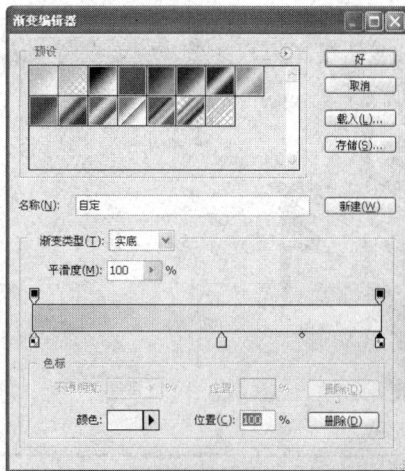

图 A1-9 "图层"面板 图 A1-10 "渐变编辑器"对话框

（14）单击"好"按钮，然后在"渐变工具"选项栏中设置各选项，如图 A1-11 所示。

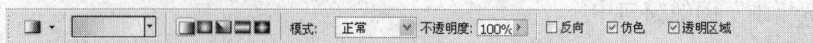

图 A1-11 "渐变工具"选项栏

（15）按住 Shift 键的同时在画面中由上向下垂直拖曳鼠标，填充渐变色，图像效果如图 A1-12 所示。

（16）在"图层"面板中单击"图层 1"，使其成为当前图层。

（17）单击菜单栏中的"图层/图层样式/描边"命令，弹出"图层样式"对话框，设置描边色为白色，并设置其他各项参数，如图 A1-13 所示。

图 A1-12 图像效果

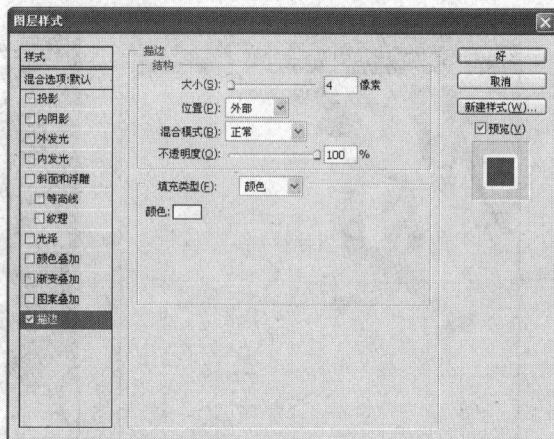

图 A1-13 "图层样式"对话框

（18）单击"好"按钮，图像效果如图 A1-14 所示。

4. 创建背景纹饰效果

（1）在"图层"面板中创建一个新图层"图层 3"，将该层拖曳至"图层 2"的下方。

（2）用前面介绍的同样方法，打开指定的"素材"文件夹中的"纹饰．bmp"图像文件。

（3）选择工具箱中的 ▨ 工具，在画面中的黑色纹饰上单击鼠标，创建选择区域，如图 A1-15 所示。

图 A1-14 图像效果

图 A1-15 创建纹饰的选择区域

（4）在"路径"面板中单击 按钮，将选择区域转换为工作路径，然后将"工作路径"拖曳至"贺年画"图像窗口中。

（5）按 Ctrl+T 组合键添加变形框，然后按住 Shift 键的同时拖曳变形框任意一角的控制点，等比例放大路径，并逆时针旋转路径，如图 A1-16 所示。

（6）按 Enter 键确认变换操作。

（7）在"路径"面板中单击 按钮，将路径转换为选择区域。

（8）单击菜单栏中的"选择/修改/平滑"命令，在弹出的"平滑选区"对话框中设置参数如图 A1-17 所示。

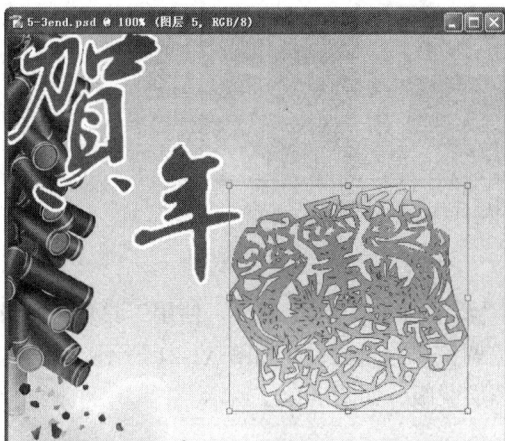

图 A1-16 放大并旋转路径

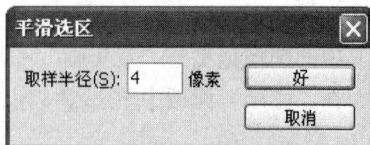

图 A1-17 "平滑选区"对话框

（9）单击"好"按钮，平滑选择区域，然后按 Alt+Delete 组合键填充前景色（黑色），图像效果如图 A1-18 所示。

（10）按 Ctrl+D 组合键取消选择区域。

（11）单击菜单栏中的"图层/图层样式/渐变叠加"命令，弹出"图层样式"对话框，单击 ，打开"渐变编辑器"对话框，设置渐变条下方 3 个色标的 RGB 值分别为（255，254，25）、（250，176，91）和（255，254，25），如图 A1-19 所示。

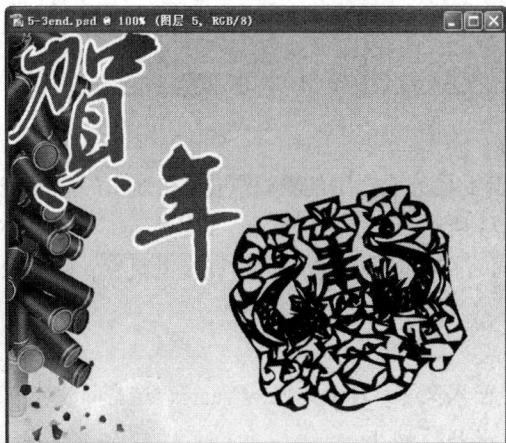

图 A1-18 图像效果

图 A1-19 "渐变编辑器"对话框

（12）单击"好"按钮，然后在"图层样式"对话框中设置各项参数，如图 A1-20 所示。

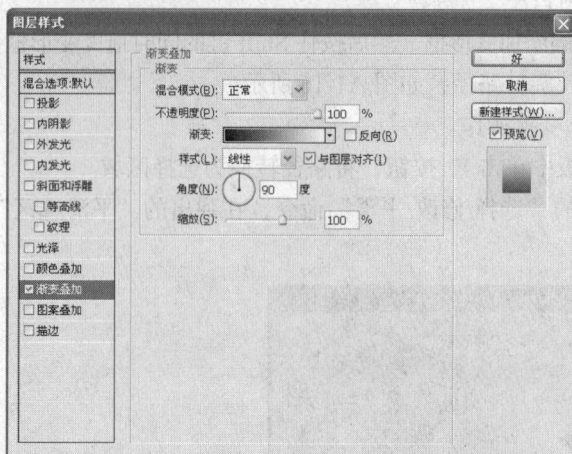

图 A1-20　"图层样式"对话框

5. 设置渐变效果

（1）继续打开指定的"素材"文件夹中的"新年画.jpg"图像文件，使用工具箱中的移动工具，将其中的图像拖曳至"贺年画"图像窗口，调整其适当位置，如图 A1-21 所示。

（2）在"图层"面板中单击 按钮，添加图层蒙版，如图 A1-22 所示。

图 A1-21　"贺年画"图像窗口

图 A1-22　图层面板

（3）选择工具箱中的 渐变填充工具，单击工具选项栏中的 ，在弹出的"渐变编辑器"对话框中设置渐变色为"黑到白"，如图 1-23 所示。

（4）单击"好"按钮，然后按住 Shift 键的同时在画面中由上向下垂直拖曳鼠标，使图像产生渐变效果，如图 A1-24 所示。

6. 在画面中输入文字

（1）在"图层"面板中创建一个文字图层，输入文字"Happy New Year"，选择"文本"选项栏中的 工具，弹出"变形文字"对话框，如图 A1-25 所示。

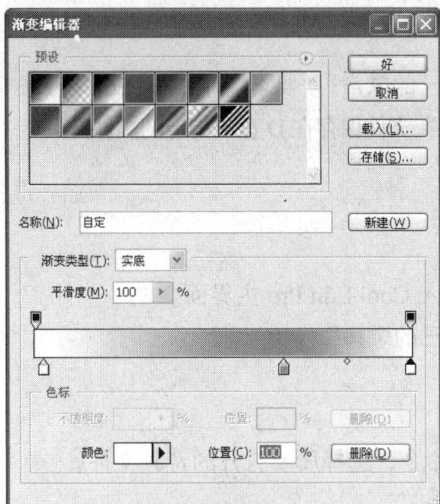

图 A1-23 "渐变编辑器"对话框

图 A1-24 图像渐变效果

（2）选中文字层，单击菜单栏中的"图层/图层样式"命令，在弹出的"图层样式"对话框中设置"投影"及"斜面和浮雕"参数，如图 A1-26 所示。

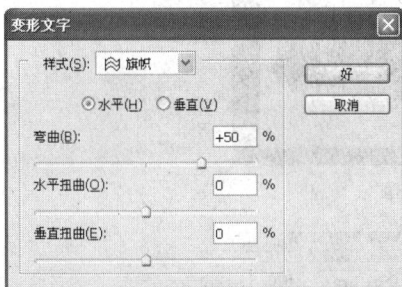

图 A1-25 "变形文字"对话框

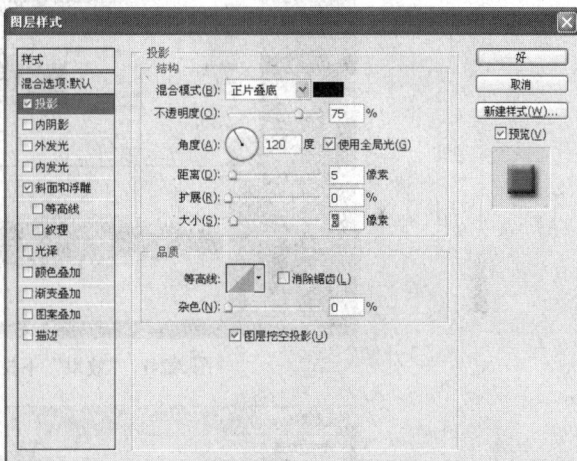

图 A1-26 "图层样式"对话框

（3）单击"好"按钮，则最终的贺年画效果如图 A1-1 所示。

实验二　用 Cool Edit Pro 制作跟着伴奏录制歌声

一、实验目的

1. 掌握 Cool Edit Pro 的基本操作。
2. 掌握 Cool Edit Pro 的编辑操作。
3. 掌握 Cool Edit Pro 的声音效果设置。

二、实验内容

利用 Cool Edit Pro 制作合成一首歌"跟着伴奏录自己的歌声"。要求会用 Cool Edit Pro 录音、消除噪音以及会合成背景音乐。制作好的歌曲以"歌曲.mp3"文件保存在 D 盘或指定的文件夹下。

三、实验操作过程和步骤

1. 启动 Cool Edit Pro 软件

依次选择"开始/程序/Cool Edit Pro"命令，即可进入 Cool Edit Pro 主界面。

2. 用 Cool Edit Pro 创作声音文件"跟着伴奏录自己的歌声"

具体制作步骤如下。

（1）消除歌曲原唱

① 在单轨界面下，单击菜单栏中的"文件/打开"命令，选择所要打开的音频文件。

② 在波形处双击，选中全部波形文件。

③ 单击菜单栏中的"效果/波形振幅/声道重混缩"命令，在"预置"列表框中选择"Vocal Cut"效果后单击"确定"按钮，如图 A2-1 和图 A2-2 所示。这时会发现波形削减了很多。

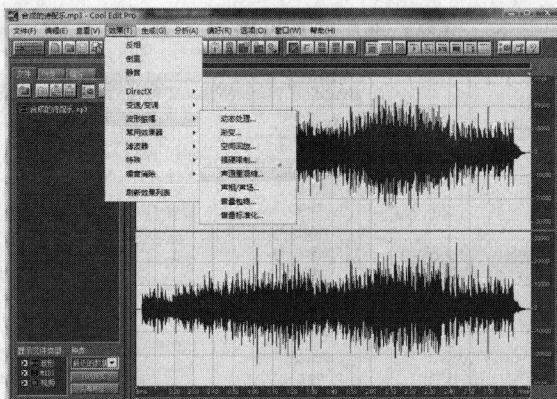

图 A2-1 "效果"下拉菜单

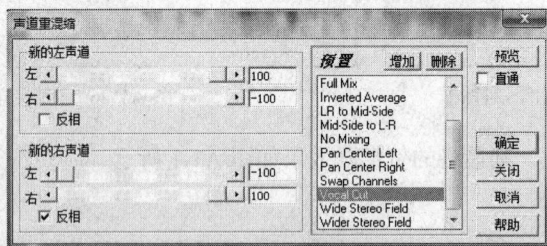

图 A2-2 消除原声设置

④ 双击选中消除原声后的波形，单击鼠标右键，在弹出的快捷菜单中选择"插入到多轨中"命令，如图 A2-3 所示。

（2）跟着伴奏录音

① 在录制前，双击屏幕右下角的小喇叭标志，弹出"音量控制"对话框，单击菜单栏中的"选项/属性"命令，在"调节音量"单选按钮框中选择"录音"按钮，然后在"显示下列音量控制"列表框中选择"麦克风"或"Microphone"复选框，然后单击"确定"按钮。

② 单击"音轨 2"中红色的"R"按钮后，单击操作区上的录音键，然后开始录音，如图 A2-4 所示。

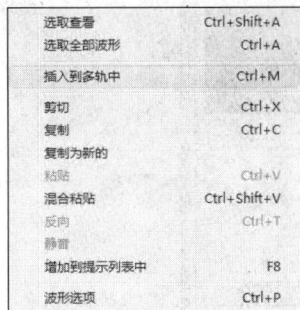

选取查看	Ctrl+Shift+A
选取全部波形	Ctrl+A
插入到多轨中	Ctrl+M
剪切	Ctrl+X
复制	Ctrl+C
复制为新的	
粘贴	Ctrl+V
混合粘贴	Ctrl+Shift+V
反向	Ctrl+T
静音	
增加到提示列表中	F8
波形选项	Ctrl+P

图 A2-3　插入到多轨　　　　　　　　　　图 A2-4　多轨下录音设置

③ 当录音完毕后，再单击"音轨 2"中的红色 R 按钮。

（3）嘶声消除

双击"音轨 2"中刚录制好的音频，进入单轨波形编辑界面。

① 在波形处双击，选中整个波形，进行嘶声消除。

② 单击菜单栏中的"效果/噪音消除/嘶声消除"命令，弹出"嘶声消除器"对话框。

③ 嘶声消除设置如图 A2-5 所示，单击"确定"按钮，即将音频中的"嘶嘶"声去除。

（4）添加混响

① 在波形处双击，选中整个波形。

② 单击菜单栏中的"效果/常用效果器/混响"命令，弹出"混响"对话框如图 A2-6 所示。

③ 单击"预览"按钮后选择"预置"列表框中的效果或是移动左边的滑块，选择一种合适的效果。

④ 满意后，单击"确定"按钮。

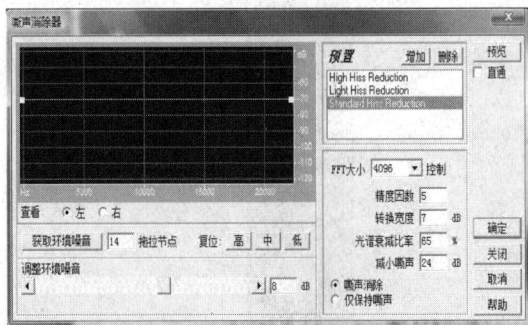

图 A2-5　嘶声消除设置　　　　　　　　　图 A2-6　添加混响

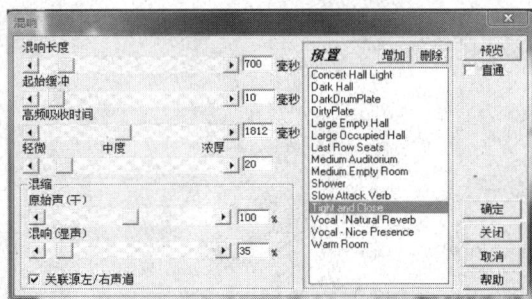

（5）调整高低音

① 在波形处双击，选中整个波形，选择菜单栏中的"效果/常用效果器/滤波器/图形均衡器"命令，弹出"图形均衡器"对话框，调整高低音如图 A2-7 所示。

② 图形均衡器中有"10 段均衡（一个八度）"、"20 段均衡（1/2 个八度）"和"30 段均衡（1/3 个八度）"3 个选项卡。选择"10 段均衡（一个八度）"，单击"全部复位"按钮，移动滑块提高低音、降低高音，同时单击"预览"按钮进行监听。

③ 满意后，单击"确定"按钮。

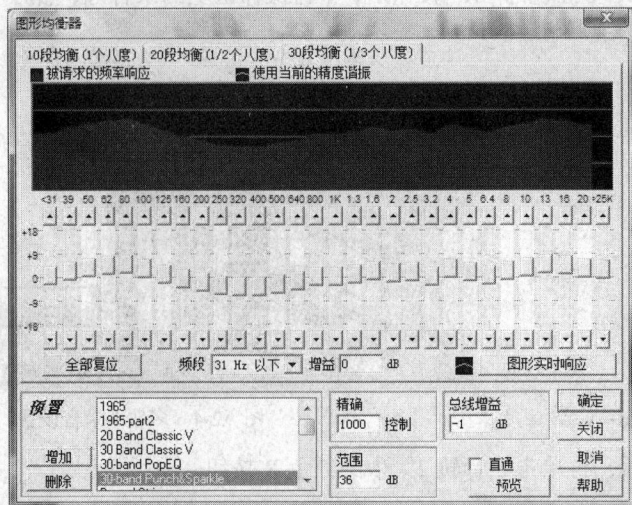

图 A2-7　"图形均衡器"对话框

（6）调整音量

① 在波形处双击，选中整个波形，选择菜单栏中的"效果/波形振幅/音量标准化"命令，弹出"标准化"对话框如图 A2-8 所示。

② 选择"标准化到 100%"复选框。

③ 单击"确定"按钮，会发现波形增长了不少。

④ 单击 Cool Edit Pro 左上角或按 F12 键切换到"多轨界面"，选中"音轨 1"，调整音频块音量，降低伴奏音频的音量，如图 A2-9 所示。

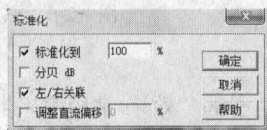

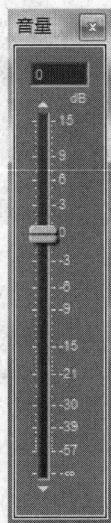

图 A2-8　音量标准化设置　　　　图 A2-9　"音量"对话框

⑤ 按住鼠标右键不放，移动各音频轨道中音频文件的位置，使录音文件和伴奏在合理的位置。

⑥ 单击"文件"菜单中的"混缩另存为"命令，保存所需音频格式到指定位置。

实验三　用 PowerPoint 制作生字书写笔顺课件

一、实验目的

1. 掌握 PowerPoint 2003 的基本操作。
2. 掌握 PowerPoint 2003 演示文稿的编辑。
3. 掌握 PowerPoint 2003 自定义动画设置。

二、实验内容

在小学语文教学当中，常常需要向学生演示生字书写笔顺，用 PowerPoint 2003 制作生字书写笔顺，效果如图 A3-1 所示。制作好的笔画顺序以"笔画.ppt"文件保存在 D 盘或指定的文件夹下。

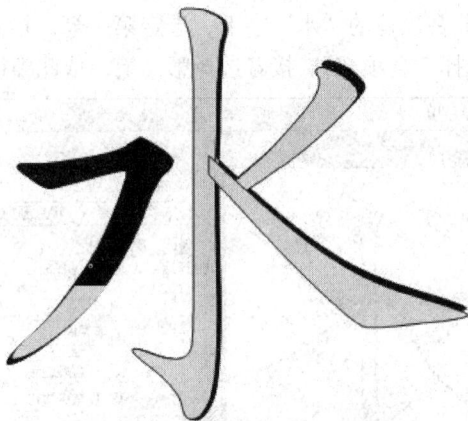

图 A3-1　生字书写笔顺演示

三、实验操作过程和步骤

1. 启动 PowerPoint 2003 软件

依次选择"开始/程序/Microsoft Office/Microsoft Office PowerPoint 2003"命令，即可进入 Microsoft PowerPoint 主界面。

2. 用 PowerPoint 制作生字书写笔顺

具体操作如下。

（1）打开 PowerPoint 2003，在菜单栏中执行"插入/图片/艺术字"命令，打开"艺术字库"对话框，选择第一种（空心）艺术字样式，输入欲演示笔顺的汉字，这里输入"水"字，选择楷体，单击"确定"按钮。

（2）调节字的大小，并重新复制一个字。选择其中一个字，单击鼠标右键，在弹出的快捷菜单中选择"设置艺术字格式"命令，在"填充"栏的"颜色"下拉列表中选择颜色，这个字将作为演示笔顺的字的底色。

（3）选择另一个字，依次执行"编辑/剪切"、"编辑/选择性粘贴"命令，打开"选择性粘贴"对话框，选择"图片（Windows 元文件）"选项，如图 A3-2 所示。注意，一定要选择"图片（Windows

元文件）"，然后单击"确定"按钮。单击鼠标右键，选择"组合/取消组合"命令。这时会弹出对话框"这是一张图片而不是组合，是否将其转换为 Microsoft Office 图形对象？"单击"是"按钮。

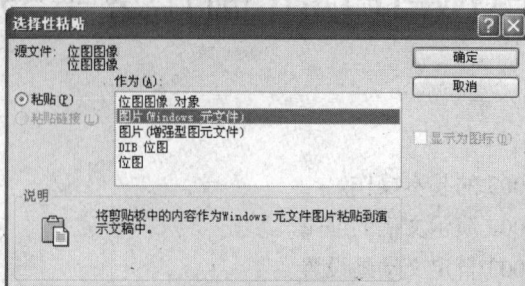

图 A3-2　"选择性粘贴"对话框

（4）再一次右击"水"字，执行"组合/取消组合"命令，将各汉字笔画拆开。

（5）选择其中一个笔画，单击鼠标右键，选择"设置自选图形格式"命令，填充蓝色。然后选择格式刷，可以很快地将所有的笔画刷成蓝色。

（6）将所有拆开的笔画放在黑色的"水"字上，选定第一笔，打开"自定义动画"面板，选择"擦除"效果，"方向"选择"自顶部"。接着选择第二笔，依此类推，如图 A3-3 所示。

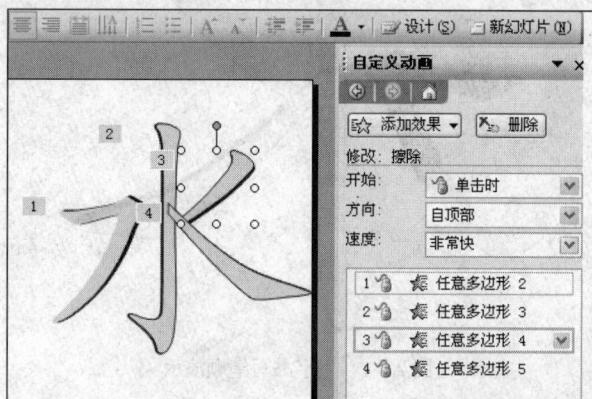

图 A3-3　笔画的动画设计过程

实验四　用 Flash 制作小车在
不平路面上行驶的课件

一、实验目的

1. 掌握 Flash 工具的使用。
2. 掌握 Flash 库、元件和场景的使用。
3. 掌握 Flash 制作运动动画技术。

二、实验内容

用 Flash 制作小车在不平路面上行驶的效果，如图 A4-1 所示，制作好的小车运动以"小车.swf"

文件保存在 D 盘或指定的文件夹下。

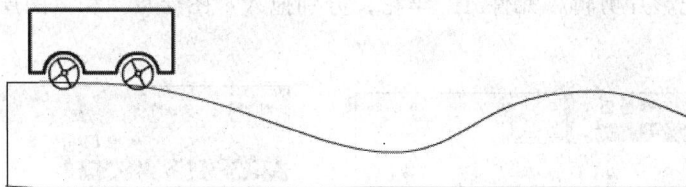

图 A4-1　小车移动动画

三、实验操作过程和步骤

1. 启动 Flash 软件

依次选择"开始/程序/Macromedia"命令，即可进入 Macromedia Flash 操作界面。

2. 制作旋转的车轮

具体操作步骤如下。

（1）以"椭圆工具"在舞台上绘制两个无填充色的正圆线框，线条选择黑色，粗度为"6"，如图 A4-2 所示。

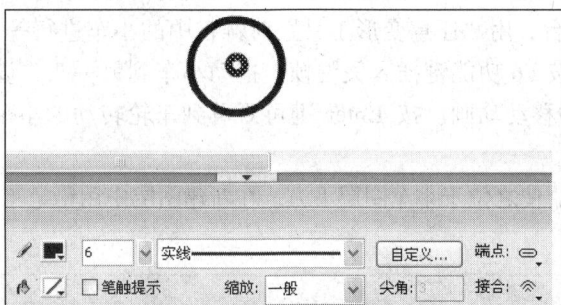

图 A4-2　绘制两个正圆线框

（2）选择其中一个圆，按 Ctrl+G 组合键得到一个组；选择另一个圆，同样按 Ctrl+G 组合键得到另一个组，框选两个组，调出"对齐"面板，分别对齐它们的 x 轴和 y 轴，使两个圆的圆心对齐，如图 A4-3 所示。

（3）框选两个组，按 Ctrl+B 组合键打散群组，以"线条工具"绘制两条直线穿过小圆，并删除小圆内的直线线段，如图 A4-4 所示。

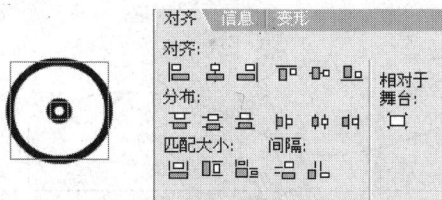

图 A4-3　分别群组后对齐圆心

图 A4-4　设置小车轮轴

（4）框选整个图形，按 F8 功能键将其转换为影片剪辑"元件 1"。双击"元件 1"制作车轮转动动画，单击图层第 10 帧，按 F6 功能键插入关键帧，设置第 1 帧到第 8 帧的运动变形，并设置为顺时针旋转 1 周，如图 A4-5 所示。

（5）单击"控制/循环播放"菜单命令，按 Enter 键观看当前车轮转动情况。

（6）单击"插入/新建元件"菜单命令，新建影片剪辑"元件 2"，运用"矩形工具"绘制小车车体，并把影片剪辑"元件 1"车轮，分别拖入"图层 2"和"图层 3"，如图 A4-6 所示。

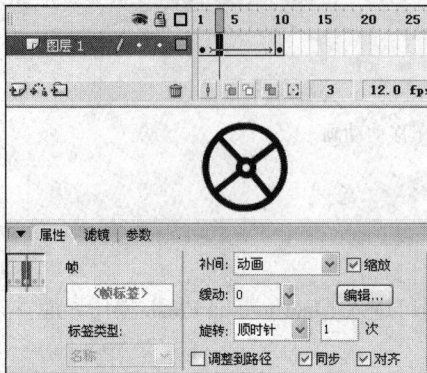

图 A4-5　设置旋转

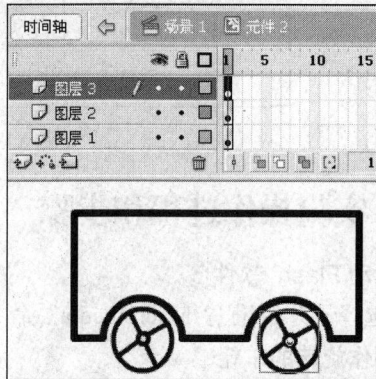

图 A4-6　车轮会转动的小车

3．制作小车移动动画

（1）回到主场景，制作小车移动动画。按 Ctrl+L 组合键打开符号库，从符号库中把影片剪辑"元件 2"拖入舞台，用"任意变形工具"对舞台中的小车进行等比缩小，并放置在适当位置。单击第 60 帧，按 F6 功能键插入关键帧，拖动小车到另一头，设置第 1 帧到第 60 帧的运动变形，得到小车的移动动画。按 Enter 键可观看到车轮转动的小车移动动画，如图 A4-7 所示。

（2）新建一个图层，使之位于小车图层下方，在新建图层中用铅笔工具绘制地面，如图 A4-8 所示。

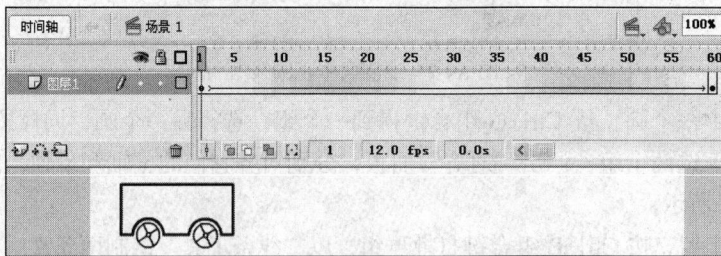

图 A4-7　车轮转动的小车水平移动

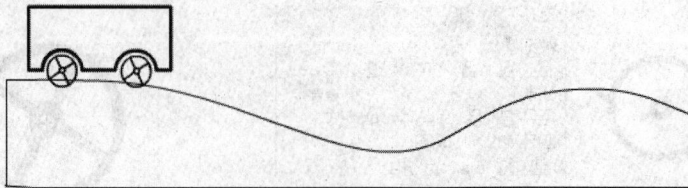

图 A4-8　绘制地面

（3）单击 按钮，插入一个引导层。选择铅笔工具，在引导层上画一条尽量平滑的曲线作为小车的轨迹，如图 A4-9 所示，这条曲线就是引导线，引导线在最终完成的动画中是不可见的。

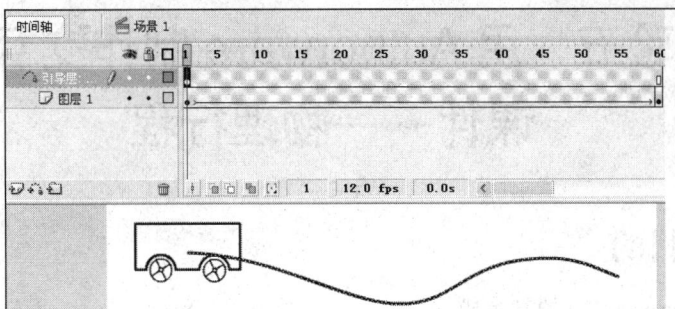

图 A4-9 绘制引导线

> 为了保证曲线的平滑，建议选择铅笔工具后在"选项面板"上选择 S 选项。

（4）选中图层 1 的第 1 帧，用黑箭头工具拖动小车图形到引导线开始的一端，然后选择旋转变形工具对小车的姿态进行调整，使小车的姿态符合当时的位置，如图 A4-10 所示。

图 A4-10 吸附并调整小车位置

> 注意：拖动之前确认磁铁工具 处于按下状态。移动时，鼠标指针尽量指向小车图形的中心，这样在小车的中心接近引导线时会出现小圆圈，方便进行对齐操作。

（5）同样，对图层的第 60 帧进行编辑，拖动小车到引导线的最末端，调整其状态如图 A4-11 所示。

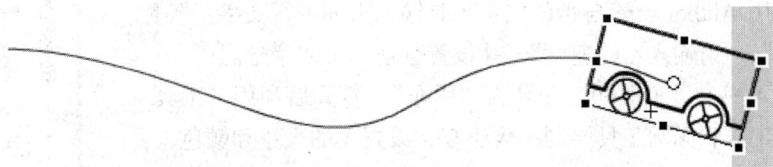

图 A4-11 吸附并调整小车末端位置

（6）选中第 1～60 帧中的任意一帧，在"属性"面板中将"调整到路径"复选框选中，如图 A4-12 所示，此时移动对象的基线与引导线方向一致。

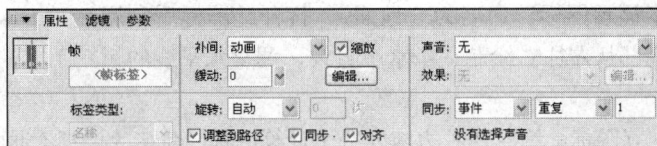

图 A4-12 "属性"面板

（7）制作完成后，按 Ctrl+Enter 键进行测试，可以看到小车在不平路面上行驶的动画。

实验五　用 Authorware 制作交互性课件——物理行程

一、实验目的

1. 掌握 Authorware 7.0 的基本操作。
2. 掌握 Authorware 7.0 各图标的使用。
3. 掌握 Authorware 7.0 文本交互方式的使用。

二、实验内容

本实验为物理行程问题，演示两辆小车按照给定的速度运动，到相遇为止时的一个运动行程过程的直观展现，效果如图 A5-1 所示。制作好的作品以"物理行程.a7p"文件保存在 D 盘或指定的文件夹下。

图 A5-1　两车运动效果图

三、实验操作过程和步骤

1. 启动 Authorware 7.0 软件

依次选择"开始/程序/Macromedia"命令，即可进入 Macromedia Authorware 7.0。

2. 用 Authorware 7.0 制作物理行程课件

实验流程如图 A5-2 所示，具体操作如下。

（1）拖入一个显示图标到主流程线上，命名为"文本"，打开该显示图标，利用 Authorware 自带的文本工具输入下面两行文字："请输入甲的速度"、"请输入乙的速度"，并设置合适的字体字号。

（2）再拖入一个显示图标，命名为"甲车"，打开后利用"工具箱"里的矩形工具和椭圆工具绘制一辆小车，设置车的大小和颜色，并用文字工具输入"甲"以代表甲车。将初始值设为"100，170"（表示将此车定位在屏幕（100，170）坐标上）。然后复制甲车到新拖入的一个显示图标中，修改车上的文字为"乙"，用同样的方法将它定位在（550，170）坐标上，并命名新图标为"乙车"。

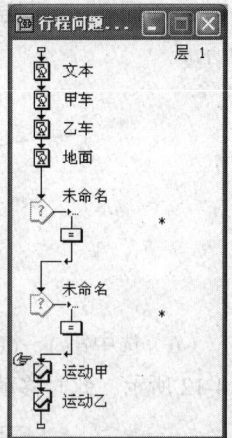

图 A5-2　流程图

（3）再拖入一个显示图标，命名为"地面"，打开此图标后利用直线工具沿着两车底部从左往右绘制一条水平直线，调整水平线的粗细程度。

（4）拖入一个交互图标，然后在右边拖入一个计算图标，命名为"*"（通配符），选择交互响应为"文本输入"，并在计算图标里输入"a:=EntryText"，定义一个变量"a"；双击"文本"响应图标，在弹出的"属性"对话框中设置响应类型为"退出交互"。

双击打开交互图标，把里面的虚线框拖到"请输入甲的速度"之后，再双击该虚线框，在弹出的对话框中对输入的文字进行设置。进入"交互作用"选项卡，取消勾选"退出时擦除输入的内容"复选框，进入"文本"选项卡可以设置字体、字号、文字背景等。

（5）重复第（4）步，定义另一个变量"b"，并把虚线框移到"请输入乙的速度"之后。

（6）拖入一个运动图标，命名为"运动甲"，双击打开后再单击屏幕中的甲车作为运动对象，在"类型"下拉列表中选择"指向固定点"，设置运动时间为 3s，执行方式为"同时"；在"目的地"栏 X 项中输入"100+360*a/(a+b)"，在 Y 项中输入"170"。

> **注意** "360*a/(a+b)"表示甲车要行走的路，再加上它的初始位置 100，则可算出它的最终停止地点，其中 360 是两车相距的路程减去两车的长度。

（7）再拖入一个运动图标，命名为"运动乙"，选择运动对象为乙车，设置方法同上，只是 X 项设为"550−360*b/(a+b)"，Y 项设为"170"。

> **注意** 刚才甲车向右移动，所以是"初始位置（100）＋移动路程"，而乙车向左移动，所以应该是"初始位置（550）－ 移动路程"。

（8）单击"运行"按钮，输入两车的速度，按 Enter 键后两车就会运动起来。由于在小车绘制中车的长度不一样，观察两车相遇位置，重新调整"360*a/(a+b)"和"360*b/(a+b)"中的 360 数字，达到两车正好相遇的位置。

实验六　用 Authorware 制作算数减法测试课件

一、实验目的

1. 掌握 Authorware 7.0 的基本操作。
2. 掌握 Authorware 7.0 各图标的使用。
3. 掌握 Authorware 7.0 文本交互以及决策分支的使用。

二、实验内容

本实验为"算术减法测试"，是在规定的时间内要求能随机抽取几道算术题，进行减法运算，如图 A6-1 所示。制作好的作品以"算术减法测试.a7p"文件保存在 D 盘或指定的文件夹下。

三、实验操作过程和步骤

1. 启动 Authorware 7.0 软件

依次选择"开始/程序/Macromedia"命令，即可进入 Macromedia Authorware 7.0。

2. 用 Authorware 7.0 制作算数减法测试课件

实验流程如图 A6-2 所示，具体操作如下。

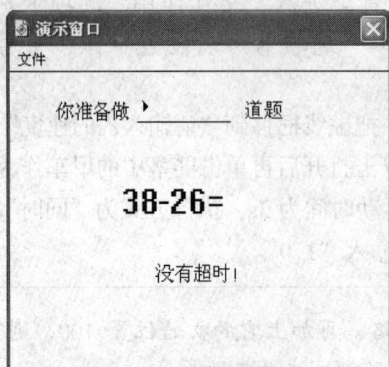

图 A6-1　算术减法测试

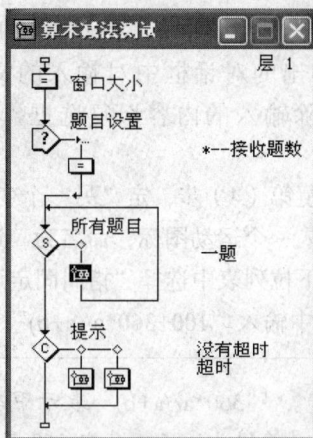

图 A6-2　程序与效果示意

（1）创建一个新文件，向其中添加一个如图 A6-3 所示的交互作用判断分支结构，使用"*"保存用户输入的数据，这个数据将控制出题的数量。

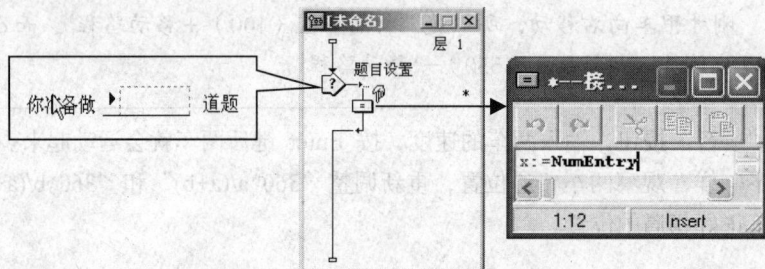

图 A6-3　题目设置

（2）向程序中添加一个决策判断分支结构，如图 A6-4 所示，在其中添加减法计算程序。对"决策判断"设计图标的属性做如下设置：

将"时限"设置为"x*10"，这样对用户做题时间的限制也会随题目数量的不同而变化；

将"重复"设置为"固定的循环次数"，在下面的文本框中输入"x"作为对循环次数的限定。

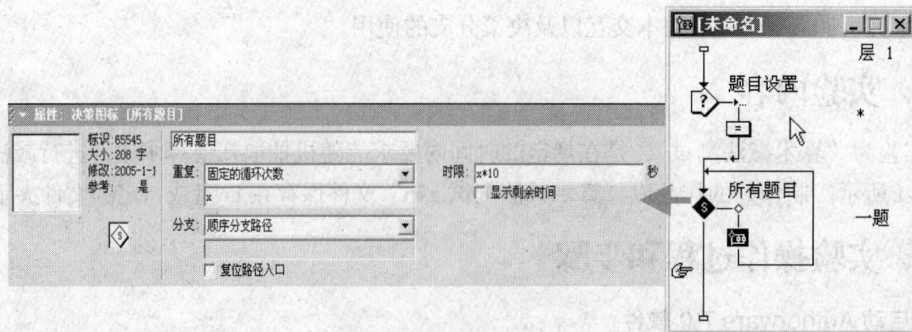

图 A6-4　减法题目设置

（3）对于减法运算要求被减数大于减数，在此需要增加计算图标，设置相应的条件，如图 A6-5 所示。

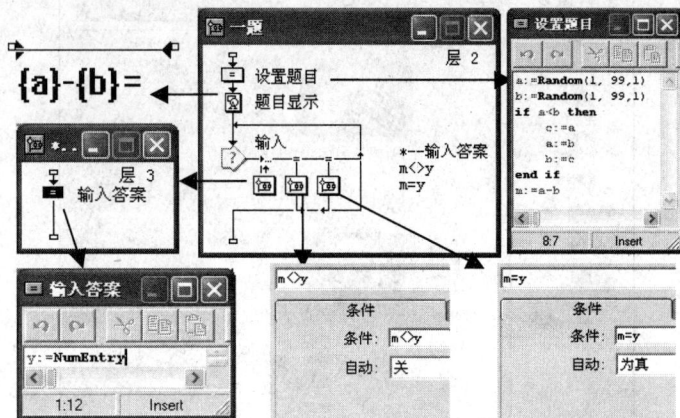

图 A6-5 设置减法运算条件

（4）在程序中添加如图 A6-6 所示的决策分支判断，该结构用于判断用户是在什么情况下退出分支："超时"或者"没有超时"。在未超时的情况下，将"分支"设置为"计算分支结构"，使用逻辑表达式"TimeExpired@"所有题目"+1"，返回 0（FALSE），在超时的情况下，返回 1（TRUE）。这样该程序可以自动对不同情况给予提示。系统变量"Time Expired"的意思是在最后退出决策判断分支时进行时间限制。

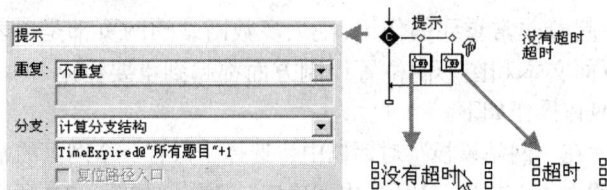

图 A6-6 反馈信息设置

（5）运行程序，向程序输入出题数目后，程序会根据输入的题数出题，同时计时开始，实现在超时或正确做完所有题目后给予反馈信息。

实验七　用 FrontPage 制作简单学习网站

一、实验目的

1. 掌握 FrontPage 2003 站点的建立。
2. 掌握 FrontPage 2003 表格制作网页的方法。
3. 掌握 FrontPage 2003 表格与单元格操作。

二、实验内容

用表格做一张网页，该网页效果样张如图 A7-1 所示。制作好的网页文件保存在站点"e:\abc"文件夹下。

图 A7-1   网页样张效果

三、实验操作过程和步骤

1. 启动 FrontPage 2003 软件

依次选择"开始/程序/Microsoft Office/Microsoft Office FrontPage 2003"命令，即可进入 FrontPage 2003 工作界面。

2. 用表格制作网页

表格在网页制作中起着非常重要的作用，绝大多数网站的网页都是以表格为主体制作的，表格在内容的组织、页面文本和图形的位置控制方面都起到重要作用。

用表格制作网页的具体操作如下。

（1）新建一个站点，在"网站模板"对话框中，选择"只有一个网页的站点"选项，在指定新网站位置输入站点名称"e：\abc"，然后单击"确定"按钮，如图 A7-2 所示。

> ⚠️ **注意**　制作网页前，将文件夹中的图片素材全部拷贝到你的站点"e:\abc\images\"目录下。

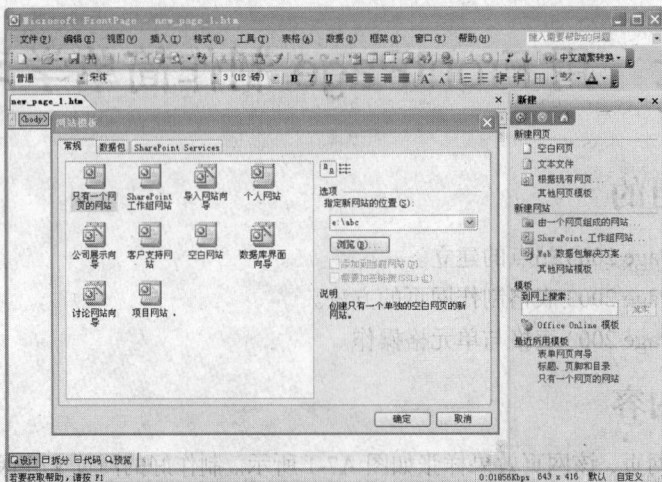

图 A7-2   "网站模板"对话框

（2）单击主页"index.htm"，打开首页面，选择表格插入按钮，拖出一个 1 行 3 列的表格，如图 A7-3 所示。单击鼠标右键，选择"表格属性"命令，在弹出的"表格属性"对话框中对表格进行设定，设置表格宽度为"800"像素，边框粗细为"0"，单击"确定"按钮。

（3）在第 1 个单元格中插入"e:\abc\images\"文件夹中的"logo.gif"文件，一般来说，一个网站会在页面的左上角放上网站的标志图片，通常称这个标志文件为"logo"。

在第 2 个单元格中，插入同目录下的"date.gif"文件。

在第 3 个单元格中，插入同目录下的"banner.gif"文件，这个位置一般都放一个动态的广告条，如图 A7-4 所示。

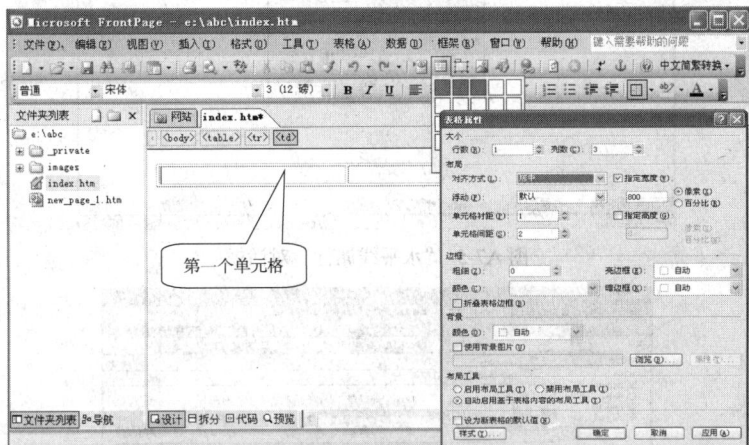

图 A7-3 "表格属性"对话框

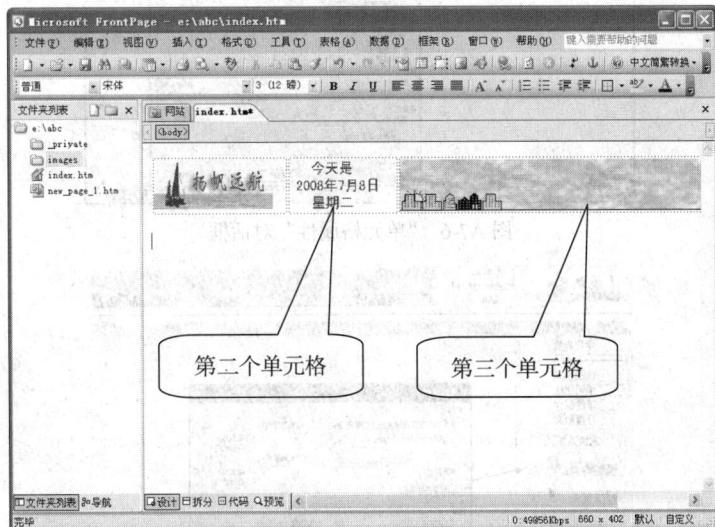

图 A7-4 网站上的标志图片效果

（4）选中这 3 张图，将它们居中显示，并将鼠标移到单元格的边框上，鼠标指针变为双箭头后，拖动边框线调整一下各个单元格的宽度。

（5）在表格下方，选择 "插入/水平线"菜单命令，插入一条水平线，用鼠标右键在水平线上单击，弹出"水平线属性"对话框，设置水平线宽度为"800"像素，水平线颜色为红色，如图 A7-5 所示。

（6）在水平线下方插入一个 1 行 4 列的表格，输入导航栏文字："校园风光"、"学习生活"、

"课件制作"、"抒情散文"，并设置导航栏单元格行跨距、单元格背景颜色等，如图 A7-6 所示。

（7）设置第 1 列单元格宽度为"164"像素，高度为"480"像素，并在第 1 列单元格内插入 11 行 1 列表格，分别输入"学习导航"、"友情链接"等内容，如图 A7-7 所示。

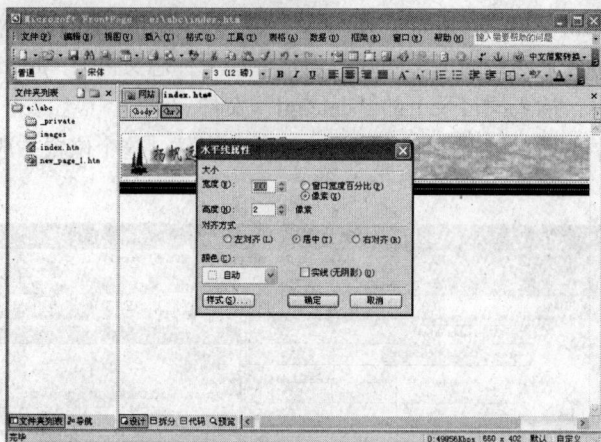

图 A7-5 "水平线属性"对话框

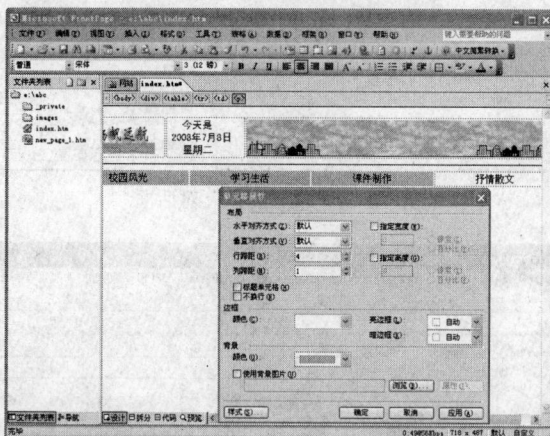

图 A7-6 "单元格属性"对话框

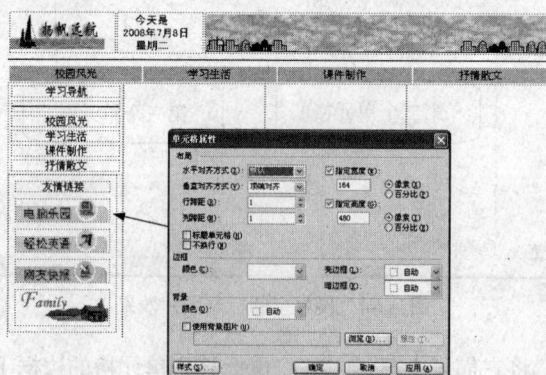

图 A7-7 输入"学习导航"和"友情链接"

（8）选中导航栏"抒情散文"下方的单元格，设置单元格宽度为"500"像素，插入一个 4 行 2 列的表格，设置表格宽度为"100%"，单元格间距为"5"，边框精细为"1"，如图 A7-8 所示。然后在同一单元格内连续复制该表格 3 遍，如图 A7-9 所示。

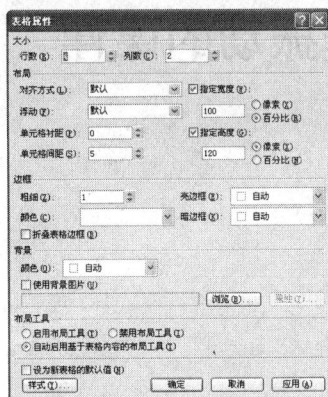

图 A7-8 "表格属性"对话框

图 A7-9 表格复制与嵌套效果

（9）按样张所示 4 次合并单元格，设置单元格合并后的宽度，输入文字、导入图像，如图 A7-10 所示。

（10）美化表格，选择不同表格和不同单元格，在属性对话框中设置自己喜欢的颜色，完成网页的整体效果，如图 A7-11 所示。

图 A7-10 "单元格属性"对话框

图 A7-11 网页的整体效果

实验八　用几何画板制作弹簧振动的课件

一、实验目的

1. 掌握几何画板的基本操作。
2. 掌握几何画板的构造几何图形关系。
3. 掌握几何画板的移动与动画。

二、实验内容

用几何画板制作一个弹簧振动效果的演示，如图 A8-1 所示，制作好的弹簧振动效果演示以"弹簧振动.gsp"文件保存在 D 盘或指定的文件夹下。

图 A8-1　弹簧振动演示

三、实验操作过程和步骤

1. 启动几何画板软件

依次选择"开始/程序/几何画板"命令，即可进入几何画板 4.07。

2. 用几何画板制作弹簧振动效果的动画

具体操作如下。

（1）以 A 点为圆心，过点 B 作一个圆，选取 A、B 两点，单击"构件/直线"菜单命令，构造一个过圆点的直线。在圆上作一点 C，过点 C 作直线 AB 的平行线，如图 A8-2（a）所示。

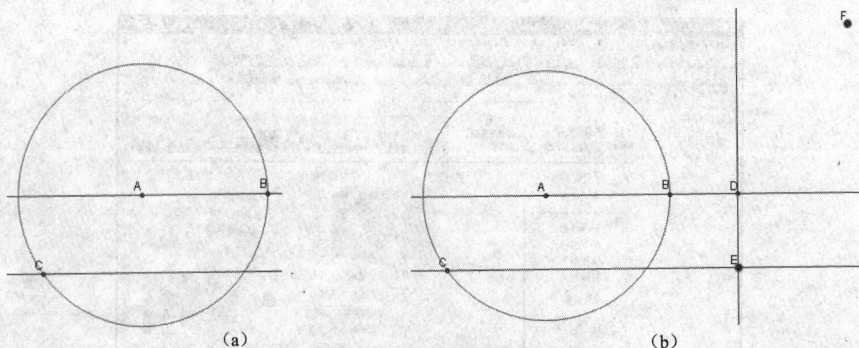

（a）　　　　　　　　　　　（b）

图 A8-2　构造过程一

（2）在直线 AB 上作一点 D，过点 D 作 AB 线的垂线，垂足点为 E，如图 A8-2（b）所示，在图中所示位置作点 F。

（3）用 Windows 附件中的画图工具，画一个弹簧或导入一张弹簧图片，这里导入如图 A8-3

（a）所示的图片，用矩形选取工具选取弹簧部分，并剪切到剪贴板上备用。

（4）返回到几何画板，选择点 E 和点 F，单击"编辑/粘贴图片"菜单命令，将弹簧粘贴到 EF 两点之间，如图 A8-3（b）所示。

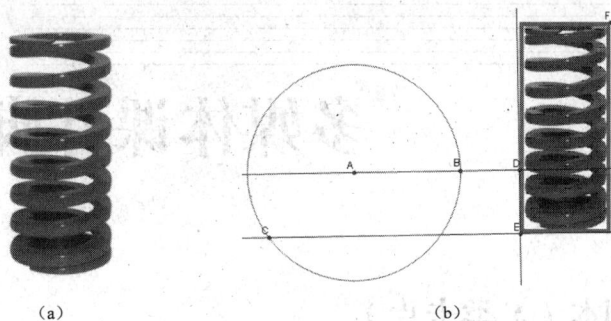

（a）   （b）

图 A8-3　构造过程二

（5）选择点 C，单击"编辑/操作类按钮/动画"菜单命令，作出点 C 绕圆作逆时针方向运动的动画。

（6）用鼠标右键单击标签，修改按钮标签为"弹簧振动"，选取不需要看到的点、直线和圆，单击"显示/隐藏对象"菜单命令隐藏对象，最后结果如图 A8-1 所示。

附录 B
多媒体课件脚本实例

一、文字脚本（A 类卡片）

表 B1　　　　　　　　　　　A 类卡片实例"课件介绍"

编号：A1	课件名称：Summit Meeting	
使用对象：本科生	设计者：***	填写日期：********

课件介绍

本课件作为本科生的新闻内容视听教材，目的是要培养学生的听力、词汇应用能力、阅读能力和理解能力。要求学生在正常的语速下，能够正确理解并回答问题，能够掌握必要的关键词汇，要求做到正确拼写使用。

软件的内容节选的是"星球大战"问题高级会谈的新闻报道，以及对星球大战的讲解、演示。在选题上，既要有较强的时事性，又要有空间的展示，配合生动的视频材料，非常有助于学生的英语学习。

脚本卡中使用媒体的表示符号：

文本　T

图形　G

动画　M

视频　V

声音　S

热键　H

学习者书写区　W

操作信息　D

弹出式窗口　P

正确反馈　TF

错误反馈　FF

上一节点　PN

下一节点　NN

学习者控制区（包括菜单、按扭）　C

同时出现　+

新的内容出现后，原来的内容不消失　↓+

激活新的内容　→

新的内容出现后，原来的内容消失　↓—

注释

表 B2　　　　　　　　　　A 类卡片实例"教学目标和教学内容分析"

编号 A2			课件名称：Summit Meeting			
使用对象：本科生		设计者：***		填写日期：********		
教学目标和教学内容分析						
知识单元			知识点			
序号	内容	教学目标	序号	内容	目标层次	教学目标
一	词汇	掌握新闻中的难点词汇	1	Neutral country	知道	（6 个知识点为同一目标，如下）要求在正常语速下能够听懂这些单词，知道其含义
			2	Dummy	知道	
			3	Resort	知道	
			4	Commercal	知道	
			5	MikhaiGorbachev	知道	
			6	Ronald Regan	知道	
二	视听内容	提高听力水平	7	关于 Summit mee ting 新闻报道的视频信息	领会	要求在正常语速下能够理解内容，并抓住要点
三	理解视听材料操练测试	通过反复操练与测验，理解视听材料	8～17	关于视听内容的 1 道选择题	领会	要求在完成视听内容之后，能够在 15～20s 内正确回答问题，10 道题中做对 8 道题为合格
				2 道选择题（略）		
				3 道选择题（略）		
				4 道选择题（略）		
				5 道选择题（略）		
				6 道选择题（略）		
				7 道选择题（略）		
				8 道选择题（略）		
				9 道选择题（略）		
				10 道选择题（略）		
四	词汇的操作练习与测试	通过反复操作预测试，掌握关键词汇	18～27	关于视听内容中关键词汇 1 道填空测试题（略）	领会	要求在完成视听内容之后，能够在 15～20min 内正确填写词汇，10 道题做对 8 道题为合格
				2 道填空测试题		
				3 道填空测试题		
				4 道填空测试题		
				5 道填空测试题		
				6 道填空测试题		
				7 道填空测试题		
				8 道填空测试题		
				9 道填空测试题		
				10 道填空测试题		
五	阅读的操作练习与测试	阅读视听内容文本材料，帮助听力理解并提高阅读能力	28～37	（略）	领会	要求在 3～5min 完成阅读之后，能够将 10 道选择题全部做对
注释						
目标层次（可以用于选择）						
知道	领会	运用	分析	综合	评价	

表 B3　　　　　　　　　　A 类卡片实例 "教学策略"

编号：A3	课件名称：Summit Meeting	
使用对象；本科生	设计者：***	填写日期：********

教学策略

知识单元
教学方法
教学模式
教学程序
使用媒体

一

个别指导
个别化教学
传递—接受
T、S、G

二

个别指导
传递—接受
T、V、S、G

三

个别指导，操练，测验
传递—接受
T、S

四

个别指导，操练，测验
传递—接受
T、S

五

个别指导，操练，测验
传递—接受
T、S

注释

教学模式	个别化教学	小组协作学习
教学方法	操练、个别指导，模拟、测验、游戏、发现学习、问题学习	
教学程序	传递—接受、引导—发现、示范—模拟、情景—陶冶、加涅九段教学法	

文字	图形	动画	视频	声音
T	G	M	V	S

表 B4 　　　　　　　　　　A 类卡片实例 "知识结构与流程图"

编号：A4	课件名称：Summit Meeting	
使用对象：本科生	设计者：***	填写日期：********

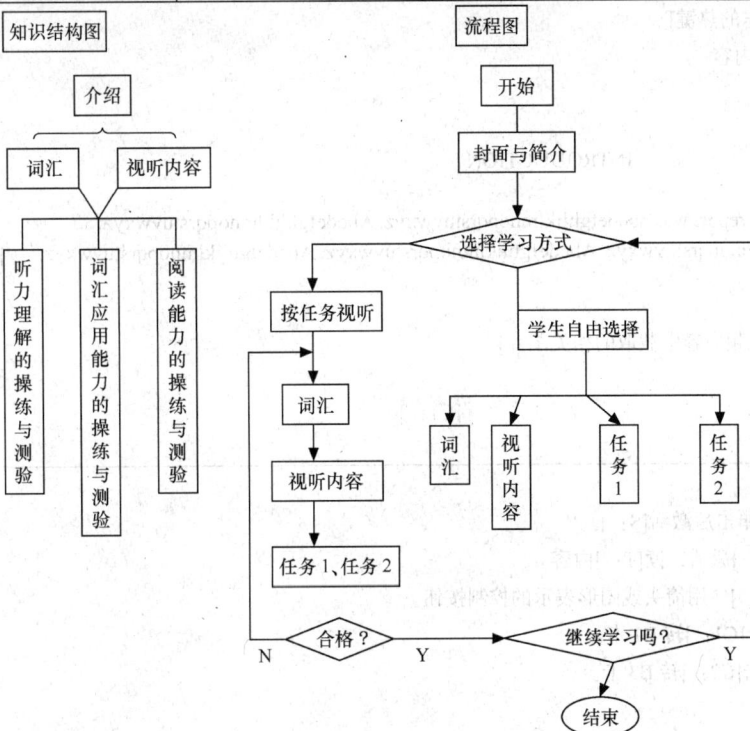

注释		

二、制作脚本（B 类卡片）

表 B5 　　　　　　　　　　B 类卡片实例 "封面呈现"

编号：B1	课件名称 Summit Meeting	
使用对象：本科生	设计者：***	填写日期：********

[G:背景图案，占整个屏幕]

[S：背景音乐]

[T：

　　　英语视听教材

　　　　　　——高级会谈 "Summit Meeting"]

[S2：读[T：]的内容]

注释

　[G：], [S：] 能吸引学习者的注意力。

　[T：] 以某种动画方式呈现，具有特色。

　[NN：] 等待 3s 后转 B2 卡。

媒体呈现方式：

　　　　S1+G

　　　　↓ +

　　　　T+S2

表 B6   B 类卡片实例"内容呈现一"

编号：B2	课件名称 Summit Meeting	
使用对象：本科生	设计：者；***	填写日期：********

[H：喇叭标志的热键]

[S 读[T：]的内容

[T：

INTRODUCTION

This news report was abcdefghijklmnopqrstuvwxyz. Abcdefghijklmnopqrstuvwxyz. Abcdefghijklmnopqrstuvwxyz. Abcdefghijklmnopqrstuvwxyz. Abcdefghijklmnopqrstuvwxyz.   ]

[G: 一幅从视频内容中截取的相关图片]

[C：]   [C1：]

注释

[H：]   鼠标单击后激活[S：]。

[S：]   由[H：]激活，读[T：]内容。

[C1：]、[C2：]   用箭头或图形表示的控制按钮。

[PN：]   单击[C1：]转 B1 卡。

[NN：]   单击[C2：]转 B3 卡。

媒体呈现方式；

      T+(H→S)+G+C1+C2

表 B7   B 类卡片实例"内容呈现二"

编号：B3	课件名称 Summit Meeting	
使用对象：本科生	设计者；***	填写日期：********

[H：喇叭标志热键]

[S:读[T：]的内容]

[T：

VOCABULARY

1. [H1: neutral country]   中立国
2. [H2: dummy]   伪装物
3. [H3: resort]   帮助、凭借
4. [H4: commercial]   ]

[C1：]   [C2：]

续表

编号：B3		课件名称 Summit Meeting	
使用对象：本科生	设计者：***		填写日期：********

注释

[S:]　由[H：]激活，读[T：]所有的内容。

[H：]　鼠标单击激活[S：]。

[H1：]至[H6：]　鼠标单击后，激活字母单词热键，可读单词发音。

[C1：]，[C2；]　可以用箭头或有其他图形表示的按钮。

[PN：]　鼠标单击[C1：]钮转 B2 卡。

[NN：]　鼠标单击[C2；]钮转 B4 卡。

媒体呈现方式：

　　T+（H→S）+（H1～H6）+C1+C2

表 B8		B 类卡片实例"内容呈现三"	
编号：B4		课件名称 Summit Meeting	
使用对象：本科生	设计者：***		填写日期：********

[T:

TEST ONE

1. What hanjkf　nasd　ldjflk lksj l k lkd lidpo okalkdk k ;kklk /

A）It sdjh　kj klj klj jlkdl kklsklasijdfjdf

B）It d l jklkldjl sdal;a kk

C）it ajdkj llalewo l kl j　;klk

D）jjjj kikdl k;lkdkk;k

the answer is [W:　　　]

[C: 完成答案后确认按钮]

[P：[TF1："你完成得很好，请按任意键继续"]

　　　[TF2："正确，请按任意键继续"]

　　　[FF1："完成有误，请看相关的一段录像"]

　　　[FF2："答案错误，请阅读相关得段文字材料"]

　　　　　　　　　　　　　　　　　　　　[FF3："正确答案是 B"]

　　　[C3：　返回按钮]

　　　　[C1：]

　　　　[C2：]

[1] 冯建平等. 多媒体 CAI 课件制作教程. 北京：人民邮电出版社，2008.

[2] 冯建平等. 中文 Authorware 多媒体制作教程. 北京：人民邮电出版社，2007.

[3] 吴丽华，陈明锐. 大学信息技术应用基础. 北京：人民邮电出版社，2008.

[4] 王贤灿. 交互式电子白板系统的选用策略分析[J]. 中国教育技术装备，2010（23）

[5] 付鹏飞等. 交互式电子白板系统的分析与设计[J]. 中国现代教育装备，2008（10）

[6] 李国武. 传统课件与电子白板课件优势互补与整合研究[J]. 中国教育技术装备，2009（31）

[7] 黄远红. 交互式电子白板的应用前景[J]. 教学仪器与实验，2009（25）

[8] 王萍. "活动教学理论"在计算机课堂中的实践[J]. 计算机教育，2005（5）

[9] 吕巾娇. 活动理论的发展脉络与应用探析[J]. 现代教育技术，2007（17）

[10] 吴丽华等. 大学计算机文化基础. 北京：人民邮电出版社，2004.

[11] 沈昕等. Flash 8 动画设计案例教程. 北京：电子工业出版社，2007.

[12] 黄红杰等. 网页制作基础教程（第三版）. 北京：电子工业出版社，2007.

[13] 韦纲. Flash MX 多媒体课件制作教程. 北京：海洋出版社，2005.

[14] 朱仁成等. Photoshop CS 中文版基础与实用案例. 西安：西安电子科技大学出版社，2004.

[15] 胡国钰. Adobe Photoshop 6.0 基础教程. 北京：北京希望电子出版社，2001.

[16] 方其桂. 多媒体 CAI 课件制作实例教程. 北京：清华大学出版社，2005.

[17] 袁海东. Authorware 6 教程. 北京：电子工业出版社，2002.

[18] 洪恩教育公司. Dreamweaver 入门与进阶实例. 北京：北京理工大学出版社，2004.

[19] 刘胜利. 几何画板课件制作教程. 北京：科学出版社，2004.

[20] 张军征. 多媒体课件设计与制作基础. 北京：高等教育出版社，2004.